In Erinnerung an
Johann Baptist Gradl
1904–1988

Das Wiedervereinigungsgebot des Grundgesetzes

Herausgegeben von
Dieter Haack
Hans-Günter Hoppe
Eduard Lintner
Wolfgang Seiffert

Beiträge von
Ernst Breit
Dettmar Cramer
Wilfried Fiedler
Wilhelm Geiger
Dieter Haack
Hans-Günter Hoppe
Helmut Kohl
Detlef Kühn
Eduard Lintner
Joseph Listl
Wolfgang Mischnick
Klaus Murmann
Wilhelm Wolfgang Schütz
Eberhard Schulz
Gesine Schwan
Theodor Schweisfurth
Wolfgang Seiffert
Rita Süssmuth
Hans-Jochen Vogel
Theodor Waigel
Richard von Weizsäcker
Erwin Wilkens
Dorothee Wilms

Verlag
Wissenschaft und Politik

Umschlaggestaltung Rolf Bünermann
Gesamtherstellung Elsnerdruck, Berlin
Printed in Germany • ISBN 3-8046-8733-4

Inhaltsverzeichnis

Präambel des Grundgesetzes für die Bundesrepublik Deutschland vom 23. Mai 1949

Im Bewußtsein seiner Verantwortung vor Gott und den Menschen, von dem Willen beseelt, seine nationale und staatliche Einheit zu wahren und als gleichberechtigtes Glied in einem vereinten Europa dem Frieden der Welt zu dienen, hat das Deutsche Volk in den Ländern Baden*, Bayern, Bremen, Hamburg, Hessen, Niedersachsen, Nordrhein-Westfalen, Rheinland-Pfalz, Schleswig-Holstein, Württemberg-Baden* und Württemberg-Hohenzollern*, um dem staatlichen Leben für eine Übergangszeit eine neue Ordnung zu geben, kraft seiner verfassungsgebenden Gewalt dieses Grundgesetz der Bundesrepublik Deutschland beschlossen. Es hat auch für jene Deutschen gehandelt, denen mitzuwirken versagt war. Das gesamte Deutsche Volk bleibt aufgefordert, in freier Selbstbestimmung die Einheit und Freiheit Deutschlands zu vollenden.

* Über die Neugliederung der Länder Baden, Württemberg-Baden und Württemberg-Hohenzollern vgl. Art. 118 mit Anm. Über die Eingliederung des Saarlandes in die Bundesrepublik Deutschland vgl. das Gesetz vom 23.12.1956 (BGBL. I S. 1011). Danach gilt das Grundgesetz seit dem 1.1.1957 auch im Saarland.

Vorwort

Ist die Präambel des Grundgesetzes noch zeitgemäß, oder ist sie realpolitisch neu zu interpretieren? Manche meinen, es gelte der Realität dadurch Rechnung zu tragen, daß eine staatliche Wiedervereinigung der beiden deutschen Staaten nicht mehr angestrebt werden solle. Andere fragen nicht nur. Sie fordern, die Bundesrepublik Deutschland solle dem Einheitsziel abschwören, damit die DDR und die übrigen Staaten des östlichen Mitteleuropas die ihnen gemäße Form von Demokratie und Pluralismus herausbilden können.

Den Vätern und Müttern des Grundgesetzes stand wohl keine Neuauflage des Bismarck-Reiches vor Augen, als sie, dem staatlichen Leben in den Ländern der Bundesrepublik Deutschland »für eine Übergangszeit eine neue Ordnung« gebend, von dem Willen des deutschen Volkes sprachen, »seine nationale und staatliche Einheit zu wahren und als gleichberechtigtes Glied in einem vereinten Europa dem Frieden der Welt zu dienen«. Das Deutschland, das die Ordnung des Grundgesetzes im Sinn hat, ist nicht programmiert auf souveräne Einsamkeit. Das Grundgesetz sieht vielmehr Deutschland als gleichberechtigtes Glied in einem vereinten Europa. Es bricht in diesem Punkt die Kontinuität mit der außenpolitischen Leitlinie des Deutschen Reiches, die Hitler, der das Reich zum totalen Machtstaat pervertierte, ad absurdum geführt hatte. Auf den Trümmern einer Politik, die Deutschland und Europa zwei Weltkriege beschert und für Deutschland in der totalen Niederlage geendet hatte, fand sich der Grundgesetzgeber wieder. Die Lehren aus der Geschichte lagen auf der Hand, und sie wurden gezogen. Es galt, dem neuen Staatswesen eine in jeder Hinsicht »neue Ordnung« zu geben.

Man sollte meinen, die Europapolitik der Bundesregierungen seit 1949 schaffe die nötige Klarheit, bemühe sie sich doch, die deutsche Frage im Zusammenwirken mit den Nachbarn zu lösen, um ihren Ängsten vor einer Wiederherstellung eines voll souveränen und nicht gebundenen, nicht integrierten deutschen Nationalstaates zwischen Ost und West vorzubeugen. Ist es demnach nur üble Nachrede, wenn der Schlußsatz der Präambel »an das gesamte Deutsche Volk« als Aufforderung zur Wiederherstellung der preußisch-deutschen Großmacht, des Bismarck-Reiches, mißverstanden wird? Leider nein, tatsächlich ist dieses Mißverständnis immer noch verbreitet, und die Politik hat es bislang nicht vermocht, darüber eindeutig aufzuklären. So waren nicht wenige deutsche und ausländische Kritiker blind gegenüber dem Neuen im Grundgesetz und den von ihm gesetzten Standards für den politischen Umgang mit der deutschen Frage in Europa.

Der vorliegende Sammelband zeigt aus heutiger Sicht die breite Spannweite politischer und gesellschaftlicher Vorstellungen und Ideen zum Auftrag des Grundgesetzes. Dabei dürfen die Elemente der europäischen Friedensordnung und der nationalen Einheit nicht gegeneinander ins Feld geführt werden. Es darf auch keine künstliche Rangordnung konstruiert werden. Wenn jetzt die europäische Komponente von aktueller Brisanz und herausragender Bedeutung ist, gilt es, sie so zu gestalten, daß der Auftrag des Grundgesetzes, die nationale und staatliche Einheit zu wahren, dadurch gefördert wird. Was wir deshalb brauchen, ist eine Deutschland- und Europapolitik auf fester Grundlage, getragen von einem breiten überparteilichen Konsens.

Unser Land ist geteilt, aber die deutsche Nation besteht fort. CDU/CSU, SPD und FDP waren sich in der gemeinsamen Entschließung des Deutschen Bundestages vom 18. Januar 1984 einig, daß die Deutschen den Zustand der Teilung nicht aus eigener Kraft ändern können. Wir müssen ihn aber erträglicher und weniger gefährlich machen. Ändern wird er sich nur im Rahmen einer dauerhaften Friedensordnung in Europa. Es bleibt unsere Aufgabe, »auf einen Zustand des Friedens hinzuwirken, in dem das deutsche Volk in freier Selbstbestimmung seine Einheit wiedererlangt«. Die Präambel des Grundgesetzes bedarf keiner Änderung, weil sie die Lehren aus der Geschichte gezogen hat. Wir müssen diese Lehren nur beherzigen. Deutschlandpolitik, so hat der Deutsche Bundestag damals bekräftigt, ist zugleich europäische Friedenspolitik. Europäische Friedenspolitik liegt daher in unserem nationalen Interesse. Die Deutschen wollen in Frieden miteinander leben und dem Frieden in Europa dienen. Diesem Ziel müssen unsere Anstrengungen gelten.

Wir widmen dieses Buch dem langjährigen Vorsitzenden des Kuratoriums Unteilbares Deutschland, Dr. Johann Baptist Gradl.

Die Herausgeber

I

Die Präambel aus der Sicht von Parteien, Kirchen und gesellschaftlichen Organisationen in der Bundesrepublik Deutschland

Helmut Kohl

Die Präambel des Grundgesetzes aus der Sicht der CDU

I.

In diesem Jahr blicken wir zurück auf die inzwischen 40jährige Geschichte der Bundesrepublik Deutschland. Am 23. Mai 1989 jährt sich der Tag der Verkündung des Grundgesetzes durch den Präsidenten des Parlamentarischen Rates, Konrad Adenauer, zum 40. Male.
Dieses Jubiläumsjahr läßt uns Bilanz ziehen von 40 Jahren erfolgreichen Auf- und Ausbaus eines demokratischen und sozialen Rechtsstaates im freien Teil Deutschlands. Unsere staatliche Ordnung hat sich in diesen Jahren als ebenso stabil wie entwicklungsfähig erwiesen.
Für die Menschen in der Bundesrepublik Deutschland sind diese 40 Jahre eine Periode des Friedens in Freiheit gewesen, wie sie früheren Generationen kaum je vergönnt gewesen ist. Unser Gemeinwesen genießt die Zustimmung seiner Bürger, die Freundschaft seiner Verbündeten und Achtung auf der ganzen Welt. Die Bundesrepublik Deutschland und ihre Bürger können heute mit berechtigtem Stolz auf das Geleistete schauen.
Aber nicht alle Deutschen haben Grund zur Zufriedenheit. Gegen seinen Willen muß auch heute noch ein Teil unseres Volkes in Unfreiheit leben. Und obwohl die Menschen in Deutschland zusammengehören und zusammenleben wollen, dauert die staatliche Trennung an. 40 Jahre Bundesrepublik Deutschland: Das sind eben auch 40 Jahre vergeblichen Bemühens um die Wiederherstellung der Einheit.
Die Teilung Deutschlands hat ihre Ursache darin, daß die Sowjetunion den von ihr im Zuge des Zweiten Weltkrieges besetzten Ländern ihre Herrschaft aufgezwungen hat und bis heute Freiheit und Selbstbestimmung vorenthält.
Seit Ende 1947 hatten denn auch die Sowjetunion und die von ihr in der sowjetischen Besatzungszone eingesetzte politische Führung die Gründung eines kommunistischen deutschen Teilstaates vorbereitet – im Widerspruch zur Hoffnung aller Deutschen auf ein in Frieden und Freiheit geeintes Deutschland. Ich erinnere nur an die Zwangsvereinigung der SPD mit der KPD und an die Absetzung der gewählten CDU-Führung unter Jakob Kaiser.

Die Deutschen, die in ihrer Mehrheit die Einheit Deutschlands auf friedlichem Wege wiederhergestellt sehen wollten – aber nicht unter sowjetischer Oberhoheit, sondern als gleichberechtigte Partner in einem freien Europa –, blickten deshalb voller Erwartung auf die Konstituierung des Parlamentarischen Rates am 1. September 1948 in Bonn. Wunsch der Väter und Mütter unseres Grundgesetzes war es, einerseits eine möglichst stabile staatliche Ordnung zu schaffen, andererseits aber auch deutlich zu machen, daß die Bundesrepublik Deutschland nur ein Provisorium bis zum Tage der Wiedervereinigung in freier Selbstbestimmung sein würde.
Die Präambel des am 23. Mai 1949 in Bonn feierlich verkündeten Grundgesetzes bringt deshalb den Willen des deutschen Volkes zum Ausdruck, »seine nationale und staatliche Einheit zu wahren und als gleichberechtigtes Glied in einem vereinten Europa dem Frieden der Welt zu dienen«.
Sie drückt zugleich die Absicht aus, daß dem staatlichen Leben in den Bundesländern der drei westlichen Zonen »für eine Übergangszeit eine neue Ordnung« gegeben werden sollte, und erklärt, daß die Bevölkerung dieser Bundesländer – vertreten durch die gewählten Landtage – beim Beschluß des Grundgesetzes »auch für jene Deutschen gehandelt« habe, »denen mitzuwirken versagt war«. Sie schließt mit dem Satz: »Das gesamte Deutsche Volk bleibt aufgefordert, in freier Selbstbestimmung die Einheit und Freiheit Deutschlands zu vollenden.«
Für diesen Auftrag des Grundgesetzes hat sich die Christlich-Demokratische Union Deutschlands von Anfang an eingesetzt. Zugleich galt es, Deutschland aus der Isolierung herauszuführen und seinen freien Teil als ein geachtetes Mitglied in die Gemeinschaft der freien Völker zurückzuführen.
Denn keines seiner beiden großen Ziele konnte – und kann – das deutsche Volk aus eigener Kraft erreichen:
- die Freiheit jener Deutschen zu erhalten, die sie bereits haben;
- die Freiheit für jene Deutschen wiederzuerlangen, die sie noch nicht haben.

Dies alles war nach Überzeugung Adenauers und der Bevölkerungsmehrheit in der Bundesrepublik Deutschland nur möglich durch eine enge und unwiderrufliche Bindung an den Westen. Im Kern handelte es sich um ein klares Votum für – wie es in der Präambel des Nordatlantikvertrages heißt – die Grundsätze der Demokratie, der Freiheit der Person und der Herrschaft des Rechts. Es war eine Entscheidung für Demokratie und gegen Diktatur, geprägt von den bitteren Erfahrungen mit Krieg und totalitärer Herrschaft.
Dieser Politik lag eine ethisch begründete Prämisse zugrunde, die bis heute ihre Gültigkeit behalten hat: Die Freiheit ist Bedingung der Einheit; sie darf nicht ihr Preis sein. Dies gilt für die Deutschen hüben wie drüben. Alle wollen die Einheit. Aber dabei wollen die Deutschen in der DDR – ebenso

wie die Menschen in den anderen Staaten des Warschauer Paktes – die Freiheit gewinnen, und die Deutschen in der Bundesrepublik Deutschland wollen sie nicht verlieren.

II.

Die Regierung Konrad Adenauer hat sich deshalb im Sinne des Auftrages der Präambel des Grundgesetzes um die Durchführung von freien Wahlen in ganz Deutschland bemüht. Dies erschien um so wichtiger, als am 15. Oktober 1950 in der DDR Scheinwahlen nach der Einheitsliste durchgeführt worden waren. Die Bundesregierung legte am 27. September 1951 dem Deutschen Bundestag eine 14-Punkte-Erklärung vor, in der die Grundsätze für ein gesamtdeutsches Wahlgesetz festgelegt wurden. Danach sollte eine neutrale internationale Kommission unter Kontrolle der Vereinten Nationen die Möglichkeit freier Wahlen prüfen.
Die von der Generalversammlung der Vereinten Nationen am 20. Dezember 1951 eingesetzte Kommission wurde jedoch von der Sowjetunion und ihren Verbündeten boykottiert: Am 18. Januar 1952 schied Polen – offenbar auf Druck der Sowjetunion – aus dieser Kommission aus; und am 28. Februar 1952 lehnte die DDR-Regierung den inzwischen eingegangenen Einreiseantrag der UNO-Kommission ab. Alle Appelle und Proteste der Kommission blieben ohne Antwort, so daß sie am 30. April 1952 ihren Auftrag als endgültig gescheitert erklärte.
Wenn man sich diesen Sachverhalt in Erinnerung ruft, kommt man zu dem Schluß, daß es heute genauso töricht wie in den fünfziger Jahren ist, von »verpaßten Chancen« der Wiedervereinigung, vor allem im Zusammenhang mit Stalins Note vom 10. März 1952, zu reden. Eine echte Chance, zu einer Wiedervereinigung in Frieden *und Freiheit* zu gelangen, war dem deutschen Volk durch die Note Stalins nicht gegeben. Der Regierung Adenauer und der Mehrheit der Bevölkerung war klar, daß diese Note – sie wurde übermittelt, während die Verhandlungen über den Generalvertrag und über die EVG in ihr entscheidendes Stadium getreten waren – die Westintegration der Bundesrepublik Deutschland verhindern, mindestens tiefgreifend stören sollte. Dies entsprach nicht dem vitalen Interesse der Deutschen.
Nur eine starke westliche Allianz – davon war Konrad Adenauer fest überzeugt – konnte die Freiheit der Bundesrepublik Deutschland erhalten. Deshalb wurde die auch von breiten Teilen der Bevölkerung als richtig erkannte und in vielen Wahlen von der Mehrheit der Wähler bestätigte Entscheidung für die Integration der Bundesrepublik Deutschland in das westliche Bündnissystem konsequent weitergeführt – trotz heftiger propagandistischer Angriffe aus den kommunistischen Staaten.

Mit dem Abschluß des Deutschlandvertrages von 1952 gelang es Adenauer, die drei Westmächte auf sein Konzept der Einheit in Freiheit vertraglich festzulegen. In diesem Vertragswerk stellen unsere wichtigsten Verbündeten fest, daß die friedensvertragliche Regelung für ganz Deutschland und die Wiedervereinigung grundsätzliche Ziele auch ihrer Politik sind.

III.

Gleichzeitig mit der Neufassung des Deutschlandvertrages, der die Beziehungen zwischen der Bundesrepublik Deutschland und den Drei Mächten regelt, wurde am 23. Oktober 1954 in Paris ein Protokoll über die Beendigung des Besatzungsregimes in der Bundesrepublik Deutschland unterzeichnet. In einer – leider zu wenig bekannten – Proklamation am Tag der Souveränität, dem 5. Mai 1955, hat Konrad Adenauer besonders prägnant formuliert:
»Wir stehen als Freie unter Freien, den bisherigen Besatzungsmächten in echter Partnerschaft verbunden... Freiheit verpflichtet. Es gibt für uns im Inneren nur einen Weg: den Weg des Rechtsstaates, der Demokratie und der sozialen Gerechtigkeit. Es gibt für uns in der Welt nur einen Platz: an der Seite der freien Völker. Unser Ziel: in einem freien und geeinten Europa ein freies und geeintes Deutschland.«
»Wir stehen als Freie unter Freien«: In diesen Worten Adenauers zeigt sich der berechtigte Stolz des ersten Bundeskanzlers der Bundesrepublik Deutschland über die wiedergewonnene Souveränität. Seitdem ist unser Land ein angesehener und gleichberechtigter Partner im westlichen Bündnis und in der Welt. Alles Gerede von angeblich eingeschränkter Souveränität – oft auch verbunden mit nationalistischen Untertönen –, das wir in letzter Zeit hierzulande gehört haben, zeugt von mangelndem Selbstbewußtsein und schadet dem Ansehen unseres Staates.
»Es gibt für uns in der Welt nur einen Platz: an der Seite der freien Völker« – auch diese Aussage gilt unverändert. Dies habe ich in allen Regierungserklärungen seit 1982 betont. An der festen Zugehörigkeit der Bundesrepublik Deutschland zur westlichen Wertegemeinschaft darf kein Zweifel aufkommen; diese Standortbestimmung ist Teil unserer Staatsräson. Die CDU wird keine Politik betreiben, unterstützen oder tolerieren, die auf einen neutralistischen Sonderweg hinausläuft.

IV.

Mit aller Deutlichkeit hat Konrad Adenauer auch das Verhältnis der beiden Verfassungsziele »Wiedervereinigung Deutschlands« und »Europäische

Integration« zueinander beschrieben: »Unser Ziel: In einem freien und geeinten Europa ein freies und geeintes Deutschland«.

In der europäischen Perspektive liegt Deutschlands Zukunft – und mit »Deutschland« ist nicht allein die Bundesrepublik gemeint. Die europäische Einigungspolitik bildet nach wie vor die einzig sinnvolle Antwort auf die ungelöste deutsche Frage. Europa muß den Rahmen bilden, in dem alle Deutschen in Einheit und Freiheit zusammenkommen können.

Deshalb ist es absurd, wenn manche hier einen Widerspruch zu konstruieren suchen – einen Widerspruch zwischen den Zielen deutscher Wiedervereinigung und europäischer Einigung. Man hört dann gelegentlich, im Kollisionsfall müsse das Wiedervereinigungsgebot Vorrang haben. Das heißt im Klartext: Sobald die Einigung Europas einen Grad erreicht habe, der die Wiedervereinigung Deutschlands zu vereiteln drohe, dürfe die Bundesrepublik Deutschland dabei nicht länger mitmachen. Und diesem Punkt, so wird wieder einmal behauptet, seien wir jetzt sehr nahe.

Eine solche Behauptung ist ja nicht sehr originell. Seit Errichtung der Bundesrepublik Deutschland ist sie immer wieder zur Diskussion gestellt – und aus guten Gründen immer wieder verworfen worden. Es ist erstaunlich, mit welcher Beharrlichkeit solche Fehlurteile sich in der Geschichte und Gegenwart wiederholen. Treffend urteilte Konrad Adenauer in seinen Erinnerungen über diesen Irrtum:

»In Deutschland waren Auffassungen vertreten, nach denen es für uns entweder nur eine Politik für Europa oder aber eine Politik für die deutsche Einheit gäbe. Ich hielt dieses ›Entweder – Oder‹ für einen sehr verhängnisvollen Irrtum. Es konnte niemand erklären, wie ohne ein starkes und einiges Europa die deutsche Einheit in Freiheit zu verwirklichen wäre.«

Solche Überlegungen, wie sie schon Adenauer bekämpfte, müssen wir auch heute in aller Deutlichkeit zurückweisen.

In Wahrheit gibt es zwischen Wiedervereinigung und Westintegration keinen Widerspruch. Sie sind nicht konkurrierende, sondern parallellaufende – und ich meine sogar: zusammengehörige – Aufträge des Grundgesetzes. Die Passage in der Präambel des Grundgesetzes, in der *beide* Aufträge an das deutsche Volk formuliert sind, spricht für sich selbst: »... seine nationale und staatliche Einheit zu wahren *und* als gleichberechtigtes Glied in einem vereinten Europa dem Frieden der Welt zu dienen...«.

Diese Formulierung macht deutlich, daß die Väter und Mütter unserer Verfassung beides für miteinander vereinbar hielten. Die Wiedervereinigung Deutschlands ist Verfassungsauftrag; Friedenspolitik und europäische Einigung sind es ebenfalls.

Richtig ist natürlich auch, daß die Staatsorgane alles zu unterlassen haben, was die Wiedervereinigung vereiteln würde. Sie dürfen nichts unternehmen, was rechtlich oder tatsächlich einer Wiedervereinigung in Freiheit offensichtlich entgegenstünde. Ich kann aber nicht erkennen, inwieweit die

Zugehörigkeit der Bundesrepublik Deutschland zu einem europäischen Bundesstaat – den Vereinigten Staaten von Europa – ein *rechtliches* Hindernis dafür bilden könnte, »in freier Selbstbestimmung die Einheit und Freiheit Deutschlands zu vollenden«. Es geht nämlich um beides: um Einheit *und* Freiheit.

Wenn aber die Freiheit der Kern der deutschen Frage ist – wie sollte dann ein freiheitlich verfaßter europäischer Bundesstaat im Wege stehen, wenn sich endlich allen Deutschen die Chance gemeinsamer Freiheit böte? Wer meint, in einem solchen europäischen Verbund ein *»tatsächliches«* Hindernis für die Wiedervereinigung in Freiheit zu erkennen, der hat entweder ein gestörtes Verhältnis zur Idee der Freiheit – oder aber das Ziel gemeinsamer Freiheit aus den Augen verloren.

Heute wie vor 40 Jahren war der Sinn der Westintegration,

- die Freiheit der Menschen in der Bundesrepublik Deutschland sowie ihrer Bündnispartner zu schützen und
- die Chance für gemeinsame Freiheit aller Deutschen und Europäer zu bewahren und zu fördern.

Daher sind Deutschland- und Europapolitik wie zwei Seiten derselben Medaille.

Wenn wir die europäische Einigung vorantreiben, dann nicht, weil wir unsere Landsleute in der DDR oder unsere europäischen Nachbarn in Mittel-, Ost- und Südosteuropa abgeschrieben hätten. Im Gegenteil: Wir vertrauen auf die große Anziehungskraft des europäischen Einigungswerkes.

Die Europäische Gemeinschaft wird mehr und mehr zu einem Kristallisationspunkt für das Europa der Freiheit – und gerade gegenwärtig erleben wir, wie der fortschreitende Prozeß der europäischen Einigung auch in den Staaten des Warschauer Paktes Eindruck macht. Es wächst dort das Bewußtsein, daß alte, verkrustete Strukturen aufgebrochen werden müssen, um Wege in eine bessere Zukunft zu eröffnen. Es besagt auch sehr viel, daß 1988 nicht nur der Rat für gegenseitige Wirtschaftshilfe, sondern sogar einzelne Mitgliedstaaten, allen voran Ungarn und die DDR, offizielle Beziehungen zur Europäischen Gemeinschaft aufgenommen haben. Andere Staaten werden diesem Beispiel folgen.

Indem wir uns in der Europäischen Gemeinschaft immer enger zusammenschließen, handeln wir also auch zum Wohle der Menschen im anderen Teil unseres Kontinents und in der Hoffnung, daß sie eines Tages in freier Selbstbestimmung dieses Werk des Friedens mitgestalten können. Gerade wir Deutschen müssen deshalb das größte Interesse daran haben, daß der europäische Einigungsprozeß voranschreitet. Das heißt auch: Wir müssen zu Kompromissen bereit sein, wenn wir nicht die großen Chancen verspielen wollen, die sich uns gemeinsam eröffnen.

V.

Der westeuropäische Integrationsprozeß ist inzwischen weit fortgeschritten. Der bis zum Ende des Jahres 1992 zu vollendende Binnenmarkt wird einen Raum ohne Binnengrenzen umfassen, in dem der freie Verkehr von Personen, Waren, Dienstleistungen und Kapital gewährleistet ist. Die CDU wird diesen Prozeß auch weiterhin mit aller Kraft fördern. Wir Christlichen Demokraten wollen die Vereinigten Staaten von Europa. Auf dem Weg dorthin bleibt der Ausbau der Europäischen Gemeinschaft zu einer Europäischen Union die entscheidende Zukunftsaufgabe.
Dabei strebt die CDU ein vielgestaltiges Europa an, in dem die gewachsenen – vor allem auch regionalen – Besonderheiten ihren Platz haben. Wir wollen kein Europa, das nationale Eigenheiten gleichsam in einem Schmelztiegel verschwinden läßt. Das Gegenteil ist der Fall. Die CDU bekennt sich deshalb zum Föderalismus als Leitbild für den Aufbau Europas. Ein föderalistisch aufgebautes Europa achtet auch die sprachliche, kulturelle und regionale Vielfalt seiner Völker und garantiert seinen ethnischen, sprachlichen und religiösen Gruppierungen den notwendigen Freiraum für ein friedliches Zusammenleben.
Diese Entwicklung ist um so beachtlicher, als noch vor wenigen Jahren Stagnation das Ost-West-Verhältnis und den Einigungsprozeß im freien Teil Europas prägte. Heute sind wir auf all diesen Feldern Zeugen einer neuen Dynamik, die vor wenigen Jahren von den wenigsten für möglich gehalten wurde.
Diese beiden dynamischen Prozesse – die neue Qualität des europäischen Einigungsprozesses und der politisch-gesellschaftliche Wandel in der Sowjetunion und in anderen Staaten Mittel-, Ost- und Südosteuropas – werden auf die künftige Architektur Europas Einfluß nehmen. Deshalb werden wir uns verstärkt dafür einsetzen, sie zu nutzen und gegenseitig fruchtbar zu machen.

VI.

Nicht historische Zwangsläufigkeiten sind es, die den Lauf der Geschichte bestimmen. Auf menschliches Wollen und Tun kommt es letztlich an. Dieses Wissen ruft uns in die Verantwortung. Es mahnt uns, hier und heute ins Werk zu setzen, was der Einheit der Nation und der Freiheit ihrer Menschen dient. Solange der Gegensatz von Freiheit und Unfreiheit die Überwindung der Teilung Europas und damit Deutschlands verhindert, ist es unsere Aufgabe, das heute Mögliche und Verantwortbare zu tun, um den Ost-West-Konflikt in Deutschland und in Europa zu mildern und auf seine Überwindung hinzuwirken.

Ich habe gegenüber Generalsekretär Gorbatschow mit aller Klarheit unsere Haltung zur offenen deutschen Frage zum Ausdruck gebracht. Dabei ist aber auch deutlich geworden, daß gerade in dieser Frage die prinzipiellen Gegensätze fortbestehen. Zu Pessimismus besteht dennoch kein Anlaß. Es ist meine feste Überzeugung, daß auf lange Sicht die Zeit nicht gegen, sondern für die Deutschen arbeitet.

Wenn Generalsekretär Gorbatschow in seinem Buch »Perestroika« schreibt, was in 100 Jahren sein werde, das solle die Geschichte entscheiden, dann erkennt auch er die historische Vorläufigkeit des Status quo an. Dabei sollte man sich jedoch vor allzu hochgesteckten Erwartungen hüten. Nach wie vor haben wir keinen Grund zu der Annahme, daß eine Lösung der deutschen Frage in greifbare Nähe gerückt ist.

Unter der Bedingung der andauernden Teilung Deutschlands ist die Politik des Dialogs, der praktischen Zusammenarbeit und der vertraglichen Abmachungen mit der DDR der geeignete Weg, um den Menschen im geteilten Deutschland konkret zu helfen und um das Bewußtsein für die fortbestehende Einheit der Nation zu schärfen und so den Zusammenhalt der Nation zu stärken. Im Vordergrund der Bemühungen stehen dabei die menschlichen Begegnungen. Diese Politik, die das Zusammengehörigkeitsgefühl der Deutschen bewahren und die Folgen der Teilung für die Menschen lindern will, war und ist erfolgreich und erfolgversprechend.

Verglichen mit dem Stand früherer Jahre ist das, was wir bisher für die Menschen in unserem geteilten Vaterland erreicht haben, nicht wenig. Aber es bedarf auch immer wieder neuer Anstrengungen, um es zu erhalten und um weiter darauf aufzubauen – und wir müssen immer das Ziel im Auge behalten, das uns unsere Verfassung setzt.

Die Präambel des Grundgesetzes ist mehr als eine romantische Hoffnung aus den späten vierziger Jahren, sie ist eine nationale und ethische Verpflichtung. Wir halten an ihrem Auftrag fest, weil diese Verpflichtung unvermindert weitergilt und weil dies dem Wunsch und Willen, ja der Sehnsucht der meisten Deutschen entspricht. Zugleich stand und steht für uns außer Zweifel: Nie wieder dürfen Androhung oder Anwendung von Gewalt Mittel der Politik sein. Dies ist die Mahnung des 50. Jahrestages des Beginns des Zweiten Weltkrieges, den wir 1989 ebenfalls begehen werden.

Auf keinen Fall kann die Präambel aus tagespolitischen Nützlichkeitsüberlegungen heraus zur Disposition gestellt werden, wie dies immer wieder geschieht. Wir finden uns mit der Teilung unseres Vaterlandes nicht ab. Es war und ist das Ziel der Christlich-Demokratischen Union Deutschlands, politische Bedingungen zu schaffen, die zur Vollendung der Einheit und Freiheit Deutschlands führen, wie es die Präambel des Grundgesetzes von uns fordert.

Hans-Jochen Vogel

40 Jahre Präambel des Grundgesetzes

I.

In diesem Beitrag ist eine politische, nicht eine rechtliche Auseinandersetzung mit der Präambel des Grundgesetzes gefordert. Für eine rechtliche Würdigung wäre der Hinweis wichtig, daß das Bundesverfassungsgericht in einem neueren Beschluß vom Oktober 1987 (2 BvR 373/83) die Gedankengänge seines Grundlagen-Urteils weiterentwickelt und ausdrücklich festgestellt hat, das Wahrungsgebot könne verfassungsrechtlich nur in den Grenzen des völkerrechtlichen Selbstbestimmungsrechtes Bestand haben. Zugleich heißt es dort, daß das Bundesverfassungsgericht der völkerrechtlichen Beurteilung der Rechtslage Deutschlands durch die zuständigen Staatsorgane nur entgegentreten könne, wenn sie offensichtlich völkerrechtswidrig wäre. Das läuft auf die Eröffnung weiterer Handlungsspielräume für die Politik hinaus. Und es zeigt, daß auch die verfassungsrechtliche Interpretation der Präambel nicht auf dem Stande von 1973 und erst recht nicht auf dem Stande von 1949 stehengeblieben ist.

II.

Das gilt in verstärktem Maße für die politischen Konzepte und Aktivitäten in dem Bereich, den die Präambel in ihren hier relevanten Teilen im Auge hat, also für die Deutschlandpolitik. Sie hat insgesamt, aber auch im Hinblick auf die Parteien der Bundesrepublik mehrere Phasen durchlaufen, wobei der regelmäßig zu hörende Vorwurf, die Vorstellungen und Handlungen der jeweils anderen Partei seien mit der Präambel unvereinbar, eher polemischer als substantieller Natur war. Nur so ist zu verstehen, daß die Union 1982 nach der Übernahme der Regierungsverantwortung die von ihr zuvor erbittert bekämpfte Deutschlandpolitik der sozialdemokratisch geführten Bundesregierungen Brandt und Schmidt ebenso übernommen hat, wie die deutsche Sozialdemokratie ihrerseits seit 1960 ungeachtet ihrer vorangegangenen Opposition gegen die konkreten Entscheidungen und Vertragswerke Adenauers die von ihm geschaffene West-Integration der Bundesrepublik anerkannt hatte.

Der Widerstand der SPD gegen die frühe Politik Adenauers beruhte im wesentlichen auf der Erwägung, daß sie die deutsche Einheit gefährde, ja ihre volle Wiederherstellung unmöglich mache. Durch die Erinnerungen von Carlo Schmid zieht sich bei seiner Beschreibung des Werdens der Bundesrepublik Deutschland wie ein roter Faden die Sorge führender Sozialdemokraten, daß in einem Teil Deutschlands eine politische Ordnung geschaffen werde, die sich als Hindernis für die Einheit Deutschlands auswirke. Und er beschreibt Kurt Schumacher als den deutschen Patrioten, der von dem Glauben besessen war, die Sozialdemokratie müsse alle ihre Energien für die Erringung der Freiheit Deutschlands von der Bestimmung fremder Mächte sowie für die Ausformung eines substantiellen demokratischen Regimes einsetzen. Aus dieser Sicht waren Demokratie und Selbstbestimmungsrecht elementare Voraussetzungen, zu denen es gerade auch angesichts der abschreckenden Entwicklung in den sogenannten Volksdemokratien während der fünfziger und sechziger Jahre keinerlei Alternativen gab. Aber es war auch Schumachers Sorge, die demokratische Bundesrepublik schlage einen außenpolitischen Weg ein, der nicht zur Einheit, sondern zur Vertiefung der Spaltung führen werde.
Der größere zeitliche Abstand läßt heute manches klarer erscheinen als damals, und zwar sowohl in persönlicher als auch in programmatischer Beziehung. So kommt Heinrich August Winkler in seinem ZEIT-Artikel vom 7. Oktober 1988 zu dem Ergebnis, für Adenauer sei die Wiedervereinigung zu keiner Zeit ein vordringliches Ziel gewesen. Und auch andere Historiker vertreten heute – wenn auch mit unterschiedlichen Akzenten – die Ansicht, von einer Wiedervereinigungspolitik des ersten Bundeskanzlers könne im Ernst nicht gesprochen werden. Die Integrationspolitik in das westliche politische und militärische Bündnis sei ihm wichtiger gewesen. Und er wußte ja wohl auch ziemlich genau, daß sich Wiederbewaffnung und Wiedervereinigung gegenseitig ausschlossen. Wenn er trotzdem immer wieder erklärte, nur seine Politik, die Politik der Stärke, könne die Wiedervereinigung herbeiführen, verfolgte er damit tatsächlich ganz andere Zwecke. Ihm ging es um die Wählermehrheit, die er über die bittere deutschlandpolitische Konsequenz seiner Entscheidung für die Westbindung im unklaren lassen und die er zugleich für seinen Kurs eines massiven innen- und außenpolitischen Antikommunismus gewinnen wollte.
Die Frage, ob es damals zur Westintegration wirklich eine erfolgversprechende Alternative gegeben hätte, wird sich wahrscheinlich auch in Zukunft nicht zuverlässig beantworten lassen. Jedenfalls ist das Angebot Stalins aus dem Jahre 1952, eine Viererkonferenz abzuhalten und die Wiedervereinigung Deutschlands zu akzeptieren, falls es sich der NATO fernhalte, auch von Adenauer und den westlichen Alliierten in einer Weise behandelt worden, die erhebliche Zweifel daran rechtfertigt, daß man auch nur zu einer ernsthaften Prüfung bereit war.

Adenauer setzte sich durch, weil ihm die Mehrheit der Wählerschaft folgte. Dabei spielte die verständliche Angst vor den stalinistischen Praktiken ebenso eine Rolle wie der rasche wirtschaftliche Wiederaufstieg. Kurt Schumacher bekämpfte die Montan-Union, das Projekt einer Europäischen Verteidigungsgemeinschaft und den Europarat nicht, weil sie ihm zu europäisch gewesen wären, sondern weil sie ihm nicht europäisch genug waren (Carlo Schmid), aber auch weil sie nach seiner Überzeugung die Spaltung vertieften. Er wurde nicht müde zu fordern: »Keine Integration der Bundesrepublik in einen irgendwie benannten Block vor Wiederherstellung der Einheit Deutschlands, denn dann wird die Wiedervereinigung nie kommen.« Im Zeichen des Kalten Krieges und der Strategie des »roll back« warnte er davor, von der Hoffnung zu leben, daß die letzte Schlacht vom Westen gewonnen werde. Auch sein Nachfolger Erich Ollenhauer wandte sich gegen eine Politik der Stärke und versuchte, zusammen mit Herbert Wehner ein Konzept zu entwickeln, das eine schrittweise Annäherung der beiden deutschen Staaten bis hin zur Erreichung eines Zustandes vorsah, der der Sowjetunion nicht mehr als Gefährdung ihrer Sicherheit erscheinen konnte.

Die Politik der Stärke erwies sich schon gegen Ende der fünfziger Jahre zunehmend als Illusion. Mit dem Bau der Mauer am 13. August 1961 wurde ihr Scheitern offenkundig. Zugleich wurde erkennbar, daß sich die Supermächte auf eine Abgrenzung ihrer Interessensphären in Europa verständigt hatten, die der Sowjetunion die Gewißheit gab, die USA würden gegen die endgültige Zerreißung Berlins nichts unternehmen.

Im nachhinein betrachtet, war also die Zeitspanne, in der sich die offizielle Politik der Bundesrepublik verbal am häufigsten und nachdrücklichsten auf die Präambel berief und sie dahin interpretierte, daß das rechtlich in den Grenzen von 1937 fortbestehende Reich wiederhergestellt werden müsse, zugleich diejenige, in der sich die beiden deutschen Staaten am stärksten auseinanderentwickelten, in der die Kontakte und Beziehungen über die deutsch-deutsche Grenze hinweg fast völlig zum Erliegen kamen und in der die für den Fortbestand der Nation essentiellen Gemeinschaften den stärksten Belastungen ausgesetzt waren.

III.

Die Sozialdemokratie zog daraus in den sechziger Jahren die entscheidenden Konsequenzen. Sie stellte die Westbindung nicht in Frage. Aber sie entwickelte unter der Führung Willy Brandts eine Ost- und Deutschlandpolitik, die daranging, das Nebeneinander der beiden deutschen Staaten zu organisieren; der praktische Erleichterungen für die Menschen wichtiger waren als die Aufrechterhaltung des – von der Präambel gar nicht gebotenen – Alleinvertretungsanspruchs; die gerade dadurch die Geschichts-, Kultur-, Sprach- und Gefühlsgemeinschaft der Deutschen in beiden Staaten und damit den Kernbereich dessen stärkte, was die Präambel der Politik zu bewahren aufgegeben hat; und deren von Egon Bahr geprägter und von der Union immer wieder verdächtigter Leitsatz »Wandel durch Annäherung« inzwischen durch die tatsächliche Entwicklung eine Rechtfertigung erfahren hat, deren Ausmaß weit über die seinerzeitigen Erwartungen hinausgeht. Denn niemand wird heute im Ernst bestreiten, daß es zwischen der sozialdemokratischen Ost- und Deutschlandpolitik und den Veränderungen in der Sowjetunion, aber – bei allem, was dort rascher und konsequenter vor sich gehen sollte – im Vergleich zu 1961 auch in der DDR einen unmittelbaren Zusammenhang gibt.

Der erste Schritt auf diesem Weg war das Passierscheinabkommen von 1963. Es ermöglichte den Bewohnern von Berlin-West, die seit 1952 praktisch nicht mehr in die DDR und seit 1961 auch nicht mehr in den Ostteil der Stadt reisen konnten, erstmals wieder den Besuch ihrer dort lebenden Verwandten. Ihm folgten weitere Vereinbarungen gleichen Inhalts. Und nach der Regierungsübernahme im Herbst 1969 das Vier-Mächte-Abkommen über Berlin im Jahre 1970 und der Grundlagenvertrag im Jahre 1972 sowie ebenfalls im Jahre 1970 der Moskauer und Warschauer Vertrag.

Diese Verträge haben normalisierend, stabilisierend und friedenssichernd gewirkt. Sie haben Reise- und Besuchsmöglichkeiten eröffnet, die so im Zeitpunkt ihres Abschlusses nicht für denkbar gehalten worden sind. Und das Netz von Vereinbarungen und Kontakten – ich erinnere nur an die Städtepartnerschaften –, das auf ihrer Grundlage geknüpft worden ist, wächst nicht nur weiter, sondern hat auch Belastungen standgehalten, wie sie etwa mit der Phase der Raketenstationierungen in den Jahren 1983 bis 1986 verbunden waren. Die Besuche Helmut Schmidts am Werbellinsee und Erich Honeckers in Bonn waren die sichtbarsten äußeren Zeichen dieses Prozesses.

Der Logik und Stringenz dieser Konzeption, die so erkennbar den Interessen der Menschen in beiden deutschen Staaten und dem Frieden in Europa dient, konnte sich auch die Union nicht entziehen. Ihr blieb gar nichts anderes übrig, als die Politik, die sie so entschieden bekämpft hatte, nach der Regierungsübernahme im Oktober 1982 auf die ihr mögliche Weise fortzusetzen. Ähnliches gilt übrigens auch für den Helsinki-Prozeß, der ohne die Ost- und Deutschlandpolitik der siebziger Jahre ebenfalls nicht in Gang gekommen wäre und dessen Grundlage – die Schlußakte von Helsinki – die Union nicht minder nachdrücklich abgelehnt hat.

In diesem Kontext muß es verwundern, daß die Union im Juni 1988 in einem Beschluß ihres Wiesbadener Parteitags neuerdings behauptet hat: »Die Wiedervereinigung Deutschlands in Freiheit war und ist das vordringlichste Ziel unserer Politik.« Daß dies für die Regierungszeit Konrad

Adenauers nicht galt, habe ich bereits dargetan. Heute ist es nicht minder unrichtig. Denn natürlich ist der Union die Zugehörigkeit zur NATO oder die Schaffung einer Europäischen Union oder auch schon die Verwirklichung des Binnenmarktes wichtiger und dringlicher als die Wiedervereinigung.

IV.

Die Väter und Mütter des Grundgesetzes hatten 1949 keine abschließende Vorstellung davon, wie sich die Vollendung der Einheit und Freiheit Deutschlands vollziehen und zu welchem Ergebnis sie führen könnte. Sie wollten nur, daß die Selbstbestimmung der Deutschen den Ausschlag gäbe, daß sie keinesfalls den Frieden gefährde und daß es zu einem Vereinten Europa komme. Und sie gingen davon aus, daß die Lösung der deutschen Frage alsbald erfolgen würde. Viele Jahrzehnte deutscher Teilung wären ihnen kaum vorstellbar gewesen.
Heute, 40 Jahre später, ist uns die Antwort der Geschichte noch immer verborgen. Aber wir wissen, welche Politik geholfen hat, die von Hitler verschuldeten Folgen der Teilung zu mildern, den Frieden sicherer zu machen, den europäischen Einigungsprozeß voranzubringen und bei all dem das Gefühl, über Grenzen hinweg einer Nation anzugehören, lebendig zu halten. Und wir wissen auch: Ohne Anerkennung der DDR als souveräner Staat und ohne die Anerkennung der Unverletzlichkeit der nach 1945 in Europa entstandenen Grenzen, das heißt aber ohne Aufgabe des Gedankens, es könne eines Tages wieder an den Zustand vor 1945 oder gar an das Bismarck-Reich angeknüpft werden, wäre all das nicht zu erreichen gewesen.
Was ergibt sich daraus für die Zukunft? Ich meine vor allem viererlei:
Erstens: Wir müssen die bisherige Deutschlandpolitik fortsetzen. Die Chancen, daß dabei weitere Fortschritte erzielt werden können, haben sich durch die Gorbatschowsche Politik des Umbaus und der Erneuerung in der Sowjetunion und die in Gang gekommenen Wandlungen des Weltkommunismus verbessert. Wer die Grundlagen dieser Deutschlandpolitik in Frage stellt, indem er etwa die staatliche Selbständigkeit der DDR bezweifelt oder von neuem Grenzfragen aufwirft, macht diese Chancen zunichte.
Zweitens: Der Umgang zwischen der DDR und uns muß noch stärker als bisher vom Abbau von Feindbildern und vom Übergang zu einem friedlichen Wettbewerb der Systeme und einer systemöffnenden Zusammenarbeit geprägt werden. Das ist auch eine Voraussetzung dafür, daß die Selbstbestimmung der Deutschen auch in der DDR zunimmt. Das Streit- und Dialogpapier, das in einem langen und nicht einfachen Prozeß von Mitgliedern meiner Partei und Repräsentanten der SED erarbeitet worden ist, zielt in

diese Richtung. Es verwischt keine Unterschiede. Es verdrängt nicht die Opfer, die in den Jahren der Zwangsvereinigung und im Widerstand gegen den Stalinismus gerade von Sozialdemokraten gebracht worden sind. Aber es setzt Maßstäbe, an denen sich die Realität in beiden deutschen Staaten messen lassen muß. Etwa den, daß die offene Diskussion über die Erfolge und Mißerfolge der unterschiedlichen Systeme innerhalb jedes Systems ebenso möglich sein muß wie die Reform der Systeme aufgrund solcher Diskussionen. Oder daß der umfassenden Information der Bürger in Ost und West eine wachsende Bedeutung zukommt und daß deshalb die wechselseitige Verbreitung von periodisch und von nichtperiodisch erscheinenden Zeitungen und gedruckten Veröffentlichungen erleichtert werden muß. Auch in der DDR-Führung weiß man übrigens, daß die Bürgerinnen und Bürger eines auch technologisch entwickelten Industriestaates im Herzen Europas, die über das, was um sie herum vorgeht, genau im Bilde sind, nicht auf Dauer im Zustand einer beschränkten Mündigkeit gehalten werden können. Sondern daß diese Menschen ein höheres Maß an Selbstverantwortung und Entfaltungsmöglichkeit verlangen. Und diese Kräfte wissen auch, daß die Erfüllung dieser Wünsche die Stabilität der DDR, ihr internationales Gewicht und das Selbstbewußtsein ihrer Gesellschaft nicht mindern, sondern heben würde. Wir können eine solche Entwicklung weder durch Konfrontation noch durch Destabilisierung fördern, sondern nur durch einen Kurs, der Offenheit mit kluger Beharrlichkeit verbindet.

Drittens: Die Aussichten für die Entwicklung einer europäischen Friedensordnung, deren Ansätze ja inzwischen deutlich über die Schlußakte von Helsinki hinausgekommen sind, stehen günstig. Günstiger jedenfalls als vor zehn oder gar 20 Jahren. Gefördert wird sie sowohl durch den Einigungsprozeß in West-Europa als auch durch die Veränderungen in Ost-Europa, zu denen auch die häufige Unterstreichung des Gedankens vom Gemeinsamen Europäischen Haus gehört. Eine solche Friedensordnung wäre eine Ordnung, die die Grenzen durchlässiger macht, Feindbilder überwindet, die individuellen und die sozialen Menschenrechte stärkt und den Deutschen ohne Rücksicht auf ihre staatliche Organisation erlaubt, sich weiterhin als Glieder einer Geschichts-, Kultur-, Sprach- und Gefühlsgemeinschaft, also einer Nation zu verstehen, innerhalb deren unterschiedliche Gesellschaftsordnungen miteinander im friedlichen Wettbewerb stehen. Innerhalb einer solchen Ordnung erschiene ein Zustand denkbar, der den Zielen der Präambel näher kommt als der heutige und der vielleicht sogar als die Antwort auf die deutsche Frage empfunden werden könnte und dann auch friedensvertragliche Qualität besäße.

Viertens: Die Grundlagen für den Fortbestand der Nation, die von mir mehrfach genannten Gemeinschaften, können weder verordnet noch abgeschafft werden. Von uns nicht und von der DDR nicht. Ihre Existenz und ihre Dichte ist primär den Menschen selbst und erst in zweiter Linie der

Politik anvertraut. Eben deshalb ist es notwendig, den Menschen durch die Politik nicht illusionäre Ziele zu setzen, die Enttäuschungen zur Folge haben und den Willen zum Erhalt der gemeinsamen Nation schwächen. Vielmehr müssen den Deutschen in beiden Staaten weiterhin mehr und bessere Möglichkeiten gegeben werden, ihr Zusammengehörigkeitsgefühl in Begegnungen, Reisen, Zusammenarbeit und anderen Kontakten zu beleben und zu stärken. Durch millionenfache Nutzung solcher Möglichkeiten haben die Menschen bisher die deutsche Nation erhalten. Sie werden das auch künftig tun.

Wolfgang Mischnick

Die Präambel des Grundgesetzes für die Bundesrepublik Deutschland aus der Sicht der FDP

Die Präambel des Grundgesetzes der Bundesrepublik Deutschland legt in wenigen Sätzen eine politische Grundsatzorientierung fest: Die Wahrung der nationalen Einheit und der Auftrag als gleichberechtigtes Glied in einem vereinten Europa dem Frieden zu dienen, werden dem deutschen Volk als Leitlinie mit auf den Weg gegeben.

Ruft man sich das Europa des Jahres 1949 in die Erinnerung zurück, eine Zeit, in der die Folgen des Dritten Reiches bei uns und unseren Nachbarn noch gegenwärtig waren, muß man den Verfassern der Präambel – vor allem Theodor Heuss – für die politische Weitsichtigkeit danken, die Deutschland als gleichberechtigtes Glied in einem vereinten Europa sahen. Das Grundgesetz sieht also die Lösung der deutschen Frage in der Errichtung einer europäischen Friedensordnung. Die Einpassung des sich entwickelnden Staates in einen größeren Rahmen kommt im Grundgesetz an mehreren Stellen zum Ausdruck. Die Sicherheit der Bundesrepublik Deutschland sollte nicht durch eigene Machtentfaltung gewährleistet werden, sondern durch die Einordnung in ein kollektives Sicherheitssystem (Art. 24 GG).

Das Streben nach Einheit ist daher ein in die Zukunft gerichtetes nationales wie europäisches Ziel. Zwischen der Verpflichtung, in einem geeinten Europa dem Frieden der Welt zu dienen, und dem oft zitierten Satz der Präambel: »Das gesamte Deutsche Volk bleibt aufgefordert, in freier Selbstbestimmung die Einheit und Freiheit Deutschlands zu vollenden« besteht ein tiefer inhaltlicher Zusammenhang. Diese Formulierung hat keinen unfriedlichen Unterton. Es ist ein Auftrag an alle Deutschen, der im Rahmen ihrer Verpflichtung, in einem vereinten Europa dem Frieden der Welt zu dienen, zu erfüllen ist. Der einleitende Satz der vom Bundeshauptausschuß der FDP am 19. November 1988 beschlossenen Thesen zur Deutschland- und Berlin-Politik greift diesen Zusammenhang auf: »Beides, die Einheit der Nation und den Frieden in Europa zu bewahren, ist der Auftrag unserer Verfassung.«

Die Verfasser des Grundgesetzes stellen die Vollendung der Einheit und Freiheit nebeneinander. Beides ist gleichermaßen anzustreben. Ihnen war bewußt, daß das Fundament der Einheit die Freiheit ist. Wir sind zwar

aufgefordert, die Einheit Deutschlands wieder herbeizuführen, aber nicht um den Preis der Freiheit und des Friedens in Europa.
Die Präambel des Grundgesetzes fordert freie Selbstbestimmung für das gesamte deutsche Volk. Auch die Bürger der DDR sind aufgefordert, die Einheit und Freiheit Deutschlands mitzuvollenden. Da dies in freier Selbstbestimmung zu geschehen hat, schließt es natürlich die Möglichkeit ein, daß sich das deutsche Volk auch gegen die Einheit aussprechen kann.
In den Perspektiven der Deutschlandpolitik, die der Bundesparteitag der FDP in Mainz am 27.10.1975 beschlossen hat, heißt es: »Einheit um jeden Preis ist kein Ziel liberaler Politik. Ob Angehörige eines Volkes oder einer Volksgruppe oder mehrerer Volksgruppen in einem Einheitsstaat, einem Bundesstaat, einer Konföderation oder in getrennten Staaten leben wollen, ist jeweils von den Betroffenen selbst zu entscheiden. Die Deutschlandpolitik der Liberalen orientiert sich deshalb nicht am nationalstaatlichen Einheitsbegriff, sondern am unveräußerlichen Grundrecht der Selbstbestimmung.«
Das Grundgesetz und das Urteil des Bundesverfassungsgerichts legen jedes Organ der Bundesrepublik Deutschland auf das Ziel fest, die Einheit anzustreben. Die Wahl des politischen Weges aber, um dies zu erreichen, ist nach Auffassung des Bundesverfassungsgerichts dem Deutschen Bundestag als oberstem Verfassungsorgan überlassen.
Die FDP hat den Auftrag des Grundgesetzes stets so verstanden, daß nach Möglichkeiten zu suchen ist, um im Rahmen der Gesamteuropäischen Entwicklung diesem Ziel näherzukommen. Dazu muß mit allen, die an der Gestaltung des politischen Rahmens in Europa teilhaben, verhandelt werden.
Die Freien Demokraten haben deshalb auch nie Verständnis für Berührungsängste gehabt, wenn es um die Frage ging, mit Vertretern der sozialistischen Staaten zusammenzutreffen. Seit 1956 führen die Liberalen direkte Gespräche sowohl mit Vertretern aus der DDR als auch der anderen Warschauer-Pakt-Staaten. Die Bilanz, die wir heute ziehen können, ist positiv. In den letzten 15 Jahren sind viele menschliche Erleichterungen Wirklichkeit geworden. Die Liberalen sind stolz auf den Beitrag, den sie zu dieser Entwicklung leisten konnten, manchmal von allen Seiten angefeindet, oft allein auf weiter Flur stehend.
Die FDP hat die ersten Kontakte in die DDR und mit der DDR aufgenommen, als alle anderen darin noch ein Sakrileg sahen. Dazu gehören vor allem auch die Beziehungen zur Liberal-Demokratischen Partei Deutschlands (LDPD). Das gemeinsame Kommuniqué vom Oktober 1956 in Weimar führte unter anderem folgendes aus: »Im Mittelpunkt der Besprechungen standen Fragen der friedlichen Wiedervereinigung Deutschlands und die Möglichkeiten der Zusammenarbeit beider Parteien zur Erreichung dieses Zieles und damit zur Beendigung der unseligen Spaltung Deutsch-

lands. In diesem Zusammenhang kamen die Vertreter beider Parteien überein, den öffentlichen Meinungsaustausch zwischen beiden Teilen Deutschlands über die inneren Voraussetzungen zur Wiedervereinigung zu unterstützen.« Kontakte zur LDPD sind seither – trotz zeitlicher Unterbrechung – Gewohnheit geblieben.
Für mich besteht kein Zweifel daran, daß eine Annäherung zwischen den beiden deutschen Staaten nur schrittweise und allein durch Überwindung der Konfrontation zwischen den beiden Militärblöcken, in die beide deutsche Staaten eingebunden sind, zu erreichen ist. Unser nationales Schicksal ist in das Schicksal Europas eingebettet. Dies fordert immer neue Anstrengungen der deutschen Politik, den Frieden in Europa durch systemöffnende Zusammenarbeit zu gewährleisten. Von dieser Basis aus war es möglich, auch den Dialog nicht nur mit der DDR zu suchen und zu finden, sondern auch mit den anderen Staaten Osteuropas und insbesondere mit der Sowjetunion.
In der Nürnberger Wahlplattform der FDP aus dem Jahre 1969 heißt es u.a.: »Nur eine Politik, die auf Zusammenarbeit und Respekt vor den Interessen der anderen basiere, könne den Menschen in der DDR und den osteuropäischen Staaten auf friedlichem Wege mehr persönliche Freiheit, Freizügigkeit und Verbesserung ihrer Lebensverhältnisse bringen.« Auf dieser Grundlage wurde eine Deutschland- und Ostpolitik entwickelt, die zu einem Geflecht von Verträgen und Vereinbarungen mit der UdSSR, der DDR, Polen und der ČSSR geführt hat. Diese Politik wurde im westlichen Bündnis gefordert. Sie entsprach der Doppelstrategie des Harmel-Berichts von 1967, der die Politik des militärischen Gleichgewichts durch eine Politik der Entspannung und Zusammenarbeit ergänzt.
Diese Politik der westlichen Allianz war richtungweisend. Die Gipfeltreffen von Genf und Reykjavik sowie die Vereinbarung zwischen den USA und der Sowjetunion über die doppelte Null-Lösung bei den Mittelstrekkenraketen machten den Weg frei für neue Vorschläge für die Verminderung der Streitkräfte auf beiden Seiten. Wir stehen in einer dynamischen Entwicklung im Ost-West-Verhältnis, die weit über die Zukunft Europas hinaus weisen kann. Ja, wir stehen in West und Ost in besonderer Verantwortung für einen Prozeß friedlicher, politischer, wirtschaftlicher, technologischer, kultureller sowie speziell abrüstungspolitischer Entwicklungen. Die ersten Jahrzehnte der Nachkriegszeit haben gezeigt, daß uns eine Politik der Konfrontation und der Unbeweglichkeit dem Ziel, ein Mehr für die Deutschen in der DDR zu erreichen, nicht nähergebracht hat. Erst die von der FDP geforderte und schließlich mit der SPD durchgesetzte Vertragspolitik haben uns politikfähiger gemacht. Fast zwei Jahrzehnte nach Einleitung dieser Politik des Dialogs und der Vertrauensbildung können wir feststellen, daß die Entscheidung der Sowjetunion, grundlegende wirtschaftliche Reformen einzuführen, in einem internationalen Umfeld des Mißtrau-

ens und der Spannung nicht durchführbar gewesen wäre. Die Grundvoraussetzungen einer europäischen Friedensordnung oder des »Europäischen Hauses« – bereits in der Präambel des Grundgesetzes klingt es an – sind die Herstellung eines Zustandes, in dem sich kein Staat mehr von einem anderen bedroht fühlt und in dem das jeweils vorhandene militärische Potential soweit abgebaut und umgestaltet ist, daß keine Seite mehr die Fähigkeit zum Angriff auf fremdes Territorium besitzt.

Aufgrund seiner zentralen Lage in Europa, seiner Größe und wirtschaftlichen Kraft spielt Deutschland, ob vereint oder geteilt, eine wichtige Rolle in den politischen, wirtschaftlichen und sicherheitspolitischen Überlegungen unserer Nachbarn. Für NATO und Warschauer Pakt haben die deutschen Mitglieder erhebliche Bedeutung, beide Bündnisse können auf sie nicht verzichten, solange deren Existenz notwendig ist. Beide deutschen Staaten sind für die Wirtschaftsgemeinschaften, denen sie angehören, wichtige Partner.

Die Einheit Deutschlands kann letztlich nur als Ergebnis eines langen Prozesses erreicht werden. Wir dürfen dennoch nicht nachlassen, nach Möglichkeiten zu suchen, durch die die in zwei deutsche Staaten aufgespaltene Nation diese Teilung überwinden kann. Dazu bieten sich insbesondere folgende Aktionsfelder an:

Die Anfang der siebziger Jahre abgeschlossenen Verträge haben uns vielfältigen Handlungsspielraum eröffnet, der noch keineswegs ausgeschöpft ist. Seither wurde manches erreicht, insbesondere für die Menschen in beiden deutschen Staaten. Aus der Bundesrepublik reisen wieder mehr Bürger in die DDR, und auch umgekehrt hat der Besucherverkehr eine nie gekannte Höhe erreicht. Im grenznahen Verkehr hat es Erleichterungen gegeben. Viele humanitäre Einzelprobleme konnten gelöst werden. Der Jugendaustausch hat sich belebt. Die Zahl der Sportbegegnungen wurde ausgeweitet. Durch den Abschluß des Kulturabkommens wurden die Voraussetzungen für eine Vertiefung der kulturpolitischen Zusammenarbeit geschaffen. Die Ausweitung von Städtepartnerschaften hat einen Dialog auf kommunaler Ebene geöffnet, der zwangsläufig in einen Dialog der Bürger einmünden wird.

Im Zuge des Besuchs von Staatsratsvorsitzenden Erich Honecker sind drei neue Abkommen unterzeichnet worden, die wichtige Impulse für die Zusammenarbeit im wirtschaftlich-technologischen, aber auch im umweltpolitischen Bereich geben. Diese Projekte sind in der Zwischenzeit weiter konkretisiert worden. Damit, und nur damit, werden wir dem gerecht, was wir politisch wollen und was in der Präambel des Grundgesetzes steht, man habe »auch für jene Deutschen gehandelt, denen mitzuwirken versagt war«. Auf diesem Wege gilt es fortzuschreiten.

Ein weiterer Handlungsparameter für die Deutschlandpolitik ist die KSZE-Schlußakte. Sie soll den Weg öffnen, über Systemunterschiede hinweg

Spannungen zu mindern, Gegensätze auszugleichen und gemeinsame Interessen zu entwickeln. Mit der KSZE ist in Europa der Weg zu Transparenz und Vertrauensbildung im militärischen Bereich beschritten worden. Es wurden bemerkenswerte Erfolge erzielt: Die Stockholmer Konferenz über vertrauensbildende Maßnahmen (KVAE) hat zu konkreten, militärisch bedeutsamen, politisch verbindlichen und überprüfbaren vertrauens- und sicherheitsbildenden Vereinbarungen geführt. Ein ganz wesentlicher Fortschritt ist die Vereinbarung zum Abbau der Mittelstreckenwaffen. Damit ist es erstmals gelungen, ein ganzes Waffensystem abzuschaffen. Dies ist für uns von besonderer Bedeutung, weil die Mehrzahl der Raketen auf Mitteleuropa gerichtet war. Über die Genugtuung, daß dieses Waffensystem nun abgeschafft wird, darf nicht vergessen werden, daß erst der Beschluß nachzurüsten und die Umsetzung dieses Beschlusses in die Tat zu diesem Abrüstungsschritt geführt haben. Die FDP hat beides mit herbeigeführt, aber auch stets mitverantwortet.
Ein neues Kapitel in der Geschichte der Abrüstung könnte durch die Ankündigung von Generalsekretär Gorbatschow aufgeschlagen worden sein, einen deutlichen Abbau der konventionellen Überlegenheit vorzunehmen. Dieser Schritt belegt die Ernsthaftigkeit des Abrüstungswillens der UdSSR. Die Umsetzung dieser Ankündigung wird alle laufenden Abrüstungsverhandlungen erleichtern.
Ein weiterer Parameter unseres Handelns stellt die Europäische Gemeinschaft dar. Es darf kein Zweifel daran aufkommen, daß der Integrationsprozeß der Gemeinschaft unumkehrbar ist. Gleichzeitig muß jedoch auch klar sein, daß die Gemeinschaft in allen ihren Kooperationsformen nach außen politisch und wirtschaftlich offenbleiben muß. Für uns gilt dies insbesondere im Verhältnis zur DDR. Eine Festung »EG-Europa« darf es nicht geben.
Die Politik in Europa ist in Bewegung gekommen. Ob diese Bewegung uns die Erfüllung des politischen Auftrages der Präambel des Grundgesetzes näherbringt, wird niemand mit Bestimmtheit sagen können.

Theodor Waigel

Die Präambel des Grundgesetzes aus der Sicht der CSU

Die von der CSU getragene Bayerische Staatsregierung hat am 28. Mai 1973 beim Bundesverfassungsgericht wegen dem Grundlagenvertrag zwischen der Bundesrepublik Deutschland und der Deutschen Demokratischen Republik vom 21. Dezember 1972 Klage erhoben. Im Urteil vom 31. Juli 1973 hat das Gericht zwar die bayerische Klage zurückgewiesen, allerdings ganz klare verfassungsrechtlich kodifizierte Grundsätze formuliert, die für die Deutschlandpolitik einen deutlichen Rahmen darstellen.

Blenden wir 40 Jahre zurück. Der Bayerische Landtag hat am 20. Mai 1949 mit 101 gegen 63 Stimmen das Grundgesetz abgelehnt. Ministerpräsident Hans Erhard und die CSU-Landtagsfraktion bemängelten vor allem die Schwäche des Bundesrates, die auch eine Schwäche des Föderalismus darstellte. Allerdings war das »Nein« ohne Folgen. Denn Erhards Parole hieß zwar nein zum Grundgesetz, aber ja zu Deutschland. Da für das Inkrafttreten des Grundgesetzes eine Zweidrittelmehrheit der Landesparlamente erforderlich war, nachdem der Parlamentarische Rat schon zugestimmt hatte, konnte die bayerische Ablehnung nur noch deklamatorische Bedeutung haben.

In diesem scheinbaren Spannungsfeld zwischen Ablehnung des Grundgesetzes und dem vielfach bespöttelten Gang nach Karlsruhe, um der Verfassung zu ihrem Recht zu verhelfen, läßt sich auch eine Haltung bzw. eine Entwicklung ablesen. Auch 1949 hat sich die CSU klar zu Deutschland bekannt. Daran hat sich bis heute nichts geändert. Die Warnungen vor einem schwach verankerten Föderalismus haben sich teilweise bestätigt. Der Föderalismus wurde durch eine ganze Reihe von Gesetzen, denen allerdings vielfach auch Bayern zugestimmt hat, geschwächt. Der bundesrepublikanische Föderalismus hat sich gewandelt zum »unitarischen Bundesstaat« (Konrad Hesse). Dank des »kooperativen Föderalismus« stieg die Bedeutung der Regierungen und ihrer Bürokratien, während die Landesparlamente in gleichem Maße an Kompetenzen verloren. Der Bundesrat wurde zu einer Art Transmissionsriemen zwischen Bund und Ländern und wurde nur wenig als parteipolitisches Oppositionsinstrument über die Ländergrenzen hinweg mißbraucht. Der Freistaat Bayern hat sich als stabilisierendes und gleichzeitig belebendes Element im westdeutschen Bundesstaat entwickelt. Bayern ist der einzige Flächenstaat, der territorial im wesentlichen unversehrt Kriegsende und Besatzungszeit überstanden hat. Die große bayerische Staatstradition, gepaart mit weltoffenem Patriotismus und einer seit dem Ende der fünfziger Jahre, dank der dominierenden Rolle der CSU, vorherrschende Beständigkeit, hat dem Freitstaat jene wichtige Position verschafft, von der 1945/46 die bayerischen Politiker wohl nur geträumt haben.

> »Und eine ›bayerische Frage‹ stellt sich heute allenfalls in jenen bundesdeutschen Regionen, die sich durch die Dynamik und Prosperität des Südens bedroht fühlen.« (Peter Jakob Kock)

Genauso wie die Christlich-Soziale Union zur Verwirklichung des Grundgesetzes in der 40jährigen Geschichte der Bundesrepublik Deutschland einen erheblichen Beitrag geleistet hat, steht sie zur Präambel. Das Urteil des Bundesverfassungsgerichts vom 31. Juli 1973 hat ganz erheblich dazu beigetragen, für Klarheit in der Auslegung des Grundgesetzes, für Klarheit in der deutschen Frage zu sorgen. Die vier Kernsätze des Urteils von Karlsruhe besagen:

- Das Deutsche Reich besteht rechtlich fort.
- Die vier Mächte tragen weiterhin Verantwortung für Gesamtdeutschland.
- Es gibt nur eine einheitliche deutsche Staatsangehörigkeit, die zugleich die Staatsangehörigkeit der Bundesrepublik Deutschland ist.
- Die DDR ist zwar Völkerrechtssubjekt, aber im Verhältnis zur Bundesrepublik Deutschland nicht Ausland.

Eindeutig stellt das Gericht fest:

> »Dem Vorspruch des Grundgesetzes kommt nicht nur politische Bedeutung zu, er hat auch rechtlichen Gehalt. Die Wiedervereinigung ist ein verfassungsrechtliches Gebot.«

Keinem Verfassungsorgan der Bundesrepublik Deutschland ist es erlaubt, die Wiederherstellung der staatlichen Einheit als politisches Ziel aufzugeben. Im Gegenteil: Alle Organe sind verpflichtet, »in ihrer Politik auf die Erreichung dieses Zieles hinzuwirken«. Das Bundesverfassungsgericht sagt deutlich, daß darin die Forderung eingeschlossen ist, den Wiedervereinigungsanspruch im Innern wachzuhalten und nach außen beharrlich zu vertreten und alles zu unterlassen, was die Wiedervereinigung vereiteln würde. Den Begriff »Deutsche Nation« definiert das Bundesverfassungsgericht eindeutig. Wenn man darunter ein Synonym für »deutsches Staatsvolk« verstehe, sei nichts dagegen einzuwenden. Beschreibe der Begriff aber nur noch eine Sprach- und Kulturhoheit, so wäre das die Aufgabe einer unverzichtbaren Rechtsposition.

Der bayerische Gang nach Karlsruhe wurde verspottet und mit üblen Aussagen bedacht. Das Urteil von Karlsruhe hat aber die Möglichkeiten und Grenzen deutscher Politik deutlich umrissen. Franz Josef Strauß hat dazu betont:

»Wir Deutschen müssen einen langen geschichtlichen Atem haben, wenn wir unsere legitimen verfassungsrechtlichen und völkerrechtlichen Ansprüche auf friedlichem Wege durchsetzen wollen. Wir dürfen weder fußkrank noch asthmatisch kurzatmig werden auf diesem Wege. Und wenn die Kriegsgeneration, die heute ausscheidet oder schon in das andere Leben übergegangen ist, das nicht mehr erlebt, dann muß die nächste Generation diese Fackel weitertragen. Und die übernächste. Selbst diejenigen unserer Nachbarn oder unserer Antagonisten im Ausland, die dazu nicht Beifall klatschen, würden den Respekt vor den Deutschen verlieren, wenn sie ihre eigene Geschichte und mit ihrer eigenen Geschichte ihre eigene Zukunft aufgeben würden.«

Wir von der CSU haben Kritik geübt und üben noch Kritik an der Art und Weise, wie die sogenannten Ostverträge ausgehandelt worden sind, bemängeln ihre unterschiedliche Auslegbarkeit. Wir sind der Meinung, daß es sich um Gewaltverzichtsverträge handelt und nicht um Grenzregelungsverträge. Über die Grenzen kann erst durch einen Friedensvertrag mit einem wiedervereinigten Deutschland und einer demokratischen Regierung entschieden werden. Für die CSU gilt aber der Satz, den Franz Josef Strauß schon am 24. Januar 1973 im Deutschen Bundestag formuliert hat: »Pacta sunt servanda.« Für uns sind die Ostverträge völkerrechtlich einwandfrei gültig. Es gibt jetzt zu ihnen keine Alternative mehr. Bei aller Kritik gilt es, von ihnen ausgehend, Deutschlandpolitik zu betreiben. Wir lehnen es ab, die Wiedervereinigung von der Zustimmung aller Nachbarn abhängig zu machen.

»Der Weg führt über eine moderne, wissenschaftliche, technische, industrielle, soziologische Entwicklung. Der Weg führt über Kongresse und Konferenzen. Der Weg führt über die soziologischen Wandlungen, denen der freie Westen laufend Rechnung trägt und die im Osten durch eine repressive Staatsordnung bisher angehalten worden sind, mit ihrer stumpfen, unfähigen Funktionärsschicht, die diese Staatsordnung weiterhin kultivieren will.« (F. J. Strauß)

Wenn evangelische Pfarrer durch Wanzen abgehört werden, wenn ein deutscher Schriftsteller trotz Intervention des Bundeskanzlers keine Gelegenheit erhalten hat, seine hochbetagten und gebrechlichen Eltern in der DDR zu besuchen, wenn er zur Beerdigung seiner Mutter kein Einreisevisum erhält, dann ist zur Normalisierung, zur ansatzweisen Verwirklichung der Menschenrechte noch ein weiter Weg. Wenn Erich Honecker verkündet, daß die Mauer die DDR vor Räubern schützen müsse, daß sie noch 100 Jahre bestehen bleiben dürfe, daß Mauer und Stacheldraht Stabilität und Frieden in Europa sicherten, dann stellt sich die Frage, ob das System in der DDR überhaupt zu einer inneren Erneuerung in der Lage ist. Die DDR schreckt nicht einmal davor zurück, aus dem humanitären Teil des Schlußdokuments des Wiener Folgetreffens der Konferenz über Sicherheit und

Zusammenarbeit in Europa eine wesentliche Passage falsch und einen anderen wichtigen Teil unvollständig wiederzugeben. Leider hat sich in der DDR die neue Entwicklung in den Ost-West-Beziehungen bisher kaum ausgewirkt. Während in der Sowjetunion und in vielen Ländern Mittel-, Ost- und Südeuropas versucht wird, Änderungen in Wirtschaft und Gesellschaft herbeizuführen, reagiert man in der DDR auf Diskussionen und Anstöße zu Veränderungen mit Repressalien.

Wir aber tragen Verantwortung für die Menschen auch im anderen Teil Deutschlands. Niemand kann von den Deutschen verlangen, daß sie ihr Selbstbestimmungsrecht aufgeben.

> »Wir streben die Einheit um der Freiheit der Menschen willen an. Deshalb kann die Freiheit auch niemals der Preis der Einheit sein.« (Helmut Kohl am 1.12.88 im Deutschen Bundestag).

Die These, daß das Selbstbestimmungsrecht jedem der beiden deutschen Staaten zustehe und daß es ein Selbstbestimmungsrecht des gesamten deutschen Volkes nicht mehr gebe, lehnen wir ab.

Drei wesentliche Aufgaben sind uns deutschlandpolitisch gestellt:

- Die Lösung praktischer Fragen im Interesse der Deutschen,
- die Erhaltung des Willens zur Wiederherstellung der nationalen Einheit und
- eine Politik, die langfristig zur Lösung der deutschen Frage führt.

Selbstverständlich müssen wir danach drängen, daß die innerdeutsche Grenze immer durchlässiger wird. Eine Lösung der deutschen Frage bedeutet dies aber noch nicht, worauf uns erst kürzlich der große Südtiroler Staatsmann Silvius Magnago hingewiesen hat.

Ein Teil der Jugend in der DDR beginnt politisch »ungezogener« zu werden. Man stellt unbequeme Fragen, hat ein geschärftes Umweltbewußtsein, lehnt sich auf gegen Erziehungsmethoden, fragt nach dem Sinn von Wehrdienst oder Waffenbrüderschaften und will Frieden und Menschenrechte vor allem im eigenen Land verwirklicht sehen. Die Formen des Protestes sind vielfältigster Art. Die jungen Leute gehen Risiken ein, sie kämpfen gegen die sich ausbreitende Resignation. Andererseits übt die Mehrheit der Jugendlichen politische Enthaltsamkeit, permanente Indoktrination hat das Gegenteil von dem erreicht, was sie will: Viele stumpfen ab. Man will in Ruhe gelassen werden oder verfolgt nur noch ein einziges Ziel: die Ausreise. Sie wollen in die Freiheit, um dort tun und lassen zu können, was sie möchten. Die Rolle der Kirche als Schutzmacht scheint zu wachsen, andererseits sinken die Mitgliederzahlen der Kirchengemeinden. Die sozialistische Erziehung steht nach fast 40 Jahren vor einem Scherbenhaufen. Eine denkende Jungend wird nicht gewünscht. Vier aufmüpfige Schüler wurden, ohne mit der Wimper zu zucken, von der Schule relegiert, einige wurden auf andere Schulen verwiesen. Das sogenannte »Land der Jugend« ist eben ein »Staat der alten Genossen«. (FAZ, 26.11.88).

Wir dürfen nicht aufhören, mit unserer Deutschlandpolitik Freiheit für alle Deutschen erreichen zu wollen. In langen, zähen Verhandlungen, in einer Reihe von Zusatzabkommen zum Grundlagenvertrag zum Beispiel, wurden für unsere Mitbürger in der DDR mit zum Teil erheblichen finanziellen Aufwendungen menschliche Erleichterungen erreicht. Die Ausreisemöglichkeiten bzw. Besuchsregelungen wurden stark verbessert. Die Zahl der westdeutschen Besucher in Mitteldeutschland hat zugenommen. Gerade für die jungen Menschen bei uns aber sollte ein Besuch dort Ehrensache sein. Schüler- und Jugendaustauschprogramme sind aktive Friedenspolitik, aktive Deutschlandpolitik.
Diese Politik braucht »Geduld, langen Atem und Beharrlichkeit. Sie braucht aber auch die Begeisterung, die von der Idee der Freiheit ausgeht. Augenmaß und Leidenschaft schließen einander nicht aus.« (Helmut Kohl)
Nehmen wir uns ein Beispiel an den Männern und Frauen, die vor 40 Jahren im Parlamentarischen Rat das Grundgesetz beraten haben, auch für jene Deutschen, »denen mitzuwirken versagt war«.
Eine Chance für Deutschland bietet die Vereinigung Europas. Wir müssen darauf drängen, daß auch das vereinte Europa Verantwortung für die Wiedervereinigung Deutschlands übernimmt. Die Präambel des Grundgesetzes enthält neben der Verpflichtung zur »Wahrung der nationalen und staatlichen Einheit« Deutschlands auch das Bekenntnis zu einem »vereinten Europa«. Wir in der CSU sind der Meinung, daß das Wiedervereinigungsgebot mit der westeuropäischen Einigung nicht in Konflikt geraten darf. Zweifelsohne ist ein auf Westeuropa beschränkter Bundesstaat mit Zuständigkeiten auch für die Außenpolitik unvereinbar mit dem Grundgesetz, wenn nicht gleichzeitig die gesamtdeutsche und europäische Frage offen gehalten wird. (Dieter Blumenwitz)
Die deutschlandrechtlichen und deutschlandpolitischen Elemente, die bisher schon Bestandteil des europäischen Gemeinschaftsrechts waren, müssen auch weiterhin Gültigkeit behalten: Dazu gehören der Wiedervereinigungsvorbehalt, das Protokoll über den innerdeutschen Handel, die Klarstellung hinsichtlich der deutschen Staatsangehörigkeit und die Rechtsstellung Berlins. Grundsätzlich wollen wir ein Gesamteuropa. Die EG ist der Beginn, die anderen haben im Augenblick nicht die Möglichkeit, sich anzuschließen. Wenn man Gesamteuropa will, bedeutet das auch, offen zu sein für eine Wiedervereinigung. Wir müssen wissen, daß die weitere europäische Integration von dem Bestreben getragen werden muß, daß ein Fortschritt des europäischen Einigungswerkes den Interessen der Völker in ganz Europa dient. Eine derartige Politik kann auch für die Überwindung der deutschen und europäischen Teilung von Nutzen sein. Die Einbindung in das westliche Bündnis war in der Geschichte der Bundesrepublik immer Voraussetzung für eine gute Ostpolitik und eine realistische Wiedervereinigungspolitik.

Konzessionsbereitschaft von seiten der Sowjetunion hat sich immer nur bei west- bzw. europapolitischen Erfolgen gezeigt. Wir brauchen in Europa ein Bewußtsein, da die Vorenthaltung von Freiheit und Selbstbestimmung für einen Teil der Deutschen ebenso »den geistigen und konstitutiven Nerv Europas trifft wie die Unfreiheit anderer europäischer Völker« (D. Blumenwitz). Unsere Maxime »Freiheit geht vor Einheit« kann nur dann moralisch gerechtfertigt sein, wenn sich die Menschen, die in Freiheit leben, für die Freiheit und nationale Selbstbestimmung derer einsetzen, denen diese Menschenrechte noch versagt werden. Deshalb wollen wir auch die Mitverantwortung Europas für die deutsche Frage.
Viele kleine Schritte haben die Beziehungen zwischen den beiden deutschen Staaten verbessert. Der große Schritt steht noch bevor. Eine Gesellschafts- und eine Staatspolitik in der DDR, die die Grenzen praktisch bedeutungslos macht, ist noch in weiter Entfernung. Europa bietet eine große Chance:
»In einer Welt, in der Krieg mit den modernen Mitteln der Technik kein Instrument der Politik sein kann, ist das der einzig erfolgversprechende Ausweg in eine friedliche Zukunft, in der die Menschen menschenwürdig leben, in der die Staaten demokratische Gesellschaften haben und in der wir, eingebettet in die große Gemeinschaft der über 300 Millionen Europäer, auch unsere Einheit vollziehen können. Wir haben auf unserer Seite die stärkeren Kräfte, wir haben ungeheure wirtschaftliche Kräfte, wir haben die moderne Wissenschaft und Technik, wir haben ausreichende, aber nicht mehr militärische Kräfte, wir haben auch vor allen Dingen die großen moralischen Kräfte des Rechtes und der Freiheit.«
Dieses Vermächtnis von Franz Josef Strauß, formuliert in seiner Rede zur Eröffnung des Tages der Heimat am 11. September 1988 in Berlin, ist für uns Auftrag und Verpflichtung zugleich und beschreibt die Haltung der Christlich-Sozialen Union. Die Präambel des Grundgesetzes ist für uns lebendiger denn je; nicht nur als rechtliche Verpflichtung, sondern als moralischer Auftrag, für die Menschen im geteilten Deutschland mit ganzer Kraft einzutreten und für Freiheit in Einheit zu kämpfen.

Erwin Wilkens

Gott im Grundgesetz

I. Die Verantwortung vor Gott und den Menschen

Die Väter des Grundgesetzes für die Bundesrepublik Deutschland haben an den Anfang der neuen Verfassung eine geistige, moralische und politische Ortsbestimmung für das deutsche Volk gestellt. Dazu fordern sie das Bewußtsein seiner Verantwortung vor Gott und den Menschen ein sowie den Willen, als gleichberechtigtes Glied in einem vereinten Europa dem Frieden der Welt zu dienen. Ähnlich wie einige im gleichen Zeitraum entstandene Länderverfassungen spricht hier eine deutsche Staatsverfassung erstmalig seit dem Beginn des 19. Jahrhunderts von Gott.[1] Es geschieht im Angesicht der unheilvollen Verirrungen der nationalsozialistischen Ära, um dem künftigen Abschnitt der deutschen Geschichte eine neue Orientierung zu geben: Gott ist der Herr der Geschichte, darum sind auch die Völker Gott für ihre Taten Rechenschaft schuldig. Es geht dabei nicht um die Proklamation eines christlichen Staates. Doch ist es für den Christen unleugbar, daß wesentliche Aussagen des Grundgesetzes zum Frieden zwischen den Völkern, zur Menschenwürde, zu den Grund- und Menschenrechten, zum sozialen Rechtsstaat, zum Schutz von Ehe und Familie sowie schließlich zur Achtung vor der Gewissensfreiheit mit der Verantwortung vor Gott und den Menschen zu tun haben.

Eine Staatsverfassung ist nicht der übliche Ort für eine Bußpredigt. Buße ist zudem auch in der Christenheit allenfalls in seltenen Sternstunden eine Massenbewegung gewesen. Soll es aber zu der von der Präambel des Grundgesetzes angemahnten Umbesinnung kommen, dann bedarf es des Beispiels möglichst vieler einzelner mit klaren Überzeugungen. Ludwig Raiser, einer der Erneuerer der politischen Verantwortung des Christen und der christlichen Verantwortung des Politikers, hat wenige Monate vor seinem Tode (1980) eben hierzu in einem Aufsatz geschrieben:

> »Das Staatsvolk der Bundesrepublik besteht aus einer Vielzahl von einzelnen Bürgern, für die dieses Grundgesetz Geltungskraft hat, und die in unserem Satz angesprochene Verantwortung ist nicht eine Kollektivverantwortung des ganzen Volkes, sondern sie trifft zugleich jeden einzelnen in seinem Handlungsbereich. Unter den vielen einzelnen,

auch den in erster Linie zum politischen Handeln Berufenen, finden sich aber zum Glück noch genug bewußte Christen, denen es in ihrem Beruf mit der Verantwortung vor Gott Ernst ist und für die es eine Hilfe bedeutet, darin vom Grundgesetz bestärkt zu werden. Um ihretwillen sollten wir froh sein, daß der Parlamentarische Rat den Mut gehabt hat, im Eingang zum Grundgesetz den Bezug zu Gott auszusprechen.«[2]

II. Neuordnung der Evangelischen Kirche im geteilten Deutschland

Die großen christlichen Kirchen in Deutschland waren am Kriegsende ohne Verzug handlungsfähig. Sie wurden von den Besatzungsmächten als weithin unbelastet angesehen und vornehmlich von den westlichen Alliierten beim Wiederaufbau des Landes als Ansprechpartner oder gar als Mitarbeiter bevorzugt. Trotz vieler eigener Versäumnisse im Dritten Reich waren sie als einzige Großorganisationen in Staat und Gesellschaft jedenfalls nicht zu Hilfsorganisationen des NS-Staates geworden. Daher konnten sie mit dem Ende des Krieges ihre Angelegenheiten zunächst nach den Maßstäben des kirchlichen Auftrags in voller Freiheit wahrnehmen. Die Evangelische Kirche konnte dazu an Erkenntnisse und Entscheidungen des Kirchenkampfes der Bekennenden Kirche im Dritten Reich anknüpfen. Die Leitung der Evangelischen Kirche ließ dabei gegenüber den schon früh einsetzenden politischen Spaltungstendenzen zwischen Ost und West keinen Zweifel daran, daß die kirchliche Gesamtorganisation über diese Spaltungen hinweggreifen und alle Landeskirchen und Regionen in den verbliebenen deutschen Gebieten umfassen müsse. Diesem Ziel entsprach es, daß die vom 9. bis 13. Juli 1948 in Eisenach stattfindende verfassunggebende Kirchenversammlung, der auch offizielle Vertreter der vier Sieger- und Besatzungsmächte mit zustimmenden Voten beiwohnten, eine gesamtkirchliche Grundordnung mit einer Bundesstruktur beschloß, die von allen bestehenden deutschen Landeskirchen in Ost und West angenommen wurde. Die damit verbundene Umbenennung der »Deutschen Evangelischen Kirche« von 1933 (DEK) in die »Evangelische Kirche in Deutschland« von 1948 (EKD) geschah in der Absicht, der Vorstellung einer mehr politisch bedingten Zuordnung von Nation, Staat und Kirche zu wehren, aber zugleich die kirchliche Verpflichtung gegenüber dem deutschen Volk zu unterstreichen. Die EKD ist keine Nationalkirche im klassischen Sinne, aber sie ist Kirche in dieser Nation und für diese Nation und darum mit dem Schicksal dieser Nation verbunden.
Die Politik des Kalten Krieges zwischen den Siegermächten und die Ironie des Kalenders hatten es so gefügt, daß zeitgleich mit der Kirchenversammlung in Eisenach die Ministerpräsidenten der westdeutschen Länder sich auf Veranlassung der westlichen Besatzungsmächte im Hotel Rittersturz

bei Koblenz mit der Einberufung einer verfassunggebenden Versammlung befaßten, um die Gründung eines westdeutschen Staates vorzubereiten (Londoner Empfehlungen, Frankfurter Dokumente).[3] Die parallele Entwicklung im Osten mit der Gründung der Deutschen Demokratischen Republik besiegelte die politische Spaltung Deutschlands. Noch bevor es kompetente deutsche Staatsorgane gab, wandten sich die Leitungsorgane der EKD wiederholt an die Besatzungsmächte und warnten mit starken Argumenten vor einer staatlichen Spaltung Deutschlands. Nach der Bildung der beiden deutschen Staaten heißt es in einem Wort des Rates der EKD vom 12. Oktober 1949 an die evangelische Christenheit in Ost und West:

> »Die Bildung einer Bundesregierung der Bundesrepublik Deutschland im Westen und einer provisorischen Regierung der Deutschen Demokratischen Republik im Osten haben aufs neue die Zerreißung Deutschlands in zwei Teile sichtbar gemacht, die aus der Uneinigkeit der Besatzungsmächte entstanden ist.
>
> Der Rat der EKD, der sich für die evangelische Christenheit im Osten und Westen Deutschlands gleichermaßen verantwortlich weiß, ermahnt die Gemeinden, in dem schweren Schicksal der Aufspaltung unseres Volkes nach der Führung Gottes zu suchen, der uns darin mit seinem Gericht und seiner Gnade begegnet.
>
> Trotz aller Entscheidungen der weltlichen Mächte, die über uns herrschen, bleiben wir ein Volk und sind darum zu brüderlicher Gemeinschaft miteinander und zu brüderlicher Achtung voreinander verpflichtet. Laßt uns nicht aufhören, füreinander zu beten und in opferbereiter Liebe füreinander einzustehen!
>
> In der Not der Zerrissenheit, in die wir auf diese Weise hineingestellt sind, enthüllt sich aber auch das Gericht Gottes über das, was wir versäumt haben. Diese Not können wir nur dadurch überwinden, daß wir alle zu den Geboten Gottes zurückkehren. Gottes heilige Gebote sind und bleiben das Fundament für eine gerechte Ordnung im Leben der Völker. Sie verpflichten uns zur Gerechtigkeit und Wahrhaftigkeit. Sie schließen aus, daß staatliche Ordnungen die freie Gewissensentscheidung mißachten.
>
> Diejenigen deutschen Männer und Frauen, die nun die Regierungsverantwortung auf sich genommen haben, ermahnen wir, ihr Handeln nach der Wahrheit und Gerechtigkeit einzurichten, die Gott gebietet. Von beiden deutschen Regierungen erwarten wir, daß sie alles daransetzen, dem deutschen Volk eine neue Einheit seiner staatlichen Ordnung wiederzugeben.
>
> Die Männer und Frauen unseres Volkes aber ermahnen wir, ihren Gehorsam gegen die nun geschaffene staatliche Ordnung in jener Freiheit zu üben, die aus der persönlichen Verantwortung vor Gott entspringt. Gott wird den nicht verlassen, der in seinen Geboten wandelt.

Unser Volk aber, die Regierenden und die Regierten, befehlen wir seiner vergebenden und erneuernden Gnade.«[4]

Die von vielen zunächst gehegte Hoffnung blieb jedoch unerfüllt, daß der neu geordneten Kirche ein Staatswesen entsprechen werde, das ebenfalls alle verbliebenen deutschen Gebiete in sich vereint. Die Kirche mußte sehr schnell lernen, daß ihr als ein allgemeiner Appell ergehendes Wort gegenüber den politischen Interessen der Weltmächte nur wenig auszurichten vermag. Sie mußte zugleich fürchten, daß einseitige politische Optionen den kirchlichen Dienst im geteilten Deutschland eher in Frage stellen könnten. Die EKD war bereit, sich auf diese Gratwanderung einzulassen. Zur politischen Spaltung kam der unaufhaltsam fortschreitende kirchliche Teilungsprozeß hinzu, der schließlich zur Gründung des selbständigen Bundes der Evangelischen Kirchen in der DDR führte, die damit aus der EKD als Gliedkirchen ausschieden. Zwar konnten zwischen den getrennten Kirchengebieten neue fruchtbare Kontakte entwickelt werden, aber ihr gegenseitiges Verhältnis blieb doch auch ein mühseliges Unterfangen, in dem die Last der deutschen Teilung bis heute gegenwärtig ist.

III. Politischer Dienst der Kirche

Der Kirchenkampf im Dritten Reich hatte zunächst seinen Gegenstand in der Abwehr staatlicher Eingriffe in Lehre, Leben und Ordnung der Kirche. Doch bald wurde deutlich, daß kirchlicher Widerstand auch das öffentliche Leben mit einbeziehen mußte, um mit der protestantischen Tradition einer weithin unkritischen Staatsnähe zu brechen. Das totalitäre Selbstverständnis des Staates, seine Mißachtung der internationalen Verpflichtungen, erst recht die umfangreichen Staatsverbrechen führten zu einer neuen Besinnung auf kirchliche Mitwirkung und Mitverantwortung im öffentlichen Leben. Ihren theologischen Niederschlag erfuhr dieser neue Ansatz für einen politischen Dienst der Kirche bereits in der Theologischen Erklärung der Bekenntnissynode von Barmen 1934, der Magna Charta der Bekennenden Kirche. Danach hat der Staat nach göttlicher Anordnung die Aufgabe, in der noch nicht erlösten Welt nach dem Maß menschlicher Einsicht und menschlichen Vermögens unter Androhung und Ausübung von Gewalt für Recht und Frieden zu sorgen. Die Kirche ihrerseits soll diese Anordnung anerkennen, dabei aber an Gottes Reich, an Gottes Gebot und Gerechtigkeit und damit an die Verantwortung der Regierenden und Regierten erinnern. Doch darf sich weder der Staat in religiöser Selbstüberhöhung als die einzige und totale Ordnung menschlichen Lebens verstehen noch darf sich die Kirche staatliche Art, staatliche Aufgaben und staatliche Würde aneignen und damit selbst zu einem Organ des Staates werden.

Kirche und Staat erhalten auf diese Weise eine eigentümlich spannungsvolle Standortbestimmung. Sie werden um der Andersartigkeit ihrer Aufträge willen deutlich voneinander unterschieden, aber doch wiederum um des göttlichen Gebotes und um der Zusammenwirkung willen ebenso deutlich aneinander verwiesen. Der Staat muß sich davor hüten, einem religiösen Mißverständnis seiner selbst zu erliegen. Die Kirche hat darüber nachzudenken, welche Kriterien aus der Erwartung des Reiches Gottes und aus dem für alle geltenden Gebot Gottes sie für die staatliche Wahrnehmung politischer Aufgaben geltend zu machen hat. Jedoch muß sie sich vor einer gefährlichen Grenzüberschreitung hüten. Diese liegt immer dann vor, wenn kirchliche Verkündigung bei strittigen Schul- und Parteimeinungen im politischen Bereich zum Mittel einer angeblich theologisch begründbaren Alleingeltung für eine bestimmte Lösung greift, anstatt den Streit argumentativ auszufechten und nach geltenden demokratischen Spielregeln entscheiden zu lassen.

In der Wahrnehmung ihres politischen Dienstes hat die Evangelische Kirche in den letzten Jahrzehnten sowohl negative wie auch positive Erfahrungen gemacht. Zu den negativen Erfahrungen gehören die Versäumnisse der deutschen Nation und der christlichen Kirchen im Dritten Reich. Der damals neu gebildete Rat der EKD hat dies für die Evangelische Kirche ohne Umschweife in seiner Stuttgarter Erklärung vom 18./19. Oktober 1945 ausgesprochen und einen Mangel an geistlicher Kraft und Entschlossenheit verzeichnet:

> »Wir klagen uns an, daß wir nicht mutiger bekannt, nicht treuer gebetet, nicht fröhlicher geglaubt und brennender geliebt haben.«[5]

Politisch gesehen war dieses Stuttgarter Schuldbekenntnis eine bedeutende nationale Tat, die außerhalb Deutschlands viel zur Wiedergewinnung der Glaubwürdigkeit des deutschen Volkes beigetragen hat. Das Bekenntnis von Stuttgart blieb Stachel und Antrieb für den politischen Dienst der Evangelischen Kirche, mit dem diese fortan die für die deutsche Zukunft wesentlichen politischen Entscheidungen begleitete. Die Geschichte dieses kirchlichen Dienstes verlief nicht ohne Irritationen in der Öffentlichkeit. Ein Grundlagen- und Methodenstreit theologischer Schulen in der Ethik des Politischen hat seit dem Ende des zweiten Weltkrieges den Beitrag der Evangelischen Kirche zu politischen Sachfragen überlagert. Das gilt besonders für Optionen in weitverzweigten politischen Entscheidungsfragen, in denen internationale Zusammenhänge beurteilt und Weichen für künftige, im einzelnen noch undurchschaubare Entwicklungen gestellt werden müssen. Eine solche Situation ist nach aller Erfahrung für geschichtstheologische Spekulationen, prophetische Visionen und selbstsichere Geltungsansprüche besonders anfällig.

Von den Beteiligten wird dabei oft übersehen, daß eine kirchliche Mitwirkung in der Politik ohnehin nur als Teilbetrag gelten kann, der sich zudem um so mehr auswirkt, je größer die hinter ihm stehende kirchliche Überein-

stimmung ist. Um so notwendiger erscheint es, den Prinzipienstreit um Grundlagen und Struktur einer kirchlichen Mitwirkung in Politik, Staat und Gesellschaft zu versachlichen. Grundbedingung für diese Versachlichung ist die Erkenntnis, daß es keinen allein in kirchlicher Kompetenz stehenden Sonderweg zur Lösung politischer Aufgaben und Streitfragen gibt. Auch das kirchliche Wort muß die Instrumente und Bedingungen politischen Handelns berücksichtigen. Doch kommt es darauf an, als die Motive öffentlicher Mitverantwortung der Kirche den Dienst am Menschen in Gerechtigkeit, Liebe und Versöhnung erkennbar zu machen. Diese Motive müssen als mitgestaltende Faktoren so geltend gemacht werden, daß auch die politische Vernunft sie als unentbehrlich erkennt. Auf diese Weise hat die Evangelische Kirche in den vergangenen Jahren eine stellvertretende Denk- und Organisationsarbeit geleistet und zu dem Gewissensernst beigetragen, mit dem heute allein noch große Politik betrieben werden darf.
Es wirkt wie eine Quintessenz historischer Erfahrungen und aktueller Herausforderung, daß die EKD vor wenigen Jahren eine Denkschrift veröffentlicht hat, in der der Wert einer freiheitlichen Demokratischen Verfassung anerkannt und bekräftigt werden soll. Darin wird seitens der Kirche keine abstrakte allgemeine Staatstheorie vertreten. Umgekehrt beruft sich die Demokratie nicht auf ein bestimmtes religiöses Bekenntnis. Die klare Unterscheidung zwischen dem geistlichen Auftrag der Kirche und dem weltlichen Auftrag des Staates ist die bleibende Voraussetzung für die Bereitschaft zur Demokratie. Die Freiheit zu dieser Bereitschaft folgt für den Christen aus dem Bekenntnis zu der evangelischen Wahrheit, daß allein Gott ein Anspruch auf unser ganzes Leben zukommt. Damit sind dem Anspruch jedes Staates Grenzen gesetzt. Weil die demokratische Staatsform sich selbst solche Grenzen als verbindlich setzt, kann und soll eine positive Beziehung von Staat und Kirche in der Demokratie auch konkret wahrgenommen und gestaltet werden. Diese Kerngedanken aus der Denkschrift selbst zeigen die Möglichkeiten und auch die Notwendigkeit einer Zusammenarbeit von Kirche und Staat inmitten der Herausforderungen der Gegenwart.
Nicht lange zuvor hatte die EKD in der Denkschrift »Frieden wahren, fördern und erneuern« ihren bisherigen Beitrag zur Wahrung des Friedens zwischen den Völkern zusammenfassend dargestellt. Wie ein großer Bogen hatte diese Friedensdiskussion den ganzen Komplex der öffentlichen Verantwortung der Evangelischen Kirche überspannt. Von dorther sind ihre weiteren Äußerungen zur deutschen Teilung, zum Verteidigungsbeitrag der Bundesrepublik, zu den Pariser Verträgen von 1954/55, zur nuklearen Bewaffnung, zum Militärdienst der Christen, zur Kriegsdienstverweigerung und schließlich zur Ostpolitik bestimmt. Lange Zeit hindurch kamen dabei traditionelle Kontroversen in der Ethik voll zur Geltung. Während die einen in abstrakter Logik zugespitzten ethischen Zentralaussagen folg-

ten, stellten die anderen die Gebrochenheit menschlichen Tuns und die interimistische Vorläufigkeit irdischer Ordnungen in Rechnung. Mit der Friedensdenkschrift gelang es, theologische Zuspitzungen in der Friedensdiskussion abzubauen und die Handlungsfähigkeit der EKD in der Friedensfrage zu sichern. Zugleich wurde die Diskussion über militärische Fach- und politische Einzelfragen hinaus in den politischen Ursachenbereich der Friedensbedrohung hinein erweitert.
Beide Denkschriften sind deutliche Beispiele für den hohen Rang, den sich diese besondere Form kirchlicher Mitwirkung in Politik und Gesellschaft erworben hat. Die Denkschriften sind keine verbindlichen Lehraussagen, also nicht eigentlich kirchliche Verkündigung, die im Glauben angeeignet sein will. Die Absicht ist vielmehr die, in der Weise wissenschaftlichen Mitbedenkens auf der Grundlage christlicher Wertvorstellungen zur Verständigung über politische Aufgaben beizutragen.[6]

IV. Evangelische Kirche in der DDR

Es entsprach dem Selbstverständnis der EKD, daß sie an der Organisationseinheit mit ihren Gliedkirchen in der DDR solange wie möglich festhielt. Damit stieß sie aber auf die Entschlossenheit der DDR-Regierung, ihren Staat politisch und weltanschaulich zu einem Zentrum in der Auseinandersetzung zwischen Ost und West auszubauen und die Kirchen darin territorial mit einzubeziehen. Zum entscheidenen Konflikt in der gesamtkirchlichen Handlungsfähigkeit der EKD kam es durch die Einrichtung der Militärseelsorge für die Bundeswehr auf Grund eines Staatsvertrages der EKD mit der Bundesrepublik Deutschland. Die von der EKD-Synode 1957 beschlossene Form der Militärseelsorge war sehr sorgfältig vorbereitet. Sie stellte ihren kirchlichen Charakter sicher und war von politischen Bekenntnissen freigehalten. Doch nahm die Regierung der DDR diesen Schritt zum Anlaß, die staatlichen Beziehungen zur EKD abzubrechen. Der Vorschlag, auch in den Streitkräften der DDR eine Militärseelsorge einzurichten, wurde ohne Verhandlungen zurückgewiesen. Die weitere Zugehörigkeit der in der DDR gelegenen Kirchen zur EKD wurde zwar vorerst noch geduldet; diese galt aber in der Polemik der DDR fortan als Verbündete der NATO.[7]
Damit war eine Entwicklung eingeleitet, die Schritt für Schritt die Gliedkirchen in der DDR aus der EKD hinausdrängen mußte. Als besonders einschneidend erwies sich der Bau der Berliner Mauer am 13. August 1961. Er zwang die EKD zu der ungewöhnlichen Maßnahme, ihre Leitungsorgane je in einen West- und einen Ostteil zu gliedern und ihr Zusammenwirken auf umständliche Weise zu regeln. Zudem ließen einzelne Bestimmungen der neuen Verfassung der DDR vom 4. April 1968 einen staatlichen Eingriff in die kirchliche Organisation wegen Verfassungsverstoßes befürchten. Im

ganzen wird man rückblickend zugeben müssen, daß die besonderen rechtlichen und faktischen Existenzbedingungen in der DDR die dortigen evangelischen Kirchen um ihres Dienstes willen zur Bestellung eigener Leitungsorgane nötigten. Die Gründung des »Bundes der Evangelischen Kirchen in der DDR« am 10. Juni 1969 bedeutete ihr Ausscheiden aus der EKD.[8] Das von Bischof Albrecht Schönherr entwickelte Konzept einer »Kirche im Sozialismus« im Sinne einer Standort- und Aufgabenbeschreibung sollte der Kirche die Existenz in der sozialistischen Gesellschaft der DDR erleichtern. Kirche soll danach nicht neben und nicht gegen, sondern im Sozialismus leben.[9] Es handelt sich nicht um die Übernahme kirchenfremder Bindungen im Sinne einer auch weltanschaulich bestimmten sozialistischen Kirche. Doch soll sie die sozialistische Grundstruktur von Staat und Gesellschaft, in denen sie lebt, respektieren und für sich selbst einer mehr abwartenden und resignierenden Überwinterungshaltung absagen. Natürlich bleibt sie auch so an die Grenzen gebunden, die ihr der marxistische Staat zieht.

Weite Gebiete in Staat und Gesellschaft bleiben jedoch ihrer Mitwirkung verschlossen, das gilt besonders für das Schul- und Bildungswesen, aber auch für alle Fragen von internationalem Belang, gegenwärtig also der Friedensförderung und der Menschenrechte. Die evangelischen Kirchen in der DDR sehen aber gerade hier wegen ihrer reichhaltigen ökumenischen Verbindungen ein Schwergewicht ihrer Aufgaben. Evangelische Kirche kann und darf sich nicht mit der klassischen marxistischen Zielsetzung abfinden, die Kirchen auf den kultischen Bereich zu beschränken. Nach allem ist um so höher zu veranschlagen, daß die Trennung zwischen der EKD in der Bundesrepublik und dem Kirchenbund in der DDR nicht zu einer gegenseitigen Entfremdung geführt hat. Vielmehr sah und ergriff man gerade die Chance für einen beiderseitigen Lernprozeß in kirchlichen und gesellschaftlichen Aufgaben. Mehr als erwartet hat man auf diese Weise über die trennende Grenze hinweg ein vielfältiges Zusammenwirken ermöglicht und über wichtige Aufgaben ein Einvernehmen erzielt. Beide Seiten haben sich unter dem Stichwort der »Besonderen Gemeinschaft« zu einer derartigen Arbeitsgemeinschaft auch verfassungsrechtlich verpflichtet. In der Grundordnung der EKD heißt es dazu:

> »Die Evangelische Kirche in Deutschland bekennt sich zu der besonderen Gemeinschaft der ganzen evangelischen Christenheit in Deutschland. In der Mitverantwortung für diese Gemeinschaft nimmt sie die Aufgaben, die sich daraus ergeben, in freier Partnerschaft mit dem Bund der Evangelischen Kirchen in der Deutschen Demokratischen Republik wahr« (Art. 1, Abs. 2).

V. Friedensaufgaben der Deutschen

Die künftige politische Spaltung Deutschlands trat bereits auf der Konferenz in Potsdam im August 1945 deutlich in Erscheinung. Mit ihr war die im gleichen Monat zunächst vorläufig neu geordnete EKD von Anfang an befaßt. Sie war daher weit davon entfernt und ist es bis heute, die menschlichen Belastungen und politischen Gefahren einer Spaltung Deutschlands in zwei gegeneinander gerichtete Staaten zu unterschätzen. Daß besonders auch die kirchliche Arbeit im östlichen Teil besonderen Behinderungen ausgesetzt sein würde, trat sehr bald in Erscheinung. Aus Gründen, die mit ihrem besonderen Verhältnis zu den in der DDR gelegenen Kirchen, nicht zuletzt aber auch mit dem Verständnis eines politischen Auftrages der Kirche zusammenhängen, hat sich die EKD an der argumentativen Diskussion einer Vollendung der Einheit und Freiheit Deutschlands im Sinne der Präambel des Grundgesetzes für die Bundesrepublik Deutschland im einzelnen nicht beteiligt.

So ist sie auch sehr zurückhaltend darin gewesen, ihre eigene kirchliche »Einheit« zwischen den Kirchengebieten in beiden deutschen Staaten zum Problemfeld der Wiedervereinigung in Beziehung zu setzen. Die in den fünfziger und sechziger Jahren in der Öffentlichkeit verbreiteten Vorstellungen von der Klammerfunktion der EKD zwischen den beiden deutschen Staaten ist kirchlicherseits nicht aufgenommen worden. Theologisch gehört der Begriff »Einheit« zu den Wesensmerkmalen der Kirche und bezeichnet die Übereinstimmung in grundlegenden Lehraussagen. Diese Wesenseinheit der Kirche verlangt nicht unbedingt auch eine einheitliche Organisationsgestalt der Kirche. Diese ist vielmehr wandelbar und durch geschichtliche Faktoren bedingt. Schon gar nicht darf man den theologischen Einheitsbegriff undifferenziert auf politische Sachverhalte beziehen.[10]

Die politische Spaltung Deutschlands war das Produkt der friedensbedrohenden Nachkriegsfeindschaft zwischen den beiden großen Weltmächten und wurde ihrerseits zu einer Dauergefahr für den Frieden in der Welt. Daher ist die Apriltagung 1950 der Synode der EKD in Berlin-Weißensee (DDR) mit dem Thema »Was kann die Kirche für den Frieden tun?« als unmittelbare Reaktion auf die kurz zuvor vollzogene Gründung der beiden getrennten deutschen Staaten zu verstehen. Die Botschaft von Weißensee ist als Magna Charta der Friedensfrage in die Geschichte der EKD eingegangen. Mit ihr entsprach sie der Verwerfung des traditionellen Verständnisses des Krieges als eines Mittels der Politik durch die Weltkirchenversammlung in Amsterdam 1948. Solange Rüstung als Schutz vor Friedensbrechern existiert, müssen zugleich äußerste politische Anstrengungen unternommen werden, militärische Konflikte von der Wurzel her zu verhindern. Dazu bedarf es einer neuen Definition der politischen und militärischen Instrumente für eine wirksame internationale Friedenspolitik. Es ist nicht zufällig, daß nicht die Einheit und Freiheit der Nation zum Leitthema für die Gratwanderung der EKD im geteilten Deutschland wurden, sondern die Sicherung des Weltfriedens. Sie ist der eigentliche politische Horizont und die Grundbedingung aller weiteren Überlegungen und Maßnahmen zur deutschen Frage.

In diesem Sinne hatte die Synode der EKD auf ihrer Tagung 1966 der »Ostdenkschrift« zugestimmt, damit zur Versöhnungsbereitschaft und Friedenssicherung als Grundlage einer neuen deutschen Ostpolitik am Beispiel des deutsch-polnischen Verhältnisses aufgerufen. Zwei Jahre später ließ der Rat der EKD die Studie »Friedensaufgaben der Deutschen« veröffentlichen. In dieser von Persönlichkeiten aus beiden Teilen Deutschlands erarbeiteten Studie wird die deutsche Frage in den Zusammenhang weltweiter, europäischer und nationaler Bezüge gestellt. Was hier vor zwei Jahrzehnten über die Geschichte und die Zusammengehörigkeit aller Deutschen in der einen Nation, über die gemeinsamen Grundwerte und Aufgaben, über die Bedingungen einer politischen Gemeinschaft und über die europäischen und weltweiten Zusammenhänge deutscher Friedensaufgaben gesagt wurde, ist bis heute nicht ausdiskutiert und von einer überraschenden Aktualität. Eine Fortführung dieser Diskussion ist geeignet, die Gefahr einer nationalen Engführung in der deutschen Frage zu vermeiden. Die Studie ist weit davon entfernt, die Rolle der Nation als historische Größe im Bewußtsein der Völker zu unterschätzen. Aber die Nation ist theologisch gesprochen keine unabänderliche Schöpfungsordnung. Nationen sind zugleich Bausteine eines größeren Zusammenhangs zwischen den Völkern. Der unabhängige Nationalstaat, der ohne Verpflichtung gegenüber übernationalen Friedensstrukturen seine Ziele verfolgt, ist geschichtlich überholt. Deshalb sollte die Wiederherstellung voller nationalstaatlicher Souveränität nicht angestrebt werden. »Ziel muß eine europäische Ordnung sein, die auf Zusammenarbeit ihrer Glieder unter erheblichen Souveränitätsverzichten und ohne hegemoniale Übergewichte ausgelegt ist. Nur in diesem Rahmen erscheint eine politische Gemeinschaft der Deutschen möglich und sinnvoll.«[11]

Den ihr am ehesten entsprechende Beruf zur Mitwirkung an Fragen der deutschen Spaltung, der deutschen Nation und der deutschen Einheit, damit aber an den Friedensaufgaben der Deutschen nimmt die Evangelische Kirche in Deutschland durch die Praktizierung der menschlichen Zusammengehörigkeit zwischen Ost und West wahr. In diesem Sinne hat sich unlängst der Präses der Synode der EKD Dr. Jürgen Schmude geäußert:

> »Eine einzigartige und besonders wichtige Rolle in den Begegnungen der Deutschen aus beiden Staaten miteinander spielen die Beziehungen der Christen und Kirchen, zumal der evangelischen Kirchen. Die in den Grundordnungen des Bundes der evangelischen Kirchen in der DDR wie der Evangelischen Kirche in Deutschland der Bundesrepublik be-

kräftigte ›besondere Gemeinschaft der ganzen evangelischen Christenheit in Deutschland‹ bringt nicht politische, sondern religiöse Verbundenheit, aber eben doch ›besonders‹ mit den Deutschen auch im anderen Staat zum Ausdruck. Diese Gemeinschaft ist für die politische Bewertung der einheitlichen deutschen Nation ein Umstand von erheblichem Gewicht. Aber sie bezweckt nicht die Erhaltung der Nation und sie ist auch kein Instrument irgendeiner Deutschlandpolitik. Es ist die gemeinschaftliche religiöse Vergangenheit und Gegenwart in einer Kirche Jesu Christi, auf die diese Bindung sich gründet und von der sie lebt.«[12]

Anmerkungen

1 Ethel Leonore Behrendt, Gott im Grundgesetz. Der vergessene Grundwert »Verantwortung vor Gott«. Verlag Meta A. Behrendt München 1980.

2 Ludwig Raiser, Gott im Grundgesetz. In: Kirchliches Jahrbuch für die EKD 1980, Gütersloh 1984, S. 83.

3 Zu den Londoner Empfehlungen und Frankfurter Dokumenten s.u.a. Thilo Vogelsang, Das geteilte Deutschland, Deutscher Taschenbuch Verlag 10. Aufl. 1980, S. 87ff. und S. 114 ff.

4 Siehe auch Diether Posser: Wiedervereinigung Deutschlands. I. Geschichte und politische Aspekte; Gustav W. Heinemann und Diether Posser: II. Die Stellungnahme der Kirche. In: Evangelisches Staatslexikon, 3. Aufl. Stuttgart 1987, Sp. 3993-4019.

5 G. Besier, G. Sauter, Wie Christen ihre Schuld bekennen. Die Stuttgarter Erklärung 1945. Vandenhoeck und Ruprecht Göttingen 1985; – Im Zeichen der Schuld. 40 Jahre Stuttgarter Schuldbekenntnis. Eine Dokumentation. Hrsg. M. Greschat, Neukirchener Verlag 1985.

6 Evangelische Kirche und freiheitliche Demokratie. Der Staat des Grundgesetzes als Angebot und Aufgabe. Eine Denkschrift der Evangelischen Kirche in Deutschland. Gütersloher Verlagshaus Gerd Mohn 1985; – Eberhard Jüngel, Roman Herzog, Helmut Simon: Evangelische Christen in unserer Demokratie. Beiträge aus der Synode der Evangelischen Kirche in Deutschland. Mit einem Vorwort von Jürgen Schmude. Gütersloher Verlagshaus Gerd Mohn 1986; – Siehe auch: Ludwig Raiser: Die Denkschriften der Evangelischen Kirche in Deutschland als Wahrnehmung des Öffentlichkeitsauftrags der Kirche. In: Band 1/1 der Denkschriftenausgabe »Frieden, Versöhnung und Menschenrechte«, Gütersloher Verlagshaus Gerd Mohn 1978; – Frieden wahren, fördern und erneuern – Eine Denkschrift der EKD. Gütersloher Verlagshaus Gerd Mohn 1981; – Erwin Wilkens, Die Diskussion um die Friedensfrage in der EKD, in: Kirchliches Jahrbuch 1983, S. 3-154; – ders., Frieden, in: Evangelisches Staatslexikon, 3. Aufl. Stuttgart 1987, Sp. 999-1007.

7 Erwin Wilkens, Die EKD-Synode 1957. Der Weg der Militärseelsorge. In: Domini sumus, 30 Jahre Militärseelsorgevertrag. Hrsg. Evangelisches Kirchenamt für die Militärseelsorge. Lutherisches Verlagshaus Hannover 1987, S. 15-33.

8 Bund der Evangelischen Kirchen in der DDR. Dokumente zu seiner Entstehung, ausgewählt und kommentiert von Reinhard Henkys. epd-Dokumentation Band 1, Eckart Verlag Witten 1970.

9 Albrecht Schönherr, Zum Weg der evangelischen Kirchen in der DDR. Union Verlag (VOB) Berlin-Ost 1986.

10 Erwin Wilkens, Die Einheit der EKD und die politische Teilung Deutschlands. Volk, Nation, Vaterland in kirchenpolitischer Sicht. In: Volk, Nation, Vaterland. Der deutsche Protestantismus und der Nationalsozialismus. Hrsg. Horst Zilleßen. Gütersloher Verlagshaus 1970, S. 285-299.

11 Friedensaufgaben der Deutschen. Eine Studie. Vorgelegt von der Kammer der EKD für öffentliche Verantwortung. In: »Die Denkschriften der EKD« Band 1/2; Gütersloher Verlagshaus 1978, S. 15-33; – s. zu dieser Studie auch: Richard von Weizsäcker, Auf der Suche nach realistischen Beiträgen zum Frieden. In: Die deutsche Geschichte geht weiter. Siedler Verlag Berlin 1983, S. 195 ff.

12 Jürgen Schmude, Deutsche in zwei Staaten – was treibt sie zusammen, was treiben sie miteinander? In: Horst Ehmke u.a. (Hrsg.), Zwanzig Jahre Ostpolitik. Bilanz und Perspektiven. Verlag Neue Gesellschaft Bonn 1986, S. 192.

Joseph Listl

Der Name Gottes im Grundgesetz Der Staat der Bundesrepublik Deutschland und die Religion

I. Die katholische Kirche und die Wiedervereinigung Deutschlands

1. Keine endgültige Regelung der Diözesangrenzen in der Deutschen Demokratischen Republik

Die katholische Kirche hat sich mit der Teilung Deutschlands in die beiden Staatswesen der Bundesrepublik Deutschland und der Deutschen Demokratischen Republik bis zum heutigen Tag nicht abgefunden. Dies beweist mit großer Anschaulichkeit die Tatsache, daß der Heilige Stuhl bisher keine endgültige Festlegung der Abgrenzungen der durch die Teilung Deutschlands betroffenen Diözesen vorgenommen hat. Es entspricht der Praxis des Heiligen Stuhls, die sich seit dem 19. Jahrhundert herausgebildet hat, erst nach endgültigen territorialen Veränderungen zu einer entsprechenden Anpassung der kirchlichen Verwaltungsbezirke, d.h. der Diözesangrenzen, an die geänderten Staatsgrenzen zu schreiten.

Im Abschluß des deutsch-polnischen Vertrages vom 7.12.1970 hat der Heilige Stuhl eine solche endgültige Regelung erblickt und daher durch die Apostolische Konstitution *Episcoporum Poloniae* vom 28.6.1972 die Diözesaneinteilung der Gebiete östlich der Oder und Neiße, die bis dahin Apostolischen Administratoren übertragen waren, in vollem Umfang neu geregelt. Der Grundvertrag zwischen der Bundesrepublik Deutschland und der Deutschen Demokratischen Republik vom 11.12.1972 wird vom Heiligen Stuhl nicht als eine solche endgültige Regelung angesehen. Deshalb hat der Heilige Stuhl auch 44 Jahre nach dem Ende des Zweiten Weltkrieges und der nach diesem Krieg durch die Alliierten vorgenommenen Teilung Deutschlands eine Neugliederung der Diözesen und kirchlichen Verwaltungsbezirke in der Deutschen Demokratischen Republik noch nicht vorgenommen.

Während die Bischöfe der in der Bundesrepublik Deutschland gelegenen Diözesen mit Einschluß des Bistums Berlin zur Deutschen Bischofskonferenz zusammengeschlossen sind, bilden die Bischöfe der in der DDR gelegenen kirchlichen Verwaltungsbezirke die Berliner Bischofskonferenz. Diese gliedert sich in folgende Jurisdiktionsbezirke: Ostteil des Bistums Berlin (157 000 Gläubige), Bistum Dresden-Meißen (274 000), Apostolische Administratur Görlitz (Restliches Territorium des ehemaligen Erzbistums Breslau; 67 000);

kirchliches Gebiet Schwerin (DDR-Anteil des Bistums Osnabrück; 85 000); kirchliches Gebiet Magdeburg (DDR-Anteil des Erzbistums Paderborn; 261 000) und kirchliches Gebiet Erfurt-Meiningen (DDR-Anteile der Bistümer Fulda und Würzburg; 250 000). Die Angaben über die Katholikenzahl sind dem Päpstlichen Jahrbuch 1984 entnommen. Die Verwaltung der kirchlichen Bezirke von Görlitz, Schwerin, Magdeburg und Erfurt-Meiningen liegt in Händen von Bischöfen, die als Apostolische Administratoren ihre Leitungsgewalt in diesen Gebieten im Namen des Papstes interimistisch ausüben.

2. Die Religionsfreiheit in der Deutschen Demokratischen Republik

Den Kirchen in der Deutschen Demokratischen Republik wird zwar durch die DDR-Verfassung von 1968/1974 das Recht zugestanden, ihre Angelegenheiten zu ordnen und ihre Tätigkeit auszuüben »in Übereinstimmung mit der Verfassung und den gesetzlichen Bestimmungen der DDR«. Gemäß Art. 39 Abs. 1 der DDR-Verfassung hat jeder Bürger der DDR das Recht, sich zu einem religiösen Glauben zu bekennen und religiöse Handlungen auszuüben. Jedoch fallen der Buchstabe der Verfassung und die Verfassungswirklichkeit in vieler Hinsicht weit auseinander. Von den übrigen Staaten des Ostblocks unterscheidet sich die DDR in staatskirchenrechtlicher Hinsicht dadurch, daß es dort auch in der Ära des Stalinismus, von einzelnen Erscheinungen abgesehen, keinen offenen Kirchenkampf gegeben hat. Jedoch werden bekennende Christen wegen ihres Glaubens in vielfältiger und schwerwiegender Weise diskriminiert. Insbesondere gilt dies hinsichtlich ihrer Bildungschancen und ihrer beruflichen Aufstiegsmöglichkeiten.

Der sozialistische Weltanschauungsstaat beansprucht das Monopol im gesamten Erziehungs- und Bildungswesen. Aus dem Bereich der Schule sind die Kirchen von Anfang an zielstrebig verdrängt worden. In dem »einheitlichen sozialistischen Bildungssystem« (vgl. Art. 17 Abs. 2 der DDR-Verfassung von 1968/1974) ist weder für eine Berücksichtigung des religiösen Elternrechts noch für ein freies Schulwesen Platz. In Art. 44 Abs. 1 der DDR-Verfassung von 1949 war den Kirchen das Recht auf Erteilung von Religionsunterricht in den Räumen der Schule zuerkannt worden. Dieses Recht ist in der heutigen Verfassung nicht mehr enthalten. Seit 1954 sollen die Jugendlichen durch den pseudoreligiösen sozialistischen Ersatzritus der Jugendweihe auf das Gedankengut des Marxismus-Leninismus verpflichtet werden. Gegen den staatlicherseits ausgeübten vielfältigen psychologischen Druck auf die Jugendlichen und ihre Eltern zur Teilnahme an der Jugendweihe haben die katholischen Bischöfe der DDR wiederholt öffentlich Einspruch erhoben. In einem gemeinsamen Hirtenbrief vom 17.11.1974 wandten sich die Bischöfe der DDR gegen die Diskriminierung der Christen im Bildungs- und Erziehungswesen sowie gegen die durch das Staatsmonopol aufoktroyierten Erziehungsziele und das ihnen zugrundeliegende Menschenbild, das den Staatsbürger auf den dialektischen

Materialismus festlegt. Die christlichen Jugendlichen werden in der DDR wegen ihres religiösen Bekenntnisses planmäßig benachteiligt. Als 1972 in der DDR die Fristenlösung eingeführt und damit die Strafbarkeit des Schwangerschaftsabbruchs weitgehend beseitigt wurde, sind die Bischöfe, wiederum in einem gemeinsamen Hirtenbrief, für das Lebensrecht des ungeborenen Menschen eingetreten.
Die katholische Kirche in der DDR ist eine Minderheitenkirche. Im Jahre 1983 lebten in der DDR knapp 1,2 Millionen Katholiken zusammen mit etwa 7 Millionen evangelischen Christen und rund 8 Millionen Bürgern in der DDR, die keiner Religion angehören. Die katholische Kirche in der DDR verfolgt im politischen und gesellschaftlichen Leben, ähnlich wie die Christengemeinden in der Urkirche, die Praxis eines friedlichen, vollen und möglichst geräuschlosen Ausschöpfens der verfassungsrechtlichen Möglichkeiten für die Seelsorge und die Karitas im Rahmen einer strikten Trennung von Staat und Kirche.

II. Gott und die Religion im Grundgesetz. Der normative Befund

1. Am Anfang der Präambel des Grundgesetzes für die Bundesrepublik Deutschland steht der Name Gottes: »Im Bewußtsein seiner Verantwortung vor Gott und den Menschen« hat das Deutsche Volk in den Ländern der Bundesrepublik das Grundgesetz beschlossen.[1] Der Name Gottes steht auch in Art. 56 GG. Art. 64 GG verweist auf Art. 56 GG. In diesen Bestimmungen ist die Form des Amtseides festgelegt, den der Bundespräsident, der Bundeskanzler und die Bundesminister bei ihrem Amtsantritt zu leisten haben. Die Eidesformel endet mit der Beteuerung: »So wahr mir Gott helfe«. In der Wortverbindung »Gottesdienst« begegnet der Name Gottes schließlich auch in der Bestimmung des Art. 140 GG in Verbindung mit Art. 141 der Weimarer Reichsverfassung. Darin wird den Kirchen die Zulassung zur Durchführung von »Gottesdienst und Seelsorge« bei den militärischen Streitkräften sowie in den Krankenhäusern, Strafanstalten oder sonstigen öffentlichten Anstalten garantiert.
2. In zahlreichen Fällen finden sich im Grundgesetz die Begriffe »Glaube«, »Religion«, »Religionsausübung«, »religiöses Bekenntnis« als Formen der Aktualisierung des Gottesglaubens und der Zugehörigkeit zu einer Kirche oder einer anderen Religionsgemeinschaft.[2]
Die zentrale Verfassungsbestimmung des Religionsrechts des Grundgesetzes bildet die Garantie des Grundrechts der Religionsfreiheit in Art. 4 Abs. 1 und 2 GG. Die Freiheit des Glaubens, des Gewissens und die Freiheit des religiösen und weltanschaulichen Bekenntnisses werden für unverletzlich erklärt. Die ungestörte Religionsausübung wird gewährleistet.
Der Religionsunterricht in den öffentlichen Schulen, den das Grundgesetz in Art. 7 Abs. 3 zum »ordentlichen Lehrfach« erklärt, ist in Übereinstimmung mit den Grundsätzen der Religionsgemeinschaften zu erteilen.

3. Durch die Bestimmung des Art. 140 GG werden die sog. Kirchenartikel der Weimarer Reichsverfassung vom 11. August 1919, d.h. deren Artikel 136, 137, 138, 139 und 141, zu Bestandteilen des Grundgesetzes erklärt. Sie sind, wie das Bundesverfassungsgericht entschieden hat, als »vollgültiges Verfassungsrecht« in das Grundgesetz inkorporiert worden.[3]
Die »Magna Charta« der korporativen Religionsfreiheit, d.h. der Freiheit der Kirchen und übrigen Religionsgemeinschaften mit Einschluß der Weltanschauungsgemeinschaften, bildet der Artikel 137 WeimRV. Darin wurde durch die Bestimmung »Es besteht keine Staatskirche« die bis zum Jahre 1918 existierende enge Verbindung zwischen dem Monarchen bzw. dem Landesherrn und den jeweiligen evangelischen Landeskirchen, das sog. »landesherrliche Kirchenregiment«, beseitigt. Die Freiheit der Vereinigung zu Religionsgesellschaften wird gewährleistet, ebenso der Zusammenschluß von Religionsgesellschaften innerhalb des Bundesgebietes.
Der Absatz 3 des Art. 137 WeimRV enthält die verfassungsrechtliche Garantie des Kernbereichs der Kirchenfreiheit. Danach ordnet und verwaltet jede Religionsgesellschaft ihre Angelegenheiten selbständig innerhalb der Schranken des für alle geltenden Gesetzes.[4] Sie verleiht ihre Ämter ohne Mitwirkung des Staates oder der bürgerlichen Gemeinde. Art. 137 WeimRV enthält ferner die bedeutsamen Bestimmungen über den Erwerb der Rechtsfähigkeit der Religionsgesellschaften im allgemeinen und die Verleihung des Status einer Körperschaft des öffentlichen Rechts an die Kirchen im besonderen. Denjenigen Religionsgesellschaften, die Körperschaften des öffentlichen Rechts sind, wird die Berechtigung verliehen, aufgrund der bürgerlichen Steuerlisten nach Maßgabe der landesrechtlichen Bestimmungen von ihren Gläubigen Kirchensteuern zu erheben.
Art. 138 WeimRV enthält Regelungen über die Staatsleistungen, die den Kirchen als Ersatz für rechtswidrige Säkularisationen kirchlichen Eigentums zustehen, sowie Bestimmungen über die Garantie des Kirchengutes. Art. 139 WeimRV schützt den Sonntag und die staatlich anerkannten Feiertage als Tage der Arbeitsruhe und der seelischen Erhebung. Die Militär- und Anstaltsseelsorge werden in Art. 141 WeimRV garantiert.

III. Ist die Bundesrepublik Deutschland ein christlicher Staat?

1. Sinngehalt und Bedeutung der Anrufung Gottes in der Präambel des Grundgesetzes

In der Literatur wird gelegentlich die Auffassung vertreten, den ersten neun Worten der Präambel des Grundgesetzes »Im Bewußtsein seiner Verantwortung vor Gott und den Menschen« komme eine allgemeine rechtliche Verbindlichkeit etwa in dem Sinne zu, wie sie das Bundesverfassungsgericht für das Wiedervereinigungsgebot der Präambel des Grundgesetzes entnommen hat.

Mit dem Grundgesetz sei nicht jeder Gottesbegriff vereinbar, sondern nur der christliche Gottesbegriff. Dies bedeute im Ergebnis, daß der materielle Rechtsstaatsbegriff des Grundgesetzes im christlichen Gottesbegriff begründet sei.[5] Gegen ein derartiges Postulat einer allgemeinen rechtlichen Verbindlichkeit des christlichen Gottesbegriffs in der Präambel des Grundgesetzes sind von *Christian Starck* zu Recht Bedenken erhoben worden.[6]

Ähnlich wie in den nach dem Ende der nationalsozialistischen Gewaltherrschaft geschaffenen Verfassungen der Länder Baden (1947) und später Baden-Württemberg (1953), Bayern (1946), Nordrhein-Westfalen (1950), Rheinland-Pfalz (1947), Württemberg-Baden (1946) und Württemberg-Hohenzollern (1947) bringt die Formel »Im Bewußtsein seiner Verantwortung vor Gott und den Menschen« als *Motivation des Verfassungsschöpfers* zunächst eine Distanzierung zum nationalsozialistischen Regime zum Ausdruck und betont, wie *Christian Starck* hervorhebt, zugleich die Grenzen der verfassunggebenden Gewalt sowie die dienende und verantwortungsbeladene Stellung des neugeschaffenen Staatswesens.[7] Die Gewalt des Staates soll begrenzt werden und der Staat nicht mehr über alles verfügen dürfen. Darüber hinaus bot diese Formel dem einzelnen Abgeordneten des Parlamentarischen Rates die Möglichkeit, als Motiv auch noch mehr zum Ausdruck zu bringen, nämlich daß er mit seiner ganzen, auch religiösen Persönlichkeit sich zu der neuen freiheitlichen Ordnung des Grundgesetzes bekenne, die im Gegensatz zum nationalsozialistischen Regime die Würde des Menschen für unantastbar erklärt.

Ursprünglich sollte die Präambel auf Vorschlag der Abgeordneten Dr. Süsterhenn (CDU) und Dr. Seebohm (DP) lediglich lauten: »Im Bewußtsein seiner Verantwortung vor Gott«. In den Beratungen des Parlamentarischen Rates erhielt sie später ihre endgültige Fassung. Wie *Christian Starck* zu Recht erklärt, ist mit dieser Formel als Motivation weder eine Verpflichtung auf das Christentum oder auf einen persönlichen Gott zum Ausdruck gebracht, noch wird der Staat der Bundesrepublik Deutschland durch sie als christlicher Staat charakterisiert. Eine derartige Interpretation der Formel verbietet sich bereits im Hinblick auf das Grundrecht der Religionsfreiheit des Art. 4 GG.[8]

2. Der Grundsatz der »Nichtidentifikation« des Staates mit einer Religion, einer Kirche oder einer Weltanschauung

Im Gegensatz zu Art. 14 der Preußischen Verfassung von 1850, »Die christliche Religion wird bei denjenigen Einrichtungen des Staates, welche mit der Religionsübung im Zusammenhange stehen, unbeschadet der im Art. 12 gewährleisteten Religionsfreiheit, zum Grunde gelegt«[9], ist das Grundgesetz für die Bundesrepublik Deutschland vom Grundsatz der Nichtidentifikation des Staates mit einer Kirche, Konfession oder Weltanschauung bestimmt.[10]

Nach der für das freie und friedliche Zusammenleben im Staatsverband fundamentalen Bestimmung des Gleichheitssatzes des Art. 3 Abs. 3 GG darf niemand wegen seines Glaubens oder seiner religiösen Anschauung benachteiligt oder bevorzugt werden. Ferner sind der Genuß bürgerlicher und staatsbürgerlicher Rechte und die Zulassung zu öffentlichen Ämtern sowie die im öffentlichen Dienst erworbenen Rechte gemäß Art. 33 Abs. 3 GG unabhängig von dem religiösen Bekenntnis. Aus seiner Zugehörigkeit oder Nichtzugehörigkeit zu einem Bekenntnis oder einer Weltanschauung darf niemandem ein Nachteil erwachsen. Gemäß Art. 140 GG in Verbindung mit Art. 136 WeimRV werden die bürgerlichen und staatsbürgerlichen Rechte und Pflichten durch die Ausübung der Religionsfreiheit weder bedingt noch beschränkt. Seine religiöse Überzeugung zu offenbaren, ist niemand verpflichtet. Den Behörden steht nur insoweit das Recht zu, nach der Zugehörigkeit zu einer Religionsgesellschaft zu fragen, als davon Rechte und Pflichten abhängen oder eine gesetzlich angeordnete statistische Erhebung dies erfordert. Zu einer kirchlichen Handlung oder Feierlichkeit oder zur Teilnahme an religiösen Übungen oder zur Benutzung einer religiösen Eidesform darf niemand gezwungen werden.

Wie das Bundesverfassungsgericht erklärt hat, gewährleistet die Verfassung dem einzelnen durch das Grundrecht der Religionsfreiheit einen Rechtsraum, in dem er sich die Lebensform zu geben vermag, die seinen Überzeugungen entspricht, mag es sich dabei um ein religiöses Bekenntnis oder eine irreligiöse – religionsfeindliche oder religionsfreie – Weltanschauung handeln.[11]

Die Bundesrepublik Deutschland ist damit ein konfessionell paritätisches und religiös und weltanschaulich neutrales Staatswesen.[12] Dies zeigt sich sowohl im Verbot einer Staatskirche als auch im Verbot jeder »Totalidentifikation« des Staates und seiner Institutionen mit einer bestimmten Religion oder Konfession, ebenso mit einer totalitären oder laizistischen, auf einer Weltanschauung beruhenden Staatsideologie.

Diese organisatorische Trennung von Staat und Kirche darf aber nicht als Verfassungsgebot einer im laizistischen, d.h. kirchenfeindlichen Sinne verstandenen totalen Bereichsscheidung von Staat und Religion bzw. in einen getrennten staatlichen und kirchlichen Bereich mißdeutet und veräußerlicht werden. Diese strikte religiöse Neutralität des Staates bedeutet nicht staatliche religiöse Indifferenz, *sondern muß als positive Neutralität mit der Bereitschaft zu einer engen Kooperation zwischen Staat und Kirche interpretiert werden.*[13]

IV. Berücksichtigung der religiösen Interessen der Bürger im Grundgesetz und verfassungsrechtlich zulässige Formen der Kooperation zwischen dem Staat und den Religionsgemeinschaften

1. Verfassungsrechtlich vorgesehene Formen der Kooperation zwischen Staat und Kirche

Wie bereits dargelegt wurde, sieht das Grundgesetz für die Bundesrepublik Deutschland, also die Verfassung selbst, verschiedene Formen einer engen

Kooperation zwischen dem Staat und den Religionsgemeinschaften vor. Der Staat des Grundgesetzes wird durch diese überwiegend den großen Religionsgemeinschaften zuteil gewordene Förderung jedoch nicht zu einem »christlichen« Staat. Er bleibt ein religiös und weltanschaulich neutrales Staatswesen, das »Heimstatt aller Staatsbürger ohne Ansehen der Person« sein muß.[14]
Soweit in verschiedenen Bereichen eine Zusammenarbeit zwischen dem Staat und den Kirchen bereits im Grundgesetz festgelegt ist, handelt es sich um konstituierende Bestandteile des gesamten Status der religiösen und weltanschaulichen Kräfte. Dies gilt für die Berücksichtigung des religiösen Elements im Schulsystem (Art. 7 Abs. 4 und 5 GG und Verweis auf das Landesrecht), für den Religionsunterricht (Art. 7 Abs. 3 GG), für die Besteuerung der Kirchenangehörigen (Art. 137 Abs. 6 WeimRV), für die Staatsleistungen (Art. 138 WeimRV) sowie die Anstalts- und Militärseelsorge (Art. 141 WeimRV). Der Staat trägt auch zur finanziellen Sicherung der kirchlichen Tätigkeit durch Staatsleistungen und Unterstützung der Besteuerung bei. Er fördert die Tätigkeit der Kirchen und ihrer Vereinigungen auf den Gebieten der sozialen Hilfe, Jugendhilfe und Bildung. Durch diese Formen der Kooperation zwischen Staat und Kirche wird, wie *Ulrich Scheuner* betont, die Distanz zu den religiösen Vorgängen, in die der säkulare Staat getreten ist, nicht berührt. Diese Verbindungen knüpfen an sachliche Gegebenheiten an, sie bewirken keine Bevorzugung einzelner weltanschaulicher Richtungen und beeinträchtigen nicht die grundsätzliche gegenseitige Freiheit der beiden Institutionen Staat und Kirche.[15]

2. Einzelfragen und Einzelfälle
Das in der Bundesrepublik Deutschland durch das Grundgesetz in seinen wesentlichen Elementen geschaffene Staat-Kirche-Verhältnis ist weithin durch die Entscheidungen und durch die Verfassungsinterpretation der Gerichte zu seiner gegenwärtigen konkreten Ausprägung entwickelt worden. Die Rechtsprechung zu Kirchensachen ist außerordentlich umfangreich und vielgestaltig. In sämtlichen Gerichtszweigen und Instanzen werden immer wieder bedeutsame Entscheidungen zu kirchlichen Fragen gefällt. Das Bundesverfassungsgericht hat in zahlreichen Fällen richtungweisende Entscheidungen zu Religions- und Kirchensachen getroffen. Die Judikatur, und hier insbesondere die Rechtsprechung der Bundesgerichte und vor allem des Bundesverfassungsgerichts, war bisher der Motor für eine zeitgemäße Fortentwicklung des Verhältnisses von Staat und Kirche in der Bundesrepublik und für die Interpretation des Grundrechts der individuellen und der korporativen Religionsfreiheit, d.h. der Freiheit der Kirchen und übrigen Religionsgemeinschaften.[16]
(1) Die Bestimmung in Art. 131 Absatz 2 der Bayerischen Verfassung, derzufolge die Ehrfurcht vor Gott eines der obersten Bildungsziele der Schule ist, steht, wie der Bayerische Verfassungsgerichtshof in einer eingehend begründeten Entscheidung vom 2.5.1988 festgestellt hat, nicht im Widerspruch

zu anderen Normen der Bayerischen Verfassung.[17] Art. 131 Abs. 2 der Bayerischen Verfassung hat folgenden Wortlaut: »Oberste Bildungsziele sind Ehrfurcht vor Gott, Achtung vor religiöser Überzeugung und vor der Würde des Menschen, Selbstbeherrschung, Verantwortungsgefühl und Verantwortungsfreudigkeit, Hilfsbereitschaft, Aufgeschlossenheit für alles Wahre, Gute und Schöne und Verantwortungsbewußtsein für Natur und Umwelt.«[18]

(2) Die Anbringung von Wandkreuzen in Gerichtssälen ist nach einem Urteil des Oberlandesgerichts Nürnberg zulässig. Ihre Zulässigkeit ist in der religionssoziologischen Tatsache begründet, daß sich die überwältigende Mehrheit der bayerischen Bevölkerung zu einer christlichen Religionsgemeinschaft bekennt und vor Gericht den Eid mit der religiösen Beteuerungsformel »So wahr mir Gott helfe« leistet. Von den Parteien und Zeugen könne daher ohne Verletzung des Gleichheitsgrundsatzes verlangt werden, daß sie auch im Gerichtssaal die christlichen Symbole, die die religiöse Einstellung der ganz überwiegenden Mehrheit der bayerischen Bevölkerung widerspiegeln, ebenso tolerieren wie im sonstigen täglichen Leben, wo sie ihnen ja auch auf Schritt und Tritt begegnen.[19]

(3) Diese Gründe sind auch maßgeblich dafür, daß der Eid, z.B. der Amtseid des Bundespräsidenten gemäß Art. 56 GG, mit der religiösen Beteuerungsformel »So wahr mir Gott helfe« geleistet wird. Mit Rücksicht auf das Grundrecht der Religionsfreiheit kann der Eid auch ohne religiöse Beteuerung geleistet werden.

(4) Zur Ermöglichung der verfassungsrechtlich vorgesehenen Formen der Kooperation zwischen Staat und Kirche bestehen im Falle der Lehrer an Konfessionsschulen, der Religionslehrer, der Theologieprofessoren und der Anstaltsseelsorger sog. »konfessionsgebundene Staatsämter«.[20]

(5) Der staatliche Schutz der Sonn- und Feiertage ist kein Ausdruck der Bereitschaft des Staates, kirchliche Interessen im öffentlichen Leben besonders zu berücksichtigen und an seiner »alten Stellung als advocatus Ecclesiae festzuhalten«, sondern Ausfluß des in der Verfassung grundgelegten Prinzips der Toleranz, die die Minderheit gegenüber der Mehrheit im Staat üben muß.[21]

(6) Die Einziehung der Kirchensteuer durch die staatliche Finanzverwaltung erfolgt nur gegenüber den Gläubigen der betreffenden Religionsgesellschaften. Die Kirchensteuerpflicht knüpft an die Kirchenmitgliedschaft im rechtlich-formalen Sinn an. Die Inanspruchnahme der staatlichen Finanzverwaltung seitens der Kirchen zur Einziehung der Kirchensteuer ist nur dann verfassungsgemäß, wenn den betroffenen Angehörigen der Kirchen jederzeit die Möglichkeit geboten ist, ihre Mitgliedschaft durch die Erklärung des Kirchenaustritts zu beenden. Dies ist eine notwendige Konsequenz des Grundrechts der Religionsfreiheit.[22]

(7) Christliche Morgenandachten an öffentlichen Schulen sowie die Veranstaltung von Schulgebeten sind auch im Falle des Widerspruchs eines Schülers oder seiner Eltern zulässig. Dem betreffenden Schüler muß jedoch die Mög-

lichkeit geboten werden, sich in zumutbarer Weise der Beteiligung am Schulgebet zu entziehen.[23]
(8) Für den Bereich des Ehe- und Familienrechts gilt, daß in einem weltanschaulich nicht einheitlichen Staat wie der Bundesrepublik Deutschland der Gesetzgeber verpflichtet ist, das Recht so zu normieren, daß es den Bürgern die Freiheit läßt, bei der Gestaltung ihres Ehe- und Familienlebens ihren religiösen Verpflichtungen mit allen Konsequenzen nachzuleben.
Das Eherecht geht von einem nichtkonfessionell geprägten Eheverständnis aus. Es läßt den Christen im Staat die Möglichkeit, nach ihrem Eheverständnis zu leben, ohne daß dieses Eheverständnis verpflichtend wäre. Das auf dem Zerrüttungsprinzip beruhende gegenwärtige Ehescheidungsrecht hat sich von den Vorstellungen des kanonischen Eherechts der katholischen Kirche weit entfernt und bringt nicht selten für denjenigen Ehepartner, der an der Ehe festhalten möchte, oder den schwächeren Partner große und ungerechte Härten mit sich.[24]
(9) Im Bereich des kirchlichen Selbstbestimmungsrechts anerkennt der Staat ausdrücklich die Eigenständigkeit der Kirchen und ihrer Rechtsordnung in Gesetzgebung, Verwaltung und Rechtsprechung gegenüber dem Staat und der staatlichen Rechtsordnung. Wie das Bundesverfassungsgericht erklärt hat, handelt es sich bei den Kirchen um Institutionen, die nicht vom Staate geschaffen sind, sondern im außerstaatlichen Bereich wurzeln und in ihrem Eigenbereich weder staatliche Aufgaben wahrnehmen noch staatliche Gewalt ausüben.[25]
(10) Auf dem Gebiete des Religionsrechts ist der Staat grundsätzlich zu strenger Parität verpflichtet. Diese Verpflichtung zu strikter Gleichbehandlung obliegt dem Staat jedoch nur im Bereich der individuellen Glaubensfreiheit, nicht dagegen in denjenigen Fällen, bei denen es sich um die institutionelle Position der Religionsgesellschaften handelt. Im Verhältnis der Religionsgesellschaften zueinander besteht für den Staat keine Verpflichtung zu einer schematischen Gleichbehandlung. Dies bedeutet, daß der Staat die Kirchen und die übrigen Religionsgemeinschaften nach objektiven Kriterien, z.B. nach ihrer Größe, unterschiedlich behandeln kann. Nur die katholische und die evangelische Kirche verfügen z.B. über Theologische Fakultäten an staatlichen Universitäten und über eine organisierte Militärseelsorge. Aus denselben Gründen ist z.B. auch der Norddeutsche Rundfunk nicht verpflichtet, freireligiöses Gedankengut im Rundfunk zu berücksichtigen.[26]

V. Das Menschenbild des Grundgesetzes

In zwei Entscheidungen von weittragender Bedeutung hat das Bundesverfassungsgericht grundsätzliche Ausführungen über das Menschenbild gemacht, das den Vorstellungen des Grundgesetzes zugrunde liegt.

1. In dem Urteil des Ersten Senats vom 23.10.1952 über die Verfassungswidrigkeit und Auflösung der Sozialistischen Reichspartei hat das Gericht erklärt, daß der freiheitlichen demokratischen Grundordnung letztlich nach der im Grundgesetz getroffenen verfassungspolitischen Entscheidung die Vorstellung zugrunde liege, daß der *Mensch* in der *Schöpfungsordnung einen eigenen selbständigen Wert besitze* und Freiheit und Gleichheit dauernde Grundwerte der staatlichen Einheit seien. Daher sei die Grundordnung eine »wertgebundene Ordnung«. Sie sei das Gegenteil des totalen Staates, der als ausschließliche Herrschaftsmacht Menschenwürde, Freiheit und Gleichheit ablehne.[27]
2. In dem Urteil vom 25.2.1975 über den Schwangerschaftsabbruch bzw. die verfassungsrechtliche Unzulässigkeit einer »Fristenlösung« hat derselbe Erste Senat in Anknüpfung an seine früheren Ausführungen erklärt, daß dem Grundgesetz Prinzipien der Staatsgestaltung zugrunde liegen, die sich nur aus der geschichtlichen Erfahrung und der geistig-sittlichen Auseinandersetzung mit dem vorangegangenen System des Nationalsozialismus erklären lassen. Gegenüber der Allmacht des totalitären Staates, der schrankenlose Herrschaft über alle Bereiche des sozialen Lebens für sich beanspruchte und dem bei der Verfolgung seiner Staatsziele die Rücksicht auch auf das Leben des einzelnen grundsätzlich nichts bedeutet habe, habe das Grundgesetz eine »wertgebundene Ordnung aufgerichtet«, die den einzelnen Menschen und seine Würde in den Mittelpunkt aller ihrer Regelungen stellt.
Dem liege, wie das Gericht bereits früh ausgesprochen habe, die Vorstellung zugrunde, daß der Mensch in der Schöpfungsordnung einen eigenen selbständigen Wert besitze, der die unbedingte Achtung vor dem Leben jedes einzelnen Menschen, auch dem sozial »wertlosen«, unabdingbar fordere und der es deshalb ausschließe, solches Leben ohne rechtfertigenden Grund zu vernichten. Diese Grundentscheidung der Verfassung bestimme Gestaltung und Auslegung der gesamten Rechtsordnung. Auch der Gesetzgeber sei ihr gegenüber nicht frei; gesellschaftspolitische Zweckmäßigkeitserwägungen, ja staatspolitische Notwendigkeiten könnten diese verfassungsrechtliche Schranke nicht überwinden.[28] Auch ein allgemeiner Wandel der hierüber in der Bevölkerung herrschenden Anschauungen – falls er überhaupt festzustellen wäre – würde daran nichts ändern können.[29]

VI. Zusammenfassung

Zusammenfassend ist festzustellen, daß die Bundesrepublik ihrem Selbstverständnis nach kein christlicher, sondern ein religiös und weltanschaulich neutraler Staat ist. Das Staatswesen der Bundesrepublik Deutschland hat jedoch starke christlich-abendländische Wurzeln. Seine Rechtsordnung weist weithin materiell-christliche Gehalte auf und ist weithin auch in christlichem Sinne interpretierbar. Die freiheitlich-demokratische Grundordnung, die durch das Grundgesetz für die Bundesrepublik Deutschland konstituiert wird, entspricht dem christlichen Menschenbild. Diese Verfassungsordnung und das auf ihren Bestimmungen beruhende Verhältnis von Staat und Kirche ermöglicht nicht nur eine friedliche und freundschaftliche Kooperation zwischen dem Staat und der Kirche, sondern gleichermaßen auch ein Maximum an Freiheitlichkeit, Rechtsschutz und sozialer Gerechtigkeit.

Anmerkungen

1 Ein instruktiver rechtsvergleichender Überblick über die Anrufung Gottes bzw. die Bezugnahme auf Gott in in- und ausländischen älteren und neueren Staatsverfassungen findet sich bei *Peter Häberle* »Gott« im Verfassungsstaat?, in: Festschrift für Wolfgang Zeidler, Bd. 1, Berlin 1987, S. 3-17.

2 Vgl. hierzu im einzelnen *Ulrich Scheuner*, Das System der Beziehungen von Staat und Kirchen im Grundgesetz. Zur Entwicklung des Staatskirchenrechts, in: Handbuch des Staatskirchenrechts der Bundesrepublik Deutschland (HdbStKirchR), hrsg. von Ernst Friesenhahn und Ulrich Scheuner in Verbindung mit Joseph Listl, Bd. 1, Berlin 1974, S. 5-86, m.w.N.; ferner *Joseph Listl*, Glaubens-, Gewissens-, Bekenntnis- und Kirchenfreiheit, ebd., S. 363-406, m.w.N.; *ders.*, Das Grundrecht der Religionsfreiheit in der Rechtsprechung der Gerichte der Bundesrepublik Deutschland, Berlin 1971 (= Staatskirchenrechliche Abhandlungen, Bd. 1); *Axel Frhr. von Campenhausen*, Staatskirchenrecht. Ein Studienbuch, 2. Aufl., München 1983.

3 Entscheidungen des Bundesverfassungsgerichts, Bd. 19, S. 206 (219) = Neue Juristische Wochenschrift 1966, S. 147 f.

4 Zum kirchlichen Selbstordnungs- und Selbstbestimmungsrecht in eigenen Angelegenheiten vgl. *Konrad Hesse*, Das Selbstbestimmungsrecht der Kirchen und Religionsgemeinschaften, in: HdbStKirchR, Bd. 1 (Anm. 2), S. 409-444.

5 In diesem Sinne *Ethel Leonore Behrendt*, Gott im Grundgesetz. Der vergessene Grundwert »Verantwortung vor Gott«, München 1980, S. 32 ff. In dieser Untersuchung werden die in der Literatur vertretenen Auffassungen zur Interpretation der Präambel des Grundgesetzes in verdienstvoller Weise im einzelnen dargestellt und analysiert.

6 *Christian Starck*, Rezension des Buches von Ethel Leonore Behrendt, Gott im Grundgesetz. Der vergessene Grundwert »Verantwortung vor Gott«, in: Juristenzeitung 1981, S. 456.

7 *Christian Starck*, in: v. Mangoldt/Klein/Starck, Das Bonner Grundgesetz. Kommentar. Bd. 1, München 1985. Präambel Rdnr. 25.

8 *Starck*, ebd.

9 Hierzu *Gerhard Anschütz*, Die Verfassungsurkunde für den Preußischen Staat vom 31. Januar 1850. Ein Kommentar für Wissenschaft und Praxis, Berlin 1912 (Neudruck Aalen 1974), S. 260 ff.

10 Vgl. hierzu *Klaus Schlaich*, Zur weltanschaulichen und konfessionellen Neutralität des Staates, in: Essener Gespräche zum Thema Staat und Kirche, hrsg. von Joseph Krautscheidt und Heiner Marré, Bd. 4, Münster 1970, S. 9 ff.; *ders.*, Neutralität als verfassungsrechtliches Prinzip vornehmlich im Kulturverfassungs- und Staatskirchenrecht, Tübingen 1972, bes. S. 129 ff., 236 ff.; *Klaus G. Meyer-Teschendorf*,

Staat und Kirche im pluralistischen Gemeinwesen. Verfassungstheoretische Vorverständnisse von Staat, Kirche und Gesellschaft in der staatskirchenrechtlichen Diskussion der Gegenwart, Tübingen 1979 (= Jus Ecclesiasticum, Bd. 26), S. 145 ff.

11 Entscheidungen des Bundesverfassungsgerichts, Bd. 12, S. 3 = Neue Juristische Wochenschrift 1961, S. 211.

12 Vgl. hierzu *Martin Heckel,* Die religionsrechtliche Parität, in: HdbStKirchR, Bd. 1 (Anm. 2), S. 445-544, m.w.N.

13 *Martin Heckel*, Staat Kirche Kunst. Rechtsfragen kirchlicher Kulturdenkmäler, Tübingen 1968, S. 209; zum Ganzen vgl. *Listl*, Das Grundrecht der Religionsfreiheit (Anm. 2), S. 15 ff.; *von Campenhausen*, Staatskirchenrecht (Anm. 2), S. 236 ff.

14 Entscheidungen des Bundesverfassungsgerichts, Bd. 19, S. 206 (216) = Neue Juristische Wochenschrift 1966, S. 147.

15 Hierzu *Scheuner*, Das System der Beziehungen von Staat und Kirchen im Grundgesetz (Anm. 2), S. 65 ff.

16 Die umfangreiche Rechtsprechung der Gerichte in der Bundesrepublik Deutschland zu sämtlichen Gebieten des Religions- und Staatskirchenrechts ist in weithin kompletter Weise enthalten in der Sammlung »Entscheidungen in Kirchensachen seit 1946«, gegenwärtig herausgegeben von Hubert Lentz, Wolfgang Rüfner, Manfred Baldus. Der bisher letzterschienene 21. Band, Berlin 1988, umfaßt den Zeitraum vom 1.1.-31.12.1983. Die Reihe »Entscheidungen in Kirchensachen seit 1946« wird fortgesetzt. Die Zahl der Gerichtsentscheidungen in kirchlichen Streitsachen weist während der vergangenen 25 Jahre eine steigende Tendenz auf. Zur Rechtsprechung zum Religionsrecht der Bundesrepublik Deutschland vgl. *Listl*, Das Grundrecht der Religionsfreiheit (Anm. 2); *ders.*, Die neuere Rechtsprechung des Bundesverfassungsgerichts zur Religions- und Kirchenfreiheit in der Bundesrepublik Deutschland, in: Auf dem Weg zur Menschenwürde und Gerechtigkeit. Festschrift für Hans R. Klecatsky, I. Teilband, Wien 1980, S. 571 ff.; *ders.*, Die Religions- und Kirchenfreiheit in der neueren Rechtsprechung des Bundesverfassungsgerichts, in: Festschrift für Willi Geiger zum 80. Geburtstag, Tübingen 1989, S. 539 ff.; ferner *Alexander Hollerbach*, Das Staatskirchenrecht in der Rechtsprechung des Bundesverfassungsgerichts, Bericht I, in: Archiv des öffentlichen Rechts, Bd. 92 (1967), S. 99 ff., und Bericht II, in: Archiv des öffentlichen Rechts, Bd. 106 (1981), S. 218 ff.

17 Abgedruckt in: Bayerische Verwaltungsblätter 1988, S. 397 = Neue Juristische Wochenschrift 1988, S. 3141. Vgl. hierzu die instruktiven Kommentare des Bayerischen Staatsministers für Unterricht und Kultus *Hans Zehetmair*, Wozu erziehen wir? Die wachsende Aktualität der obersten Bildungsziele der Bayerischen Verfassung, in: Ehrfurcht vor Gott. Die obersten Bildungsziele der Bayerischen Verfassung als fortdauernder Auftrag, hrsg. vom Landeskomitee der Katholiken in Bayern, Schäfflerstraße 9, 8000 München 2, 1988 (=Zeitansagen 4), S. 7 ff.; dazu ferner *Helmut Lecheler*, Verfassungsrechtliche Vorgaben und Grenzen für die inhaltliche Erziehungsbefugnis des Staates, ebd., S. 21 ff.

18 Über die verfassungsrechtliche Zulässigkeit der Festlegung von Erziehungszielen durch den Staat vgl. die bedeutsame Abhandlung von *Hans-Ulrich Evers*, Die Befugnis des Staates zur Festlegung von Erziehungszielen in der pluralistischen Gesellschaft, Berlin 1979 (= Soziale Orientierung, Bd. 1).

19 Oberlandesgericht Nürnberg, Beschluß vom 14.7.1966, in: Neue Juristische Wochenschrift 1966, S. 1926. Der Bayerische Verfassungsgerichtshof hat sich in einer Entscheidung vom 10.5.1967 der Rechtsauffassung des Oberlandesgerichts Nürnberg angeschlossen. Vgl. Entscheidungen des Bayerischen Verfassungsgerichtshofes, Bd. 20, S. 87 = Die Öffentliche Verwaltung 1967, S. 419 = Deutsches

Verwaltungsblatt 1967, S. 453. In einem besonders gelagerten Fall hat das Bundesverfassungsgericht einem jüdischen Rechtsanwalt auf dessen Verfassungsbeschwerde hin durch Beschluß vom 17.7.1973, Entscheidungen des Bundesverfassungsgerichts, Bd. 35, S. 366 (376) m.w.N. = Neue Juristische Wochenschrift 1973, S. 2196 ff., zugebilligt, daß für ihn der Zwang, entgegen der eigenen religiösen oder weltanschaulichen Überzeugung in einem mit einem Kreuz ausgestatteten Gerichtssaal verhandeln zu müssen, eine Verletzung seines Grundrechts der Religionsfreiheit aus Art. 4 Abs. 1 GG darstellen könne. Hierbei ist das Bundesverfassungsgericht offensichtlich dem Toleranzprinzip, das zu den ungeschriebenen Verfassungsgrundsätzen der Bundesrepublik Deutschland gehört, nicht voll gerecht geworden. Berechtigte Kritik gegen diese Entscheidung in der Anmerkung von *Wolfgang Rüfner*, in: Neue Juristische Wochenschrift 1974, S. 491 f.

20 Vgl. hierzu im einzelnen *Listl*, Das Grundrecht der Religionsfreiheit (Anm.2), S.139 ff. Zum konfessionellen Staatsamt der Lehrer der Theologie an den Theologischen Fakultäten der Universitäten vgl. *Ernst-Lüder Solte*, Theologie an der Universität, München 1971 (= Jus Ecclesiasticum, Bd. 13); ferner *Ulrich Scheuner*, Rechtsfolgen der konkordatsrechtlichen Beanstandung eines katholischen Theologen, Berlin 1980 (= Staatskirchenrechtliche Abhandlungen, Bd. 13).

21 *Gerhard Anschütz*, Die Verfassung des Deutschen Reichs, 14. Aufl., Berlin 1933, Art. 139 Erl. 1 (= S. 655). Zum staatlichen Schutz der Sonn- und Feiertage vgl. bei *Listl*, Das Grundrecht der Religionsfreiheit (Anm. 2), S. 210 ff.; ferner *Hans-Wolfgang Strätz*, Sonn- und Feiertage, in: HdbStKirchR (Anm. 2), Bd. 2, Berlin 1975, S. 802 ff.

22 Bundesverfassungsgericht, Beschluß vom 31.3.1971, in: Entscheidungen des Bundesverfassungsgerichts, Bd. 30, S. 415 (426) = Neue Juristische Wochenschrift 1971, S. 931.

23 Dies wurde übereinstimmend vom Bundesverwaltungsgericht und vom Bundesverfassungsgericht, das die Entscheidung des Bundesverwaltungsgerichts bestätigt hat, entschieden. Vgl. Urteil des Bundesverwaltungsgerichts vom 30.11.1973, in: Entscheidungen des Bundesverwaltungsgerichts, Bd. 44, S. 196 = Neue Juristische Wochenschrift 1974, S. 574 = Juristenzeitung 1974, S. 577 f. mit zustimmender Anmerkung von *Alexander Hollerbach*, ebd., S. 578 ff.; ferner *Hartmut Maurer*, Religionsfreiheit und Schule. Zum Schulgebetsurteil des Bundesverwaltungsgerichts vom 30.11.1973, in: Deutsches Verwaltungsblatt 1974, S. 663 ff.
Beschluß des Bundesverfassungsgerichts vom 16.10.1979, in: Entscheidungen des Bundesverfassungsgerichts, Bd. 52, S. 223 mit kritischer Anmerkung von *Ernst-Wolfgang Böckenförde*, in: Die Öffentliche Verwaltung 1980, S. 323; mit zustimmender Stellungnahme von *Ulrich Scheuner*, in: Die Öffentliche Verwaltung 1980, S. 513; vgl. hierzu ferner *Christoph Link*, Die Schulgebetsentscheidung des Bundesverfassungsgerichts, in: Juristenzeitung 1980, S. 564 ff.

24 Über die Entwicklung des Ehe- und Familienrechts unter der Herrschaft des Grundgesetzes vgl. den mit souveräner Meisterschaft verfaßten Überblick von *Friedrich Wilhelm Bosch*, Entwicklungslinien des Familienrechts in den Jahren 1947 bis 1987, in: Neue Juristische Wochenschrift 1987, S. 2617-2630. Über die Härteklauseln des Ehescheidungsrechts und des Versorgungsausgleichs ebd., S. 2620 f., 2628. Über die Divergenz zwischen der staatlichen und der kirchlichen Eherechtsordnung vgl. die – auch rechtsvergleichende – Abhandlung von *Friedrich Wilhelm Bosch*, Staatliches und kirchliches Eherecht – in Harmonie oder im Konflikt? Insbesondere zur Entwicklung und zur gegenwärtigen Situation im Eheschließungsrecht, Bielefeld 1988 (= Schriften zum deutschen und europäischen Zivil-, Handels- und Prozeßrecht, Bd. 122).

25 Bundesverfassungsgericht, Beschluß vom 17.2.1965, in: Entscheidungen des Bundesverfassungsgerichts, Bd. 18, S. 385 = Neue Juristische Wochenschrift 1965, S. 961; zum Selbstbestimmungsrecht der Kirchen vgl. den Beitrag von *Hesse* (Anm. 4); ferner, *v. Campenhausen*, Staatskirchenrecht (Anm. 2), S. 77 ff.

26 Oberverwaltungsgericht Hamburg, Urteil vom 14.3.1984, in: Neue Zeitschrift für Verwaltungsrecht 1985, S. 124; Bundesverwaltungsgericht, Urteil vom 16.8.1985, in: Neue Zeitschrift für Verwaltungsrecht 1986, S. 379.

27 Bundesverfassungsgericht, Urteil vom 23.10.1952, in: Entscheidungen des Bundesverfassungsgerichts, Bd. 2, S. 1 (12) = Neue Juristische Wochenschrift 1952, S. 1408.

28 Bundesverfassungsgericht, Urteil vom 25.2.1975, in: Entscheidungen des Bundesverfassungsgerichts, Bd. 39, S. 1 (67) = Neue Juristische Wochenschrift 1975, S. 582.

29 Über das schwere verfassungswidrige Skandalum der in der Bundesrepublik Deutschland bestehenden Abtreibungsgesetzgebung und herrschenden Abtreibungspraxis und zu der verfassungswidrigen Finanzierung des sog. sozial indizierten Schwangerschaftsabbruchs durch die Sozialversicherung s. *Josef Isensee*, Abtreibung als Leistungstatbestand der Sozialversicherung und der grundgesetzliche Schutz des ungeborenen Lebens, in: Neue Juristische Wochenschrift 1986, S. 1645-1651.

Klaus Murmann

Zwischen Auftrag und Utopie
Die Bedeutung des Wiedervereinigungsgebotes für die Wirtschaft

»Es ist überhaupt nichts so wichtig im Leben, als genau den Standpunkt auszumitteln, aus welchem die Dinge aufgefaßt und beurteilt werden müssen, und an diesem festzuhalten.« (Carl von Clausewitz)

Vor 40 Jahren, am 23. Mai 1949 in Bonn, stellte der Parlamentarische Rat in öffentlicher Sitzung fest, daß das beschlossene Grundgesetz für die Bundesrepublik Deutschland von mehr als zwei Dritteln der beteiligten deutschen Länder angenommen worden ist. Aufgrund dieser Feststellung wurde das Grundgesetz ausgefertigt, verkündet und im Bundesgesetzblatt veröffentlicht. Dies gilt als Geburtsstunde der Bundesrepublik Deutschland.

In den vergangenen Monaten ist in der Öffentlichkeit lebhaft darüber diskutiert worden, ob die seit diesem Zeitpunkt vergangene, verhältnismäßig kurze Zeitspanne, ob die Existenz einer freiheitlichen Demokratie auf deutschem Boden und ob der Stolz auf das – sichtbar – Erreichte allein Anlaß genug zum Feiern seien. Jenseits persönlicher Empfindungen ist diese Frage klar in der einen oder anderen Weise kaum zu beantworten. Abgesehen davon, daß die Teilung Deutschlands nicht überwunden und daß ein zweiter deutscher Staat am 7. Oktober die 40. Wiederkehr der Verabschiedung seiner Verfassung feiert, wäre die stärkere Betonung der Kontinuität demokratischer Tradition, in der unsere freiheitliche Verfassung steht und die auf der Paulskirchenverfassung fußt, wohl überlegenswert gewesen. Dies nicht, um im Kreis der 200. Jubiläen, der Deklarationen von Menschen und Bürgerrechten in den Vereinigten Staaten und in Frankreich, nicht mehr so auffällig neu zu erscheinen, sondern wegen der elementaren Bedeutung des Grundgesetzes für die Gesamtheit unseres Volkes. Die in der Präambel sowie im Artikel 146 (Geltungsdauer) zum Ausdruck gebrachte Perspektive verdeutlicht die Kontinuität, in der diese jüngste deutsche Verfassung steht. Das verleiht ihr die historische Dimension und – über den Tag hinaus – ihren absoluten Rang. Und sie nimmt damit zugleich dem als Wiedervereinigungsgebot in der Präambel bekannten Auftrag der verfassunggebenden Versammlung seinen scheinbar unerfüllbaren Charakter.

Dennoch ist das 40. Jubiläum der Bundesrepublik Deutschland ein Faktum von Wert. Es bietet Veranlassung, Bilanz zu ziehen. Daß dabei die Wiedervereinigung als »Schicksalsfrage der deutschen Nation« in den Vordergrund der Betrachtungen rückt, ist nur allzu verständlich. Sie war es, die in der verfassunggebenden Versammlung die Gedanken leitete. Zu der Überzeugung, es sei eine nationale Aufgabe, allen Deutschen zu ermöglichen, in Freiheit, Selbstbestimmung und Demokratie ihr Staatswesen neu zu ordnen, gesellte sich in freier Entscheidung der Wunsch, dies in der Gemeinschaft der westlichen Demokratien zu tun. Für Deutschland als Ganzes sollten Würde und Freiheit des einzelnen ebenso wie Demokratie, Gewaltenteilung und Rechtsstaatlichkeit Grundlagen des individuellen und staatlichen Lebens werden. Das auch dann, wenn auf absehbare Zeit dies nur für einen Teil Deutschlands Geltung haben könnte.

Die Männer und Frauen der verfassunggebenden Versammlung hatten wohl nicht damit gerechnet, daß das Grundgesetz – in der Präambel nur für eine »Übergangszeit« vorgesehen – auch nach 40 Jahren noch Geltung haben könnte. Wir heute, insbesondere aber die Nachgeborenen, sehen angesichts unterschiedlich gearteter und vielschichtiger politischer Realitäten die Beendigung dieser Zeit kaum in greifbarer, erlebbarer Nähe.

Gewiß, in historischer Dimension zu denken ist die Stärke der Mehrheit unserer Bevölkerung nicht. Vielleicht kommt es zunächst einmal darauf auch gar nicht an, solange der Vollzug der Menschenrechte – und zu ihnen gehört die Selbstbestimmung in Frieden und Freiheit – unangezweifelt höchste Priorität in der Bevölkerung genießt. Gerade dies ist der Fall! Und wenn nicht alles täuscht, sind es die Ereignisse in Osteuropa und besonders die in der Sowjetunion, die, weil sie dem Recht der Völker wieder mehr Raum zu geben scheinen, ihre eigene staatliche Zukunft selbst zu bestimmen, auch bei uns die Hoffnung nähren, daß dies auch für das deutsche Volk eines nicht mehr allzu fernen Tages möglich sein werde. Erst dann wird die Trias der Ziele, niedergelegt schon in der Paulskirchenverfassung und mit dem Grundgesetz erneut bekräftigt, für das deutsche Volk entsprechend seinem freien Willen zeitgleich realisierbar sein: Vorrang der Menschenrechte, demokratisches Staatswesen und staatliche Einheit.

Es ist dabei kein Widerspruch, daß in der letzten Zeit verstärkt wieder über die Vereinbarkeit von Wiedervereinigungsgebot und Westintegration diskutiert wird. Konrad Adenauer hat darauf hingewiesen, daß es ein »verhängnisvoller Irrtum« sei, darin einen Widerspruch zu sehen. Schon damals konnte niemand erklären, wie ohne ein starkes und einiges Europa die deutsche Einheit zu verwirklichen sei. Dies ist heute nicht anders! Ein Gegensatz wurde vor allem von denen gesehen, die das Ziel der Westintegration in Frage stellen wollten.

Ein Widerspruch besteht auch heute nicht, weil erstens die in Angriff genommene westeuropäische Integration ihrer Idee nach auf Europa in seiner Gesamtheit gerichtet ist. Die derzeit kraftvollen Anstrengungen aller EG-Staaten für die Vollendung des Europäischen Binnenmarktes schon 1993 belegen aber, daß auch diese Vision eine realistische Grundlage besitzt. Wer hätte ernsthaft noch vor einer Generation in Europa geglaubt, daß die Kriegsgegner einstmals in der Lage und jemals überhaupt fähig dazu sein könnten, ihre Zukunft entschieden gemeinsam in die Hand zu nehmen? Mehr noch als alle Verträge – der den Weltkrieg beschließende Friedensvertrag steht immer noch aus – hat der politische Wille freier demokratischer Völker genügt, den Nationalstaaten Europas ein Miteinander in Frieden zu ermöglichen.

Die Vereinbarkeit von Wiedervereinigung und Westintegration wird, zweitens, von der Präambel des Grundgesetzes selbst nahegelegt. Die Verfassungsväter haben Deutschland als »gleichberechtigtes Glied in einem Vereinten Europa« gesehen. Sie haben daran ausdrücklich keinerlei Bedingungen geknüpft. Der an den »Realitäten« festgemachte Widerspruch zwischen nicht erfüllbarer nationaler und staatlicher Einheit des deutschen Volkes auf der einen Seite und erfüllbarer und inzwischen fortschreitender Integration in die europäische Gemeinschaft auf der anderen Seite ist nur ein scheinbarer. Die Bundesrepublik Deutschland erfüllt mit der Westintegration in die europäische Gemeinschaft wegen der von ihr erklärten Option für ein vereintes Europa zugleich auch den Wiedervereinigungsauftrag. Es bedarf nicht einmal des Hinweises auf die in der europäischen Geschichte zu nennenden Beispiele der Wiederherstellung staatlicher Einheit.

Nach der verbindlichen Rechtsauffassung des Bundesverfassungsgerichts vom Juli 1973 haben zudem alle unter der Herrschaft des Grundgesetzes stehenden politischen Organe aktiv darauf hinzuarbeiten, daß mit rechtlich zulässigen Mitteln die Bundesrepublik Deutschland und die DDR wieder zu einer staatlichen Einheit zusammengeführt werden.

Der an den Anfang gestellte Gedanke von Clausewitz gilt aber nicht nur für die Politik. Die Wirtschaft, wenn es sich allgemein so ausdrücken läßt, steht unter dem Primat der Politik. Es besteht Konsens, daß sich die Wirtschaft in die nationalen Interessen einzuordnen und ihnen zu dienen hat. Dabei ist die Wirtschaft nicht Erfüllungsgehilfe der Politik, schon deshalb nicht, weil die Gesetzmäßigkeiten vernünftigen wirtschaftlichen Handelns in einem marktwirtschaftlichen System nicht ohne ernsthafte, existenzbedrohende Folgen außer Kraft gesetzt werden könnten. Die Interessen nationalen, politischen und wirtschaftlichen Handelns sind aufeinander angewiesen und dienen den gleichen Zielen. Dies schon deshalb, weil ein Handeln von Wirtschaft wie Politik gegen nationale Interessen ein Handeln gegen die eigenen Grundlagen darstellte. Hierüber besteht grundsätzlich wie in der Praxis im wesentlichen Konsens.

Die Entwicklung der Wirtschaft, das Miteinander von Politik und Wirtschaft und die Begründung des Primats der Politik lassen sich an der jüngeren deutschen Geschichte deutlich machen.

Dem Aufstieg Deutschlands zur Industrienation hatte die Reichsgründung 1870/71 einen wichtigen Impuls gegeben. Zusammen mit dem weiteren zügigen Ausbau der Verkehrsinfrastruktur nutzte die junge dynamische Industrie die damit verbundene Vergrößerung des heimischen Marktes zu einem rasanten Wachstum. Die glänzenden Erfolge der Wirtschaft wurden neben dem Militär schon bald Quelle nationalen Selbstbewußtseins und nationaler Begeisterung. Die politisch geeinte Nation schien ebenso Grundlage für eine florierende Wirtschaft wie der Erhalt des Nationalstaates notwendig für deren Entwicklung.

Schon bald hatte die Wirtschaft die nationalen Binnenmärkte erschlossen und suchte neue Chancen im Export. Die etablierten Industriestaaten reagierten gereizt auf den neuen Herausforderer und Emporkömmling. Zölle und bürokratische Barrieren sollten den Warenaustausch im gewünschten Sinne regulieren. Hierzu gehörten die Auflagen Englands, Importwaren mit dem Herstellungsland zu kennzeichnen. Daß dabei das berühmteste nichttarifäre Handelshemmnis der jüngeren Geschichte beim Publikum keineswegs die von seinen Urhebern erhoffte diskriminierende Wirkung ausländischer Waren bewirkte, sondern vor allem beim »Made in Germany« gerade zum verkaufsfördernden Qualitätssiegel wurde, sei nur deswegen hervorgehoben, weil dieser Vorgang das wirtschaftspolitische Bewußtsein der damals Handelnden widerspiegelt. Man empfand es als Makel auf dem »Ehrenschild« der Nation, wenn Produkte anderer mit spürbarem Erfolg auf den heimischen Märkten reüssierten. Da man nahezu selbstverständlich von der Überlegenheit der nationalen Industrie und ihrer Produkte überzeugt war, war nur folgerichtig, die eigene Politik zur Abschottung in die Pflicht zu nehmen. Es war aber nicht nur der Schutz vor unliebsamer Konkurrenz, sondern auch das Einfordern der Politik zur Sicherung und Erschließung von Rohstoffquellen und Absatzmärkten für die eigene Wirtschaft bestimmten das Verhältnis von Wirtschaft und Politik.

Auch wenn sich damals der Welthandel bereits beachtlich entwickelt hatte, von einem Weltmarkt war kaum die Rede. Der internationale Handel setzte sich vielmehr aus den von souveränen Nationalstaaten politisch weitgehend geordneten Handelsströmen, nicht so sehr aus einem wettbewerbsgesteuerten Leistungsaustausch autonomer Marktteilnehmer zusammen. Damit ist der Unterschied zu heute weitgehend beschrieben. Das politische Ringen um Märkte, Absatz- und Rohstoffgebiete von einst hat sich heute eindeutig zu einem wirtschaftlichen Wettbewerb um Marktanteile gewandelt. Die einzelnen bilateralen Handelsströme sind zu einem multilateralen Geflecht zusammengewachsen, dessen Funktionen schon lange nicht mehr im Abkommen zweier souveräner Staaten allein garantiert werden können. Welthandelskonferenzen, wie GATT und Unctad, Freihandelszonen wie EFTA und Asean, Wirtschaftsvereinigungen wie die EG markieren äußerlich den Unterschied.

Der Nationalstaat ist heute nicht mehr die Bezugsgröße. Die Entwicklungschancen der Wirtschaft werden schon längst nicht mehr von der Größe der heimischen, der nationalen Einheit dominiert. Entscheidend für ihre Wachstums- und Entfaltungsmöglichkeiten sind heute längst andere Merkmale, vor allem die Wirtschafts- und Gesellschaftsordnung des Staates und damit zusammenhängend der Grad ihrer Integration in die Weltmärkte, geworden.

Die Wirtschaft ist weder Selbstzweck noch isoliertes Geschehen. Staat und damit Politik und Wirtschaft sind Veranstaltungen der gleichen Menschen. Die Bürger eines Staates, wie die Wirtschaftsbürger, sind im Grunde identisch. Die Ziele, die sich die Staatsbürger in ihrer Verfassung geben, verpflichten darum auch die Wirtschaft. Die Frage der Wiedervereinigung Deutschlands, die der Westintegration der Bundesrepublik Deutschland und dann die Frage der europäischen Gesamtarchitektur wird von der Wirtschaft nicht anders als von der Politik beantwortet.

Die der Wirtschaft seinerzeit angetragene Rolle, insbesondere im Vorfeld deutscher Ostpolitik, ändert an ihrer Komplementärfunktion nichts. Daß sie ihre Auffassungen, ihre konkreten Wünsche an die Regierung heranträgt, gehört zum demokratischen Selbstverständnis ebenso wie das Fördern wirtschaftlichen Tuns durch die Politik. Gerade die jüngste Geschichte der bevorstehenden Vollendung des europäischen Binnenmarktes belegt das Funktionieren dieses Mechanismus.

Sicher gibt es beachtenswerte und begrüßenswerte Leistungen einzelner Unternehmer und Unternehmen, die, anknüpfend an die wirtschaftlichen Interessen beider Seiten, Kontakte zum anderen Teil Deutschlands angebahnt und gepflegt haben. Dies geschieht zwar unter Anerkennung der herrschenden Realitäten, aber es verändert sie zugleich, weil es die Begegnungen der Menschen fördert, das Zusammengehörigkeitsgefühl stärkt und die Erinnerung an die gemeinsame Geschichte weckt und wachhält. Wenn überhaupt, liegt hierin der Beitrag, den die Wirtschaft für die Wiedervereinigung zu leisten hat.

Das Verhältnis zwischen den beiden Staaten in Deutschland wird hierdurch nicht normal. Aber der Dialog und die praktische Zusammenarbeit können dazu beitragen, schwierige Verhältnisse weniger schwierig zu machen. In der praktischen Zusammenarbeit ist es daher noch am ehesten möglich, neben der werbenden Demonstration für die eigenen Ziele und Wertvorstellungen die menschlichen Kontakte wiederzubeleben und neu zu knüpfen, Eindrücke und Erfahrungen zu vermitteln und auf beiden Seiten das Bewußtsein für die Überwindung der Teilung zu formen.

Eine sehr viel größere aktive Rolle läßt sich der Wirtschaft in diesem Prozeß nicht beimessen, gilt doch der Primat der Politik hier in besonderem Maße. Diese Aussage trifft für beide Seiten zu. Bei der DDR erscheint diese Feststellung angesichts ihrer staatlich gelenkten zentralen Verwal-

tungswirtschaft fast banal. Für die Bundesrepublik Deutschland muß man nur an Stichworte wie Röhrenembargo oder Cocom-Liste erinnern, um herauszustreichen, daß auch hier der Primat der Politik greift. Zu nennen ist auch der innerdeutsche Handel mit seinen speziellen Modalitäten und Verrechnungspreisen, ebenso wie der Sonderstatus, den die EG ihm einräumt und der die DDR in mancher Beziehung in die Position eines stillen Teilhabers bringt.
In der Verantwortung steht die Wirtschaft auch in Folge des Festhaltens an der einen Staatsbürgerschaft für alle Deutschen. Jeder Übersiedler hat einen grundgesetzlich garantierten Anspruch auf einen Paß der Bundesrepublik Deutschland. Einen gleichen Anspruch besitzen, politisch vermittelt, die deutschen Aussiedler aus Osteuropa. Damit stehen ihnen nicht nur die sozialen Sicherungssysteme offen, sie gewinnen vor allem das Recht zur freien Entscheidung. Diesem Recht müssen Chancen und Pflichten gegenübergestellt werden, Chancen vor allem zum Aufbau einer eigenen Existenz. Die Integration dieser Menschen in die Arbeitswelt ist eine Aufgabe, die der Wirtschaft einen eigenständigen Beitrag abfordert.
Die verstärkte Beschäftigung mit der offenen deutschen Frage führt freilich auch zur Ungeduld, weil, über die menschlichen Erleichterungen hinaus, wenig geschieht und der Zeitpunkt nicht absehbar ist, an dem sich die staatliche Einheit erfüllt. Dies darf nicht mutlos machen. Nichts in der Geschichte ist unabänderlich. Solange der feste Wille vorhanden ist, die politische Landschaft Europas in Frieden so zu entwickeln, daß das deutsche Volk in freier Selbstbestimmung seine Einheit wiedererlangt, wird dieses Ziel eines Tages auch erreicht werden können. Dies ist aber nur gemeinsam mit unseren Partnern in Europa zu erreichen und auch nur dann, wenn das Ziel nicht aus den Augen verloren wird, den osteuropäischen Staaten eine freiheitliche und demokratische Perspektive zu eröffnen. Denn nur, wenn alle Staaten Europas ein gemeinsames politisches, ideologisches und wirtschaftliches Interesse daran haben, wird die europäische Teilung überwindbar sein. Die sich abzeichnende grundlegende Veränderung in Europa und insbesondere in Osteuropa machen Mut zu dieser Einschätzung. Die bloße Anerkennung der Teilung Europas und der Deutschlands ist dem Wunsch von der Überwindung der Realitäten gewichen. Hieran auch weiterhin aktiv mitzuwirken ist Aufgabe aller, der Politik ebenso wie die der Wirtschaft.

Ernst Breit

Die deutschen Gemeinsamkeiten wahren

Das Jahr 1989 ist ein Jahr der deutschen Feiern. Die Bundesrepublik Deutschland und die Deutsche Demokratische Republik gedenken – jede für sich, die eine am 24. Mai, die andere am 7. Oktober – derjenigen Rechtsschritte, die vor 40 Jahren zu ihrer jeweiligen eigenen Staatsgründung geführt haben.
Zwischen diesen beiden Daten liegt ein anderer Gedenktag: Am 1. September 1989 jährt sich zum 50. Male der Tag, an dem das nationalsozialistische Deutschland Polen überfiel und damit den Zweiten Weltkrieg auslöste.

Das nationalsozialistische Erbe

Alle drei Jahrestage stehen in einem engen inhaltlichen Zusammenhang: Das, was Hitler am 1. September 1939 endgültig lostrat, führte letztendlich zur deutschen Zweistaatlichkeit im Jahre 1949.
Es ist die Ironie der Geschichte, daß die bestimmenden Akteure in den Nachkriegsjahren gegenüber Deutschland in eine Politik gedrängt wurden, deren Ergebnis sie von vornherein nicht angestrebt hatten. Das Splitting des vormals Deutschen Reiches in zwei Separatstaaten gehörte nicht zu den Zielen der Siegermächte im Jahre 1945. Im Gegenteil: In Jalta wie in Potsdam wurde die deutsche Einheit von den Alliierten vielmehr ausdrücklich bekräftigt.
Erst als in den Folgejahren die bis dahin verdeckten machtpolitischen Gegensätze zwischen den ehemals Alliierten offensichtlich wurden, entwickelten sich auf der Grundlage der Teilung in Besatzungszonen zwei unterschiedliche politische Systeme in Deutschland. Die Dynamik des Ost-West-Konfliktes zementierte schließlich die Spaltung Europas und die Teilung des deutschen Nationalstaates.
Die Deutschen waren keine eigenständigen Akteure in diesem Prozeß; ihnen ist die nationale Teilung im Zuge des Ost-West-Konfliktes mehr oder weniger aufgezwungen worden. Aber es darf nicht übersehen werden, daß die nationale Teilung dennoch Folge des eigenen deutschen Verschuldens ist: Hitler und die Deutschen haben mit ihrem Krieg die Grundlagen für die

Teilung Europas zwischen den Gesellschaftssystemen und Militärblöcken geschaffen – die (Selbst-) Zerstörung des deutschen Staates im Zentrum Europas war die Voraussetzung für diese Entwicklung.

Zwei deutsche Staaten – eine politische Realität

Das, was damals von der Mehrheit der Deutschen zunächst noch als ein Provisorium angesehen wurde, ist nun schon 40 Jahre lang politische Realität. Die Existenz beider Staaten umfaßt bereits mehr als ein Drittel der etwa 120 Jahre deutscher Nationalgeschichte seit 1871.
Die deutsche Zweistaatlichkeit ist mittlerweile in der politischen Diskusson unumstritten. Es ist gut, daß heute zwischen den großen politischen Parteien in der Bundesrepublik darüber kein Grundsatzstreit mehr geführt wird. Politische Realitäten lassen sich nicht dadurch verändern, daß man sie nicht zur Kenntnis nimmt. Vor dem Hintergrund der nationalen Frage sind die Beziehungen zwischen den beiden deutschen Staaten schon immer besondere gewesen. Aber es ist der Verdienst der sozial-liberalen Politik der siebziger Jahre, daß zwischen ihnen trotz dieser Besonderheit – wie es im Grundlagenvertrag von 1972 heißt – »normale gutnachbarliche Beziehungen« aufgebaut werden konnten. Die Anerkennung der Zweistaatlichkeit war eine wichtige Voraussetzung für diese Entwicklung.
Die Welt hat sich daran gewöhnt, daß Deutschland in zwei Staaten geteilt ist. Die beiden deutschen Staaten treten nebeneinander und gleichberechtigt bei internationalen Konferenzen, wie der Konferenz für Sicherheit und Zusammenarbeit in Europa (KSZE) auf, sie sind Mitglieder der wichtigsten internationalen Organisationen wie der UN und ihrer Unterorganisationen.
Aus historischer Sicht kann nicht geleugnet werden, daß die Bundesrepublik und die DDR sich zu den stabilsten deutschen Staaten der neueren deutschen Geschichte entwickelt haben. Sie existieren bereits um ein vielfaches länger als die 14 Jahre Weimarer Republik oder die zwölf Jahre »Deutsches Reich« und ungefähr so lange wie das Deutsche Kaiserreich. Zu dieser Stabilität hat sicherlich die wirtschaftliche Prosperität beigetragen. Die Bundesrepublik gehört heute zu den großen Industriestaaten der Welt, und auch die DDR verfügt – trotz Schwächen des Wirtschaftssystems und immer wiederkehrender Versorgungsmängel – über eine durchaus leistungsfähige Wirtschaft.
Tatsache ist, daß beide Staaten mit ihren unterschiedlichen politischen Systemen und ihren unterschiedlichen Wirtschafts- und Gesellschaftsordnungen eigene Lebensräume bilden. Die Menschen, die darin leben, ihr Denken und ihr Handeln, sind von den dort gemachten Erfahrungen geprägt. Die Angehörigen meiner Generation haben das ungeteilte Deutschland

noch bewußt erlebt; das Bewußtsein, daß die Menschen in beiden deutschen Staaten zusammengehören, daß sie eine Nation bilden, gehört zu den Grunderfahrungen dieser Generation. Für die Jüngeren, für diejenigen, die noch keine 40 Jahre alt sind, gilt diese Erfahrung in dem Maße nicht mehr. Zwar gibt es noch heute ein ausgeprägtes Zusammengehörigkeitsgefühl bei den Deutschen in Ost und West. Aber dennoch sollte man entgegenstehende Aspekte auch nicht übersehen: Die Lebensbedingungen und die Probleme jüngerer Bundesbürger weisen heute wohl weitaus mehr Gemeinsamkeiten mit Altersgenossen in westeuropäischen Nachbarländern auf als mit denen in der DDR. Und es ist wohl keine Übertreibung, wenn man feststellt, daß eine große Zahl, vielleicht die Mehrheit der bundesdeutschen Mitbürger mehr von Spanien oder Italien kennt als von Mecklenburg oder Thüringen.
Wenn es richtig ist, daß kollektive Identität kein vererbbares Produkt ist, sondern eines gemeinsamen Erfahrungs- und Erlebnisraumes bedarf, dann besteht die Gefahr, daß mit der dauerhaften Trennung der Lebensräume das Zusammengehörigkeitsgefühl der Deutschen schwindet.

Wiedervereinigung – keine aktuelle Tagesaufgabe deutscher Politik

In der Präambel des Grundgesetzes wird der Auftrag, die nationale und staatliche Einheit Deutschlands zu wahren, zum Verfassungsrang erhoben. Mancher leitet daraus den Schluß ab, daß die Wiedervereinigung Deutschlands auch heute noch das vordringlichste Ziel der Politik ist.
Ich glaube nicht, daß eine solche politische Zielvorgabe realistisch ist. Eine nüchterne Analyse – frei von Emotionen – muß zu der Erkenntnis gelangen, daß es eine reale Chance für die Herstellung der staatlichen Einheit in unmittelbarer Zukunft nicht gibt. Dem steht nicht nur entgegen, daß die politischen und systembedingten Unterschiede zwischen der Bundesrepublik und der DDR zu groß sind; die beiden Staaten sind zu sehr in ihre jeweiligen Bündnisse integriert, als daß eine Wiedervereinigung in kurzer Zeit Wirklichkeit werden könnte. Sie wäre wohl nur um des Preises des Austritts beider Staaten aus den Militärbündnissen, denen sie angehören, möglich – und dies scheint mir für die überschaubare Zukunft eine unrealistische Annahme zu sein.
Die Herstellung der staatlichen Einheit Deutschlands kann deshalb kein aktuelles Ziel bundesdeutscher Politik sein. Meiner Meinung nach kann die Wiedervereinigung nur als Teil eines geschichtlichen Prozesses aufgefaßt werden, den wir in absehbarer Zeit nicht abschließen können. Keiner von uns weiß, wann und wie dieser Prozeß enden wird; keiner kann heute sagen, welche Antwort die Zukunft auf die Frage der deutschen Teilung bereithält.

Wir sollten anerkennen, daß es in überschaubarer Zukunft nicht um die staatliche Einheit, sondern um die Wahrung deutscher Gemeinsamkeiten geht.

Gewerkschaftspolitik im Dienste der Wahrung deutscher Gemeinsamkeiten

Um diese deutschen Gemeinsamkeiten geht es auch bei den Gewerkschaftskontakten des Deutschen Gewerkschaftsbundes zum Freien Deutschen Gewerkschaftsbund (FDGB) der DDR. Sie sind – verglichen mit Begegnungen von Spitzenpolitikern – vielfach wenig spektakulär und werden von der Öffentlichkeit in der Regel kaum beachtet. Dennoch glaube ich ohne Übertreibung sagen zu können, daß sie sich mittlerweile zu einem festen und wichtigen Bestandteil der Beziehungen zwischen beiden deutschen Staaten entwickelt haben. Dies zeigt auch ein Blick auf die Fakten: Erfolgten Mitte der siebziger Jahre nur einige wenige Spitzenbegegnungen, so sind in den letzten Jahren die Gewerkschaftskontakte auf breiter Basis intensiviert worden. Für das Jahr 1989 sind schon jetzt rund 40 Begegnungen auf verschiedenster Ebene fest vereinbart, wobei das Spektrum vom Delegationsaustausch bis hin zu gemeinsamen Arbeitsgruppen und Seminaren reicht.
Diese deutsch-deutschen Gewerkschaftsbeziehungen haben zum einen eine allgemeinpolitische Dimension. Sie tragen dazu bei, die politischen Kontakte zwischen beiden deutschen Staaten zu vertiefen. Dies bedeutet auch, daß der Zustand der staatlichen Beziehungen eine Rolle für die Gewerkschaftsbeziehungen spielt. Grundsätzliche unterschiedliche Standpunkte und aktuelle kontroverse Fragen werden im gewerkschaftlichen Meinungsaustausch zwischen Ost und West nicht ausgespart; dazu gehörten – um aktuelle Beispiele zu nennen – die repressiven Maßnahmen staatlicher Institutionen gegenüber Friedens- oder Umweltgruppen in der DDR. Kontroversen, manchmal sogar Konflikte, waren und sind daher bei den Gewerkschaftskontakten unvermeidbar. Aber vielleicht ist es dabei von Vorteil, daß Gewerkschafter zweier unterschiedlicher Staaten freier im Umgang miteinander sein können als Politiker, die diplomatische Gepflogenheiten zu beachten haben.
Zum anderen ist bei den Begegnungen die gewerkschaftsspezifische Dimension zu sehen. Die Gewerkschaftskontakte bieten ein weites Feld des Erfahrungsaustausches und der gegenseitigen Information in Fachfragen. Trotz der prinzipiellen Unterschiede, die es in der gewerkschaftlichen Arbeit in beiden deutschen Staaten gibt, bestehen dennoch Arbeitsfelder, auf denen ein Erfahrungsaustausch für beide Seiten von Nutzen ist. Ich nenne hier die Frauen- oder die Jugendarbeit, aber auch den Umweltschutz,

die Aus- und Weiterbildung oder soziale und gesellschaftliche Probleme bei der Einführung der neuen Technologien, zum Beispiel beim Arbeitsschutz. All dies sind durchaus Arbeitsfelder, in denen man – wenn auch manchmal nur begrenzt – voneinander lernen kann. Es sind aber auch – wie zum Beispiel beim Umweltschutz – Herausforderungen, die die Deutschen in Ost und West – unabhängig von der unterschiedlichen Wirtschafts- und Gesellschaftsordnung – gemeinsam berühren.
Zu den Gemeinsamkeiten der Deutschen gehört gerade die Geschichte. Deshalb ist es für den Deutschen Gewerkschaftsbund von besonderer Bedeutung, daß es möglich war, am 9. November 1988 in Dachau eine internationale Gedenkveranstaltung aus Anlaß des 50. Jahrestages des nationalsozialistischen Judenpogroms durchzuführen, auf der die Vorsitzenden des israelischen Gewerkschaftsbundes Histadrut und des FDGB der DDR gesprochen haben. Daß Deutsche in Ost und West in einer Veranstaltung gemeinsam zu ihrer historischen Schuld und politischen Verantwortung stehen, ist bislang keine Selbstverständlichkeit gewesen.
Ich bewerte die Entwicklung und den Stand der bisherigen Gewerkschaftskontakte insgesamt als positiv. Ein wichtiger Aspekt scheint mir dabei vor allem zu sein, daß der zwischen Gewerkschaftern praktizierte Meinungsaustausch mit dazu beiträgt, das gegenseitige Verständnis der Menschen in beiden deutschen Staaten füreinander zu fördern. Die Gewerkschaften leisten damit einen Beitrag zum Zusammenhalt der Deutschen und zu einem geregelten Nebeneinander der Staaten.

Die Sicherung des Friedens ist gemeinsame deutsche Verantwortung

Die Politik der Verständigung und Zusammenarbeit in Ost und West ist heute in Europa unumstritten. Dies gilt auch im Hinblick auf die deutsche Frage. Die Politik der Konfrontation hat in den fünfziger und sechziger Jahren die deutsche Teilung nicht überwinden können; sie hat sie im Gegenteil noch verstärkt. Auch heute wären die Ergebnisse einer solchen Politik nicht anders einzuschätzen. Nicht nur die Beziehungen zwischen beiden deutschen Staaten würden verschlechtert, sondern auch die Erleichterungen, die für die Menschen in beiden Staaten, insbesondere beim Reise- und Besucherverkehr, in den letzten Jahren erreicht wurden, gerieten in Gefahr. Auch die Reformansätze und -bestrebungen in den osteuropäischen Staaten würden dadurch nicht gefördert, sondern eher behindert. Ein Rückfall in eine Konfrontationspolitik wäre deshalb unverantwortlich. Zur Weiterführung der Entspannungspolitik gibt es keine Alternative.
Wir müssen heute erkennen, daß die in Ost und West angehäuften Massenvernichtungswaffen im Falle eines Konfliktes mit Sicherheit die gegenseitige Vernichtung bedeuten würden. Selbst ein konventioneller Krieg würde

angesichts der Kernkraftwerke und der chemischen Werke wohl das Ende unserer Zivilisation bedeuten. Bei einer kriegerischen Auseinandersetzung im Zentrum Europas hieße dies, daß nicht nur die Bundesrepublik, sondern auch die DDR vernichtet würde. Oder wie es Egon Bahr formuliert hat: »Im Untergang wären wir vereint.«

Ich halte deshalb ein neues sicherheitspolitisches Denken für notwendig. Dieses muß von der Grundüberlegung ausgehen, daß im Zeitalter der Massenvernichtungswaffen Sicherheit nicht in gegenseitigem Wettlauf errüstet, sondern nur noch gemeinsam bewerkstelligt werden kann.

Die Chancen, daß sich dieses neue sicherheitspolitische Denken in der Politik weltweit durchsetzen könnte, sind größer als je zuvor. Der Abrüstungsprozeß ist in Gang gekommen. Die Vereinigten Staaten und die Sowjetunion haben vereinbart, das Vernichtungspotential bei den Mittelstreckenraketen zu reduzieren, und auch schon mit der Verschrottung dieser Waffen begonnen. Mehr noch: Die Tatsache, daß der sowjetische Staats- und Parteichef Gorbatschow die Überlegenheit des Warschauer Paktes bei den konventionellen Waffen in Europa eingestanden hat und daraus den Schluß gezogen hat, in diesem Bereich einseitig abzurüsten, muß, etwa wie die Pariser Konferenz über das Verbot der chemischen Waffen, als ein positives Zeichen dafür gesehen werden, daß der Abrüstungsprozeß auch weiter in Gang bleibt.

Die beiden deutschen Staaten können und müssen in diesem Abrüstungsprozeß eine eigenständige, vorantreibende Rolle spielen. Gerade 50 Jahre nach dem Ausbruch auch des Zweiten Weltkrieges sollten sich die Deutschen ihrer politischen Verpflichtung, die ihnen aus der Geschichte erwächst, bewußt sein: Von deutschem Boden darf nie wieder ein Krieg ausgehen. Unsere Nachbarn in Ost und West haben ein Recht darauf, sicher zu sein, daß ihre Grenzen für uns unantastbar sind.

Ich halte es für möglich und nötig, daß die Bundesrepublik und die DDR miteinander konkrete Abrüstungsinitiativen absprechen, die sie innerhalb ihrer Bündnisse einleiten könnten. Die Vorschläge, die SPD und SED gemeinsam in Richtung auf den Abzug aller Atomwaffen und aller chemischen Waffen aus einem Gebiet, das mindestens die beiden deutschen Staaten mit einschließt, unterbreitet haben, scheinen mir hierfür eine gute Grundlage abzugeben.

Die Europäische Gemeinschaft nicht zu einer Festung werden lassen

Das Grundgesetz sieht nicht nur die Wahrung der nationalen und staatlichen Einheit Deutschlands als Ziel vor, sondern auch den Weg zu einem vereinten Europa. Die Verwirklichung des Europäischen Binnenmarktes, die bis zum Jahre 1993 erfolgen soll, würde Europa diesem Ziel ein gewaltiges Stück näher bringen.

Ich glaube, daß die Herstellung des Europäischen Binnenmarktes in vielen Bereichen die wirtschaftliche und gesellschaftliche Wirklichkeit in Europa tiefgreifend verändern wird. Vielleicht wird sie sogar die Grundlage dafür schaffen, daß in absehbarer Zeit eine politische Union erreicht wird.
Wir sollten aber beachten, daß die Verwirklichung des Europäischen Binnenmarktes nur auf den westlichen und südlichen Teil Europas beschränkt ist. Der europäische Einigungsprozeß vollzieht sich bislang ohne die osteuropäischen Staaten. Damit besteht die Gefahr, daß die Entwicklung Westeuropas von der Osteuropas abgekoppelt wird, daß die Grenzen zwischen Ost- und Westeuropa trennender werden und daß die Spaltung Europas vertieft wird.
Dies hätte dann sicherlich auch gravierende Auswirkungen auf die Teilung Deutschlands.
Wir müssen darauf achten, daß 1993 keine neuen Mauern in Europa entstehen. Die Völker Osteuropas gehören mit ihrer Tradition, ihrer Kultur und ihrer Geschichte zu Europa. Ein einheitliches Westeuropa, das sich als Bollwerk oder Festung gegenüber Osteuropa verstehen würde, wäre eine Fehlentwicklung.
Wir müssen deshalb dafür Sorge tragen, daß der Einigungsprozeß in Westeuropa mit der Öffnung der Tore nach dem Osten im Zeichen des Friedens, der Freiheit, der Demokratie und des Pluralismus begleitet wird.

II Die Präambel in der innerdeutschen Diskussion

Wolfgang Seiffert

Die Präambel des Grundgesetzes und die Perspektiven der DDR

Oberflächlich betrachtet mag es geradezu als eine contradictio in se – als ein Widerspruch in sich – erscheinen, die Perspektiven der DDR mit dem in der Präambel des Grundgesetzes normierten Ziel der Wiedergewinnung der staatlichen Einheit Deutschlands zu verbinden. Denn logischerweise kann seine Verwirklichung zumindest in letzter Konsequenz nur die Überwindung der gegenwärtigen Mehrstaatlichkeit in Deutschland bedeuten. Insofern kann es nicht verwundern, daß aus der *prinzipiellen* Position, man könne nach dem Grundlagenvertrag mit der DDR deren Staatlichkeit nicht mehr in Frage stellen, gefolgert wird, das Staatsziel der Wiedervereinigung aufzuheben oder wenigstens neu zu interpretieren.[1] Ebensowenig zufällig ist es dann, wenn mitunter *taktisch* ein Dilemma darin gesehen wird, mit dem Vertragspartner DDR Gespräche und Verhandlungen über Verbesserungen zu führen, den man eigentlich grundsätzlich beseitigen möchte.[2] Indessen zeigt sich – unabhängig davon, daß bei Verwirklichung des Staatszieles Wiedervereinigung auch die Bundesrepublik Deutschland in ihrer heutigen Gestalt dem Gesamtstaat Deutschland weichen müßte – aus historischer wie aktueller Sicht, daß in besonderer Weise gerade die DDR nur dann eine Perspektive hat, wenn sie in eine neue gesamtdeutsche Staatlichkeit hineinwächst.

I.

Historisch hat die Orientierung der Präambel des Grundgesetzes 40 Jahre lang zumindest dahin gewirkt, die Idee der nationalen und staalichen Einheit wachzuhalten, nicht zuletzt bei den Deutschen in der Sowjetischen Besatzungszone Deutschlands bzw. der DDR.

(1) Als die Väter des Grundgesetzes in die Präambel den Satz schrieben »das Deutsche Volk in den Ländern Baden, Bayern, Bremen, Hamburg, Hessen, Niedersachsen, Nordrhein-Westfalen, Rheinland-Pfalz, Schleswig-Holstein, Württemberg-Baden und Württemberg-Hohenzollern« habe »auch für jene Deutschen gehandelt, denen mitzuwirken versagt

war«, da meinten sie vor allem die Deutschen in der sowjetischen Besatzungszone Deutschlands. Denn die Verhältnisse dort waren so, daß diese Deutschen den Schritt zur Neuorganisation der deutschen Staatlichkeit nicht mit den Deutschen in den Westzonen zusammen vollziehen konnten. Gleiches gilt für die fünf deutschen Länder, die damals die sowjetische Besatzungszone Deutschlands bildeten: Brandenburg, Mecklenburg-Vorpommern, Sachsen, Sachsen-Anhalt und Thüringen und an die sich die Präambel vor allem in Verbindung mit Aritkel 23 des Grundgesetzes wandte.[3] Wären noch vor kurzem solche Hinweise sowohl auf die diktatorischen Verhältnisse als auf die sowjetische Fremdherrschaft in der SBZ von östlicher Seite als »antikommunistische Verleumdung« zurückgewiesen worden, so finden sich heute in der sowjetischen wissenschaftlichen Literatur gleiche Aussagen[4], wenn auch die SED in der DDR sich nach wie vor dagegen sträubt, die eigene Vergangenheit selbstkritisch aufzuarbeiten.[5] Die fünf deutschen Länder der SBZ fanden dann im Oktober 1949 ihre Staatlichkeit in der DDR. Art. 23 des Grundgesetzes ist damit weder politisch überholt noch sonst rechtlich obsolet geworden.[6]
Die Idee der nationalen und staatlichen Einheit erwies sich als so stark, daß die sowjetische Führung lange überlegte, wie sie auf die Bildung der Bundesrepublik Deutschland reagieren sollte, mit führenden SED-Funktionären im September 1949 mehrere Varianten beriet[7] und die schließliche Entscheidung, die DDR zu gründen, mit der Hoffnung verband, dies werde nur ein Akt im Prozeß der Bildung eines Gesamtdeutschlands sein, das mit der Sowjetunion mehr oder weniger fest verbunden sein werde.[8] Dies entsprach durchaus der doppelseitigen sowjetischen Deutschlandpolitik, einerseits die eigene Besatzungszone nach ihrem Vorbild auszugestalten, andererseits möglichst Einfluß auf ganz Deutschland zu bekommen.[9]

(2) Die SED-Führung ging ihrerseits damals davon aus, daß das Deutsche Reich fortbestehe und die Siegermächte den deutschen Staat als Reichseinheit erhalten hätten. »Wenn auch vorläufig keine deutsche Regierung gebildet werden konnte, so wurde – dank der nachdrücklichen Forderung des sowjetischen Vertreters –«, heißt es in einer historischen Abhandlung bei dem damaligen Generalsekretär der SED, Walter Ulbricht, »das Fortbestehen des deutschen Staates ausdrücklich anerkannt.«[10] Infolgedessen rückte die SED bei Gründung der DDR die »Wiedervereinigung unseres zerrissenen Vaterlandes« in den Mittelpunkt ihrer künftigen Politik.[11] Ministerpräsident Grotewohl sagte sogar, die DDR sei überhaupt nur gegründet worden, um den »Kampf um die Wiedervereinigung Deutschlands« führen zu können.[12] Der spätere radikale Positionswandel unter Honecker, hin zu der Idee einer »sozia-

listischen Nation« und zur Irreversibilität des DDR-Staates, mußte bald wieder dahin modifiziert werden, sich als progressiver Erbe der ganzen deutschen Geschichte zu gerieren, was von dem Anspruch nicht zu trennen ist, auch die Zukunft ganz Deutschlands zu verkörpern.[13]

(3) Auch diese modifizierte, nationaldeutsch argumentierende Geschichtsbetrachtung und Geschichtspropaganda der DDR erweist sich trotz mancher Verfeinerungen und Vertiefungen letztlich als ein spalterisch, soziologisch (›klassenmäßig‹) konzipierter DDR-Patriotismus.[14] Vor allem befreit sie die SED in keiner Weise davon, sondern macht es gerade zur zwingenden Notwendigkeit, daß sich die SED der eigenen Vergangenheit und vor allem der Frage stellt, ob sie nicht gerade mit der von ihr in Kollaboration mit der Sowjetunion und ihren Besatzungsorganen betriebenen Stalinisierung erst der Sowjetischen Besatzungszone und dann der DDR die Chance für die deutsche Einheit ihrerseits in entscheidendem Maße verringert und statt dessen den Prozeß der Teilung gefördert hat.[15] Mit der These, das »Kräfteverhältnis sowohl im nationalen als auch im internationalen Maßstab« habe es nicht erlaubt, die Aufgabe der Einheit Deutschlands zu lösen[16], kann man diese Frage nicht beantworten. Denn sie unterschlägt, daß es die Politik der Stalinisierung der SBZ bzw. der DDR war, die das Kräfteverhältnis zwischen den Verfechtern und den Gegnern der Deutschen Einheit zugunsten der letzteren in entscheidendem Maße verschoben hat. Vor allem rechtfertigt solche Niederlage nicht, sich der Aufgabe des Ringens um die Deutsche Einheit mit dem Trick zu entziehen, es gäbe nun – wegen der Niederlage? – zwei deutsche Nationen. Die SED sollte sich vielmehr selbst der kritischen Aufarbeitung gerade dieser Entwicklungsphase ihres Wirkens nicht länger entziehen. Wenn sie dies schon nicht im Geiste des von der Sowjetunion unter Gorbatschow ausgehenden und von ihr abgelehnten »neuen Denkens«[17] unternehmen will, dann wenigstens im Zeichen des SPD-SED-Papiers »Der Streit der Ideologen und die gemeinsame Sicherheit«.[18] Denn dieses Papier enthält die zu Recht kritisierte[19] Formel von der »Existenzberechtigung« beider Seiten, was sich auf die beiden Systeme und Staaten in Deutschland bezieht und dann ebenso die Frage provoziert, ob die Teilung Deutschlands unvermeidbar war wie die, ob und in welcher Weise sich die beiden deutschen Staaten permanent und beharrlich durch ihr Festhalten am Selbstbestimmungsrecht des deutschen Volkes politisch, moralisch und rechtlich legitimieren.

(4) Leider trifft es zu, daß die SED-Führung unter Honecker bei Teilen der DDR-Bevölkerung und vielfach auch im politischen Raum in der Bundesrepublik Deutschland mit ihrer These Verwirrung stiften konnte, nur eine völkerrechtliche Anerkennung der DDR durch die Bundesrepublik

Deutschland – auf welche Weise immer – könne zur Verbesserung der innerdeutschen Beziehungen im Interesse der Menschen führen.[20] Auch hat die DDR unter Honecker schon 1974 alle gesamtdeutschen Bezüge staatsstreichartig aus der DDR-Verfassung gestrichen[21] und konzentrierte seitdem alle Anstrengungen auf die irreversible Festschreibung der kommunistischen Staatlichkeit in Deutschland[22] und versuchte, das Selbstbestimmungsrecht der Deutschen mit dem Souveränitätsanspruch der DDR ad absurdum zu führen.[23]
Doch schon die verflossene Zeit seit den sog. »Geraer Forderungen« vom Oktober 1980[24] und die seitdem in den innerdeutschen Beziehungen tatsächlich erreichten Verbesserungen[25] führen solches DDR-Konzept ad absurdum. Auch der Besuch des SED-Generalsekretärs und DDR-Staatsratsvorsitzenden in der Bundesrepublik Deutschland im September 1987 brachte für die SED nicht den erhofften Wandel im Verhältnis der beiden deutschen Staaten hin zu »Beziehungen zwischen zwei souveränen Staaten«.[26] Das »Gemeinsame Kommuniqué« stellte vielmehr erneut fest, daß »Grundlage und Rahmen für die Beziehungen zwischen beiden Staaten der Grundlagenvertrag von 1972 und die seither getroffenen Vereinbarungen und Regelungen sind«.[27] Zudem hat das Bundesverfassungsgericht in seinem Beschluß vom 21. Oktober 1987 unter ausdrücklicher Einbeziehung des Honecker-Besuches festgestellt, daß kein Akt der Bundesrepublik als völkerrechtliche Anerkennung der DDR zu werten ist, daß beide Staaten »Staaten in Deutschland« sind und daß das Grundgesetz den Willen zur staatlichen Einheit »normiert« hat.[28]
Von besonderer Bedeutung ist es in diesem Zusammenhang, daß die Bundesregierung – auch gegenüber der DDR – an der einheitlichen deutschen Staatsangehörigkeit festgehalten hat.[29] Denn die Staatsangehörigkeit bildet das staatliche Band, das jeden einzelnen mit der Nation verbindet und in besonderer Weise das deutsche Volk als Träger des völkerrechtlichen Selbstbestimmungsrechts heraushebt.[30] Wer schon immer in der Bundesrepublik lebte, für den mag die Staatsangehörigkeit nur Wehrpflicht und Steuerpflicht begründen. Wer als Deutscher in der DDR lebt, für den ist es schon ein innerer moralischer Halt und Ausdruck der Zusammengehörigkeit, wenn er weiß, daß er mit den Deutschen in Berlin und in der Bundesrepublik die gemeinsame deutsche Staatsangehörigkeit besitzt. Es ist einfach nicht wahr, wenn manchmal behauptet wird, die Deutschen in der DDR sehen es gern, wenn die Bundesregierung dem Verlangen der SED-Führung nach zwei separaten Staatsangehörigkeiten nachkäme. Das Gegenteil ist richtig. Die Mehrheit der Deutschen in der DDR würde sich verlassen und verraten sehen, würde die Bundesregierung an der einheitlichen deutschen Staatsangehörigkeit rütteln lassen.

(5) So ist denn bis heute das Verhältnis zwischen beiden deutschen Staaten unverändert das von zwei Staaten in Deutschland, die Deutschen sind nicht nur Deutsche, sondern solche mit gemeinsamer Staatsangehörigkeit geblieben, und die Präambel des Grundgesetzes orientiert unverändert auf die Wiederherstellung auch der staatlichen Einheit.
Die SED-Führung hat die Entwicklung, insbesondere den Beschluß des Bundesverfassungsgerichts vom 21. Oktober 1987 lange Zeit zu ignorieren versucht; erst spät erschien eine gequält-gewundene Stellungnahme des DDR-Spezialisten für Staatsangehörigkeitsfragen, Riege.[31] Wenn sie inzwischen wieder betont, es könne in den innerdeutschen Beziehungen »zügiger« vorangehen, wenn die Bundesregierung bei der Lösung »der noch offenen politischen Grundfragen« entgegenkomme[32], so ist dies das Eingeständnis, daß gerade diese Grundfragen politisch-rechtlich unverändert geblieben und die Beziehungen sich dennoch weiterentwickelt haben. Gerade deshalb aber ist der Gedanke an die staatliche Einheit bei den Deutschen in der DDR nicht nur wachgeblieben, sondern stärker geworden, und ihre Schriftsteller geben ihm, wie Stephan Hermlin, Stefan Heym und zuletzt Rolf Schneider, Ausdruck.[33]

II.

Hat so einerseits kein Wandel des grundgesetzlichen Staatszieles der Wiedervereinigung Platz gegriffen[34] – auch nicht im Verhältnis zur DDR –, so haben sich andererseits die Existenzgrundlagen der DDR sehr wohl verändert, und damit hat sich auch die Präambel des Grundgesetzes für das Verhältnis der beiden deutschen Staaten zueinander wie für die DDR selbst aktualisiert.

(1) Die DDR ist von ihrer Entstehung wie von ihrer inneren und äußeren Entwicklung her nicht nur ein Staat in Deutschland, sondern auch sonst kein normaler Staat wie andere Staaten auch, etwa Frankreich oder Polen. Sie ist vielmehr als Produkt und Instrument sowjetischer Deutschlandpolitik im Ergebnis des Ost-West-Konfliktes in der Periode des »Kalten Krieges« entstanden, und sie ist zugleich die Staat gewordene Organisation der Kommunisten in Deutschland. Als solche ist die DDR ein Produkt der stalinistischen Außen- und Deutschlandpolitik der Sowjetunion und selbst – trotz mancher Modifikationen – ein in jeder Hinsicht stalinistisches System.

(2) Die Reformpolitik Gorbatschows aber zielt auf die radikale Revision aller Grundannahmen und Grundelemente des stalinistischen Systems, und zwar nicht nur wegen der Unfähigkeit dieses Systems, die Sowjetunion aus ihrer ökonomischen Misere herauszuführen, sondern weil es sich als Gesellschaftssystem insgesamt überall auf der Welt als unfähig

erwiesen hat, sich durch die Zustimmung der Mehrheit eines konkreten Volkes zu legitimieren. Es bedarf daher nicht fremdherrschaftlicher Eingriffe seitens der Sowjetunion in der DDR – die übrigens der »neuen Politik« Gorbatschows völlig entgegengesetzt wären –, um die SED zu verunsichern. Andererseits folgt aus dem neuen Verhalten der Sowjetunion gegenüber den anderen Staaten von Comecon und Warschauer Pakt nicht einfach eine »größere Souveränität«. Das wäre schon begriffslogisch Unsinn, weil man entweder souverän ist oder nicht souverän ist. Vielmehr stellt schon allein die Existenz des Gorbatschowschen Reformprogramms zwar nicht die DDR überhaupt, aber das politische und wirtschaftliche System der DDR in Frage. Zudem hat die Beseitigung des stalinistischen Systems in der UdSSR auch seine ganz konkreten praktischen Konsequenzen, auf die Gorbatschow den SED-Generalsekretär bei dessen letztem Besuch in Moskau hingewiesen hat:

»Tausende Fäden, ob politisch, ökonomisch, ideologisch, verbinden sie (die sozialistischen Länder, W.S.) miteinander«, so Gorbatschow, »und größere Wandlungen in jedem Land wirken sich so oder so auf die Lage seiner Freunde und Verbündeten aus.«[35]

(3) Für die DDR gehen diese praktischen Konsequenzen wegen der Spezifik ihrer Existenzbedingungen noch viel weiter als für andere Comecon-Staaten. Für sie bedeutet die begonnene Neuentwicklung in der Sowjetunion, deren ganze Auswirkungen für die sowjetische Außenpolitik heute noch gar nicht voll abzusehen sind, daß die machtpolitische Bestandsgarantie, die eben wegen des stalinistischen Systems in der DDR allein die Sowjetunion geben konnte, trotz aller beruhigenden Erklärungen Gorbatschows, nicht mehr für alle Zeit irreversibel gelten kann. Wenn z.B. in dem Freundschaftvertrag zwischen der DDR und der UdSSR vom 7. Oktober 1975[36] in Artikel 2 davon die Rede ist, beide Seiten werden ihre Potenzen »für die Errichtung der sozialistischen und kommunistischen Gesellschaft... vereinen«, so liegt es auf der Hand, daß davon heute angesichts der ganz unterschiedlichen Vorstellungen beider Seiten von der sozialistischen Gesellschaft (das Ziel des Kommunismus ist beiden Seiten schon längst aus dem Blick praktischer Politik gekommen) keine Rede mehr sein kann. Möglicherweise stehen wir hier überhaupt, was die Verträge der Sowjetunion mit ihren Verbündeten betrifft, am Beginn eines längeren Prozesses, eines Wandels der Verhältnisse gegenüber jenen, wie sie im Zeitpunkt der Vertragsabschlüsse bestanden haben und der im Völkerrecht bekanntlich kraft Berufung auf die clausula rebus sic stantibus dazu führt, daß Verträge hinfällig bzw. durch neue ersetzt werden.

Jedenfalls erscheint Gorbatschow in den Augen der stalinistischen SED-Führung als ein schlimmerer Revisionist als einst Dubček in Prag, und im Selbstverständnis der SED-Führung muß man daher die DDR vor solchen Einflüssen und Auswirkungen soweit als nur möglich abschotten und das stalinistische System in der DDR so lange bewahren, bis der Reformkurs in Moskau gescheitert ist. Den daß er scheitern wird, steht für Stalinisten vom Schlage Honecker, Mielke und Hager fest, und darauf arbeiten sie auf ihre Weise hin.[37]

(4) Die inneren Verhältnisse in der DDR selbst sind wirtschaftlich und politisch in den letzten Jahren nicht stabiler, sondern eher unruhiger und labiler geworden. Wenn auch Honecker nicht müde wird, »die stabile und dynamische Entwicklung der DDR« auf allen Gebieten zu loben[38], so sehen manche Bezirkssekretäre der SED die Dinge schon viel nüchterner. So etwa, wenn der SED-Bezirkssekretär von Karl-Marx-Stadt (Chemnitz), Siegfried Lorenz, feststellt: »Jeder erlebt bis in unsere Tage, daß in diesen vier Jahrzehnten DDR nicht jeder Tag ein Sieg war.«[39] Die Wirklichkeit ist schlimmer. Ein wirtschaftliches System, das 44 Jahre nach Kriegsende, im 40. Jahr der Existenz der DDR, nicht in der Lage ist, eine kontinuierliche Versorgung der Bevölkerung mit den einfachsten Dingen des Lebens und der Wirtschaftsunternehmen mit den wichtigsten Zulieferungen sicherzustellen, richtet sich selbst. Eine Wirtschaftspolitik, die von sich behauptet, mit der sog. »Einheit von Wirtschafts- und Sozialpolitik« den Stein des Weisen für die zentralistische Planwirtschaft gefunden zu haben, aber praktisch aus dem Dilemma des zunehmenden Rückstandes an Arbeitsproduktivität, technischem Niveau und Lebensstandard gegenüber dem anderen deutschen Staat nicht herauskommt[40], kann Glaubwürdigkeit und Vertrauen nicht gewinnen und Zuversicht nicht verbreiten. Die Nettoverschuldung der DDR im Westen liegt wieder bei zehn Milliarden US-Dollar.[41]

(5) Die innerdeutschen Beziehungen haben sich auf vielfältige Weise intensiviert, aber sie haben die von der SED-Führung erhoffte stabilisierende Wirkung für die inneren Verhältnisse der DDR nicht gebracht. Eher das Gegenteil ist eingetreten. Der innerdeutsche Handel ist seit seinem Höhepunkt mit einem Volumen von 15 Mrd. Verrechnungseinheiten (VE), was praktisch der DM entspricht, trotz seines vorteilhaften Status und des hohen Swings von 850 Millionen VE seit drei Jahren rückläufig.[42] Die Tendenz hält an. Ohne grundlegende Veränderungen ist der innerdeutsche Handel nicht lebensfähig.[43] Der Europäische Binnenmarkt 1992 wird die Situation weiter verschärfen, auch wenn der Status des Innerdeutschen Handels grundsätzlich aufrechterhalten werden kann. Die hohen finanziellen Leistungen, die von der Bundesrepublik an die DDR außerhalb des IdH erbracht werden (in Form von Transitpauschale, Straßenbenutzungsgebühren, Großprojekten im Berlin-Verkehr u.a.), bilden wichtige Hilfen für die DDR, können aber an dieser grundsätzlichen Tendenz nicht Wesentliches ändern.

Analoges gilt für die beachtliche Erweiterung des Reiseverkehrs von DDR-Bürgern nach der Bundesrepublik Deutschland. 1987 waren es 1,2 Millionen Personen unterhalb des Rentenalters, 1988 liegt die Zahl noch darüber.[44] Die SED-Führung will mit den vermehrten Besuchsreisen ihr Verhältnis mit der Bundesregierung stabilisieren und erhofft sich zugleich, auf diese Weise bei der Bevölkerung der DDR mehr Wohlverhalten gegenüber dem Staat zu erzeugen. Auch sollte die Zahl derjenigen zurückgedrängt werden, die überhaupt in den Westen übersiedeln wollen. Doch die Hoffnungen haben getrogen. Die heimgekehrten Besucher sind kritischer gegenüber den Verhältnissen in der DDR als zuvor, und ein Teil stellt nach Rückkehr überhaupt Antrag auf Übersiedlung in die Bundesrepublik. Die Zahl der Antragsteller ist gestiegen und soll nach Schätzungen zwischen 300 000 und einer Million liegen. 1988 sind fast 50 000 in die Bundesrepublik übergesiedelt, davon ca. 10 000 ohne Erlaubnis der DDR-Behörden, also durch oftmals lebensgefährliche Flucht.[45] Dennoch ist mit einer drastischen Einschränkung der Reisemöglichkeiten durch die DDR-Führung nicht zu rechnen. Ihre Lage ist heute so, daß sie nicht nur an Devisen, sondern an guten Beziehungen zur Bundesrepublik interessiert sein muß. »Die Zeit, in der Reisegenehmigungen als Gegenleistung an die Bundesrepublik angesehen werden konnten, ist vorbei.«[46]

(6) Gorbatschowsche Reformpolitik und die Intensivierung der innerdeutschen Beziehungen haben in der DDR auch das Verlangen nach grundlegenden Veränderungen verstärkt. Allerdings verläuft dieser Prozeß sehr widersprüchlich. Angesichts der signifikanten Ablehnung von grundlegenden Reformen durch die SED-Führung artikulierten sich solche Bestrebungen zunächst außerhalb der SED und als Opposition zu ihr und suchten fast immer Anschluß an die evangelische Kirche. Sie hatten nicht nur die bekannte Liebknecht-Luxemburg-Demonstration zur Folge. Sie führen auch dazu, daß die evangelische Kirchentage 1988 in Görlitz, Erfurt, Rostock und Halle stets mit deutlichen Forderungen nach gesellschaftlichen Veränderungen endeten: »Ohne Perestroika geht es nicht, auch nicht in der DDR.«[47]

Aber auch innerhalb der SED wachsen Unzufriedenheit und das Verlangen nach Veränderungen. Der Wirtschaftshistoriker Kuczynski kritisierte die Praxis, die inneren Widersprüche des Systems einfach unter den Tisch zu kehren, und das Fehlen öffentlicher Kritik bzw. ihre Gleichsetzung mit Sozialismusfeindlichkeit.[48] Der Schriftsteller Hermlin lobte die Reformen Gorbatschows als »eine Revolution wie die Oktoberrevolution« und verlangte eine selbstkritische Aufarbeitung der Vergangenheit auch der DDR, z.B. des 17. Juni 1953: »Bald werden wir die ganze Wahrheit verkraften können.«[49]

SED-Rechtswissenschaftler plädieren für mehr »Rechtssicherheit«,

Rechtsstaat und Verwaltungsgerichtsbarkeit.[50] Viele SED-Funktionäre sind verunsichert und fragen danach, welchen Sinn 40 Jahre DDR gehabt haben.

(7) Die SED-Führung reagierte auf diese Entwicklung mit dem grundsätzlichen Bekenntnis, daß am politischen System der DDR, dessen »Kern« die SED sei, nicht gerüttelt werden dürfe[51], mit Ausweisungen, Verhaftungen, Repressalien, Verboten und mit Zensurmaßnahmen gegen die evangelische Kirche und mit einer rechtlichen Regelung von Besuchsreisen und Übersiedlungen nach dem Westen.[52] Die gleichzeitige Einführung der gerichtlichen Nachprüfbarkeit von Verwaltungsentscheidungen[53] soll den Eindruck erwecken, als beschreite nun auch die DDR den Weg zum Rechtsstaat.[54] Mit der Regelung der Besucherreisen und Übersiedlungen nach dem Westen wird zweifellos einer Forderung Rechnung getragen, wie sie in der DDR, vor allem im Kreis der evangelischen Kirche immer wieder erhoben worden ist. Die jetzige Ausgestaltung dieser Regelung bringt allerdings keinen einklagbaren Rechtsanspruch auf Aus- und Wiedereinreise. Die einzelnen Kann-Bestimmungen sind zudem so gefaßt, daß sie genügend Raum für reine Ermessungsentscheidungen der Behörden lassen. Die Nachprüfbarkeit der Entscheidungen ist auf deren Rechtmäßigkeit begrenzt. Auch reicht die Unterwerfung staatlichen Handelns unter das Gesetz allein nicht aus, um von einem Rechtsstaat zu sprechen, wenn das Prinzip der Gewaltenteilung nicht gilt.[55] Solange aber am Prinzip der »führenden Rolle« der SED festgehalten wird, ist solche Gewaltenteilung ebensowenig möglich wie unabhängige Richter.

(8) Alle Parteien im Bundestag haben sicher recht, wenn sie die Reform-Unwilligkeit der SED anläßlich der Debatte im geteilten Deutschland Ende 1988 kritisierten und von der DDR größere Bereitschaft zu inneren Reformen forderten.[56] Aber sie übersehen, daß wirtschaftliche und politische Reformen in der DDR ohne eine gesamtdeutsche Perspektive nicht machbar sind. Angesichts der Spezifik der DDR werfen die Einführung von marktwirtschaftlichen Elementen oder von Prinzipien des Rechtsstaates mit innerer Logik die Frage auf, warum man denn die DDR in Deutschland überhaupt gegründet habe, wenn man sich nun doch dem in der Bundesrepublik Deutschland bestehenden System der Marktwirtschaft und des Rechtsstaates annähern wolle. Aus diesem Dilemma führt nur ein Konzept heraus, das die notwendigen Reformen in der DDR mit einer Perspektive verbindet, in der eine reformierte DDR in eine neue gesamtdeutsche Staatlichkeit hineinwächst[57], die den Staat DDR nicht verschwinden, sondern zum Gliedstaat eines gesamtdeutschen Bundesstaates werden läßt.

Das eine wie das andere würde letzten Endes das Ende des stalinistischen Systems auch in der DDR und damit auch der persönlichen Macht

der Stalinisten in der DDR bedeuten. Dies legt nun den Schluß nahe, daß die gegenwärtige SED-Führung zu einer Politik wirklicher Reformen weder willens noch fähig ist, und das ist wohl auch die gegenwärtige Realität. Aber dies muß nicht so bleiben, vor allem dann nicht, wenn die Bundesrepublik Deutschland ein deutschlandpolitisches Konzept entwerfen würde, das auch SED wie DDR die Chancen eröffnet, als gewandelte Partei und reformierter Staat in einem deutschen Gesamtstaat ihren Platz zu finden. Die Präambel des Grundgesetzes und die davon nicht zu trennenden Artikel 23, 116 und 146 enthalten hierfür durchaus Bewegungsmöglichkeiten. Einmal ergibt sich aus ihnen kein Zwang, die Wiedererrichtung der gesamtdeutschen Staatlichkeit in Form eines einzigen, einmaligen Aktes zu vollziehen. Zum anderen ist der Beitritt »anderen deutschen Ländern« nach wie vor offen. Schließlich sind verschiedene Staatsformen gesamtdeutscher Staatlichkeit denkbar. Schon heute nutzt selbst die gegenwärtige stalinistische Führung der DDR die Zusammenarbeit mit der Bundesrepublik als Instrument zur Aufrechterhaltung innerer Stabilität und profitiert so auf ihre Weise von einer Politik der Bundesregierung, die der Präambel des Grundgesetzes verpflichtet ist.
Vor allem gibt es in beiden deutschen Staaten eine vom Willen der Politiker unabhängige Kraft, die sie auf ihre Annäherung, Verflechtung und Verschmelzung zutreibt, und dies sind ihre ökonomischen Bedürfnisse. Die prinzipielle Gegensätzlichkeit von Marktwirtschaft und zentralistischer Planwirtschaft ist dabei keine unüberwindliche Schranke, weil die Planwirtschaft im Interesse der eigenen Effektivität nicht umhin kommt, sich der Marktwirtschaft zu öffnen. Auch wenn die DDR heute hier noch zurückhaltend ist – wer möchte daran zweifeln, daß dies gerade für zwei Wirtschaften gilt, die einmal *eine nationale* Wirtschaft waren?

III.

Die Präambel des Grundgesetzes erlegt jeder Bundesregierung die hohe Verantwortung auf, alles nur erdenklich Mögliche zu unternehmen, um in freier Selbstbestimmung die nationale und staatliche Einheit und Freiheit Deutschlands zu vollenden. Dies kann weder so verstanden werden, daß dieser Verpflichtung schon entsprochen wird, wenn sich Deutschlandpolitik darin erschöpft, die Folgen der Teilung für die Deutschen – vor allem für die Deutschen in der DDR – zu mildern, noch daß sie dieser Verantwortung ausschließlich dadurch gerecht wird, wenn sie das Wiedervereinigungsziel unmittelbar ansteuert. Vielmehr gehört dazu auch die Verantwortung für das Schicksal der Menschen in der DDR überhaupt und der DDR als Staat, jetzt und auf dem Wege in unsere gemeinsame staatliche Zukunft.

(1) Die neuen Existenzbedingungen der DDR haben auch zur Folge, daß die Erwartungen und Hoffnungen der Deutschen in der DDR – und zwar sowohl der Bevölkerung allgemein als auch speziell sowohl der oppositionellen Kräfte als auch der Mitglieder der SED und der sog. Blockparteien – gegenüber der Bundesrepublik größer werden. Viele Indizien deuten darauf hin, daß die Deutschen in der DDR alles das, was die Bundesregierung unter dem Stichwort »Deutschlandpolitik« unternimmt, hellwach und kritisch verfolgen, dabei vieles nicht verstehen und von manchem Entgegenkommen gegenüber der DDR-Führung enttäuscht sind. Dies zeugt von einem neuen Bewußtsein von Demokratie, Menschenrechten und Freiheit. Wir sollten gerade dies nicht unterschätzen oder gar ignorieren, sondern ihm mit einer Deutschlandpolitik begegnen, die das Ziel innerer Veränderungen in der DDR hin zu Menschenrechten und Demokratie in sich aufnimmt.

(2) Eine solche Deutschlandpolitik zwingt allerdings dazu, sich von weitverbreiteten Klischeevorstellungen: »Keine Destabilisierung der DDR« frei zu machen.[58] Wenn damit gemeint ist, die Bundesrepublik habe kein Interesse daran, daß es in der DDR zu inneren Unruhen komme, und vor allem wolle sie dazu nicht beitragen, so hat dies manches für sich. Dennoch darf man nicht übersehen, daß die Stabilität eines Systems in erster Linie immer von seinem inneren Zustand abhängt. Da aber gibt es immer zwei Arten von Stabilität. Die eine ist die trügerische Stabilität des Sich-Abfindens mit den Realitäten. Die andere ist jene, die auf der Identifizierung der Mehrheit mit den Verhältnissen beruht, unter denen sie lebt. Die erste ist immer eine unsichere, weil erzwungene; sie haben wir in der DDR und sie ist dabei, in die Brüche zu gehen.[59] Die zweite haben wir in der Bundesrepublik, die DDR ist von ihr weit entfernt, und nüchtern betrachtet, kann man Zweiflern, die meinen, aus der DDR könne eben immer nur wieder die DDR werden, nicht ohne weiteres widersprechen. Die dennoch für die DDR bestehende Chance wird allerdings nicht wahrgenommen werden können, wenn man nicht offen ausspricht, daß die Überwindung des stalinistischen Systems in der DDR das »A« und »O« wirklicher Stabilität ist. Manchem mag es so scheinen, daß Gorbatschow am Westrand seines Imperiums vor allem Ruhe, die trügerische Art der Stabilität brauche. Doch solche Ansicht verkennt die eigentliche Intensionen des Reformpolitikers Gorbatschow. Seine »Revolution von oben« begnügt sich nicht und kann sich nicht damit zufriedengeben, daß es in der DDR ruhig bleibt und von ihr die gleichen (oder schlechteren) Leistungen erbracht werden wie bisher oder nur allmählich gesteigert und verbessert werden. Die Sowjetunion will und braucht eine rasche, qualitative Wende auch und gerade in der DDR. Schon nach dem XI. Parteitag der SED (1986) hieß es in einem Resümee der Moskauer »Prawda«, die SED müsse »jetzt nach vorn

schauen und weiter voranschreiten«.[60] Mit anderen Worten: Wenn die DDR zu Reformen schritte, so wäre dies in den Augen der sowjetischen Führung das genaue Gegenteil einer Destabilisierung, nämlich die notwendige Anhebung des Niveaus des Wirtschaftssystems und der politischen Strukturen der DDR auf die Erfordernisse der Gegenwart und Zukunft. Es ist längst an der Zeit, daß die Deutschlandpolitik der Bundesrepublik die Problematik der Stabilität der DDR ebenso sieht und klarstellt, daß eine stabile DDR nur eine solche ist, die auch ohne Mauer und Stacheldraht existieren kann. Bundesdeutsche Politiker tragen zur Destabilisierung der DDR jedenfalls mehr bei, als sie ahnen (und vermutlich wollen), wenn sie bei ihren Auftritten dort davon reden, man müsse lernen, mit der Teilung zu leben. Für den DDR-Bürger summiert sich die SED-Orientierung: »Glasnost« und »Perestroika« und »Demokratisierung« wird es in der DDR nicht geben mit der bundesdeutschen Ansicht, »die Wiedervereinigung steht nicht auf der Tagesordnung der Weltpolitik« zu der weitverbreiteten Schlußfolgerung: Da wird es aber Zeit, aus der DDR herauszukommen. Die erschreckend hohen Zahlen von Ausreiseanträgen sind ein kaum zu übertreffendes Indiz für solche absolute Prespektivlosigkeit.

(3) Mit der Hinwendung der SED unter Honecker zu einer pragmatischen, interessenorientierten Politik gegenüber der Bundesrepublik ging in jüngster Zeit auch eine unausgesprochene, kaum gewollte, aber intern vielleicht doch eingestandene Haltung der Hinnahme der Präambel des Grundgesetzes einher. Denn natürlich weiß auch die SED-Führung, daß sich die Vorteile des Innerdeutschen Handels, die finanziellen Leistungen der Bundesrepublik an die DDR eben auf die Präambel des Grundgesetzes gründen. Die SED-Führung ist auch sichtlich beeindruckt davon, daß die Bundesrepublik die gegenwärtig komplizierte Lage der DDR nicht dazu nutzt, um ihr zu schaden. Sie weiß genau, daß sie mit Blick auf den Europäischen Binnenmarkt 1992 noch mehr auf die Bundesrepublik Deutschland und ihr Verhalten gegenüber der DDR angewiesen sein wird als bisher.

Im Lichte ihrer Erfahrungen wächst ganz offensichtlich bei der SED-Führung auch die Erkenntnis von dem relativen Nutzen der Souveränität der DDR[61] und von den Vorteilen, ein Staat in Deutschland zu sein, der für den anderen deutschen Staat mehr ist als Polen oder die Sowjetunion.

Dennoch bleibt – vielleicht gerade deshalb –, daß wirkliche Freiheit für die Deutschen in der DDR nur bei staatlicher Einheit erreicht werden kann. Selbst die bitter notwendigen »kleinen Schritte« in der Deutschlandpolitik verlören ihre Grundlage, wenn das Ziel aufgegeben würde.

(4) Eine politische Strategie, die zu diesem Ziel führt, könnte nur glaubwürdig sein, wenn sie davon ausginge, daß dies nur in einem länger-

fristigen politischen Prozeß der Ost-West-Kooperation, der Vertrauensbildung und des Wandels in Osteuropa möglich ist, wenn sie der Sowjetunion einen echten Interessenausgleich und auch einer gewandelten DDR die Chance böte, in einem neuen Gesamtdeutschland ihren Platz zu finden.

Selbstverständliche Grundlage einer solchen Politik ist die freie Selbstbestimmung aller Deutschen, das Selbstbestimmungsrecht, wie es im heutigen Völkerrecht gilt. Diese unabdingbare Bedingung unserer Freiheit schließt allerdings auch ein, sich der Frage zu stellen, wie eine europäische Friedensordnung aussehen sollte, in der das wiedervereinigte Deutschland kein Spielball zwischen Ost und West wäre. Die jetzige Form der einseitigen Bindung der Bundesrepublik Deutschland könnte wohl kaum einfach für das wiedervereinigte Deutschland fortgeschrieben werden. »Über diese Bindung muß man«, heißt es bei Graf Lambsdorff, »wenn man glaubt, daß man realistisch über eine staatliche Einheit Deutschlands unter den gegebenen Umständen sprechen kann, hinausdenken.«[62]

Ohne die Probleme und Schwierigkeiten einer solchen Orientierung zu verkennen, läßt sich ein solches Deutschland jedoch wie folgt fixieren: ein deutscher Gesamtstaat mit allseits festgelegten Grenzen und ohne Atomwaffen, der keinem Militärbündnis angehört, dessen mit den Vier Mächten vereinbarter Status von diesen garantiert und kontrolliert wird, in dem DDR und Bundesrepublik Deutschland jeweils einen eigenen Gliedstaat eines föderativen Bundesstaates Deutschland bilden und der selbst Mitglied der EG wäre.

Ein solches Deutschland würde niemand gefährden, denn es wäre national befriedet; es wäre von niemandem gefährdet, denn sein Status wäre international garantiert. Eine »gemeinsame Wohnung« der Deutschen im »gemeinsamen Haus Europa« wäre entstanden. Der Friede in Europa wäre sicherer, als er jetzt ist.

Anmerkungen

1 Vgl. z.B. Jürgen Schmude, in: Informationen der sozialdemokratischen Bundestagsfraktion, Ausgabe 931 vom 17. Mai 1985.

2 So Graf Lambsdorff in: Welt am Sonntag vom 18. September 1988, S. 25/26, hier S. 26.

3 Ausführlich zur damaligen Situation in der SBZ: Hermann Weber, Geschichte der DDR,1985, hier vor allem S. 144 - 160.

4 Derselbe: DDR-Dokumente zur Geschichte der Deutschen Demokratischen Republik 1945 - 1985, 1986, hier vor allem S. 17 - 147.
So etwa, wenn der sowjetische Historiker Daschitschew davon spricht, Stalin habe nach 1945 möglichst vielen Ländern einen »Sozialismus seines Typs«

aufzuzwingen gesucht, vgl. W.J. Daschitschew, Ost-West: Suche nach neuen Beziehungen - über Prioritäten in der Außenpolitik des Sowjetstaates, in: Literaturnaja gasetta vom 18. Mai 1988, deutsch in: Deutschland Archiv, H. 12/1988.

5 Vgl. Hermann Weber, Die weißen Flecken in der Geschichte, in: Vorwärts Nr. 41 vom 8. Oktober 1988, S. 36 - 37.

6 So das Urteil des Bundesverfassungsgerichts zum Grundlagenvertrag mit der DDR - BVerfGE 36, 1 - 36.

7 Angaben bei Hermann Weber, Geschichte der SED, a.a.O.(FN 3), S.36 - 38.

8 Vgl. das Telegramm Stalins zur Gründung der DDR, Text bei Hermann Weber, DDR-Dokumente, a.a.O. (FN 3), S. 164/64.

9 Vgl. dazu Alexander Fischer, Sowjetische Deutschlandpolitik im Zweiten Weltkrieg 1941-1945, Stuttgart 1975;
Wolfgang Leonhard in: Der Weg nach Pankow - zur Gründungsgeschichte der DDR, München 1980;
Boris Meißner, Politische Zielsetzung der Sowjetunion nach Potsdam, in: Günther Wagenlehner (Hrsg.), Die deutsche Frage und die internationale Sicherheit, Koblenz 1983, S. 35 - 47.

10 Walter Ulbricht, Zur Geschichte der Neuesten Zeit, Berlin (Ost) 1955, S. 109.

11 Wilhelm Pieck, in: Neues Deutschland vom 12. Oktober 1949.

12 In: Neues Deutschland vom 13. Oktober 1949.

13 Ausführlich: Wolfgang Seiffert, in: Das ganze Deutschland, München 1986, S. 100 - 108.

14 Vgl. Fritz Kopp, Neue Ziele für DDR-Historiker?, in: Deutsche Studien, Heft 85, März 1984, S. 84 - 96.

15 Vgl. Hermann Weber, Geschichte der DDR, a.a.O.(FN 3), S.144 - 244.

16 So Hermann Axen, Patriotismus und Internationalismus im Kampf unserer Zeit, in: Einheit (Berlin-Ost), Heft 11/12-1988, S. 965 - 971, hier S. 968

17 Zum »neuen Denken« der sowjetischen KP unter Gorbatschow vgl. Wolfgang Seiffert, Die Deutschen und Gorbatschow, Erlangen 1989.

18 Der Text ist abgedruckt in: Deutschland Archiv, H. 1/1988, S. 86 - 91.

19 Dieter Haack, Kritische Anmerkungen zum »Ideologie-Papier«, in: Deutschland Archiv, H. 1/1988, S. 40 - 47.

20 Vgl. hierzu Wolfgang Seiffert, Eine prinzipielle Herausforderung; in: Deutschland Archiv, Heft 6/1982, S. 561 - 564.

21 Wolfgang Seiffert, SED und nationale Frage, in: Wolfgang Venohr (Hrsg.), Die Deutsche Einheit kommt bestimmt, Bergisch-Gladbach 1982, S. 161 - 179, hier S. 171.

22 Wolfgang Seiffert, Die Deutsche Frage nach dem Honecker-Besuch, in: Deutschland Archiv, H. 12/1987, S. 1252 - 1257.

23 Derselbe, Selbstbestimmungsrecht und Deutsche Frage, in: Frankfurter Allgemeine Zeitung vom 5. Februar 1985, S. 10.

24 Vgl. dazu Wolfgang Seiffert, Eine prinzipielle Herausforderung, a.a.O. (FN 20).

25 Vgl. dazu die jährlichen Berichte der Bundesregierung zur Lage der Nation im geteilten Deutschland.

26 So die ständige Forderung der DDR.

27 Der Text des »Gemeinsamen Kommuniqué« findet sich in: Bulletin des Presse- und Informationsamtes der Bundesregierung Nr. 83 vom 10.9.1987

28 Der Beschluß ist abgedruckt in: Juristenzeitung 1988, H. 3, S. 144 ff.

29 Vgl. dazu: Wolfgang Seiffert, Was bedeutet Respektierung der Staatsangehörigkeit, in: Deutschland Archiv 11/1984; derselbe: Was Respektierung der Staats-

angehörigkeit sein kann und was sie nicht sein darf, in: Deutschland Archiv, Heft 3/1985.
30 So auch der Beschluß des Bundesverfassungsgerichts vom 21.10. 1987.
31 Gerhard Riege, Bewegung in der Staatsangehörigkeitsdoktrin der BRD?, in: Neue Justiz 9/88, S. 365 - 370.
32 Vgl. z.B. den Kommentar in: Neues Deutschland vom 16. Juni 1988, S. 2 »Konsequent verwirklichen wir die Beschlüsse unseres XI. Parteitages«.
33 Rolf Schneider, Die deutsche Nation als Gefühl, in: DER SPIEGEL Nr. 49/1988, S. 30 - 31.
34 Wilfried Fiedler, Die staats- und völkerrechtliche Stellung der Bundesrepublik Deutschland, in: Juristenzeitung 3/1988, S. 132 - 138, hier: S. 138.
35 Text in: Neues Deutschland vom 29. September 1988, S. 1/2.
36 Text in Gesetzblatt der DDR II 1975, Nr. 11, S. 238 - 240.
37 Vgl. dazu: Wolfgang Seiffert, Die Stalinisten, eingeigelt, in: Nürnberger Nachrichten vom 14. Dezember 1988, S. 2.
38 Erich Honecker zum 70. Jahrestag der Gründung der KPD in: Einheit, Berlin (Ost), Heft 11/12 - 1988, S. 964.
39 Zitiert nach DER SPIEGEL vom 8. August 1988, S. 18.
40 Vgl. die entsprechenden Angaben in: Zahlenspiegel - ein Vergleich Bundesrepublik Deutschland - DDR, Bonn 1988.
41 Economic Survey of Europa, ECE, New York 1988, S. 309.
42 Vgl. die Analyse des DIHT vom 23. August 1988: »Innerdeutscher Handel lahmt«.
43 Vgl. auch Harry Maier, Perestroika and East-West-relations, in: European Affairs 4/88 Vol. 2 p. 22 - 35.
44 Vgl. den Bericht der Frankfurter Allgemeinen Zeitung vom 2. Januar 1989, S. 4 über entsprechende Angaben der Bundesregierung. Wenn die Bundesregierung hier von »fünf Millionen Reisen aus der DDR in die Bundesrepublik« spricht, so sind dabei einmal die rund zwei Millionen Rentner mitgezählt, die schon immer reisen durften. Zum anderen wird in der Statistik der DDR, auf die sich die Bundesregierung stützt, jede Überschreitung der Grenzkontrollstellen in Richtung Westen als »eine Reise« gezählt. Da aber viele DDR-Bürger diese Grenzkontrollstellen mehrmals im Jahr überschreiten - z.B. Ostberliner Rentner, die 60 Tage im Jahr reisen dürfen, mehrmals nach West-Berlin -, reduziert sich die Zahl von »fünf Millionen Reisen« leicht auf 3,2 Millionen Personen, davon 1,2 Millionen unterhalb des Rentenalters. Wenn man außerdem in Rechnung stellt, daß es in der DDR über acht Millionen Berufstätige gibt, so heißt das auch, daß etwa sieben Millionen DDR-Bürger auch jetzt nicht reisen dürfen.
45 Vgl. den Bericht der Frankfurter Allgemeinen Zeitung vom 7. Januar 1989. S. 5.
46 Karl Feldmeyer, Honeckers Dilemma, in: Frankfurter Allgemeine Zeitung vom 20. September 1988, S. 1.
47 Vgl. den Bericht »Forderungen nach Veränderungen und Perestroika auf evangelischen Kirchentagen in der DDR«, in: Informationen Nr. 13/1988, hrsg. vom Gesamtdeutschen Institut (Bonn), S. 4 - 6.
48 Vgl. den Bericht des »Berliner Tagesspiegel« vom 3. Sept. 1988, S. 3.
49 Interview mit der Literaturzeitschrift »Frontal« (Köln) Juli/August 1988, S. 34-36.
50 Z.B.Erich Buchholz/Karl A. Mollnau, Rechtssicherheit gehört zur Lebensqualität in unserer Gesellschaft, in: Neues Deutschland vom 18./19. Juni 1988, S. 11.
51 Vgl. das Heft 10/1988 des theoretischen Organs der SED, »Einheit«, das thematisch dem »politischen System des Sozialismus in der DDR« gewidmet ist, sowie

die Analyse von Ilse Spittmann, Weichenstellung für die neunziger Jahre, in: Deutschland Archiv, H. 12/1988, S. 1249 - 1253.

52 Verordnung über Reisen von Bürgern der Deutschen Demokratischen Republik nach dem Ausland vom 30. November 1988, GBl. der DDR I Nr. 25, S. 271 ff.

53 Vgl. Gesetz über die Zuständigkeit und das Verfahren der Gerichte zur Nachprüfung von Verwaltungsentscheidungen vom 14. Dezember 1988, GBl. der DDR I Nr. 28, S. 327 ff.

54 So z.B. Klaus Heuer, Überlegungen zum sozialistischen Rechtsstaat DDR, in: Neue Justiz, Berlin (Ost), H. 12/1988, S. 478 - 480.

55 Zum Rechtsstaatsprinzip vgl. Klaus Stern, Das Staatsrecht der Bundesrepublik Deutschland, Bd. I 1977, S. 620 ff.

56 Vgl. z.B. den »Bericht der Bundesregierung zur Lage der Nation im geteilten Deutschland«, in: Bulletin des Presse- und Informationsamtes der Bundesregierung Nr. 169 vom 2. Dezember 1988, S. 1501 ff.

57 Dies »übersieht« Peter Bender. Vgl. Peter Bender »Demokratie oder Verfall - zur Lage im östlichen Europa«, in: Merkur 478 - Heft 12/1988, S. 1003 - 1018.

58 Vgl. auch Erhard Eppler, in: DER SPIEGEL vom 18. Juli 1988, S. 30 - 31.

59 Wofür Eppler nicht zu Unrecht die SED-Führung verantwortlich macht, a.a.O. (FN 58).

60 »Prawda« vom 26. April 1986, S. 4.

61 Vgl. auch den Bericht des »Tagesspiegel« vom 20. Dezember 1988. S. 1/2: Bräutigam fordert neue Initiativen in der Deutschlandpolitik.

62 Interview des Bonner Generalanzeigers mit Graf Lambsdorff vom 14. Mai 1987, S. 88/89; vgl. auch Interview von »Hör zu« mit Graf Lambsdorff in Heft 23/1987.

Dorothee Wilms

Die Präambel und die innerdeutschen Beziehungen

40 Jahre nach Verabschiedung unseres Grundgesetzes ist der Auftrag der Präambel, die deutsche Einheit zu vollenden, noch immer unerfüllt.
Gleichzeitig haben die innerdeutschen Beziehungen in den letzten Jahren einen ungewöhnlichen Umfang und Aufschwung genommen. Der deutlich intensivere Reiseverkehr, vor allem auch aus der DDR in die Bundesrepublik Deutschland, die Städtepartnerschaften, die Möglichkeiten der Kommunikation und der politische Dialog sind Beispiele spürbarer Veränderungen.
Beiderseits der weiterhin trennenden Grenze hat seit dem Besuch Generalsekretär Honeckers in Bonn im September 1987 die Aufmerksamkeit der Deutschen für ihre nationale Frage erkennbar zugenommen. Ebenso unübersehbar ist der fortschreitende westeuropäische Integrationsprozeß, der immer mehr auch als ein Modell und Kristallisationspunkt eines zusammenwachsenden Gesamteuropas sichtbar wird und dessen Ausstrahlungskraft die deutsche Frage nicht unberührt lassen kann.
Im folgenden will ich den Hintergrund der gegenwärtigen Situation darlegen, den Rechtsstatus Deutschlands im Grundgesetz, die Lösungsansätze der Bundesregierungen seit der Ära Adenauer und damit die positiven und negativen Erfahrungen, die in der Gestaltung der innerdeutschen Beziehungen auf dem Wege zur deutschen Einheit gemacht worden sind.

I. Ausgangslage

Das Grundgesetz der Bundesrepublik Deutschland enthält zwar alle Elemente einer klassischen Verfassung, stellt aber doch in gewisser Hinsicht eine auf der Welt einmalige rechtliche Institution dar. Die Präambel dieser rechtlichen Grundordnung und ihr Schlußartikel, der Artikel 146, sind aufeinander bezogen: Sie machen deutlich, daß sich das neu organisierte Staatswesen »Bundesrepublik Deutschland« als ein Provisorium, nach der glücklicheren Formulierung von Theodor Heuss als ein »Transitorium« versteht. Nach dem Verständnis des Parlamentarischen Rates hat sich 1949 auf dem Boden und im Rahmen des weiterbestehenden Deutschen Reiches

die Bundesrepublik Deutschland lediglich neu organisiert; sie steht sozusagen als Bindeglied zwischen dem Deutschland in den Grenzen vom 31. Dezember 1937, wie es die Alliierten im Londoner Protokoll von 1944 festgelegt haben, und einem Friedensvertrag, mit dem man damals in absehbarer Zeit rechnen zu können glaubte. So war man sich darin einig, das Schicksal Deutschlands gewissermaßen nur treuhänderisch bis zu einer baldigen Nationalversammlung in die Hände nehmen zu wollen. In diesem Sinne haben die Mitglieder des Parlamentarischen Rates als Treuhänder des ganzen deutschen Volkes gehandelt; sie dachten dabei vor allem an die Deutschen in der sowjetischen Besatzungszone, denen mitzuwirken versagt war, aber freilich auch an Millionen Deutsche, die durch die Kriegseinwirkungen sich noch außerhalb der Besatzungszonen befanden und in deren Namen man wie selbstverständlich handeln wollte.
Die Präambel des Grundgesetzes und auch die auflösende Bedingung des Artikels 146 sind die Frucht dieses Verständnisses. Sie geben der deutschen Politik das Ziel auf, die deutsche Einheit zu vollenden, und binden gleichzeitig dieses Ziel an die Werte der Freiheit, des Friedens und an ein vereintes Europa. Sie haben damit jeder deutschen Politik eine verbindliche Rangordnung der Werte mit auf den Weg gegeben. Selbstverständlich war und ist, gerade nach der Katastrophe des Zweiten Weltkrieges, daß die Einheit mit Hilfe nichtfriedlicher Mittel außerhalb jeder Diskussion steht. Die Rangordnung bedeutet aber auch, daß die nationale Einheit nicht um den Preis der Freiheit errungen werden darf. Der Bezugspunkt des vereinten Europas schließlich macht klar, daß eine deutsche Einheit nicht in Denkfiguren des 19. Jahrhunderts gegen die Nachbarn Deutschlands, sondern nur im Rahmen einer friedenssichernden und friedensstiftenden europäischen Ordnung vorstellbar war und ist.

II. Deutschlandpolitik der Ära Adenauer

Adenauers Politik im Blick auf das Einheitsgebot des Grundgesetzes war vielschichtiger, als man oft zu erkennen geneigt ist; er hat mehrere Ansätze nebeneinander verfolgt, die nicht simplifiziert werden sollten.
In der machtpolitischen Lage, in der sich Deutschland und Europa nach dem Zweiten Weltkrieg befanden, mußte es ihm darauf ankommen, zuallererst die Freiheit zu sichern. Seine Politik der Westbindung zielte darauf ab, den freien Teil Deutschlands, die Bundesrepublik Deutschland, unwiderruflich in den Kreis der freiheitlichen Demokratien des Westens einzubringen. In seiner Politik ist er nicht nur von einer immer breiter werdenden Mehrheit der Wähler unterstützt worden; auch von seiten der Opposition fand er bei Kritik im Detail viel grundsätzliche Zustimmung, so vor allem von Ernst Reuter, der die elementaren Belange des bedrängten Ber-

lins wie der sowjetischen Besatzungszone am ehesten bei den Westalliierten vertreten sah. In der Bildung der Bundesrepublik Deutschland und ihrer Einbindung in den Westen erkannten Adenauer und seine Zeitgenossen geeignete Instrumentarien, die deutsche Teilung zu überwinden und dafür Sorge zu tragen, daß der Kernstaat Bundesrepublik Deutschland zum Kristallisationspunkt deutscher Einheit in Freiheit werden konnte.

Der Artikel 23 des Grundgesetzes lädt darum andere deutsche Länder zum Beitritt in die Bundesrepublik Deutschland ein. Bei der Rückgliederung der Saar 1957 ist eben dieser Weg beschritten worden.

Einen zweiten Weg zur deutschen Einheit hatte das Grundgesetz mit seiner Schlußbestimmung im Artikel 146 vorgezeichnet und die deutsche Einheit in Freiheit an das Zusammentreten einer deutschen Nationalversammlung gebunden. Es ist nicht zu verkennen, daß auch in Zeiten des sogenannten Kalten Krieges sowohl von seiten der deutschen Politik wie seitens der Westalliierten viele Versuche unternommen worden sind, diesem Ziel näherzukommen. Trotz des Ost-West-Gegensatzes haben immer wieder Konferenzen der Vier Mächte stattgefunden, zuletzt in Berlin 1954, in Genf 1955 und 1959, um Wege zur deutschen Einheit zu vereinbaren. Das wesentliche Monitum war für den Westen das Selbstbestimmungsrecht der Deutschen, ausgedrückt in der Möglichkeit freier Wahlen. Dies war auch der entscheidende Punkt, weshalb sowohl die Politik der Ära Adenauer als auch die der Westalliierten beständig die Legitimität der DDR und ihrer Führung bestritten haben. Staat und Regierung im anderen Teil Deutschlands konnten sich nicht auf ein freies Votum der Wähler stützen, wie es auch unvorstellbar war, daß die Mehrheit der Deutschen in der sowjetischen Besatzungszone jemals die Gründung eines separaten deutschen Staates und eine kommunistische Führung legitimiert hätten. Im Gegenteil: Zeitgenössische Erfahrung war die »Abstimmung mit den Füßen«, das heißt die Flucht von im ganzen über drei Millionen Deutschen aus der DDR bis zum Jahre 1961, als der Mauerbau in Berlin den letzten einigermaßen gefahrlosen Weg verlegte.

Zeitgenössische Erlebnisse, die wie selbstverständlich zum Verständnis der Bundesrepublik Deutschland als dem deutschen Kernstaat beitrugen, waren die Berlin-Blockade, die zeitgleich mit den Beratungen des Grundgesetzes im Parlamentarischen Rat 1948/49 ablief, dann der Korea-Krieg von 1950 bis 1953, der das zweite in der Folge des Zweiten Weltkrieges geteilte Land der Erde betraf, und schließlich die Weigerung der DDR-Führung, auf dem eigenen Territorium freie Wahlen stattfinden zu lassen. Eine Wahlkommission der UNO hatte 1950 die Voraussetzungen freier Wahlen in der Bundesrepublik Deutschland überprüft, eine Einreise in die DDR wurde ihr jedoch verweigert. Dieser letzte Beleg für die Verweigerung des Selbstbestimmungsrechtes auf dem Boden der sowjetischen Besatzungszone, zusammen mit der machtpolitischen Bedrohung aus dem Osten, führte in der

Ära Adenauer zu einer realistischen Lagebeurteilung und erklärt, weshalb Adenauer gegenüber Offerten der Sowjetunion, beispielsweise bei den Stalin-Noten 1952, keinerlei Blauäugigkeit an den Tag legte.
Neben der Westbindung der Bundesrepublik Deutschland und dem Versuch zu freien Wahlen in beiden Teilen Deutschlands waren Direktkontakte Adenauers zur Sowjetunion ein dritter Ansatz, die deutsche Teilung zu überwinden. Seine Moskaureise von 1955 bot ein Modell für die Behandlung staatsrechtlicher und menschlicher Fragen; um den in der Sowjetunion zurückgehaltenen Kriegsgefangenen zur Freiheit zu verhelfen, gestand Adenauer den hohen Preis diplomatischer Beziehungen zur Sowjetunion zu. Um Mißverständnissen vorzubeugen, daß die Aufnahme diplomatischer Beziehungen der Sowjetunion sowohl zur DDR seit 1954 wie zur Bundesrepublik Deutschland 1955 international eine Bestätigung der sowjetischen Zweistaatentheorie bedeuten könnte, stellte Adenauer in seinem Brief vom 14. September 1955 daher klar, daß sich durch diese Vereinbarung nichts am Friedensvertragsvorbehalt und am Alleinvertretungsanspruch änderte. Um der menschlichen Erleichterungen willen zahlte Adenauer zwar diesen Preis, versuchte jedoch mit erheblichem Erfolg, die Rechtsauffassung des Grundgesetzes und die Legitimität des Kernstaates Bundesrepublik Deutschland durch die Hallsteindoktrin abzusichern.
Im Verhältnis der Bundesrepublik Deutschland zu den drei Westalliierten ist es gelungen, im Deutschlandvertrag von 1952/54 das gemeinsame politische Ziel einer freiheitlichen Lösung der deutschen Frage vertraglich festzuschreiben. In Artikel 7 versichern die Unterzeichnerstaaten einander, sie seien »darüber einig, daß ein wesentliches Ziel ihrer gemeinsamen Politik eine zwischen Deutschland und seinen ehemaligen Gegnern frei vereinbarte friedensvertragliche Regelung für ganz Deutschland ist, welche die Grundlage für einen dauerhaften Frieden bilden soll. Sie sind weiterhin darüber einig, daß die endgültige Festlegung der Grenzen Deutschlands bis zu dieser Regelung aufgeschoben werden muß.« Ferner bekunden die Vertragsparteien ihre Absicht, bis zum Abschluß der friedensvertraglichen Regelung zusammzuwirken, »um mit friedlichen Mitteln ihr gemeinsames Ziel zu verwirklichen: ein wiedervereinigtes Deutschland, das eine freiheitlich-demokratische Verfassung, ähnlich wie die Bundesrepublik besitzt und das in die europäische Gemeinschaft integriert ist«.
Wenn es darum ging, menschliche Erleichterungen zu erreichen und mehr Freiheit für die Deutschen in der DDR durchzusetzen, erwog Adenauer zahlreiche Pläne, deren späteres Bekanntwerden zu Recht als Sensation empfunden wurde. Dabei ließ sich Adenauer von der Überlegung leiten – wie er in einer Regierungserklärung am 9. Oktober 1962 einmal formulierte –, daß er bereit sei, »über vieles mit sich reden zu lassen, wenn unsere Brüder in der Zone ihr Leben so einrichten können, wie sie wollen. Menschliche Überlegungen spielen hier für uns eine noch größere Rolle als natio-

nale.« Seine Überlegungen, der DDR den Status der Österreich-Lösung zu geben, seine Überlegungen zu einem Burgfriedensplan und die Wiedervereinigungspläne seines Mitarbeiters Hans Globke, die Adenauer in seinen direkten Kontakten zur Sowjetunion ins Spiel brachte, haben in der Substanz eines gemeinsam: Sie signalisieren die Bereitschaft der Bundesregierung im Rahmen eines Modus vivendi, sich auf die durch die Sowjetunion geschaffenen Realitäten in Mitteleuropa und im geteilten Deutschland einzustellen, das heißt für eine Interimslösung, die entgegengesetzte Rechtsauffassungen unberührt läßt, wenn dafür mehr Freiheit für die Menschen in der DDR zu erreichen war und das Selbstbestimmungsrecht der Deutschen offengehalten wurde. Daß diese Pläne nicht zum Zug kamen, war nicht allein der Politik der Sowjetunion zuzuschreiben; sie waren auch dem politischen Selbstverständnis der Deutschen in der damaligen Ära weit voraus und wären wohl auch innenpolitisch nicht leicht durchzusetzen gewesen. Neben dem Verfassungsanspruch auf deutsche Einheit stellte Adenauer eindringlich das Selbstbestimmungsrecht als ein elementares Menschenrecht jedes Volkes in den Vordergrund.
Für die innerdeutschen Beziehungen in der Ära Adenauer bedeutet dies alles, daß das Selbstverständnis der Bundesrepublik Deutschland als Kernstaat wie selbstverständlich bestätigt wurde durch die Attraktivität des Wiederaufbaus im Westen und durch den ständigen Zustrom von Flüchtlingen aus der DDR. Direktkontakte zwischen den Regierungen der beiden Staaten waren damals nicht gut vorstellbar. In einer Zeit, in der Familien durch die deutsche Teilung unmittelbar zerrissen worden waren, war in der Bevölkerung die Demonstration menschlicher Gemeinsamkeiten über die innerdeutsche Grenze hinweg selbstverständlich. Briefverkehr und Päckchen in die »Zone«, überwiegend mit Grundnahrungsmitteln, waren ebenso alltägliche Erfahrung wie die Solidarität mit den Flüchtlingen aus der DDR, die hier bald integriert werden konnten.

III. Deutschlandpolitik unter Erhard/Schröder

Der Bau der Berliner Mauer 1961 hatte eine neue Situation geschaffen. Schon in der Spätphase der Ära Adenauer war erkennbar, daß die Supermächte unter dem Eindruck des atomaren Patts aus existentiellen Gründen an einem Ausgleich ihrer Interessen interessiert sein mußten und davon die deutsche Frage nicht unberührt bleiben würde. Angesichts der Gefahr einer Verfestigung der deutschen Spaltung wurden damals bei Regierung und Opposition zahlreiche Pläne erörtert. Während auf seiten der SPD Egon Bahr 1963 mit der Formel »Wandel durch Annäherung« ein erstes Denkmodell bot, bemühte sich die Regierung Erhard mit Außenminister Schröder um eine Politik der neuen Beweglichkeit und um eine Auflockerung der

Hallsteindoktrin. Die Friedensnote 1966 wies ausdrücklich nochmals auf die Bereitschaft der Bundesrepublik Deutschland hin, die deutsche Einheit auf friedlichem Weg anzustreben und förmliche Gewaltverzichtsvereinbarungen abzuschließen, allerdings unter Aussparung der DDR, deren Legitimität weiterhin bestritten wurde.
Auf der Ebene der innerdeutschen Beziehungen ergab sich in der Folge ein gewisser Wandel, als Direktkontakte zwischen regierungsamtlichen Stellen der Bundesrepublik Deutschland und der DDR unvermeidlich wurden, wenn man menschliche Erleichterungen erreichen wollte. Die Passierscheinabkommen für Berliner waren erste Beispiele dafür, daß sich weitere menschliche Erleichterungen nicht mehr an den Verantwortlichen in der DDR vorbei erreichen ließen.

IV. Deutschlandpolitik der Regierungen Brandt und Schmidt

Vorbereitet durch die Deutschlandpolitik der Großen Koalition, wurden die Deutschland- und Ostpolitik der SPD/FDP-Koalition in den Jahren ab 1969 – unbeschadet der 1968 vorausgegangenen Intervention der Staaten des Warschauer Paktes in der Tschechoslowakei und der Verkündung der sogenannten Breschnew-Doktrin – zügig, zum Teil unter großem Zeitdruck weiterentwickelt. In mitunter euphorischer Atmosphäre wurden zahlreiche Verträge geschlossen, aus denen der Moskauer Vertrag 1970 und der Grundlagenvertrag mit der DDR 1973 herausragen.
In dieser Phase der Deutschlandpolitik war es neu, daß es zu Direktkontakten zwischen den beiden Regierungschefs kam, die förmliche Verträge zwischen den »beiden Staaten in Deutschland« abschlossen. Mißverständlichkeiten dieser Vereinbarungen und Vertragswerke wurden von der damaligen CDU/CSU-Opposition im Deutschen Bundestag auf das schärfste kritisiert und konnten dank ihrer Initiative abgefangen werden. Auf Grund ihrer Intervention wurde der Brief zur deutschen Einheit Teil des Moskauer Vertragswerks und zwei Jahre später mit gleichlautendem Text der DDR bei Abschluß des Grundlagenvertrages überreicht; auch die Entschließung des Deutschen Bundestages zur Abstimmung über die Ostverträge vom 17. Mai 1972 geht auf ihre Initiative zurück.
Es war die CSU-geführte Bayerische Staatsregierung, die durch ihre Verfassungsklage die noch heute verbindliche Interpretation des Vertragswerkes herbeiführte, wonach unbeschadet seines Abschlusses die Offenheit der deutschen Frage weiterhin besteht. Dieses Urteil erfuhr darüber hinaus durch die Entscheidung von 1975 zu den Ostverträgen seine Bestätigung.
Für das Verständnis der Ostverträge und des Grundlagenvertrages sind damit nach wie vor folgende Dokumente heranzuziehen: die Briefe zur deutschen Einheit von 1970 und 1972 mit dem Friedensvertragsvorbehalt

und dem Offenhalten der deutschen Frage, die Resolution des Deutschen Bundestages, die die gemeinsamen Standpunkte aller Parteien unterstreicht, sowie die Entscheidungen des Bundesverfassungsgerichtes über den Grundlagenvertrag von 1973 und die Ostverträge vom Jahr 1975. Es bleibt verbindlich, daß Deutschland und die deutsche Nation fortbestehen und daß die Wiederherstellung der Einheit im Sinne der Präambel des Grundgesetzes Ziel der Politik sein muß.
Im Ergebnis dieser Ostpolitik hat die DDR erreicht, von der Weltöffentlichkeit als zweiter Staat in Deutschland anerkannt zu werden, wie sich dies in den Botschaften des Westens bei der DDR ausdrückt und in der Doppelmitgliedschaft der Bundesrepublik Deutschland und der DDR bei den Vereinten Nationen sichtbar wird.
Die hohen Erwartungen an den Grundlagenvertrag hinsichtlich einer innerdeutschen Dynamik und auch an die vorgesehenen Folgevereinbarungen blieben in der Folgezeit unerfüllt; die Verhandlungen über weitere Vereinbarungen, insbesondere über eine Liberalisierung des Reiseverkehrs von Ost nach West, verliefen zäh und ohne den vom Westen erwarteten Durchbruch. Es bestand manchmal die Gefahr einer deutschlandpolitischen Resignation, eines bloßen Managements der gegebenen Situation.
Die Zielvorgabe der Deutschlandpolitik drohte nicht nur bei vielen Bürgern in der Bundesrepublik Deutschland zu verblassen. Die DDR errichtete innere, »papierene« Barrieren, so z.B. beschränkte sie den Personenkreis für Westkontakte und führte einen hohen Mindestumtausch für Besucher aus dem Westen ein. Sie unternahm darüber hinaus den Versuch, ihre Zwei-Staaten-Theorie zu bekräftigen, indem sie zahlreiche, an ein einheitliches Deutschland erinnernde Namen strich, das Singen der eigenen Hymne verbot und sogar die eigene Verfassung änderte, um eine besondere Nationalität für die DDR zu beanspruchen. Die innere Annahme des Staates durch seine Bevölkerung erreichte die DDR-Führung mit dieser Politik jedoch nicht. Vielmehr bestätigte sich ganz ungewollt die »Magnettheorie« aus den frühen Jahren der Bundesrepublik Deutschland. Denn noch immer, und gerade unter der jungen Generation in der DDR, war der Westen, vor allem die Bundesrepublik Deutschland, wie selbstverständlich der Maßstab des Handelns und des Lebensgefühls.
Vehement wehrten sich die Bewohner der DDR gegen ihre verordnete Ausgliederung aus der deutschen Nation und unterstrichen, Deutsche sein und bleiben zu wollen; schließlich mußte es sich die sich als »weltoffen« deklarierende DDR zunehmend gefallen lassen, von ihren eigenen Bürgern an diesem Anspruch und an dem 1975 mitunterschriebenen Schlußdokument der KSZE in Helsinki gemessen zu werden.

V. Deutschlandpolitik der Regierung Kohl

Die »Koalition der Mitte« seit 1982 unter Bundeskanzler Helmut Kohl stellte die Deutschlandpolitik wieder auf feste und berechenbare Fundamente und verdeutlichte mit Nachdruck die Zielvorgaben. Die Deutschlandpolitik dieser Bundesregierung bezieht sich klar auf das Grundgesetz und den rechtlich verbindlichen Auftrag seiner Präambel, auf den Deutschlandvertrag von 1952/55, auf die Ostverträge, auf die Briefe zur deutschen Einheit, auf die Resolution des Deutschen Bundestages vom 17. Mai 1972 und schließlich auf den Grundlagenvertrag und die einschlägigen Entscheidungen des Bundesverfassungsgerichtes von 1973, 1975 und 1987. Die Führung der DDR weiß, daß die in diesen Dokumenten aufgeführten wesentlichen Standpunkte, die »essentials«, für die Bundesrepublik Deutschland nicht verhandlungsfähig sind. In allen Regierungserklärungen hat Bundeskanzler Kohl unterstrichen: »Freiheit ist der Kern der deutschen Frage.«

Dies macht auch die weitere Entwicklung der innerdeutschen Beziehungen berechenbar und gibt eine kalkulierbare Perspektive. Die Bundesregierung muß dabei von dem Befund ausgehen, daß im Laufe der Jahre seit Entstehen der Bundesrepublik Deutschland und der DDR immer weniger Deutsche die nationale Einheit unmittelbar erleben konnten. Sie sieht es daher auch als wichtige Aufgabe ihrer Deutschlandpolitik an, durch eine sensible, niemanden bevormundende oder vereinnahmende deutschlandpolitische Bildungs- und Öffentlichkeitsarbeit aktiv zur Bewahrung des Bewußtseins der nationalen Einheit beizutragen; die Bundesregierung entspricht damit nicht zuletzt einem immer breiter werdenden Interesse, vor allem auch in der jüngeren Generation, an Text- und Bildmaterial zur deutschen Frage, aber auch an Informationsreisen in die DDR. Die Förderung einer wissenschaftlich anspruchsvollen Deutschland- und DDR-Forschung soll dabei einen wesentlichen Beitrag zum hiesigen Wissen über die DDR leisten. Angesichts sich stetig weiterentwickelnder innerdeutscher Beziehungen ist das Informationsbedürfnis nicht gesunken, sondern im Gegenteil gestiegen. Seit 1982 haben sich die innerdeutschen Beziehungen positiv entwickelt, wobei jeder Schritt zu mehr Menschlichkeit auch einen Schritt zu mehr erlebbarer Zusammengehörigkeit der Deutschen bedeutet.

Gleichzeitig hat die Regierung Kohl erhebliche Fortschritte auf dem Weg zur europäischen Einigung erreicht; es ist ihr gelungen, der Perspektive eines europäischen Binnenmarktes zum Durchbruch zu verhelfen und damit eine wichtige Zwischenetappe auf dem Weg zur Europäischen Union politische Wirklichkeit werden zu lassen.

Die europäische Einigungspolitik bildet nach wie vor die einzig sinnvolle Antwort auf die offene deutsche Frage. Europa wird der Rahmen sein, in dem die Einheit in Freiheit von allen Deutschen vollendet werden kann.

Zwischen den Zielen der deutschen Einheit in Freiheit und der europäischen Einigung einen Widerspruch zu konstruieren, zeugt von politischer Realitätsverdrängung.
Mehr denn je besteht heute die reale Möglichkeit, die deutsche Teilung im Zuge eines dynamischen Prozesses zu überwinden, der zur Entwicklung einer europäischen Friedens- und Freiheitsordnung führt.
Im westlichen Teil Europas haben sich die an der Marktwirtschaft orientierten, sozial verantwortungsbewußten und freiheitlich organisierten Demokratien erfolgreich entfaltet. Namentlich in den letzten Jahren hat die übernationale Organisation dieser Staaten, die Europäische Gemeinschaft, erstaunliche Fortschritte gemacht. Sie hat nicht allein den Grad der Integration im Inneren ausgebaut, sondern ihre Attraktivität durch den Beitritt weiterer Staaten unter Beweis gestellt. Aus der Sechsergemeinschaft ist inzwischen eine Zwölfergemeinschaft geworden. Diese Entwicklung ist keineswegs, wie man früher oft glaubte, lediglich Spiegelbild des machtpolitischen Drucks aus dem Osten gewesen, sondern Zeichen einer Eigendynamik, die ohne die Attraktivität der Idee der Freiheit nicht erklärt werden kann.
Im östlichen Teil Europas ist die Attraktivität dieses freiheitlichen Modells in den vergangenen vier Jahrzehnten, seit wenigen Jahren auch nach außen unübersehbar, lebendig geblieben und hat zur Einleitung zunehmend virulenter Reformbestrebungen geführt. Der Reformkurs der Sowjetunion ist das prominenteste Beispiel; nicht zu übersehen sind vergleichbare Vorgänge in einzelnen osteuropäischen Staaten, die sich mehr und mehr an pluralistischen und marktwirtschaftlichen Modellen orientieren; darüber hinaus hat die Idee der Menschenrechte zu erfreulichen wie mitunter erschütternden Entwicklungen geführt. Vieles spricht also dafür, daß auch der östliche Teil unseres Kontinents allmählich Anschluß an die fundamental neue historische Phase in Westeuropa zu nehmen beginnt.
Das Schlußdokument des Wiener KSZE-Folgetreffens ist nicht überinterpretiert, wenn es auch als eine Manifestation der Öffnung im östlichen Bereich gegenüber den Ideen der europäischen Aufklärung und ihrem prägenden Votum für die individuellen Rechte des Menschen verstanden wird.
Von dieser Entwicklung ist das Abschlußdokument des Wiener KSZE-Folgetreffens von 1989 bestimmt; mit ihm sind auch den Deutschen wichtige Berufungsgrundlagen ihrer legitimen Forderungen erwachsen. Allerdings bleiben der den menschlichen Begegnungen hinderliche Mindestumtausch, die immer noch viel zu zahlreichen Einreiseverweigerungen oder etwa die vielen Reiseverbote für DDR-Bewohner mehr als ärgerlich. Dieses diskriminierende Verhalten der DDR-Führung widerspricht der Selbstverpflichtung, die sie in Helsinki und Wien eingegangen ist und auf die sie in der internationalen Öffentlichkeit zunehmend angesprochen wird. Die Bundes-

regierung wird darum auch den künftigen Verlauf des KSZE-Prozesses aktiv unterstützen und nutzen.
Mittlerweile suchen zahlreiche europäische Staaten eine Assoziierung mit der Europäischen Gemeinschaft zu erreichen. Sogar die Sowjetunion regelt inzwischen – unter voller Einbeziehung von Berlin (West) – über den Rat für Gegenseitige Wirtschaftshilfe ihr Verhältnis zur Europäischen Gemeinschaft auf offizieller Ebene, was sie noch wenige Jahre zuvor strikt abgelehnt hatte.
Vor dem Hintergrund dieser Entwicklungen stellen daher die beiden Ziele, die deutsche Einheit in Freiheit zu erreichen und sich an einer europäischen Integration zu beteiligen, keinen Widerspruch dar. Im Gegenteil: Die Überwindung der Teilung Deutschlands ist nur im Rahmen der Überwindung der Teilung Europas politisch vorstellbar. Je stärker die europäische Integration fortschreitet und je mehr Staaten auch aus dem östlichen Bereich in ein Assoziierungsverhältnis zu dieser neuen europäischen Friedensordnung kommen, um so weniger wird sich auch die DDR dieser Bewegung entziehen können. Uns Deutschen kommt in der Europäischen Gemeinschaft die besondere Aufgabe zu, die westeuropäische Integration nach Osten hin offenzuhalten.
Das Selbstbestimmungsrecht zählt zu den fundamentalen Rechten jedes Volkes. Eine Überwindung der europäischen Teilung unter Berufung auf das Selbstbestimmungsrecht wäre nicht zu vereinbaren mit einer Verweigerung dieses Rechtes gegenüber dem deutschen Volk. Einwände unserer Nachbarn gegen die deutsche Einheit, die aus historischen Erfahrungen verständlich sind, lassen sich vor diesem Hintergrund entkräften, und zwar um so klarer, wie die von den Deutschen selbst angestrebte Lösung ihres nationalen Problems als Beitrag zu einer europäischen Friedensordnung verstanden werden kann. Der »Zustand des Friedens in Europa, in dem das deutsche Volk in freier Selbstbestimmung seine Einheit wiedererlangt«, der als zentrale Aussage in den Briefen zur deutschen Einheit auftaucht, bildet somit den Zielhorizont unserer Deutschlandpolitik wie unserer Europapolitik und bietet auch unseren europäischen Nachbarn die Gewähr, daß die Deutschen ihr nationales Problem nicht gegen die gemeinsamen europäischen Interessen lösen wollen.
Die Lösung der deutschen Frage wird politisch nur mit und in einem freien Europa, nicht aber ohne oder gar gegen Europa möglich sein. Das Europa der Zukunft als ein Europa der Freiheit wird die sprachliche, kulturelle und regionale Vielfalt seiner Völker achten und seinen ethnischen, sprachlichen und religiösen Gruppierungen den notwendigen Freiraum für ein friedliches Zusammenleben garantieren; Volksgruppen- und Minderheitenrechte werden eine große Bedeutung haben.
Als die Mitglieder des Parlamentarischen Rates die Präambel des Grundgesetzes formulierten, war ihnen nicht bewußt, daß das durch sie geschaf-

fene Provisorium solange Bestand haben müßte. Ihre Erwartungen richteten sich auf eine deutsche Nationalversammlung in einem Zeithorizont von wenigen Jahren. In unerwarteter Weise hat die von ihnen formulierte Präambel dennoch Aktualität behalten. Ihre visionäre Formulierung, »in einem vereinten Europa dem Frieden der Welt zu dienen« und »in freier Selbstbestimmung die Einheit und Freiheit Deutschlands zu vollenden«, ist durch die politische Entwicklung der vergangenen 40 Jahre keineswegs überholt, sondern im Gegenteil eindrucksvoll bestätigt worden. Mehr denn je halten die Deutschen, gerade auch die jüngere Generation, am Ziel der deutschen Einheit in Freiheit fest. Sie haben heute die berechtigte Hoffnung, daß in einem unumkehrbar zusammenwachsenden Europa eine freiheitliche Lösung der deutschen Frage erreicht werden kann. Es ist Aufgabe der Politik, auf diesem Weg geduldig und beharrlich fortzuschreiten.

Hans-Günter Hoppe

Wiedervereinigungsgebot und Berlin

Am kürzesten und prägnantesten hat der erste Bundespräsident der Bundesrepublik Deutschland das Thema »Wiedervereinigungsgebot und Berlin« abgehandelt. Theodor Heuss erklärte 1949 vor dem Deutschen Bundestag: »Berlin ist heute an das Schicksal Westdeutschlands gebunden, aber das Schicksal Gesamtdeutschlands bleibt an Berlin gebunden.« Und 40 Jahre später gibt es dazu immer noch ein positives Echo. Es war US-Außenminister George Shultz, der in Berlin erklärte: »So lange die Teilung fortbesteht, handeln die Alliierten in Berlin als Treuhänder der geteilten deutschen Nation, und sie sichern damit das Recht auf Selbstbestimmung.«
Zwischen diesen beiden Erklärungen liegt ein weiter, spannungsgeladener Zeitraum deutscher Nachkriegsgeschichte; zugleich aber auch die Geschichte Mitteleuropas und der in die Kategorie Ost und West geteilten Welt. Um Gegenwarts- und Zukunftsfragen beurteilen zu können, ist eine Momentaufnahme aus den Jahren 1944/45 unverzichtbar. Dort sind die Grundlagen für die heutige verfassungsrechtliche und völkerrechtliche Einordnung des Status von Deutschland und Berlin zu finden. Schon wenige Sätze des Londoner Protokolls vom 12. September 1944 über die Besatzungszonen in Deutschland und die Verwaltung von Groß-Berlin – es wird ergänzt durch das Londoner Abkommen vom 14. November 1944 über die Kontrolleinrichtungen in Deutschland und das Abkommen vom 26. Juli 1945 für die Beteiligung Frankreichs an der Besetzung – sind Beleg genug: »Deutschland, innerhalb der Grenzen, wie sie am 31. Dezember 1937 bestanden haben, wird zum Zwecke der Besetzung in drei Zonen eingeteilt, deren je eine einer der drei Mächte zugewiesen wird, und ein besonderes Berliner Gebiet, das gemeinsam von den drei Mächten besetzt wird.« Für die sowjetische Besatzungszone heißt es weiter: »Das Gebiet Deutschlands« (es folgt die nähere Beschreibung) »wird von den bewaffneten Streitkräften der UdSSR besetzt, mit Ausnahme des Berliner Gebietes, für das ein besonderes Besetzungssystem weiter unten vorgesehen ist...«. »Das Berliner Gebiet« (darunter ist Groß-Berlin nach dem Gesetz vom 27. April 1920 zu verstehen) »wird gemeinsam von den bewaffneten Streitkräften der USA, des UK und der UdSSR ... besetzt.« Erst nach der tatsächlichen Besetzung des gesamten Gebietes des Deutschen Reiches vereinbarten die USA, die

UdSSR und Großbritannien im sogenannten Potsdamer Abkommen vom 2. August 1945, daß ein Gebiet östlich der später sogenannten Oder-Neiße-Linie unter der Verwaltung des polnischen Staates stehen soll. Das nördliche Ostpreußen wurde unter die Verwaltung der Sowjetunion gestellt. Eine endgültige Regelung blieb einem Friedensvertrag vorbehalten. Deutschland wurde bewußt nicht zum Vertragspartner dieses Potsdamer Abkommens gemacht.

Die gelegentlich geäußerte These, mit der kriegerischen Besetzung habe der deutsche Staat aufgehört zu bestehen, ist schnell widerlegt. Weder die vor Kriegsende abgegebenen Erklärungen der späteren Sieger zu ihren Kriegszielen noch die alliierte Praxis lassen den Schluß zu, daß Deutschland annektiert oder etwa ausgelöscht werden sollte. Selbst Stalin widersetzte sich schon früh dem Gedanken einer Zerstückelung Deutschlands. Deutschland sollte zwar Grenzgebiete abgeben müssen, aber als Ganzes erhalten bleiben, denn die Hitler kämen und gingen, das deutsche Volk aber werde bestehen. Die Behauptung, mit der Gründung der Bundesrepublik Deutschland und der DDR im Jahre 1949 sei Deutschland untergegangen, läßt jedes historische Verständnis außer acht und dient der DDR nur als agitatorisches Kampfmittel, um den Menschen in der DDR jede Hoffnung auf eine Änderung zu nehmen. Dabei wird verdrängt, daß die DDR selbst unter Walter Ulbricht bis 1966 an ihrer Politik »gesamtdeutscher Gespräche« und der Forderung nach der »Einheit Deutschlands« festgehalten hat. Erst 1974 merzte die DDR durch eine Verfassungsänderung alle Hinweise auf Deutschland, die Wiedervereinigung und auf die deutsche Nation aus. Der SED-Führung war klargeworden, daß das von ihr erstrebte Ziel eines kommunistischen Gesamtdeutschlands unerreichbar ist. Wie das Bundesverfassungsgericht zutreffend in seinem Urteil vom 31. Juli 1973 zur Verfassungsmäßigkeit des Grundlagenvertrages zwischen der Bundesrepublik Deutschland und der DDR in Übereinstimmung mit Völkerrechtslehre und Staatsrechtslehre festgestellt hat, wurde mit der Errichtung der Bundesrepublik Deutschland kein neuer westdeutscher Staat gegründet, sondern lediglich ein Teil Deutschlands neu organisiert. Für alle Deutschen – ob sie nun in der Bundesrepublik Deutschland oder in der DDR leben und geboren sind – wurde deshalb die einheitliche deutsche Staatsangehörigkeit bewahrt. Unter maßgeblicher Beteiligung von Theodor Heuss, Konrad Adenauer und Carlo Schmid hat der Parlamentarische Rat am 8. Mai 1949 das Grundgesetz beschlossen, um die »nationale und staatliche Einheit zu wahren«. Ausdrücklich heißt es, daß das Grundgesetz geschaffen wurde, um dem staatlichen Leben für eine Übergangszeit eine neue Ordnung zu geben. In seinem Buch »Politik als geistige Aufgabe« hat Carlo Schmid dies überzeugend beurkundet.

Aber nicht nur nationale Interessen waren ausschlaggebend. Schon in der Präambel ist als Aufgabe und Ziel festgelegt, daß Deutschland als gleichberechtigtes Glied in einem vereinten Europa dem Frieden der Welt dienen soll. Die Präambel hebt hervor, daß das deutsche Volk in den drei Westzonen bei der Schaffung des Grundgesetzes auch für jene Deutschen gehandelt habe, denen mitzuwirken versagt war. »Das gesamte deutsche Volk bleibt aufgefordert, in freier Selbstbestimmung die Einheit und Freiheit Deutschlands zu vollenden.« Dieser Schlußsatz hat nicht nur politische Bedeutung, sondern auch rechtlichen Gehalt. Alle Verfassungsorgane sind verpflichtet, in ihrer Politik auf die Erreichung dieses Zieles hinzuwirken und alles zu unterlassen, was die Wiedervereinigung vereiteln würde. Die Einbeziehung der Bundesrepublik Deutschland und der DDR in die entgegengesetzten Militärbündnisse NATO und Warschauer Pakt haben zwar die Zweiteilung Deutschlands verdeutlicht; an der Rechtslage hat sich aber hierdurch nichts geändert. Die drei Westmächte hatten schon 1950 der Bundesregierung bestätigt, daß sie »die Regierung der Bundesrepublik Deutschland als einzige deutsche Regierung ansehen, die frei und legitim gebildet wurde und daher berechtigt ist, als Repräsentantin des deutschen Volkes in internationalen Angelegenheiten für Deutschland zu sprechen«. In einem Auslegungsprotokoll dazu heißt es, daß diese Erklärung auf der fortdauernden Existenz des deutschen Staates beruhe, daß die Anerkennung der Bundesrepublik Deutschland vorläufigen Charakter habe, indem sie lediglich bis zur friedlichen Wiedervereinigung Deutschlands Geltung besitze, und daß deshalb die Bundesregierung nicht als die De-jure-Regierung Gesamtdeutschlands anerkannt sei. Im Generalvertrag von 1952 und im Deutschlandvertrag von 1954 haben sich die Drei Mächte im Hinblick auf die internationale Lage, die bisher die Wiedervereinigung Deutschlands verhindert hat, die bisher von ihnen ausgeübten oder innegehaltenen Rechte und Verantwortlichkeiten in bezug auf Berlin und Deutschland als Ganzes einschließlich der Wiedervereinigung Deutschlands und einer friedensvertraglichen Regelung vorbehalten. Hieran hat sich auch nichts durch die Aufhebung des Besatzungsregimes und der Souveränitätserklärung für die Bundesrepublik Deutschland vom 5. Mai 1955 geändert.

1961 versuchte die DDR mit Zustimmung der Sowjetunion die Teilung zu perfektionieren. Sie errichtete mit der Mauer ein Schandmal der Unfreiheit, schuf aber zugleich – wenn auch ungewollt – ein steinernes Symbol der Zusammengehörigkeit der Deutschen und ihres Freiheitshungers. Das Verlangen der Menschen nach Freiheit muß schon sehr groß sein, wenn sie nur durch Mauer, Stacheldraht, Minen und Todesstreifen von einem Leben in Freiheit abgehalten werden können. In den fünfziger und sechziger Jahren war man noch überzeugt, daß die Teilung ein alsbald korrigierbares Intermezzo der Geschichte sein werde. Dieses sichere Fundament bestand in der Bevölkerung fort, obwohl zunächst der schwere Schock zu überwinden war, den die brutale Unterdrückung des Volksaufstandes vom 17. Juni 1953 durch sowjetische Panzer ausgelöst hatte. Die Gründung des Kurato-

riums Unteilbares Deutschland war damals der Versuch einer Antwort. Nach dem Mauerbau erstarrte die deutsche Wiedervereinigungspolitik. Erst durch die vertraglichen Abmachungen in der Phase der sozialliberalen Regierung Brandt/Scheel gewannen wir wieder Handlungsfähigkeit. Dabei ist es der Bundesregierung allerdings weder im Moskauer Vertrag von 1970 noch im Grundlagenvertrag von 1972 gelungen, das oberste Ziel der Einheit der Nation zum Vertragsinhalt zu machen. In beiden Fällen hat sich die Bundesregierung mit einer einseitigen Erklärung begnügen müssen. Im Brief zur deutschen Einheit hat die Bundesregierung jeweils beurkundet, »in Europa auf einen Zustand des Friedens hinzuwirken, in dem das deutsche Volk in freier Selbstbestimmung seine Einheit wiedererlangt«.
1973 unternahm die Sowjetunion dann den Versuch, sich im Rahmen der KSZE-Beratungen die territoriale Lage, wie sie nach dem 2. Weltkrieg in Europa entstanden war, bestätigen zu lassen und so ihre machtpolitischen Interessen abzusichern. Aber genau das ist ihr nicht gelungen. Es wurde kein »Ersatzfriedensvertrag« abgeschlossen. Es entstand kein neues Völkerrecht, auch kein regionales. Durch den Abschluß der Ostverträge von 1970 und des Grundlagenvertrages von 1972 war eine Belastung der KSZE-Beratungen mit der deutschen Frage vermieden worden. Die These, die KSZE-Schlußakte sei den nationalen deutschen Interessen schädlich, ist daher geradezu unverständlich. Die gemeinsame Verantwortung der vier Siegermächte für Deutschland und Berlin als Ganzes blieb unangetastet. Insbesondere auch die Sonderstellung Berlins, die durch den alliierten Vorbehalt zum Grundgesetz bekräftigt wurde und die auch nach dem Viermächteabkommen fortbesteht, wird von dem Ergebnis der KSZE nicht berührt und schon gar nicht verändert. Prominenter Zeuge ist der britische Premierminister Harold Wilson, der auf der Schlußkonferenz von Helsinki wie folgt formulierte: »Die Schlußakte dieser Konferenz ist kein Vertrag. Sie ist auch kein Friedensvertrag. Die Schlußakte kann den Status der derzeitigen Grenzen nicht ändern. Sie ändert ebenfalls nichts an den Viermächterechten und -verantwortungen in bezug auf Berlin und Deutschland als Ganzes.« Die vier Siegermächte haben bis heute die Hoheit über Berlin, und damit ist ganz Berlin gemeint.
Daß Berlin Ausgangspunkt und Mittelpunkt jeder auf Überwindung der deutschen Teilung gerichteten Politik ist, hat die Sowjetunion frühzeitig erkannt. In vielfacher Weise hat sie Berlin in den Nachkriegsjahren zum Angriffsobjekt gemacht. So unternahm die Sowjetunion 1948 mit der Blokkade ihren ersten Anschlag auf die Freiheit der Stadt. Sie versuchte, sich der Viermächte-Verantwortung zu entledigen. Sie scheiterte an der Sensibilität und Standfestigkeit eines Amerikaners, dem Berlin und Deutschland unendlich viel zu danken haben, dem Vater der Luftbrücke General Lucius D. Clay. Von 1958 bis 1963 stand Berlin erneut unter sowjetischem Druck. Nikita Chruschtschow kündigte die Kriegs- und Nachkriegsabmachungen

der Siegermächte über Berlin und forderte ultimativ den Abzug der Westmächte. West-Berlin, so hieß es, solle in eine selbständige politische Einheit – eine Freistadt – umgewandelt werden. Walter Ulbricht behauptete: »Ganz Berlin liegt auf dem Territorium der Deutschen Demokratischen Republik. Ganz Berlin gehört zum Hoheitsbereich der Deutschen Demokratischen Republik.« Unter Führung des amerikanischen Präsidenten John F. Kennedy wurde der Vorstoß der Sowjets gebremst, allerdings erst an der Mauer, die seitdem zu einer unmenschlichen Todesmarkierung geworden ist. Die nächste politische Offensive unternahm die Sowjetunion 1968, als sie für Straßenbenutzungsgebühren, Visumzwang und Straßenkontrollen auf den Verkehrswegen mit steigenden Verhaftungszahlen verantwortlich zeichnete. Erst 1971 konnte auf dem Wege der allgemeinen Entspannungspolitik zwischen Ost und West mit dem Viermächteabkommen ein »Modus vivendi« erzielt werden. Die Rechtsstandpunkte blieben offen.
Für Berlin bleibt daher wichtig, was die Parteivorsitzenden am 19. Juni 1978 gemeinsam erklärt haben: »Die Berlin-Frage ist untrennbar mit der deutschen Frage verknüpft. Bis zu deren Lösung bleibt Berlin Ausdruck und Sinnbild der als Folge des 2.Weltkrieges entstandenen Trennung der Deutschen und eine Aufforderung an alle politischen Kräfte, die Teilung auf friedlichem Wege zu überwinden. Die Solidarität der Deutschen, die Verantwortung der drei Westmächte, die Verpflichtung der Bundesregierung für Berlin-West sowie der Wille zu einer friedlichen Zusammenarbeit zwischen Ost und West sind die Grundpfeiler der Zukunft der Stadt und ihrer Bevölkerung. Die im Deutschen Bundestag vertretenen Parteien werden die Bindungen zwischen Berlin-West und der Bundesrepublik Deutschland aufrechterhalten und entwickeln, um die Lebensfähigkeit der Stadt dauerhaft zu sichern. In ihrer Funktion als bedeutende europäische Metropole, die von der Weltoffenheit, dem Fleiß und der unerschöpflichen Lebenskraft ihrer Bürger getragen wird, kann die Stadt ihren Beitrag zur Verbesserung der Ost/West-Beziehungen leisten. Der Friede in Europa wird dadurch gewinnen.«
Berlinpolitik wird wie die Deutschlandpolitik daher immer Bestandteil der Ost/West-Beziehungen sein. Der Versuch, sie isoliert zu betreiben, hieße, die Realitäten zu verkennen. Durch das Viermächteabkommen von 1971 ist die DDR gehalten, Berlin-West als westliche Insel in ihrem Staatsgebiet zu ertragen. Als Ausgleich dafür profitiert die DDR finanziell und wirtschaftlich von der geographischen Lage Berlins und den Zufahrtswegen durch ihr Gebiet. Trotzdem hält die DDR an ihrer restriktiven Politik gegenüber Berlin fest. Dabei kann sie nur unschwer die Hoffnung verbergen, langfristig Berlin-West als Teil ihrer »Hauptstadt« zu vereinnahmen, ohne ein weltpolitisches Risiko einzugehen. Nicht anders können die Töne Ost-Berlins verstanden werden, Berlin liege auf dem Territorium der DDR. Auch der sowjetische Standpunkt scheint unverändert an der Drei-Staaten-

Theorie festhalten zu wollen. Der Aufsatz von Iwan Nikolajew in der »Edition Neue Wege 1986« zum Thema »15 Jahre vierseitiges Abkommen« ist mehr als deutlich, wird da doch ganz eindeutig von »normalen, gegenseitig vorteilhaften Beziehungen zwischen West-Berlin und der Sowjetunion sowie anderen sozialistischen Ländern« gesprochen. Und ausgerechnet Gorbatschow, der sich gern als Reformer in das Guiness-Buch der Rekorde einschreiben möchte, hat diesen für die deutsche Politik unannehmbaren Wechsel noch im Oktober 1988 bei dem Besuch von Bundeskanzler Kohl in Moskau quergeschrieben. Die unnachgiebige Antwort Gorbatschows darf und kann uns aber nicht entmutigen.
Wenn in beiden Teilen Deutschlands der 40. Jahrestag der Staatsgründung begangen wird, so ist dies in Wirklichkeit weniger Anlaß zum Feiern als vielmehr zur Selbstbesinnung, denn wir haben auch 40 Jahre der Teilung zu beklagen. Das ist allerdings kein Grund zur Resignation, sondern eine Herausforderung. Die Gedenkfeiern haben jedoch nur dann einen Sinn, wenn sie politische Aktionen fördern. Erschöpfen sie sich im Gedenken, bekommen sie gar das Gepräge eines leeren Zeremoniells, werden sie wertlos, ja schädlich. Carlo Schmid hat es – bezogen auf den 17. Juni 1953 – einmal treffend so formuliert: »Wir dürfen nicht wie 1848 die Opfertat in den Scheiterhaufen der Gedenkfeiern verrauchen lassen. Nichts lähmt mehr die Energien eines Volkes als der Weihrauch, den es sich selber streut.« Die Teilung Deutschlands zu überwinden ist nicht nur verfassungsrechtliche Pflicht. Es ist mehr noch das Gebot der politischen Moral. Die Einheit der Nation entspricht auch heute noch den Wünschen der großen Mehrheit in Deutschland. Trotz jahrzehntelanger Trennung lebt die Nation im Bewußtsein der Menschen weiter, in der Einheit ihrer Geschichte, ihrer Kultur und in dem Gefühl, trotz Mauer und Stacheldraht als Deutsche zusammenzugehören. Niemand weiß das besser als die SED- und Staatsführung der DDR. Und wenn auch in Moskau wieder von einer deutschen Nation gesprochen wird, so kann das Bewegung im sowjetischen Denken signalisieren. Glaubwürdig wird die Entspannungsbereitschaft von DDR und Sowjetunion allerdings erst, wenn sie bereit sein werden, die im Viermächteabkommen von Berlin zugestandene Aufrechterhaltung und Weiterentwicklung der Bindungen West-Berlins an die Bundesrepublik Deutschland und die Wahrnehmung des Rechts der Außenvertretung durch die Bundesrepublik Deutschland zu tolerieren. Berlin bleibt Lackmustest der Entspannungspolitik. In Berlin muß daher endlich eine neue Seite im Buch der Ost/West-Beziehungen aufgeschlagen werden. Dazu gehört die Entwicklung Berlins zu einem internationalen Konferenzzentrum. Die Verbesserung des Verkehrs zu Wasser, zu Lande und in der Luft ist überfällig. Berlin ist prädestiniert als Mittler von Politik, Wirtschaft, Wissenschaft, Sport und Kultur. Nirgendwo anders kann das politische Nebeneinander in Frieden besser praktiziert werden.

Oberstes Ziel der Deutschlandpolitik bleibt es, auf einen Zustand des Friedens in Europa hinzuwirken, in dem das deutsche Volk in freier Selbstbestimmung seine Einheit wiedererlangt. Die Einheit der Nation und den Willen zur Überwindung der Teilung aber werden wir nur erhalten mit einer Kombination von Idealismus, Kreativität und Beharrlichkeit. Wenn nach Max Weber die Politik das Bohren von dicken Brettern ist, dann ist Deutschlandpolitik das Bohren von Stahlbeton. Sicher gibt es keinc cinfachen Wege zur Lösung der deutschen Frage. Aber es geht um Menschen, um die Freiheit von Menschen im anderen Teil Deutschlands; und wir müssen bis an die Grenze des Erträglichen bereit sein, für dieses Ziel zu kämpfen. Das deutsche Volk hat begriffen, daß die Freiheit wichtiger ist als irdische Güter. Deshalb müssen wir eine europäische Friedensordnung anstreben, die es dem Westen wie dem Osten vorteilhafter erscheinen läßt, die Einheit Deutschlands wiederherzustellen als die Spaltung aufrechtzuerhalten.

Mit dem Abschluß des Grundlagenvertrages, mit der Abkehr von der Politik des Alles oder Nichts haben wir die Möglichkeit eröffnet, für die Menschen im geteilten Deutschland die Spaltung erträglicher zu machen. Diese Politik soll Wunden schließen – die Wunden der Trennung. Der Preis, den wir für menschliche Erleichterungen zahlen, ist kein Beitrag zur Stabilisierung des SED-Regimes, sondern gewissermaßen ein Liebhaberpreis für die Einheit der Nation. Die Grundlagen für die Deutschlandpolitik sind in der gemeinsamen Bundestagsentschließung der Fraktionen der CDU, CSU, der SPD und der FDP vom 24. Januar 1984 formuliert und haben unverändert Gültigkeit. Unsere deutschlandpolitischen Ziele wollen wir nicht gegen unsere Nachbarn, sondern mit deren Unterstützung verwirklichen.

Wenn Erich Honecker sarkastisch formulierte, es sei ein Glück für die Menschheit, daß es zwei deutsche Staaten gäbe, dann setze ich dem entgegen, die Teilung ist wider den Sinn der Geschichte, und deshalb werden die Deutschen sie in einem friedlichen Europa überwinden. Dabei denke ich nicht kurzatmig und tagespolitisch. Gefordert ist das Denken in historischen Zeitmaßen. Ich bin kein Illusionist, der glaubt, es gäbe schon morgen wieder ein Gesamtdeutschland mit einer Hauptstadt Berlin. Aber die deutsche Frage braucht nicht an die Geschichte abgegeben zu werden. Seit Reykjavik ist die weltpolitische Lage in Bewegung geraten. Ost und West haben Hoffnungen auf ein friedliches Nebeneinander geweckt. In einer veränderten Welt können auch wir wieder Geschichte mitschreiben. Der sowjetische Generalsekretär Gorbatschow spricht von der Anerkennung von Selbstbestimmungsrechten und von der Verpflichtung »gegenüber dem Prinzip der Freiheit der Wahl, für die es keine Ausnahme geben darf«. Er träumt die Vision von einem großen europäischen Haus. In einem solchen europäischen Haus müssen die Menschen zueinander finden dürfen, die zueinander gehören. Angesichts von zwei Weltkriegen, die unsägliches Leid

durch Tod und Vertreibung über viele Völker gebracht haben, bedarf es der Vernunft aller zum Leben und Überleben.
Für die Wiedervereinigung Deutschlands gilt die Feststellung des Bundespräsidenten Walter Scheel: »Wenn dieser Staat beharrlich der Freiheit nach innen und außen dient, wenn er seine geistigen, politischen und wirtschaftlichen Mittel einsetzt, nicht um zu herrschen, sondern um zu helfen, wenn er konsequent auf der Seite der Gerechtigkeit gegen die Ungerechtigkeit steht, dann wird sich auch die Angst vor einem vereinten Deutschland verlieren. Dann könnte es sein, daß eines Tages unsere Nachbarn ein vereinigtes Deutschland wünschen, weil es auch in ihrem Interesse sein größeres Gewicht auf die Waagschale des Friedens legen könnte.« Konkret bedeutet dies: Deutsche Interessen sind auch europäische Interessen, weil sich Stabilität und eine dauerhafte Friedensordnung in Europa ohne die Aufhebung der Teilung schwerlich erreichen lassen. Ost und West müssen erkennen, daß ein gespaltenes Deutschland ein Krisenherd in Europa, ein vereinigtes Deutschland jedoch gerade keinen Störfaktor darstellt. In zunehmendem Maße wächst bei unseren westlichen Freunden das Verständnis für unseren Wunsch nach Einheit. Ich erinnere an die Berlin-Initiative der Drei Mächte, an die klare Unterstützung unserer deutschlandpolitischen Anliegen durch den dänischen Ministerpräsidenten, den spanischen König und die spanische Regierung, an das beständige Eintreten durch Premierministerin Thatcher für die deutsche Frage, die ermutigenden Worte des US-Präsidenten Reagan und das Interview des französischen Staatspräsidenten Mitterrand, der 1984 in den USA erklärte: »Das Problem für die anderen besteht darin, daß die natürliche und legitime Aspiration der Deutschen, sich wieder zusammenzufinden, die Mitte Europas nicht aus dem Gleichgewicht bringt und auch nicht die Welt. Aber ich habe Vertrauen in die Regierung des sehr demokratischen Deutschlands, in das deutsche Volk, mit dem wir befreundet sind nach so vielen Dramen.«
Daß ausgerechnet jetzt führende Vertreter der SPD ein geteiltes Deutschland als sinnvolles Instrument für die Gestaltung eines friedlichen Europas entdecken, macht mehr als betroffen. Kein anderer als Egon Bahr hatte noch 1970 beim Aufbruch in die als Friedenspolitik konzipierte Ostpolitik in einem Kommentar zum Moskauer Vertrag formuliert, »das Ziel der Bundesrepublik Deutschland, wie es im Grundgesetz verankert ist und wie es unserer Überzeugung entspricht«, bleibe unverändert die staatliche Einheit und die freie Selbstbestimmung. Der Versöhnung mit den Völkern des Westens könne eine Aussöhnung mit den Völkern des Ostens nur folgen, wenn dem deutschen Volk das Ziel seiner Einheit nicht versperrt werde. »Anders würde an die Stelle des alten Mißtrauens ein neues gesetzt werden.« Was mag die SPD bewegt haben, ausgerechnet jetzt, wo sich für dieses Konzept der gesamtpolitische Rahmen durch ein verändertes Ost/West-Verhältnis einzustellen beginnt, einen Salto rückwärts zu schlagen.

Ich widerspreche nachdrücklich auch der jüngst geäußerten These von Egon Bahr, wer die deutsche Frage aufwerfe, störe Europa. Natürlich wird die Lösung der deutschen Frage nicht am Anfang des Prozesses der von uns allen angestrebten Friedensordnung stehen. Aber die Geschichte arbeitet für die »deutschen Dinge«, weil sowohl der Einigungsprozeß zwischen den europäischen Demokratien als auch die beginnende Zusammenarbeit mit den Staaten des Ostblocks die Bedeutung nationalstaatlicher Grenzen zunehmend verringern wird. Wenn sich die Abrüstungsverhandlungen konsequent fortentwickeln und die wirtschaftliche Zusammenarbeit zwischen Ost und West voranschreitet, kann sich in einem befriedeten Europa jenes Vertrauen bilden, das die Ausübung des Selbstbestimmungsrechts der Deutschen überhaupt erst möglich macht. Unbeschadet der Rechtslage und der Gesamtverantwortung der Alliierten wird die Anerkennung und Ausübung des Selbstbestimmungsrechts in einem befriedeten Europa nicht dazu führen, daß die territorialen Ergebnisse des zweiten Weltkrieges in Frage gestellt werden. Von deutscher Seite wird es keine territorialen Ansprüche geben. Umgekehrt wird der Beitritt der Bundesrepublik Deutschland zur Europäischen Union keinen Verzicht auf die Ausübung des Selbstbestimmungsrechts der Menschen im geteilten Deutschland mit sich bringen.

Auf dem Weg nach Deutschland liegt der Meilenstein Berlin. Das Jubiläumsjahr 1987 hat die schmerzliche Trennung der Stadt, die Teilung Deutschlands und Europas im In- und Ausland ebenso deutlich werden lassen wie die Aufgaben, das Trennende zu überwinden und die Voraussetzungen für eine dauerhafte Friedensordnung in Europa zu schaffen. Das Brandenburger Tor, Wahrzeichen des preußischen Klassizismus, wurde im 19. und 20. Jahrhundert zum Schauplatz und Symbol deutscher Geschichte, von Napoleons Einzug in Berlin über Hitlers Aufmärsche bis hin zur Hissung der roten Fahne nach der Einnahme durch die Sowjets. Seitdem ist es zum Symbol für die Teilung Deutschlands und Europas geworden. Es gilt das Wort des Bundespräsidenten von Weizsäcker: »Die deutsche Frage ist so lange offen, wie das Brandenburger Tor zu ist.« Umgekehrt gilt aber auch: »Wir sind der Lösung der deutschen Frage nahe, wenn Deutsche wieder aus beiden Richtungen durch das Tor gehen können, ohne daß sie sich der Gefahr für Leib und Leben aussetzen.« 1987 habe ich mir aus Anlaß der 750-Jahr-Feier für eine Berliner Zeitung einen visionellen Ausblick gestattet und geschrieben: »Ich sehe in 50 Jahren ein blühendes Berlin, das die Umweltbedingungen und die Lebensqualität für seine Bürger erheblich verbessert hat. Schnellbahnen werden die Eisenbahnstrecken Helmstedt–Berlin und Hamburg–Berlin in kürzester Zeit durchmessen. Die Lufthansa wird in Tegel und Schönefeld starten und landen. Berlin kann dann die Drehscheibe im Handel zwischen Ost und West sein, die wir uns seit langem vorgestellt haben; eine Drehscheibe, die es in der Zeit seiner

Entstehung schon einmal war. Von Mozart wird berichtet, er hätte anläßlich seines Besuches in Potsdam und Berlin auf die Frage nach der Güte des königlichen Kammerorchesters geantwortet: ›Die beste Versammlung von Virtuosen der ganzen Welt.‹ Aber er setzte hinzu: ,›Wenn sie zusammen spielten, könnten sie noch besser sein.‹ Wenn es uns gelingt, im Konzert der europäischen Staaten fein abgestimmt zusammenzuspielen mit einer Virtuosität, die auch die beiden Großmächte überzeugt, ist mir nicht bange, daß Berlin als ein altes und neues Zentrum Deutschlands und Europas in 50 Jahren zu neuer politischer, wirtschaftlicher und kultureller Blüte erwacht. Man mag mich einen Utopisten schimpfen. Das will ich gerne hinnehmen. Denn wenn jemand über den Tellerrand des eigenen Erlebens hinausschaut, muß er auch den Mut zur Vision haben. Wie sagte schon Wernher von Braun: ›Nichts sieht hinterher so einfach aus wie eine verwirklichte Utopie.‹ «

Wilhelm Geiger

Die Entstehung der Präambel des Grundgesetzes und deren Bindungswirkung

I.

Die Präambel einer Verfassung spiegelt die politische und geistige Lage wider, in der sie entstanden ist. Sie will häufig nicht mehr als dies sein. Die Präambel des Grundgesetzes enthält mehr. Um sich dessen zu vergewissern, genügt es, die in Band 1 der Neuen Folge des Jahrbuchs des öffentlichen Rechts (1951) sorgfältig zusammengetragenen Äußerungen der führenden Köpfe (Heuss, Dehler, C. Schmid, Zinn, Menzel, von Mangoldt, Süsterhenn, Pfeiffer, Seebohm u.a.) des Parlamentarischen Rates in dessen Ausschuß- und Plenarberatungen nachzulesen.

1. Danach war die allgemeine Überzeugung im Parlamentarischen Rat: Wir stehen vor einer katastrophalen Zerstörung der staatlichen Ordnung. Wir sind im Augenblick noch nicht Herr der eigenen Dinge, sondern abhängig von den Besatzungsmächten. Wir müssen die von ihnen gegebene Chance nützen und mit der Neuordnung der deutschen Staatlichkeit beginnen. Es gilt, den nicht untergegangenen deutschen Gesamtstaat wieder handlungsfähig zu machen, ihn also neu zu organisieren. Die Verhältnisse in der sowjetisch besetzten Zone und in den unter sowjetischer und polnischer Verwaltung stehenden deutschen Gebieten jenseits der Oder und Neiße lassen nicht zu, sofort und in *einem* Schritt den gesamtdeutschen Staat zu reorganisieren. Deshalb stellt sich zunächst die Aufgabe, dies für den Bereich der drei westlichen Besatzungszonen zu tun. Unser Werk bleibt insoweit unvollständig, hat den Charakter eines Provisoriums, ist darauf angelegt, am Ende alle Deutschen auf dem Boden des nicht untergegangenen deutschen Staates unter einer neuen Verfassung zu vereinigen. Wir handeln »auch für jene Deutschen, denen mitzuwirken versagt war«; »das gesamte deutsche Volk bleibt aufgefordert, in freier Selbstbestimmung die Einheit und Freiheit Deutschlands zu vollenden.« Wir sind die *Repräsentanten des deutschen Volkes* (in den Ländern Baden, Bayern, Bremen, Hamburg, Hessen, Niedersachsen, Nordrhein-Westfalen, Rheinland-Pfalz, Schleswig-Holstein, Württemberg-Baden und Württemberg-Hohenzollern), das »kraft seiner verfassungsgebenden Gewalt« handelt. Wir haben den Willen, unse-

re nationale und staatliche Einheit zu wahren, und verstehen unseren Staat als künftiges »gleichberechtigtes Glied in einem vereinten Europa«.

2. Auf dieser politischen Basis fußen zwei wichtige, in die Präambel aufgenommene Entscheidungen des Parlamentarischen Rats:

a) der Name der neu beschlossenen staatlichen Grundordnung ist »Grundgesetz«. Es ist materiell von Anfang an mehr als ein bloßes Organisationsstatut, es ist eine veritable Verfassung. Der bescheidenere Name wurde gewählt, um zu verdeutlichen, daß die neue Ordnung nicht ohne das Zutun der Besatzungsmächte verwirklicht werden konnte und daß sie noch unfertig ist, solange nicht alle Deutschen in einem Staat vereinigt sind.

b) Das Grundgesetz soll, wie es in der Verkündungsformel heißt, gelten »für die Bundesrepublik Deutschland«. Nach der Präambel des Grundgesetzes hat »das *deutsche Volk*... kraft seiner verfassungsgebenden Gewalt dieses Grundgesetz der Bundesrepublik Deutschland beschlossen«. Der Akzent liegt auf »Deutschland«, das eine »*Bundes*republik« sein will. Zur vollen Erfassung der in dieser Formel enthaltenen rechtlichen Entscheidung ist es wichtig, eine den Mitgliedern des Parlamentarischen Rats bekannt gewesene Tatsache heranzuziehen: Die Bezeichnung »Bundesrepublik Deutschland« erscheint nach 1945 zum ersten Mal in einem Exposé »Grundsätze für eine deutsche Bundesverfassung«, das auf einer Tagung des Ellwanger Kreises (einer Gruppe von Politikern der CDU/CSU) in Bad Brückenau am 13. April 1948 diskutiert wurde; darin lautete der erste Satz: »*Deutschland* soll ein Bundesstaat mit der Bezeichnung ›Bundesrepublik Deutschland‹ sein.«

Der Parlamentarische Rat brachte also mit seiner Entscheidung hinreichend deutlich zum Ausdruck: Rechtlich hat Deutschland (das Deutsche Reich) den Zusammenbruch als Staat und Rechtssubjekt des Staats- und Völkerrechts überdauert. Deutschland existiert, wenn auch handlungsunfähig, nach wie vor fort. Es ist nur zu reorganisieren, nicht neu zu konstituieren, wie der Konvent von Herrenchiemsee bei der Erstellung seines »Entwurfs eines Grundgesetzes« mit Mehrheit angenommen hat. Dieselbe Sprechweise beherrscht den Parlamentarischen Rat. Was er tut, ist die Reorganisierung des handlungsunfähigen deutschen Staates, soweit dies unter den gegebenen Verhältnissen möglich ist. Der Parlamentarische Rat nimmt die verfassungsgebende Gewalt des deutschen Volkes in Anspruch und »revitalisiert« dieses Deutschland. Es handelt als Verfassungsorgan des deutschen (Gesamt-) Staates und benennt diesen selben Staat neu als »Bundesrepublik Deutschland«, weil er sich aus wohlerwogenen Gründen scheut, beim alten ehrwürdigen Namen »Deutsches Reich« zu bleiben. Die vom Parlamentarischen Rat geschaffene Verfassungsordnung betrifft das ganze Deutschland.

Das Grundgesetz ist keine Verfassung Westdeutschlands, weil es einen westdeutschen Staat neben dem Staat »Deutschland« nicht gibt. Es ist auch keine Verfassung, die Geltung im Sinne von Durchsetzungskraft im Bereich Gesamtdeutschlands beansprucht. Sie – die gesamtdeutsche Verfassung – wird einmal, wie sich aus Art. 146 GG ergibt, die grundgesetzliche Ordnung ablösen. Solange dieses Datum nicht eingetreten ist, gilt die deutsche Verfassung (die grundgesetzliche Ordnung) im Geltungsbereich des Grundgesetzes (Art. 23 GG) effektiv und in den übrigen Teilen Deutschlands virtuell, d.h., die Verfassungsorgane und Organe der Bundesrepublik sind in der Ausübung der deutschen Staatsgewalt beschränkt auf den Geltungsbereich des Grundgesetzes; sie erreichen die Deutschen (die deutschen Staatsangehörigen) außerhalb dieses Geltungsbereichs nur, wenn und solange sie sich in den Schutzbereich der Bundesrepublik Deutschland begeben. So verstanden hat C. Schmid recht, wenn er im Parlamentarischen Rat zu Beginn der Beratungen sagte: »Wir haben unter Bestätigung der alliierten Vorbehalte das Grundgesetz zur Organisation der heute freigegebenen Hoheitsbefugnisse des deutschen Volkes in einem Teil Deutschlands zu beraten und zu beschließen. Wir haben nicht die Verfassung Deutschlands oder Westdeutschlands zu machen.«

Das Ganze wird – bei aller Kompliziertheit, die jeder irregulären Entwicklungsphase eigentümlich ist – stimmig, wenn nun expressis verbis hinzugefügt wird: »Bundesrepublik Deutschland«, »Deutsches Reich« sind nur verschiedene Namen für ein und dasselbe Rechtssubjekt Deutschland in den Grenzen nach dem Stand vom 31. Dezember 1937. Bundesrepublik Deutschland und Deutsches Reich sind als Rechtssubjekt des Staatsrechts und des Völkerrechts identisch. Das teilweise handlungsfähig gewordene Deutschland beschränkt die Ausübung seiner Hoheitsgewalt bis zum Inkrafttreten der Verfassung, auf die Art. 146 GG Bezug nimmt, auf den Geltungsbereich des Grundgesetzes.

3. Der hier entscheidende rechtssystematische Ertrag der vom Parlamentarischen Rat beschlossenen Präambel läßt sich wie folgt zusammenfassen: Von Rechts wegen wird außer Streit gestellt und allen Organen des Staates für ihr Verhalten innerhalb der ihnen eingeräumten Zuständigkeiten und Kompetenzen verbindlich gemacht:

a) Die Bundesrepublik Deutschland und Deutschland – seit 1871 Deutsches Reich genannt – sind ein und dasselbe Rechtssubjekt des Staatsrechts und des Völkerrechts.

b) Unbeschadet dessen beschränkt die Bundesrepublik Deutschland die Ausübung ihrer Staatsgewalt auf den Geltungsbereich des Grundgesetzes.

c) In Rücksicht auf diese Selbstbeschränkung obliegt den Verfassungsorganen der Bundesrepublik Deutschland die besondere Rechtspflicht, alles zur Wahrung der nationalen und staatlichen Einheit und zur Herbeiführung der Vollendung der Einheit und Freiheit Deutschlands in freier Selbstbestimmung Mögliche zu tun und alles zu unterlassen, was der Erreichung dieses Ziels im Wege stünde, insbesondere zu unterlassen, auf bestehende Rechtstitel zu verzichten, die in der politischen Auseinandersetzung den Anspruch auf Wiederherstellung der nationalen und staatlichen Einheit des deutschen Volkes stützen.

4. Der dem Text und der ihm im Parlamentarischen Rat vorausgegangenen Beratungen entnommene Inhalt der Präambel war 1948/49 die in den vier Besatzungszonen gemeinsame Überzeugung aller politischen Kräfte und deutschen Politiker. Er wird gestützt durch den Inhalt einiger Dokumente der Siegermächte anläßlich der Kapitulation der deutschen Streitkräfte und der Okkupation Deutschlands. Die vier Besatzungsmächte hatten diese gemeinsame deutsche Überzeugung – wenn auch aus verschiedenen Motiven – akzeptiert.[1]

II.

1. Die Präambel des Grundgesetzes läßt sich nicht von dem nachfolgenden Verfassungstext isolieren. Das heißt, zu ihrer Auslegung darf und muß auch der Verfassungstext herangezogen werden.

a) Wenn Art. 23 GG bestimmt, daß das Grundgesetz »zunächst im Gebiet der Länder ... gilt (vgl. auch Art. 144 Abs. 1 GG) und in anderen Teilen Deutschlands ... nach deren Beitritt in Kraft zu setzen« ist, dann bestätigt diese Stelle den Fortbestand Deutschlands und die Identität der Bundesrepublik Deutschland mit diesem Deutschland sowie die grundgesetzliche Ordnung als Verfassung Deutschlands unter gleichzeitiger Beschränkung der Ausübung der Hoheitsmacht auf das Gebiet des Geltungsbereichs des Grundgesetzes.

b) Aus Art. 116 GG ergibt sich, daß »Deutscher im Sinn des Grundgesetzes« (vgl. dazu Art. 16 Abs. 1 GG) nicht nur der im Geltungsbereich des Grundgesetzes lebende deutsche Staatsangehörige ist, sondern jeder, der die deutsche Staatsangehörigkeit besitzt (also ohne Rücksicht auf seinen Wohnsitz oder Aufenthalt), sowie jeder, der als Flüchtling oder Vertriebener deutscher Volkszugehörigkeit oder als dessen Ehegatte oder Abkömmling in dem Gebiet des Deutschen Reiches nach dem Stand vom 31. Dezember 1937 Aufnahme gefunden hat. D.h., die Staatsangehörigkeit der Bürger der Bundesrepublik Deutschland ist die deutsche Staatsangehörigkeit – das irreführende »zugleich« in der Entscheidung des Bundesverfassungsgerichts (Band 36, 30) ist ein Wort zuviel –, die alle besitzen, die sie vor dem Zusammenbruch besessen haben, einschließlich derer, denen sie unter der nationalsozialistischen Gewaltherrschaft aus politischen, rassischen oder religiösen Gründen entzogen worden war und die ihre deutsche Staatsangehörigkeit nach 1945 nicht ausdrücklich abgelehnt haben (vgl. Art. 116 Abs. 2 GG). Damit ist eine Folge ausgesprochen, die sich aus der Fortexistenz des durch den Zusammenbruch nicht untergegangenen deutschen Staates und aus der Identität der Bundesrepublik Deutschland mit diesem deutschen Staat (in den Grenzen des 31. Dezember 1937) ergibt. »Zugleich« an der zitierten Urteilsbegründungsstelle meint offensichtlich, die Staatsangehörigkeit des Bürgers der Bundesrepublik Deutschland ist dieselbe wie die Staatsangehörigkeit jedes Bürgers des nicht untergegangenen Deutschen Reiches; der Bürger der Bundesrepublik Deutschland besitzt nur diese eine Staatsangehörigkeit – wenn man einmal davon absieht, daß es im Bundesstaat auch eine Staatsangehörigkeit der Länder gibt und entsprechend eine die deutsche Staatsangehörigkeit nicht ausschließende besondere Staatsangehörigkeit der DDR geben kann.

c) Unter den in Art. 23 GG aufgezählten Ländern, in denen das Grundgesetz zunächst gilt, ist – anders als in der Präambel – auch »Großberlin« genannt. Diese Differenz hängt mit den Beschränkungen zusammen, die, von den Besatzungsmächten beschlossen, nach wie vor der vollen Anwendung des Grundgesetzes im Land Berlin entgegenstehen. Darauf nimmt Art. 144 Abs. 2 GG ausdrücklich Bezug und sagt, gleichwohl kann das Land Berlin Vertreter in den Bundestag und in den Bundesrat entsenden. Auch diese besondere Regelung für Berlin bestätigt, daß dieses Land als Teil des nicht untergegangenen Deutschen Reiches untrennbar zur Bundesrepublik Deutschland gehört.

2. Die bisher dargelegten rechtlichen Aussagen des Grundgesetzes einschließlich seiner Präambel werden – das sollte nicht übersehen werden – eindrucksvoll bestätigt durch die *Verfassungswirklichkeit* von Anfang an: Wie anders soll man erklären die Aufnahme und Integrierung von über zehn Millionen deutscher Flüchtlinge und Vertriebenen in die Bundesrepublik Deutschland während der ersten zehn harten Jahre des Wiederaufbaus (die Gesamtkosten der Eingliederung betrugen 48 Milliarden DM)? Wie die Bereitschaft zur Regelung der Schulden des 1945 zusammengebrochenen Deutschen Reiches im Londoner Schuldenabkommen? Wie die Neuregelung des gestörten Status der alten Beamtenverhältnisse und die Versorgung auch der außerhalb des Geltungsbereichs der Bundesrepublik Deutschland verwendet gewesenen Beamten, sofern sie nach 1945 hier ansässig wurden? Wie die Übernahme der Last der Wiedergutmachungsleistungen für die Opfer des nationalsozialistischen Terrors? Wie die Beteiligung der Deutschen Demokratischen Republik an den Vorteilen, die die Bundesrepublik aus der Mitgliedschaft in der Europäischen Gemeinschaft zieht, und die großzügigen finanziellen Leistungen (einschließlich Kreditgewährung) der Bundesrepublik Deutschland bei den verschiedensten wirtschaftlichen Unternehmungen und zur Verbesserung und Stabilisierung der wirtschaftlichen Lage der Deutschen Demokratischen Republik?

3. Von besonderer Bedeutung für das rechtliche Verhältnis der Präambel des Grundgesetzes war und ist die einschlägige Rechtsprechung des Bundesverfassungsgerichts, die kulminierte in der Entscheidung vom 31. Juli

1973 (BVerfGE 36, 1 ff.) zum sog. Grundlagenvertrag, zuletzt bestätigt in der Entscheidung vom 21. Oktober 1987 (BVerfGE 77, 137 ff.).
Im Urteil zum Grundlagenvertrag werden (u.a.) rechtliche Folgerungen aus dem Inhalt der Präambel und des Textes des Grundgesetzes für die Organe, insbesondere die Verfassungsorgane der Bundesrepublik Deutschland, gezogen: »Kein Verfassungsorgan der Bundesrepublik Deutschland darf die Wiederherstellung der staatlichen Einheit als politisches Ziel aufgeben, alle Verfassungsorgane sind verpflichtet, in ihrer Politik auf die Erreichung dieses Zieles hinzuwirken – das schließt die Forderung ein, den Wiedervereinigungsanspruch im Innern wachzuhalten und nach außen beharrlich zu vertreten – und alles zu unterlassen, was die Wiedervereinigung vereiteln würde.«
»Die Verfassung verbietet, daß die Bundesrepublik Deutschland auf einen Rechtstitel (eine Rechtsposition) aus dem Grundgesetz verzichtet, mittels dessen sie in Richtung auf Verwirklichung der Wiedervereinigung und Selbstbestimmung wirken kann, oder einen mit dem Grundgesetz unvereinbaren Rechtstitel schafft, oder sich an der Begründung eines solchen Titels beteiligt, der ihr bei ihrem Streben nach diesem Ziel entgegengehalten werden kann. Es ist ein Unterschied, ob man – solange daraus nicht die Gefahr der Verwirkung des Rechtstitels erwächst – politisch von einem Rechtstitel keinen Gebrauch macht oder ihn derzeit oder für absehbare Zeit nicht als politisches Instrument für tauglich hält, sich also damit abfindet, daß mit ihm kein politischer Erfolg erzielt werden kann, oder ob man auf ihn im Rechtssinn verzichtet. Man kann sich in diesem Sinn also politisch mit Realitäten abfinden. Das Grundgesetz verlangt aber, daß insoweit kein in ihm begründeter Rechtstitel preisgegeben wird, der jetzt oder später ein Argument zur Förderung des Bestrebens nach Wiedervereinigung bieten könnte. Und Entsprechendes gilt für den umgekehrten Fall: Politisches Verhalten mag sich später als ›falsch kalkuliert‹ herausstellen und der Bundesregierung von anderen in ihren Bemühungen um Wiedervereinigung politisch entgegengehalten werden können; dieser – vom Verfassungsgericht mit keinem Wort zu kommentierende – Tatbestand unterscheidet sich wesentlich von dem anderen, daß die Bundesrepublik Deutschland mitwirkt bei einem rechtlichen Instrument, das ihr von anderen in ihrem Bemühen um Wiedervereinigung entgegengehalten werden kann. Die klare Rechtsposition jeder Regierung der Bundesrepublik Deutschland ist: Wir haben von der im Grundgesetz vorausgesetzten, in ihm ›verankerten‹ Existenz Gesamtdeutschlands mit einem deutschen (Gesamt-) Staatsvolk und einer (gesamt-) deutschen Staatsgewalt auszugehen.«
Daran schließt sich der Hinweis, daß die Formel von der »deutschen Nation« nur dann verfassungsrechtlich vertretbar ist, wenn sie als Synonym für »deutsches Staatsvolk« zu verstehen ist und nicht nur der Begriff für eine im Bewußtsein der Bevölkerung vorhandene Sprach- und Kultureinheit

sein soll, und daß die Verweisung auf die Viermächteverantwortung für Gesamtdeutschland nicht dahin verstanden werden dürfe, daß sie allein noch eine (letzte) Klammer für die Fortexistenz Gesamtdeutschlands sei, sondern verstanden werden muß als eine völkerrechtliche Rechtsgrundlage für die Unterstützung der Bemühungen der Bundesregierung um Wiedervereinigung, die unabhängig neben der staatsrechtlichen Pflicht der Bundesregierung zur Erfüllung des grundgesetzlichen Gebots besteht. Anschließend werden dann entsprechende Folgerungen gezogen für die Qualifizierung der zwischen der Bundesrepublik Deutschland und der Deutschen Demokratischen Republik bestehenden Grenze, für die Fortgeltung der Vorschrift des Art. 23 GG im Verhältnis zur Deutschen Demokratischen Republik, für die **eine** deutsche Staatsangehörigkeit, die nach dem Grundgesetz die in der Bundesrepublik ansässigen Deutschen ebenso wie die Deutschen, die sie vor 1945 erworben haben, und ihre Abkömmlinge besitzen, für den Schutzanspruch aller außerhalb des Geltungsbereichs des Grundgesetzes lebenden Deutschen, sobald sie von der bundesdeutschen Staatsgewalt erreichbar sind, und für das Recht, in allen internationalen Gremien, deren Mitglied die Bundesrepublik ist, ihre Stimme zu erheben und ihren Einfluß geltend zu machen für die Interessen der Deutschen im Sinne des Grundgesetzes (Art. 116 GG).
Die hier wiedergegebenen Gründe zur Entscheidung über den Grundlagenvertrag sind, wie das Bundesverfassungsgericht ausdrücklich für alle seine Ausführungen zur Auslegung des Grundgesetzes klargestellt hat, tragende Gründe. Sie sind also nach § 31 Abs. 1 BVerfGG bindend für alle Verfassungsorgane, Behörden und Gerichte des Bundes und der Länder.
4. Die dargestellte, durch die Rechtsprechung des Bundesverfassungsgerichts fixierte und verbindlich gemachte Rechtslage ist klar, eindeutig und gefestigt. Daran ändert nichts, daß es in der Vergangenheit Stimmen gegeben hat, die das Wiedervereinigungsgebot der Präambel des Grundgesetzes mit seinen Implikationen als von der politischen Entwicklung überholt betrachtet und für obsolet geworden halten, daß es in der Deutschlandpolitik einen Augenblick schien, als wolle die Bundesregierung sich von der Last befreien, die das Grundgesetz ihr aufbürdet, und auf diesem Weg den Frieden mit der Sowjetunion und den mit ihr verbündeten Staaten suchen, und daß die Verantwortlichen in den letzten Jahren versuchen, sich das politische Geschäft zu erleichtern, indem sie immer unverbindlicher über die »offene deutsche Frage« reden und sich mit der Präsentierung ihrer – unbestreitbaren – Erfolge bei den Bemühungen um menschliche Erleichterungen für die Deutschen in der DDR und um größere Durchlässigkeit der binnendeutschen Grenze begnügen.
An der Eindeutigkeit der Rechtslage läßt sich auch nicht dadurch rütteln, daß man auf Entscheidungen anderer Gerichte der Bundesrepublik Deutschland (z.B. auf die Entscheidung des Bundesverwaltungsgerichts vom

30. November 1982, vgl. BVerfGE 77, 140 ff.) hinweist, die in ihren Urteilen Formulierungen verwenden, die weniger eindeutig sind als die des Bundesverfassungsgerichts und als Abweichung oder Aufgabe von rechtlichen Positionen des Bundesverfassungsgerichts verstanden werden; maßgebend ist und bleibt, was das Bundesverfassungsgericht zu unserer Frage judiziert hat. Also versucht man[2], der bisher letzten zu unserer Frage ergangenen Entscheidung des Bundesverfassungsgerichts vom 21. Oktober 1987 Anzeichen einer beginnenden »Lockerung« der bis dahin vertretenen Auffassung zu entnehmen. Diese Entscheidung bewegt sich in Wahrheit bis in einzelne Formulierungen hinein auf dem Boden und im Rahmen der Entscheidung zum Grundlagenvertrag. Sie enthält eine bemerkenswerte, durch den Zusammenhang, in dem sie steht, nahegelegte Formel, die versucht zu verdeutlichen, was in der Entscheidung zum Grundlagenvertrag mit den Worten von der Identität der Bundesrepublik Deutschland mit dem Staat Deutsches Reich gemeint ist: Die Bundesrepublik Deutschland ist »identisch mit dem Völkerrechtssubjekt ›Deutsches Reich‹ (»völkerrechtliche Subjektsidentität«).« Die zitierte Entscheidung selbst verwendet wenige Zeilen später die Formel »die Identität der Bundesrepublik Deutschland... mit dem deutschen Staat«. Daß die Bundesrepublik und das nicht untergegangene Deutsche Reich dasselbe Rechtssubjekt des Völkerrechts (übrigens nicht nur des Völkerrechts, sondern auch des Staatsrechts) ist, ist nichts Neues.

Identität in unserem Zusammenhang ist ein rechtlicher Begriff (kein soziologischer, kein politischer, kein philosophischer, kein geographischer, auch kein geometrischer Begriff); das will sagen, es muß die rechtliche Größe (die rechtliche Einheit), die unter zwei Benennungen erscheint, ins Auge gefaßt werden, um die Frage identisch oder nicht identisch beantworten zu können. Dazu gehört natürlich die Konkretisierung der rechtlichen Einheit »Staat«, der wesentlich Rechtssubjekt im Staatsrecht und Völkerrecht ist. Der konkrete Staat hat auch eine geographische Lage, hat Grenzen (z.B. die Grenzen Deutschlands am 31. Dezember 1937 und nicht solche von 19XY). Und wer darauf abhebt, muß gleichzeitig sagen, daß diese Aussage über den konkreten Staat vereinbar ist damit, daß im *selben Raum* mehrere Rechtssubjekte des Staatsrechts existieren können: Wie auf dem Gebiet jedes Bundesstaates der Gesamtstaat *und* seine Gliedstaaten existieren, so existieren auf dem Gebiet des nicht untergegangenen Staates »Gesamtdeutschland«, von dem ein Teil als Bundesrepublik Deutschland reorganisiert ist, auch die Deutsche Demokratische Republik, Berlin und die derzeit unter fremder Verwaltung stehenden deutschen Gebiete, und später einmal auf dem Boden des europäischen Bundesstaates (sollte er je geschaffen werden) dieser Bundesstaat, der zweistufige Bundesstaat Bundesrepublik Deutschland und die übrigen Mitgliedsstaaten jenes Europa (einschließlich ihrer innerstaatlichen Gliederungen). – Die neu erscheinende Formel im im Beschluß vom 21. Oktober 1987 ist also in der im Urteil über den Grundlagenvertrag verwendeten Formel »die Bundesrepublik Deutschland ist mit dem Deutschen Reich in den Grenzen nach dem Stand vom 31. Dezember 1937 identisch«, enthalten, gehört also zu den in der Rechtsprechung geläufigen fallbezogenen Formulierungsvarianten.

III.

So sicher es ist, daß man Politik nicht allein mit dem Recht und mit Rechtstiteln machen kann, so gewiß ist, daß eine vernünftige und berechenbare aktive Politik bessere Chancen hat, wenn man sich auch mit Konsequenz und Umsicht der Instrumente des Rechts und der Rechtstitel bedient, sie ausschöpft und nicht verunklart und bagatellisiert. Rechtliche Argumente sind nur ein Teil der Hilfen in den Bemühungen um die Erreichung des politischen Ziels Wiedervereinigung, aber ein wichtiger und unverzichtbarer Teil, der nicht leichtfertig verspielt werden darf.

1. Damit ist die Frage aufgeworfen – eine Frage der Reichweite und Grenzen der Bindung der in der Präambel des Grundgesetzes enthaltenen Rechtsgebote und Verpflichtungen –, wieviel politischen Spielraum das Grundgesetz innerhalb der deutschen Politik für die Bundesregierung läßt. Es fehlt bisher dazu leider eine systematische, alle Einzelheiten und Zusammenhänge erfassende, juristisch präzise Untersuchung und Darstellung – jedenfalls eine Darstellung, die der Allgemeinheit zugänglich und für die Interessierten lesbar und verständlich ist. Hier müssen einige wenige Beispiele und Perspektiven genügen, um jenen Spielraum anzudeuten:

a) Die Präambel des Grundgesetzes läßt nicht zu, die Teile Deutschlands jenseits der Oder und der Neiße, die derzeit unter polnischer und sowjetischer Verwaltung stehen, durch beharrliches Verschweigen der Vergessenheit anheimzugeben, sie gleichsam »politisch abzuschreiben«, um nur noch zwei Teile Deutschlands – die Bundesrepublik Deutschland und die Deutsche Demokratische Republik – ins Blickfeld einer deutschen Politik zu rücken. Nebenbei: Die gedankenlose, ohne Kommentierung versehene Verwendung der Formel »Bundesrepublik Deutschland und Deutsche Demokratische Republik« scheint auch allmählich schon das rechtliche und politische »Besondere« im Verhältnis zwischen den beiden Staaten im öffentlichen Bewußtsein zu verwischen. Auf diesem Weg läßt sich die tiefgreifende Problematik der gegenwärtigen Situation nicht beseitigen und die rechtlich komplizierte Lage nicht vereinfachen.

Gewiß, das Beharren auf der im zweiten Teil dargestellten Rechtslage – ich wiederhole, das Bundesverfassungsgericht fordert, »den Wiedervereinigungsanspruch im Innern wachzuhalten und nach außen beharrlich zu vertreten« – wirkt störend – insbesondere innerhalb einer Politik, die auf

Versöhnung und Zusammenarbeit mit den Nachbarn im Osten ausgerichtet ist, setzt sich unberechtigten Verdächtigungen und Vorwürfen aus. Dieses unzweideutige Beharren auf der bestehenden Rechtslage versperrt uns selbst auch den bequemeren Ausweg, damit rechnen zu dürfen, daß mit der Zeit aus der Hinnahme des tatsächlich Gewordenen einmal das allgemeine Anerkennen einer rechtlichen Verfestigung des Tatsächlichen werden wird; das nennt man dann Verwirkung. Deutsche Politik hätte in dieser Situation die Aufgabe, gleichzeitig mit Nachdruck darauf hinzuweisen, daß der wirkliche Grund für die Irritationen darin liegt, daß die Periode des mörderischen Krieges bisher noch nicht ihren Abschluß in einem Friedensvertrag gefunden hat. Statt diesem Friedensvertrag aus dem Weg zu gehen, muß die gemeinsame Politik aller zivilisierten und rechtsstaatlich gesonnenen Staaten sein, auf den von den gegenwärtigen Mißdeutungen und Unsicherheiten befreienden Friedensschluß hinzuarbeiten, insbesondere eine wesentliche Voraussetzung dafür zu schaffen, Deutschland zu diesem Zweck handlungsfähig zu machen.

b) Sich auf die schwierigen, sicher mühsamen und komplizierten Verhandlungen, die mit der Herbeiführung eines Friedensvertrags verbunden sind, rechtzeitig und intensiv vorzubereiten, wäre ein wichtiges Stück unserer Ostpolitik; da gilt es, eine Unmenge Material zu sammeln, zu sichten und fortlaufend zu komplettieren, da sind für Hunderte von Fragen die Interessen der Beteiligten zu analysieren und Modelle möglicher Kompromisse und ihrer Konsequenzen zu durchdenken und laufend zu überprüfen; da sind prozedurale Fragen und ihre Konsequenzen zu überdenken usw.

c) Ostpolitik findet noch immer ein lohnendes Arbeitsfeld in den Bemühungen um die Verwirklichung der Absichtserklärungen, die Art. 7 des Grundlagenvertrags enthält. Aber Art. 7 limitiert nicht die Aktivitäten der Bundesrepublik Deutschland. Auf zwei Beispiele habe ich schon früher hingewiesen: auf die Möglichkeit von Änderungen der innerdeutschen Grenze durch Vertrag und auf die Möglichkeit der Anerkennung einer besonderen Staatsangehörigkeit der Bürger der DDR – natürlich unter den Bedingungen, die unsere Verfassung fordert. In derselben Weise sind selbst förmliche, dem Art. 59 Abs. 1 GG unterfallende Staatsverträge denkbar.

d) Die durch die Präambel geprägte Verfassungslage hat auch ihre Auswirkungen auf die Europapolitik der Bundesrepublik Deutschland, wie immer man sich die Entwicklung der europäischen Ordnung vorstellen mag. Hier ist nicht der Ort, mit denen zu rechten, die dem europäischen Bundesstaat das Wort reden und den Nationalstaat verabschieden und meinen, man müsse nur die Europäische Gemeinschaft so vorantreiben, daß sie sich am Ende zum europäischen Bundesstaat häutet (die Brüsseler Bürokratie als künftige Zentralregierung und die Mitglieder der EG als Gliedstaaten mit den Kompetenzen, die Brüssel ihnen konzediert?)

Es ist ein Irrtum zu meinen, daß am Ende dieser Entwicklung die deutsche

Frage sich erledigt habe. So wie sie heute schon von der Europäischen Gemeinschaft respektiert werden muß, solange die Bundesrepublik Deutschland ihr Mitglied ist, so trägt die Bundesrepublik Deutschland die Last der deutschen Frage auch bei ihrem Eintritt in den europäischen Bundesstaat mit sich, wenn sie nicht vorher in einem Friedensvertrag gelöst worden ist. Das heißt, entweder der europäische Bundesstaat trägt der deutschen Frage, wie sie nach Verfassung und Präambel des Grundgesetzes festliegt, mit allen Konsequenzen Rechnung, oder die Bundesregierung kann nicht Mitglied dieses europäischen Bundesstaates werden, weil sie die Einheit Deutschlands und das Wiedervereinigungsgebot nicht preisgeben darf.
Dies wäre kein Schritt, der uns der Wiedervereinigung des deutschen Volkes in einem Staat näherbrächte. Der bloße Traum, die Spekulation, auch nach diesem Schritt bleibe noch möglich, daß sich der europäische Bundesstaat einmal strukturell und politisch ändere und so weit nach Osten ausdehne, daß er die Gebiete Großberlins, der gegenwärtigen Deutschen Demokratischen Republik und der deutschen Gebiete jenseits der Oder- und Neißelinie (und mehr) umfasse, reicht nicht aus, um den Schritt verfassungsrechtlich zu bemänteln. Eine Bundesregierung, die die Vision hat, die deutsche Frage – das sind die in der Präambel des Grundgesetzes enthaltenen und im Verfassungstext selbst bestätigten rechtlichen Gebote, an der Einheit Deutschlands festzuhalten, sich um die Verwirklichung der nationalen staatlichen Einheit des deutschen Volkes im Innern und nach außen zu bemühen, bis »in freier Selbstbestimmung« die Einheit und Freiheit Deutschlands »vollendet« ist – lasse sich »nur« und sozusagen »von selbst« auf dem Weg in einen europäischen Bundesstaat verwirklichen, ist es dem deutschen Volk schuldig, konkreter zu werden und zu begründen, wie sie im einzelnen gedenkt, dem durch die Entscheidung des Bundesverfassungsgerichts vom 31. Juli 1973 konkretisierten verfassungsrechtlichen Auftrag nachzukommen.
2. Aus den bisherigen Überlegungen zum Spielraum und seinen Grenzen, die der Verfassungsauftrag des Grundgesetzes, insbesondere seine Präambel, der Politik der Bundesrepublik Deutschland läßt, ergeben sich zwei allgemeine Grundsätze, die sowohl für die Ostpolitik als auch für die Europapolitik der Bundesrepublik Deutschland zu beachten sind:
a) Die Verfassung verlangt nicht, daß das Ziel der Wiedervereinigung in *einem* Schritt erreicht wird. Das heißt aber auch, der Verfassungsauftrag darf nicht »liegenbleiben«, bis er in einem Schritt erfüllt werden kann. Die Verfassungsorgane der Bundesrepublik Deutschland haben sich im Rahmen ihrer Kompetenzen ununterbrochen mit aller Kraft dafür einzusetzen, daß wir dem Ziel schrittweise immer näherkommen, insbesondere durch Vereinbarungen und Abkommen, die uns auf diesem Weg weiterbringen. Es mag sein, daß sich so ein Schritt als nicht hilfreich, daß die darauf gerichtete Politik sich als Fehlschlag erweist. Daraus lassen sich gegen

diese Politik keine verfassungsrechtlichen Bedenken herleiten. Aber in jedem Fall muß für die Beteiligten klar sein, daß das Erreichte nur eine Etappe auf dem Weg zum Ziel ist; alle müssen wissen, daß sie sich nach diesem Erfolg nicht zufrieden zurücklehnen und die Wiedervereinigung politisch verabschieden dürfen. Die Partner auf der anderen Seite insbesondere dürfen nicht darauf vertrauen können, daß sich die Bundesrepublik Deutschland mit weniger abfindet als dem, was ihr nach ihrer Verfassung aufgegeben ist zu erreichen.

b) Für die Ostpolitik und Europapolitik der letzten Jahre ist es besonders charakteristisch, daß sie in einer kaum noch übersehbaren Fülle von fast unauffälligen »Ergebnissen« sichtbar wird: politische Kontakte (formelle, informelle, mit und ohne formulierte Erklärungen), Konsultationen (gelegentliche, regelmäßige und institutionalisierte), Vereinbarungen zwischen in- und ausländischen Unternehmen und Banken, abgesichert durch öffentliche Bürgschaften, und Vereinbarungen zwischen privaten Gesellschaften, die in der Hand des Staates sind, Vereinbarungen in gemischten Kommissionen, Regierungsabkommen der verschiedensten Art, nur selten solenne völkerrechtliche Verträge; hier eine gemeinsame Botschaft, dort eine gemischte Brigade, da die gemeinsame Produktion eines militärischen Flugzeugs, dort die gemeinsame Produktion eines Satelliten, da die Lieferung eines kompletten Kernkraftwerks mit sensiblen Daten und modernster Elektronik, dort die Beeinträchtigung der Unabhängigkeit der eigenen Währungsbank, da die Bildung einer gemeinsamen Fluglinie usw. usf. Dazwischen liegen Entscheidungen, die der Europäischen Gemeinschaft eine »neue Dimension«, eine »neue Qualität« geben (Aufnahme neuer Mitglieder, Mehrheitsprinzip statt Prinzip der Einstimmigkeit, europäischer Binnenmarkt); die europäische Gemeinschaft entwickelt eine eigene Außenpolitik, sie beschränkt – verpackt als »Wirtschaftspolitik« – die Kompetenzen der Mitgliedsstaaten im Felde der Polizei, im Felde des Schul-, Fachschul- und Hochschulwesens, im Felde der Zulassung von Ärzten und Rechtsanwälten. Nichts gegen alle diese fortschrittlichen Einzeltaten. Aber man darf nicht übersehen: Es sind Teile eines Prozesses, der unausgesprochen allmählich den Charakter einer nicht mehr aufzuhaltenden, einer nicht mehr umkehrbaren Entwicklung gewinnt und deshalb die Frage erlaubt: Wo bleibt der Raum für die eigene Entscheidung der Staaten, die so zusammenarbeiten, wo bleibt die eigene Entscheidungsmacht? Sind da alle in der gleichen Lage, oder hat es der eine vielleicht leichter als der andere, sich zurückzuziehen, steht für einen mehr als für den anderen auf dem Spiel?

Gewiß, diese Politik liegt, soweit sie von der Bundesrepublik Deutschland betrieben wird, zunächst im Kompetenz- und Verantwortungsbereich der Bundesregierung. Es gibt jedoch verfassungsrechtliche Grenzen: Art. 24 GG kann man nicht nur überstrapazieren, sondern auch verletzen; und die

Anwendung des Art. 59 Abs. 2 GG hängt nicht vom Etikett ab, das dem Abkommen angehängt wird, sondern von seinem Inhalt. Man wird künftig unter diesem Gesichtspunkt die Schritte sowohl in der Deutschlandpolitik als auch in der Europapolitik etwas genauer prüfen müssen. Der Zusammenhang mit unserer Frage nach dem Inhalt und der Tragweite und der Bindung der Präambel des Grundgesetzes liegt auf der Hand: Es darf innerhalb der angedeuteten Entwicklung kein Rechtstitel verlorengehen, der das Streben nach der Wiedervereinigung des deutschen Volkes in einem Staat stützt, und keine Rechtsposition entstehen, die das Ziel der Wiedergewinnung der nationalen und staatlichen Einheit des ganzen deutschen Volkes innerhalb des vom Grundgesetz fixierten Rahmens blockieren würde.

Anmerkungen:

1 W. Geiger, Zur Rechtslage Deutschlands, NJW 1983, S. 2302; ders., Zur Genesis der Präambel des Grundgesetzes, EuGRZ 1986, S. 121; ausführliche Nachweise im Beschluß des BVerfG vom 21. Oktober 1987, Teil C, II (BVerfGE 77, 137, 153 - 167).

2 G. Riege, Bewegung in der Staatszugehörigkeitsdoktrin der BRD?, in: Neue Justiz, 9/88, S. 365 ff.

Rita Süssmuth

Die deutsche Frage in der parlamentarischen Praxis

Unsere Verfassung entstand im unmittelbaren Schatten der größten politischen und moralischen Katastrophe, die Deutschland und Europa durchlebt hatten. In der deutschen Teilung, die eine Folge der Nachkriegsordnung ist, spiegelt sich die Teilung Europas wider. Die deutsche Frage wird nicht nur von der Präambel des Grundgesetzes reflektiert, sie bildet auch den Abschluß unserer Verfassung, nämlich dort, wo es um ihre Geltungsdauer geht: »Dieses Grundgesetz verliert seine Gültigkeit an dem Tage, an dem eine Verfassung in Kraft tritt, die von dem deutschen Volke in freier Entscheidung beschlossen worden ist« (Artikel 146).

Als Angelpunkt unserer Verfassung ist die deutsche Frage immer schon ein politischer Aufruf an alle Verfassungsorgane gewesen, beharrlich und aktiv auf die Einheit und Freiheit des ganzen Deutschland hinzuwirken. Im Brennpunkt dieses Auftrages steht neben der Bundesregierung vor allem der Deutsche Bundestag, weil er den politischen Willen unseres Volkes repräsentiert.

Mit der Deutschlandpolitik verbinden sich eine Reihe weiterer Probleme, die sich auch in der parlamentarischen Praxis niedergeschlagen haben und dort als Hauptthemen der Beratung und Beschlußfassung wiederkehren, wie die Stellung Berlins, das Verhältnis des Wiedervereinigungsgebots zur europäischen Integration und die Beziehungen zur DDR. Mit unterschiedlichen Akzenten haben diese Themen oft Anlaß zu scharfen, mitunter dramatischen Auseinandersetzungen gegeben. Die dabei vertretenen Standpunkte werden in verschiedenen anderen Beiträgen zu diesem Sammelband dargestellt.

Mir geht es darum, deutlich zu machen, wie der Deutsche Bundestag den für uns vitalen Herausforderungen der Deutschlandpolitik gerecht geworden ist, welche Handlungslinien er der Bundesregierung aufgezeigt und welche Handlungsaufträge er ihr erteilt hat. Gibt es eine deutschlandpolitische Konzeption des Parlaments, die seinem Wächteramt über die Erfüllung des politischen Handlungsbedarfs unserer Verfassung entspricht?

Der Deutsche Bundestag begeht 1989 den 40. Jahrestag seiner ersten konstituierenden Sitzung. Im Rückblick auf 40 Jahre parlamentarischer Deutschlandpolitik lassen sich folgende Thesen voranstellen:

1. Alle im Bundestag vertretenen Parteien gehen von der Verbundenheit der Deutschen westlich und östlich der Teilungslinie aus. Daraus resultiert auch das gemeinsame Bemühen, auf praktischem Wege die Teilung für die Menschen erträglicher zu machen, Berlin, verbunden mit der Bundesrepublik Deutschland, eine Zukunft zu sichern und den Frieden in Europa zu wahren.
2. In den achtziger Jahren manifestiert sich darüber hinaus ein immer deutlicher werdendes gemeinsames Interesse in beiden Teilen Deutschlands, Spannungen in Europa zu vermeiden und so die für die Deutschen erreichten Vorteile zu sichern und auszubauen.
3. Über die langfristige Lösung der deutschen Frage in der Mitte Europas gibt es bisher keine einheitlichen Vorstellungen. Unsere Politik wird allerdings nie bereit sein, die schmerzliche Trennung der Deutschen, die Spaltung unserer Nation und der Europäer als endgültig hinzunehmen.
4. In zeitlich distanzierter Betrachtung wird deutlich, daß die jeweilige Opposition eher versucht ist, die Sachzwänge der Politik geringer einzuschätzen als die Regierung, die unmittelbar wirksame Entscheidungen treffen und durchsetzen muß. Das wird besonders deutlich in den deutschland- und ostpolitischen Auseinandersetzungen der fünfziger und siebziger Jahre und ist auch gegenwärtig durchaus erkennbar. Andererseits konnte die prägnant artikulierte Opposition mitunter von der Regierung gerade zur Stützung ihrer Verhandlungsposition genutzt werden, und es lassen sich viele Fälle vorstellen, in denen Regierung und Opposition überhaupt an einem Strang ziehen.
5. Bei der Organisation und Gestaltung der deutschlandpolitischen Arbeit des Parlaments ist zu berücksichtigen, daß in der Bundesregierung zahlreiche Ressorts mit der Materie befaßt sind und sich außerdem ein Teil der politischen Arbeit der öffentlichen Erörterung und Darstellung entziehen muß, wenn er den Betroffenen unmittelbar zugute kommen soll.

Grundsätzliche Weichenstellungen

Bereits in der 1. Sitzung des Deutschen Bundestages am 7. September 1949, noch vor der Wahl des Bundespräsidenten, galten die ersten Ausführungen des Alterspräsidenten Löbe dem Wiedervereinigungsgebot. Er eröffnete den Bundestag mit einem Bekenntnis zur »alten deutschen Hauptstadt Berlin« und bezeichnete die Wiedergewinnung der deutschen Einheit als »erste unserer Aufgaben«. Der Alterspräsident drückte damit die Meinung aller Fraktionen des Bundestages aus – ein Grundkonsens, der bei allen Differenzen über die zu beschließenden Maßnahmen und über den einzuschlagenden Weg bis heute erhalten geblieben ist und fortwirkt.
Einer der ersten dem Plenum zugeleiteten Anträge, die Bundestagsdrucksa-

che Nr. 3, betraf »Groß-Berlin« und enthielt die feierliche Erklärung des Parlaments, »daß nach dem Willen des deutschen Volkes Groß-Berlin Bestandteil der Bundesrepublik Deutschland und ihre Hauptstadt sein soll«. Schon im Parlamentarischen Rat führte die Frage der Zugehörigkeit Berlins zum Bund und die Stellung der Berliner Abgeordneten zu Meinungsunterschieden mit den damaligen Besatzungsmächten. Aus Berlin stammenden Mitgliedern des Parlamentarischen Rates war nur die beratende Teilnahme gestattet worden. Am 12. Mai 1949 stellten dann die westlichen Militärgouverneure zum Grundgesetz fest, sie interpretieren die Artikel 23 und 144 dahingehend, daß »Berlin keine abstimmungsberechtigte Mitgliedschaft im Bundestag oder Bundesrat erhalten« wird, »jedoch eine beschränkte Anzahl Vertreter zur Teilnahme an den Sitzungen dieser gesetzgebenden Körperschaft benennen darf«.
In der parlamentarischen Praxis nahmen die Berliner Mitglieder des Bundestages in der Folge alle Funktionen wahr, einschließlich der des Vizepräsidenten, des Ausschußvorsitzenden, des Fraktionsvorsitzenden und des Vorsitzenden von Arbeitskreisen. Sie fungieren auch als Antragsteller und üben das Stimmrecht in den Ausschüssen und in Verfahrensfragen aus. Lediglich bei der abschließenden zweiten und dritten Lesung von Gesetzesentwürfen im Plenum wird ihre Stimme gesondert gezählt. Die Namen der verstorbenen Abgeordneten Amrehn, Dr. Arndt, Dr. Friedensburg, Dr. Gradl, Dr. Krone, Lemmer, Lorenz, Frau Dr. Lüders, Mattick, Neubauer, Dr. Schellenberg und Frau Schlei machen deutlich, daß die Berliner immer besonders aktiv an der Arbeit des Bundestages mitgewirkt haben.
Sofort nach der Konstituierung errichtete der Bundestag einen Ausschuß für Gesamtdeutsche Fragen und einen Ausschuß für Berlin, die dann seit der zweiten Wahlperiode zu einem Ausschuß für Gesamtdeutsche und Berliner Fragen zusammengefaßt wurden. Von Anfang an wurden sowohl gesamtdeutsche als auch Berlin-Fragen nur in geschlossenen Ausschüssen beraten, zu denen lediglich ihre Mitglieder und die Vertreter der Bundesregierung und des Bundesrates Zutritt haben.
Die vertraulichen und geheimen Protokolle dieser beiden Ausschüsse aus der ersten Wahlperiode, die soeben für die wissenschaftliche Auswertung freigegeben wurden, stellen eine informative Fundgrube nicht nur für den historisch Interessierten dar. Ihre Lektüre macht auch verständlich, weshalb sie damals als vertraulich oder geheim klassifiziert wurden, ging es doch auch um die Erörterung vieler damals nicht veröffentlichter Vorgänge. Beide Ausschüsse hielten alsbald auch Sitzungen in Berlin ab. Bis heute gehört dies zur selbstverständlichen, mehrfach im Jahr geübten Praxis.
Schon in der ersten Wahlperiode wird ersichtlich, daß sich die parlamentarische Kontrolle von Anfang an nicht auf das Fachressort, das damalige Bundesministerium für gesamtdeutsche Fragen, beschränken durfte. Der

Bundeskanzler und später das Auswärtige Amt mußten wegen der internationalen Aspekte der Deutschlandpolitik laufend berichten. Das galt besonders für die Konferenzen und die Notenwechsel der vier Großmächte. Auch die Erlangung der Souveränität, der Verteidigungsbeitrag und die Pariser Verträge waren essentiell mit der deutschen Frage verknüpft.
Der Bundesminister der Finanzen, der Bundesminister für Wirtschaft und der Bundesminister für den Marshallplan waren zuständig für die Berlinhilfe, für den Interzonenhandel und die Hilfeleistungen für die Gebiete an der Zonengrenze. Die Aufnahme des Flüchtlingsstromes lag in den Händen des Bundesministers des Innern und des Bundesministers für Vertriebene. Der Bundesminister für Verkehr wurde vom Bundestag und dessen Ausschuß für Gesamtdeutsche Fragen mit Initiativen zum Berlin-Verkehr und zur Verkehrserschließung des Zonenrandgebietes beauftragt. Der Bundesminister für Wohnungsbau wurde aufgefordert, im Rahmen des sozialen Wohnungsbaus an die Flüchtlinge aus der Sowjetischen Besatzungszone zu denken. Diese Auswirkungen der Deutschlandpolitik auf zahlreiche Ressorts der Bundesregierung sind bis heute unverändert feststellbar.

Gemeinsamkeit in den Grundfragen

Die deutsche Frage stand im Zentrum der großen Debatten des Deutschen Bundestages um die Standortbestimmung der Bundesrepublik Deutschland seit ihrer Gründung. Das Engagement der Redner war geprägt durch persönliches, hautnahes Miterleben der Situation in der Sowjetischen Besatzungszone und in Berlin. Mitglieder des Bundestages wohnten damals noch in Ost-Berlin oder hatten unter sowjetischem Zwang führende Positionen in ihren dortigen Parteien aufgeben müssen.
Die Opposition in der ersten Legislaturperiode verstand ihre Rolle in besonderem Maße als Mahner in nationalen Belangen und veranlaßte so die Bundesregierung zu erhöhter Rücksichtnahme auf diese Argumente. Nicht selten konnte die Regierung die Opposition aber auch für eine Verstärkung ihrer Verhandlungsposition gegenüber den Großmächten nutzen. Es mag auch heute manchen noch verwundern, daß damals eine ganze Reihe von Anträgen der Opposition die Zustimmung der großen Mehrheit des Hauses fanden.
Die Gemeinsamkeit der Verantwortung zeigt sich auch in einer Reihe von Entschließungsanträgen, die von Koalition und Opposition getragen wurden, sei es zur Frage von freien Wahlen in ganz Deutschland, zum Friedensvertrag, zum 17. Juni 1953, zu den Viermächte-Konferenzen oder zu den Vorbehalten anläßlich der Moskauer Verhandlungen. Diese Entschließungen traten damals etwas in den Hintergrund des öffentlichen Bewußtseins angesichts der unvergeßlichen erbitterten Debatten um die Pariser

Verträge, die gerade wegen ihrer engen Verknüpfungen mit der deutschen Frage mit so großer Leidenschaft geführt wurden.
Das politische Gewicht des Deutschen Bundestages wurde im Dezember 1951 u.a. dadurch demonstriert, daß bei der Behandlung der Frage gesamtdeutscher Wahlen durch die Vereinten Nationen der damaligen Delegation der Bundesrepublik Deutschland der Fraktionsvorsitzende der CDU/CSU, Heinrich von Brentano, der stellvertretende Fraktionsvorsitzende der FDP, Hermann Schäfer, der Regierende Bürgermeister von Berlin, Ernst Reuter, und später der Bundestagsabgeordnete Dr. Gradl angehörten. Sie legten gemeinsam vor dem Politischen Ausschuß der UN-Generalversammlung den Standpunkt zur Frage der Wiederherstellung der deutschen Einheit durch freie Wahlen in ganz Deutschland dar.
In einen öffentlich ausgetragenen Gegensatz zur Bundesregierung setzte sich Bundestagspräsident Dr. Hermann Ehlers im September 1952, als er eine Delegation der Volkskammer empfing. Er begründete diese selbständige Stellung des Verfassungsorgans damit, daß in der Öffentlichkeit unbedingt auch nur der Anschein vermieden werden müsse, daß es dem Parlament mit seinem Bekenntnis zur Wiedervereinigung nicht ernst sei. Zu den damals überreichten Vorschlägen der Volkskammer-Delegation nahm der Präsident bei dem Gespräch nicht Stellung; er beschränkte sich auf die Zusage, sie dem Deutschen Bundestag und der Bundesregierung zuzuleiten.
Im Januar 1954 bat dann der Bundestagsausschuß für Gesamtdeutsche und Berliner Fragen unter dem Vorsitz des Abgeordneten Herbert Wehner den Bundestagspräsidenten, auf erneute Vorschläge der Volkskammer nicht einzugehen. Die von der Volkskammer vorgeschlagene Entsendung einer gesamtdeutschen Delegation werde die Arbeit einer Außenminister-Konferenz der Vier Mächte erschweren. Darüber hinaus seien die Vertreter der Volkskammer nicht legitimiert, die Bevölkerung in der Sowjetischen Besatzungszone zu vertreten.
Im gleichen Jahr riefen Politiker aus allen demokratischen Parteien das Kuratorium Unteilbares Deutschland ins Leben, mit dem der Deutsche Bundestag heute noch eng verbunden ist.
Der Deutsche Bundestag hatte sich während der Verhandlungen zu den Pariser Verträgen, die vor allem zur Beendigung des Besatzungsregimes und zum Beitritt der Bundesrepublik Deutschland zur NATO führten, damit zufriedengeben müssen, daß nur ein sechsköpfiger Unterausschuß des Auswärtigen Ausschusses unterrichtet wurde. Als es aber um die Ratifizierung der Verträge ging, setzte er entgegen den Wünschen der Bundesregierung eine eingehende Beratung ohne Zeitdruck durch. Neben dem federführenden Auswärtigen Ausschuß wurde u.a. auch der Ausschuß für Gesamtdeutsche und Berliner Fragen zur Mitberatung herangezogen, spielte doch bei Abschluß der Verträge die deutsche Frage und die Wahrung des

Anspruchs auf Wiederherstellung der deutschen Einheit eine entscheidende Rolle. Hinzu kam noch die Lösung der Saarfrage, die damals auch zu den gesamtdeutschen Fragen gehörte. In der Schlußphase der Verhandlungen im Oktober 1954 wurden zeitweilig auch Vertreter der Fraktionen des Bundestages zur Konsultation vom Bundeskanzler nach Paris gerufen. Trotz der erbitterten Ratifizierungsdebatte und obwohl die Opposition die Verträge ablehnte, stellte der Deutsche Bundestag dennoch am gleichen Tage einstimmig in einer Entschließung fest, daß die Wahrung der Einheit und Freiheit Deutschlands die vordringliche Aufgabe für die deutsche Politik bleibe.

Diese Gemeinsamkeit in den Grundfragen machte es auch möglich, daß bei den entscheidenen Moskauer Verhandlungen im September 1955 in der deutschen Delegation der Deutsche Bundestag durch den Vorsitzenden des Auswärtigen Ausschusses, Prof. Dr. Schmid (SPD), und dessen Stellvertreter Dr. Kurt Georg Kiesinger (CDU/CSU) vertreten wurde. Deshalb konnte dann auch das Verhandlungsergebnis, Aufnahme diplomatischer Beziehungen mit der Sowjetunion unter Wahrung des Rechtsstandpunktes in der deutschen Frage, einstimmig vom Deutschen Bundestag gebilligt werden.

Bundestag und Ostpolitik

War in den fünfziger Jahren die SPD in der Opposition der Mahner nationaler Vorbehalte, so fiel in den siebziger Jahren bei den Ostverträgen diese Rolle der CDU/CSU zu. Sie drängte nun auf möglichst eingehende Information über die laufenden Verhandlungen. Die Einladung, zur Teilnahme an der Reise nach Moskau Vertreter zu entsenden, ohne an das Verhandlungsergebnis gebunden zu sein, nahmen nur die Koalitionsfraktionen an. Die Fraktion der CDU/CSU lehnte ab, weil sie Verhandlungen auf der Grundlage des sog. Bahr-Papiers nicht zustimmen könne, zumal ihr immer noch nicht die Verhandlungsprotokolle bekannt seien. Deren Kenntnis erlaubte erst eine volle Einschätzung der mit dem Bahr-Papier veröffentlichten zehn Punkte. In dieser kritischen Situation entwickelte sich auf Anregung des Fraktionsvorsitzenden Dr. Barzel der Brauch der vertraulichen Unterrichtung der Fraktionsspitzen, der bis heute in Fragen der Deutschlandpolitik etablierte Praxis ist.

Ein breiter Grundkonsens wurde 1971 wiederum deutlich, als der Deutsche Bundestag trotz scharfer ostpolitischer Gegensätze einstimmig den Entwurf eines Zonenrandförderungsgesetzes verabschiedete, an dessen Zustandekommen Opposition und Koalition gleichermaßen Anteil hatten.

Ähnlich wie 1955 kam es im Zusammenhang mit der Ratifizierung der Verträge von Moskau und Warschau am 17. Mai 1972 trotz scharfer Kontroversen in der Beurteilung der Verträge anschließend wieder zu einer von allen drei Bundestagsfraktionen getragenen Entschließung, in welcher u.a. die gemeinsamen Vorbehalte und Standpunkte der Fraktionen zur deutschen Frage festgehalten wurden. Das war möglich, obwohl es nur Wochen zuvor gerade wegen der scharfen Meinungsverschiedenheiten über die Verträge zu dem vergeblichen Versuch gekommen war, durch ein konstruktives Mißtrauensvotum einen Regierungswechsel herbeizuführen. Die Einigung auf diese Entschließung trug dann auch dazu bei, den Verträgen die parlamentarische Mehrheit zu sichern. Der Deutsche Bundestag stand dabei im Mittelpunkt der politischen Willensbildung.

Vielleicht haben diese hartnäckigen und für viele schmerzhaften Diskussionen dazu beigetragen, breiteren Konsens vorzubereiten, der dann in den achtziger Jahren in der Deutschlandpolitik deutlicher hervortrat. Für aufmerksame Beobachter mußte es 1982 klar sein, daß der Regierungswechsel nicht zu einer grundlegenden Änderung in der Deutschlandpolitik führen würde, hatten doch schon im Sommer 1978 die Parteivorsitzenden eine detaillierte gemeinsame Erklärung über die Berlin-Politik abgegeben.

Für den Deutschen Bundestag war eine ungewohnte Situation entstanden. Die neue Opposition, insbesondere die SPD, sah keine schwerwiegenden Anlässe zur Kritik an der Bundesregierung. Meinungsverschiedenheiten traten im Plenum und in dem seit 1969 umbenannten Ausschuß für innerdeutsche Beziehungen in den Hintergrund und wurden zeitweilig lediglich innerhalb der Fraktionen ausgetragen.

Für die Medien und eine breitere Öffentlichkeit ist dies ein überraschender Zustand: Die deutschlandpolitischen Debatten im Plenum oder im Ausschuß für innerdeutsche Beziehungen sind keine Redeschlachten mehr. Als differenzierte Beratung bieten sie wenig Material für die Darstellung parlamentarischer Kontroversen. So konnte es z.B. 1984 dazu kommen, daß eine von CDU/CSU, SPD und FDP gemeinsam getragene Grundsatzentschließung zur deutschen Frage, auf die man sich auch heute immer wieder beruft, in der Presse erst Erwähnung fand, als sie einige Tage später vom SED-Organ »Neues Deutschland« kritisiert wurde. Ähnlich erging es zwei Monate später einer gemeinsamen Entschließung zum gerade aktuell gewordenen Übersiedlerstrom aus der DDR und Ost-Berlin.

Unterschiedliche Akzente

Dennoch sind die Unterschiede in den Auffassungen der Fraktionen nicht zu übersehen. Koalition und Opposition betrachten beispielsweise die Notwendigkeit der Erfassungsstelle Salzgitter aus jeweils anderem Blickwinkel, was inzwischen dazu führte, daß sich einige Bundesländer aus der Finanzierung dieser gemeinsamen Einrichtung der Landesjustizverwaltungen zurückzogen. Die CDU kritisiert das Drängen der SPD in der Frage der

innerdeutschen Grenze an der Elbe, zumal die Regierung hier zur Zeit keinen Handlungsbedarf sieht.
Das zwischen SPD und SED erarbeitete Streit- und Dialogpapier war Gegenstand heftiger Angriffe, besonders aus der Fraktion der CDU/CSU. Das gleiche gilt auch für Vorschläge im Bereich der Abrüstung und Rüstungskontrolle für das Gebiet der Bundesrepublik Deutschland, der DDR und der CSSR. Während die Koalition der SPD dazu vorwirft, sie berücksichtige das außenpolitische Umfeld nicht, entgegnet die SPD, die Regierung entwickle in diesem Bereich nicht genügend Initiative.
Auch die Koalitionspartner CDU/CSU und FDP betrachten die Ostpolitik der Bundesregierung der siebziger Jahre nicht gleich. Schon seit den fünfziger Jahren tut sich die FDP leichter, in der DDR auf Partei-Ebene Gespräche zu führen. CDU und CSU sehen auf dieser Ebene keine geeigneten Gesprächspartner in der DDR.
Die Fraktion der Grünen geht zu den drei anderen Fraktionen auf Distanz, weil sie grundsätzlich das westliche Bündnis und die Europäische Gemeinschaft zur Diskussion stellen will, die DDR als Ausland betrachtet und in Berlin eine Verringerung der Truppen der Schutzmächte sowie eine Einschränkung der Rechtseinheit mit dem Bund anstrebt. Andererseits setzten sich die Grünen mit Nachdruck für innere Reformen in der DDR ein.
Natürlich machen Parlamentarier auch in der Deutschlandpolitik von ihrem Recht der freien Meinungsäußerung in einer Weise Gebrauch, die nicht immer im Einklang mit der Fraktionsmeinung steht. Manchmal hat sich in der Sache auch noch keine Fraktionsmeinung gebildet. Die Versuchung ist dann groß, eine ganze Fraktion dafür zu schelten. Ich würde mir hier gelegentlich etwas mehr Gelassenheit wünschen.
Für das breite Feld der innerdeutschen Beziehungen hat der Deutsche Bundestag in 40 Jahren eine gut eingespielte Praxis entwickelt. Die Bundesregierung legt regelmäßig Berichte zur Lage der Nation, zur Erschließung des Zonenrandgebietes, im Bereich des Verkehrs sowie des Post- und Fernmeldewesens vor, die dann im Detail im Ausschuß für innerdeutsche Beziehungen und seinem Unterausschuß für Zonenrandförderung beraten werden. Die anschließend vom Plenum meist einstimmig verabschiedeten, ebenso detaillierten Stellungnahmen machen deutlich, daß hier konsequente parlamentarische Arbeit geleistet wird, die die Regierung unter stetigen Handlungsdruck setzt.
Abgeordnete aus Berlin oder aus den Zonenrandgebieten sind über die Parteien hinweg durch das besondere Schicksal ihrer Heimatorte zur Solidarität und zu einfallsreichem gemeinsamen Handeln veranlaßt. Mit verzeihlicher Ironie wird bei der Beurteilung dieser speziellen politischen Verwandtschaft zuweilen der Name einer »ehrenwerten« italienischen Gesellschaft verwendet.
Im Bereich der innerdeutschen Beziehungen gab es in den letzten Jahren

kaum noch öffentliche Anhörungen, da die Fraktionen offensichtlich kein Bedürfnis verspüren, unterschiedliche Standpunkte in der Öffentlichkeit darzustellen. Dafür fanden aber in letzter Zeit mehrfach nichtöffentliche oder vertrauliche Anhörungen statt, weil der Ausschuß die Erfahrung gemacht hat, daß ihm auf diese Weise eine Fülle von Informationen zufließt, die er in öffentlicher Sitzung nicht erhalten würde. Die so gewonnenen Erkenntnisse führten dann z.B. dazu, daß die Fraktionen der CDU/CSU, der SPD und der FDP am 16. Oktober 1986 einen interfraktionellen Antrag zur Verabschiedung brachten, in dem Bund, Ländern, Gemeinden und Organisationen detaillierte Empfehlungen zur Eingliederung der Übersiedler unterbreitet wurden.
Seit einigen Jahren wird bei Eingang von Entschließungsanträgen zuerst geprüft, ob man zu einer Formulierung gelangen kann, die möglichst von einer breiten Mehrheit aus Koalition und Opposition getragen wird. Diese Bemühungen haben oft Erfolg, mag es um den Berlin-Verkehr oder um den innerdeutschen Handel gehen. Mit solchen Entschließungen wird der Deutsche Bundestag verhältnismäßig häufig initiativ und beeinflußt so die Arbeit der Exekutive und die laufenden innerdeutschen Verhandlungen der Bundesregierung.

Parlament und Bürger

Seit 1949 machten viele Bürger von ihrem im Grundgesetz verbrieften Recht Gebrauch, sich mit Bitten und Beschwerden auch in deutschlandpolitischen Angelegenheiten an die Volksvertretung und deren Mitglieder zu wenden. Schon unmittelbar nach seinem Zusammentreten wurde der Deutsche Bundestag um Hilfe bei der Freilassung von Häftlingen in der damaligen sowjetischen Besatzungszone gebeten. Das ist bis heute so geblieben. Bürger hoffen auf Hilfe bei der Familienzusammenführung, beschweren sich über Zurückweisung an der Grenze, über Kontrollen im innerdeutschen Reiseverkehr oder in Einzelfällen über mangelndes Verständnis bei der Eingliederung von Übersiedlern in die Bundesrepublik. Bürgerinitiativen und Organisationen regen die Öffnung weiterer innerdeutscher Grenzübergänge an oder machen Vorschläge für die Verbesserung des Berlin-Verkehrs. Über die Möglichkeit der Hilfe in Einzelfällen hinaus erhält der Deutsche Bundestag auf diesem Wege vielfach Anregungen für die Deutschlandpolitik und die Gesetzgebung.
Auf Bitten des Petitionsausschusses überreichte der Präsident des Bundestages dem Vorsitzenden des Staatsrates der DDR bei dessen Besuch in der Bundesrepublik Deutschland Anfang 1987 eine Liste von besonderen Härtefällen. Schon ein Jahr zuvor war dem Präsidenten der Volkskammer der DDR bei dessen Aufenthalt in Bonn eine ähnliche Härteliste übergeben

worden. Mitglieder des Deutschen Bundestages machen immer wieder von der Gelegenheit Gebrauch, bei Kontakten mit Politikern der DDR Einzelfälle anzusprechen und dadurch den Menschen in unserem geteilten Land unmittelbar zu helfen.
Es sollte im Zusammenhang mit den Petitionen auch nicht verschwiegen werden, daß sich der Deutsche Bundestag schon veranlaßt sah, eine Beschwerde darüber zurückzuweisen, daß den Besuchern aus der DDR zu großzügig geholfen werde. Der Petitionsausschuß brachte in diesem Fall zum Ausdruck, daß es Pflicht der Bundesrepublik Deutschland sei, den Besuchern aus der DDR aus humanitären Gründen ihren Aufenthalt in der Bundesrepublik zu erleichtern, wenn der Begriff von der Einheit der Nation nicht eine inhaltslose Floskel sein solle.
Außerdem beteiligt sich der Bundestag aktiv an der Vertretung und Absicherung der Deutschlandpolitik in der internationalen Zusammenarbeit. In der Interparlamentarischen Union (IPU) hat dies eine in langjährigen Auseinandersetzungen und im Ost-West-Dialog erprobte Tradition. Im Europarat, in der Versammlung der Westeuropäischen Union und im Europäischen Parlament halten die deutschen Mitglieder das Problembewußtsein für die deutsche Frage aufrecht und leisten ihren eigenen Beitrag zur Gestaltung der Ost-West-Beziehungen. Das gilt besonders auch für die sich jetzt anbahnende Belebung und Regularisierung der Beziehungen zwischen EG und RGW, den Staaten des Rates für Gegenseitige Wirtschaftshilfe.
In Besuchen bei der Organisation der Vereinten Nationen sowie auf den Folgekonferenzen und Expertentreffen im Rahmen der KSZE werden laufend deutschlandpolitische Interessen vertreten und andererseits auch wertvolle Informationen vermittelt, die wiederum die Meinungsbildung des Deutschen Bundestages in der Deutschlandpolitik beeinflussen. Das gilt auch für Besuche der Abgeordneten in fremden Hauptstädten.

Bundestag und Volkskammer

Reise- und Gesprächskontakte mit der DDR hatten zunächst vor allem Delegationen der Fraktionen und Parteien. Seit dem Herbst 1983, als der Ausschuß für innerdeutsche Beziehungen Wittenberg, Leipzig und Potsdam besuchte, reisen auch andere Fachausschüsse in die DDR. Zu Kontakten mit Ausschüssen der Volkskammer ist es dabei allerdings nicht gekommen, weil die Frage der Beziehungen des Deutschen Bundestages zur Volkskammer der DDR noch nicht geregelt ist. Auf der anderen Seite haben auch Mitglieder der Volkskammer und Präsident Sindermann in Bonn Besuche gemacht und Gespräche geführt.
Im Oktober 1987 wurde schließlich ein Antrag der Fraktion der SPD vom Plenum an den Ältestenrat überwiesen, in welchem der Präsident des

Deutschen Bundestages gebeten wurde, »konkrete Schritte zur Normalisierung des Verhältnisses zwischen dem Deutschen Bundestag und der Volkskammer der Deutschen Demokratischen Republik zu unternehmen«. Im Frühjahr 1988 bat der Ältestenrat den Bundestagspräsidenten, »Gespräche zu führen, um die Voraussetzungen zu klären, die zur Ausnahme des Antrags führen«. Diese Klärung erfolgt zur Zeit, ist indessen noch nicht abgeschlossen.
Die für die Kontakte zwischen dem Deutschen Bundestag und der Volkskammer der DDR aufgestellten Voraussetzungen sind auch Ausdruck einer Verantwortung des Parlaments für Berlin, wie sie schon in der ersten Sitzung des Bundestages im Jahre 1949 deutlich geworden ist. Damit wird gleichzeitig klargestellt, daß der Deutsche Bundestag sich nach 40 Jahren unverändert bemüht, dem Auftrag des Grundgesetzes gerecht zu werden.

Ausblick

Weder für die Menschen in ganz Deutschland noch für die Bürger der Bundesrepublik Deutschland und ihr frei gewähltes Parlament ist die deutsche Frage ein nur historisches oder staatstheoretisches Problem. Die »Einheit und Freiheit Deutschlands zu vollenden«, legt uns die Präambel des Grundgesetzes auf, und dieses Prinzip ist seit 1949 auch zur unveränderten Richtschnur der Arbeit des Deutschen Bundestages geworden.
Zieht man eine vorläufige Zwischenbilanz der deutschlandpolitischen Arbeit im Parlament, so läßt sich vor allem feststellen, daß der Bundestag die deutsche Frage vital gehalten und Schritt für Schritt mit Hilfe aller bisherigen Bundesregierungen humanitäre und praktische Verbesserungen für die Menschen in ganz Deutschland erzielt hat.
Dem Deutschen Bundestag kommt es darauf an, die deutsche Frage politisch offenzuhalten, das Bewußtsein um die Einheit zu stärken und die Anomalität der Teilung Deutschlands und Europas bewußtzumachen. Wir vertrauen darauf, daß wir bei unseren europäischen Nachbarn Unterstützung für die Lösung unserer nationalen Frage finden, die zugleich eine europäische ist. Dieser Wunsch der Deutschen ist gegen niemanden gerichtet, denn unsere Deutschlandpolitik ist europäische Friedenspolitik. Unser Parlament, der Deutsche Bundestag, bleibt dabei ein zuverlässiger und engagierter Partner.

Wilhelm Wolfgang Schütz

Die Präambel und die deutsche Kultur

Kulturelle Einheit der Deutschen – ein gewaltiger Block in der geschichtlichen Landschaft. Aber so glatt wie sich das Bild zum Symbolhaften verschleift, ist die Wirklichkeit eben nicht. Und schon gar nicht einfach darstellbar ist jener dem politischen Zweck dienende Ordnungsbegriff einer deutschen Kulturnation. Friedrich Meineckes kühner Idee eines dialektischen Verhältnisses zwischen Kulturnation und Staatsnation haben sich ja die Trümmerfelder von beiden Einheitsbegriffen seither in den Weg gewälzt. Staatsnation als historischer Begriff wie auch als Zukunftsidee, damit ließe sich unbefangener umgehen, drängten sich nicht Keile dazwischen, die ihren Ursprung in eigenem Verschulden haben. Aber auch darin, daß vieles im Laufe der Geschichte sich anders, fremder, befremdlicher, entzweiender und jedenfalls verunsichernder entwickelt hat. Wenn aber der eine Pfeiler dieser Nationalarchitektur, nämlich die Staatsnation, schadhaft geworden ist, welcher Verlaß ist dann auf den anderen, die Kulturnation? So schlicht läßt sich diese Legierung aus Nationalem und Kulturellem eben nicht anbieten, daß sich hinterfragen verbieten würde. Mit dem Versuch jedenfalls, der fehlenden Einheitlichkeit des Staates auf dem Sternenweg über die Kultur beizukommen, ist es so einfach nicht. Vielmehr drängt sich die Überlegung auf, daß im Grunde genommen deutsche Geschichte, die seit eh und je auf staatlichem Gebiet fragmentarisch geblieben ist, ihre Motive und Gestaltungskräfte immer wieder aus dem Kulturellen bezogen hat, deutsche Kultur aber immer auch ins Europäische ausgeufert ist. Seit dem Mittelalter. Seit der Renaissance.
Die Lebenswirklichkeit der Deutschen hat seit der jüngsten Teilung, nämlich der Mehrstaatlichkeit während der kurzen Jahrzehnte nach dem zweiten Weltkrieg, zwangsläufig die Kultur zu einem lebenswichtigen Bauelement des Staatstorsos erhoben. Kläglich mußte der zeitweilige Versuch scheitern, kulturelle Wirklichkeit politischer oder ideologischer Trennung zuzuordnen. Mitte der siebziger Jahre bilanzierte Helmut Schmidt die staatsübergreifende Geltung von Kultur, Glauben und Geist: »Karl Marx ist nicht in Ost-Berlin geboren worden, sondern in Trier. Friedrich Engels in Barmen; Hegel kam aus Stuttgart, Luther wurde in Eisleben geboren; Kant war Königsberger; Ferdinand Lassalle kam aus Breslau, Johann Sebastian Bach

aus Eisenach, Gerhart Hauptmann kam aus Schlesien, Caspar David Friedrich aus Greifswald; aber Bert Brecht kam in Augsburg zur Welt, Schiller am Neckar und Goethe am Main. Sie alle gehören zusammen!« Also Trennung in West und Ost? In der Kultur macht das keinen Sinn.

Mit der ihr eigenen Entschlossenheit hat bereits 1948, also kurz nach dem Zusammenbruch und noch vor der Formierung Nachkriegsdeutschlands in geteilte Staaten, die Schriftstellerin und Historikerin Ricarda Huch von dem Gefühl gesprochen, »in Deutschland zu sein, nicht nur in einem Teil, sondern im ganzen einigen Deutschland«. Anfang der achtziger Jahre dachte Günter Grass in gleicher Richtung: »Pfeift auf die Grenzen. Wünscht nur die Sprache geräumig. Seid anders reich. Schöpft ab den Profit. Denn Besseres (über die Drahtverhaue hinweg) haben wir nicht. Einzig die Literatur (und ihr Unterfutter: Geschichte, Mythen, Schuld und andere Rückstände) überwölbt die beiden sich grämlich abgrenzenden Staaten. Laßt sie gegeneinander bestehen – sie können nicht anders –, doch zwingt ihnen, damit wir nicht weiterhin blöde im Regen stehen, dieses gemeinsame Dach, unsere nicht teilbare Kultur auf.« Ein Zitat aus »Kopfgeburten oder die Deutschen sterben aus«, ein Bekenntnis zum unteilbaren Deutschland in der Literatur.

Wäre Kultur in diesem stoischen Befund also wirklich ein einigendes Element der Nation? Ja, es ist vorhanden. Allein es vereinfacht und verdichtet wirklich eine in der geschichtlich gewordenen Wirklichkeit eben doch nicht zur Kulturnation. Nehmen wir Kultur so ernst, so tragfähig, so umfassend, wie sie ist, dann läßt sie sich eben nicht einschränken auf Staatlichkeit. Sie greift darüber hinaus, und zwar geographisch wie inhaltlich. In einer ironischen Verfremdung veranschaulicht uns der österreichische Schriftsteller Thomas Bernhard die Unvereinbarkeit von Dichtung und Staatlichkeit. Er wetterte gegen seine Heimat Österreich. Wie viel weniger wäre er bereit, als Kronzeuge für eine Staatsfunktion von Kultur, also eine deutsche Kulturnation, aufzutreten. In seinem Prosabuch »Holzfällen« überschüttete er alle »mit sogenannten Staatsgeld und Staatsehren verwaltende Leute« mit Hohn: »Alle österreichischen Künstler gehen, sobald sie, wie gesagt wird, in die Jahre gekommen sind, diesen Weg, verleugnen alles, das sie bis 25 oder bis 30 mit der größten Entschiedenheit und mit der größten Lautstärke sozusagen als die notdürftigste Moral des Künstlertums hochgehalten und propagiert haben, wo immer, und verbrüdern sich mit den staatlichen Geld- und Ordens- und Rentengebern. Alle österreichischen Künstler lassen sich schließlich vom Staat und seinen niederträchtigen politischen Absichten kaufen und verkaufen sich diesem skrupellosen, gemeinen und niederträchtigen Staat, und die meisten schon gleich von Anfang an. Ihr Künstlertum besteht aus nichts anderem als aus dem Gemeinmachen mit dem Staat, das ist die Wahrheit.« Wage da einer eine Identität von Kultur und Staat vorzuweisen. Der deutschsprachigen Dramatiker einer,

und gar nicht der unbedeutendste, macht da reinen Tisch, ehe der Versuch auch nur anhebt.
Kurz, mit einer Einbeziehung österreichischer oder gar Schweizer Autoren in eine irgendwie verbindliche deutsche Staatlichkeit ist es also nichts. Trotz kultureller, also nicht nur sprachlicher Gemeinsamkeit. Um so ausgeprägter der nationale Fundus der Kultur im Bereich der zwei deutschen Staaten und Berlins. Also dem Torso des ursprünglichen Deutschen Reichs. Übergehen wir dabei nicht Unsicherheiten, die dem schwankenden Kulturverhältnis entspringen. Auf der einen Seite der pompöse Architektur-Stil, der in vielen Städten zu einer Restauration herrschaftlicher Repräsentations- und Theater-Bauten führte. Überlegungen, wie eine moderne Zeit, wie eine Epoche nach den Katastrophen sich architektonisch darstellen könnten, wurden meistens verdrängt. Auf der anderen Seite aber auch inhaltlich Nachwehen eines pervertierten Kulturverständnisses. Im Osten eine blöde Zensur, im Westen ebenfalls ein dominierender Ideologismus. In beiden Teilen Deutschlands eine Selbstdarstellung halbgebildeter Herrschaftsschichten. Dieses veranschaulicht, um nur ein Beispiel zu nennen, der langjährige Boykott des Günter Grass in der DDR. Mit seinem »deutschen Trauerspiel« »Die Plebejer proben den Aufstand« hatte er es mit dem Machthabern in Ost-Berlin verdorben. Mit der Überschneidung von Theater und Wirklichkeit auf dem Hintergrund des 17. Juni 1953 berührte er ein rigoroses kommunistisches Tabu. Auf der anderen Seite anfängliche Verbarrikadierung bundesdeutscher Bühnen gegen einen anderen bedeutenden Dichter, nämlich Brecht. Er sei »Kommunist«, und damit basta. Später sogar die Selbstenthüllung eines Regierungschefs, dem die »ganze Richtung« der Intellektuellen nicht paßte. Woraufhin er sie mit der Verunglimpfung als »Pinscher« abzutun versuchte. Überall das nämliche Grundübel deutscher Kulturpolitik, nämlich die Annahme, das Bestimmende entstamme der Herrschaft – auch in Literatur und Kunst. Von da war es nur ein Schritt zu einem Grundmuster von zwei deutschen Kulturen als Folge von zwei deutschen Staaten. Wäre denn das Staatlich-Politische tatsächlich kulturbestimmend, dann wäre solche arrogante Kultur-Teilung sogar noch irgendwie logisch. Doch die Wirklichkeit, die ist eben anders in Europa. Wie in Deutschland. Kultur ist eigenständig. In der Bundesrepublik wird diese Grundtatsache reflektiert und respektiert. Damit verliert auch die These von der Permanenz der deutschen Teilung ihre Grundlage.
In historisch-politischer Dimension hat diese Einsicht selbst der Gestaltungsmacht der Teilung, nämlich führenden Kreisen der Sowjetunion, gedämmert. Von 100 Jahren Teilung, aber inzwischen bereits 50 Jahren hörte man mutmaßen. Als geschichtlicher Zeitraum also bereits wieder überschaubar. Kulturell im Grunde genommen aber damit bereits wieder gegenstandslos. Einen Kulturbegriff auf Jahrzehnte zu reduzieren, ist sowohl un-historisch wie un-kulturell. Der kurzen, vergessenswerten und in der

Tat bereits wieder vergessenen Episode von kultureller Aufspaltung war damit ein rasches Ende beschieden. Vernagelten Ideologen auf westlicher Seite entglitt die Boykottwaffe, als die poetische Kraft eines Autors wie Bert Brecht selbst den obrigkeitshörigen Theatern der Bundesrepublik keinen anderen Weg mehr beließ, als die Stücke aufzuführen. Ebensowenig blieb eine andere Wahl, als Überlieferung und Flucht namhafter sozialistischer Schriftsteller von Ost und West einsetzte. Leser und Zuschauer empfingen die Landsleute mit offenen Armen. Sarah Kirsch, Günter Kunert, Reiner Kunze und viele andere. Desgleichen Regisseure und Schauspieler, die an vielen Bühnen der Bundesrepublik ihre Arbeit fortsetzen konnten. So selbstverständlich mutet diese übergreifende Tätigkeit an, daß der breiten Öffentlichkeit längst nicht mehr bewußt ist, aus welcher Region ein Künstler stammt. Kulturelle Einheit im täglichen Arbeitsleben der Kulturschaffenden.

Ein besonders markantes Beispiel auf literarischem Gebiet liefern Werdegang und Vita des Schriftstellers und Kulturhistorikers Hans Mayer. Beginn in Frankfurt, dann 15 Jahre Leipzig, 1963 Übersiedlung nach Hannover und heute in Tübingen, inzwischen eine Art von Praeceptor Germaniae. Anerkannt in der Bundesrepublik, doch nicht minder deutlich der Dank des Schriftstellers Stephan Hermlin in Ost-Berlin: »Bewundernswürdig« seien die Erinnerungen Mayers, in denen auch und gerade die Distanzierungsgründe herausragen, die zum Verlassen der DDR gezwungen haben. Von Deutschland nach Deutschland, ein deutsches Schicksal.

Balladenhafter, seinem Lebensstil wie seiner Dicht- und Liedkunst gemäßer wirkt Wolf Biermanns deutsch-deutscher Lebensweg. Ausgebürgert haben sie ihn, die Regierungsmächtigen der DDR, als ob ein Künstler mit seiner Kunst so einfach ein- oder ausbürgerungsfähig wäre. In Deutschland aber doch? »Deutsche Misere« betitelt der Bänkelsänger sein Liedchen: »Und als ich von Deutschland nach Deutschland/Gekommen bin in das Exil/Da hat sich für mich geändert/So wenig, ach! und so viel/Ich hab ihn am eigenen Leibe/Gemacht, den brutalen Test: Freiwillig von Westen nach Osten/Gezwungen von Ost nach West.«

Wäre es denn ein bißchen schwierig geworden, eine deutsche Literaturgeschichte aufzuzeichnen? Etwa als deutsch-deutsche Sammlung – oder der Einfachheit und Wahrheit willen schlicht deutsche Literatur.

Als es überhaupt wieder anfing nach 1945, da erfühlte ein sensibler Schreiber vom Rang Thomas Manns, daß er die gleiche Rede über Goethe 1949 in beiden Teilen Deutschlands halten mußte – in des Dichters Geburtsstadt Frankfurt – und in seiner Lebens- und Sterbestadt Weimar. »Rechenschaft zugleich und Klage« kennzeichnet Hans Mayer dieses dichterische Ereignis. Wie sie böse wurden, die Ideologen, wie sie sich verschlossen und verkrampften ob dieser Grenzüberschreitung. Deutsche Kultur... Standort der im nämlichen Wortlaut vorgetragenen Ansprache im Goethejahr 1949:

die vom Krieg zerstörte und wiedererstelle Paulskirche in Frankfurt und das von Bomben beschädigte und wiedererrichtete Nationaltheater in Weimar. Glaubwürdigkeit des Geistes und damit Relativierung der Trennung. Thomas Mann über Goethe damals: »Ohne jene oft treulos wirkende Ubiquität hätte er nie eine Vereinigung des Urbanen und des Dämonischen vollendet.« (Goethe? Thomas Mann?)
Fortfahrend: »Das Gute Deutschland, das ist die Kraft, gesegnet durchs Musische, gesittete Größe. So konnte ein Deutscher musterhaft werden. Vorbild und Vollender seines Volkes nicht nur, sondern der Menschheit, zu deren Selbst er sein Selbst erweiterte«. Zielvorstellung für deutsche Kultur, für Kultur der Deutschen.
Eine Generation später – bereits alles ganz anders, widerspruchsfreier. 50. Todestag Ernst Barlachs. Anders als das Goethejahr 1949 wird das Barlachjahr 1988 nämlich gemeinsam begangen – diesseits und jenseits der Elbe. Überall dort, wo er gelebt, wo er gearbeitet, wo er gelitten hat, den die Untäter des Dritten Reichs noch verfolgt hatten, den die Nachfahren – im staatlich geteilten, künstlerisch aber wieder gemeinsamen Heimatland gemeinsam darzustellen und vorzustellen vermögen. Im holsteinischen Wedel wie im hansischen Hamburg, in Ratzeburg und Güstrow. »Entartet« sei dieses plastische und graphische, dieses dichterische Werk gewesen, sagten die Kulturzerstörer der dreißiger und vierziger Jahre. In der Katholischen Akademie zu Hamburg wurde nunmehr Trauerarbeit geleistet – »Barlach und der Nationalsozialismus«. Im Deutschen Schauspielhaus an der Kirchenallee in Hamburg spielte das Deutsche Theater aus Berlin (DDR) »Die echten Sedemunds« und am folgenden Abend »Der blaue Boll«. Und ganz im Geiste des Sich-Wiederfindens auch die Bühnengestalter von hier und dort: »Erfahrungen mit Barlachs Dramen auf der Bühne«; Adolf Dresen, Michael Hamburger und Hans Lietzau, Frank Patrick Steckel und Rolf Winkelgrund. Auch Heiner Müller, der Dramatiker, war dabei. Gemeinsames Nachdenken also über Barlach – als deutscher Künstler. Dieses ein Beispiel von mehreren.
Das Gemeinsame also das Einigende. Auch als gemeinsame Angst. Die gemeinsame Einsicht in das Drohende. Christa Wolf wird zur dichtenden Seherin, zur seherischen Dichterin. Zur Kassandra. Als ihr 1980 der Georg Büchner-Preis der Deutschen Akademie für Sprache und Dichtung zugesprochen wurde, wandte sie sich an »uns Zeitgenossen jener Zivilisation, welche das ihr Liebste und Wertvollste – Geld und technische Perfektion – in irrsinnigem Kurzschlußdenken an die Produktion zu ihrer Selbstzerstörung wendet«. Selbst ihre Stellung als Seherin bringt sie an die grenzübergreifende Wirklichkeit: »Jetzt muß man nicht mehr ›Kassandra‹ sein. Die meisten beginnen zu spüren, was kommen wird.« Man schreibt 1981. Es sollte mehr als ein halbes Jahrzehnt dauern, ehe der uneingeschränkten Gültigkeit von gegenseitiger Abschreckung und damit permanenter Dro-

hung des Untergangs eine heraufdämmernde Abrüstung entgegengestellt werden konnte.
Nach der Veröffentlichung ihrer »Kassandra« umschreibt die Dichterin die nur langsame, in Kurzfristen mitnichten meßbare Wirkung eines Buches: »Meistens wirkt Literatur auf eine indirekte Art, indem sie das Weltbild des Lesers, seine Weltsicht, langsam differenziert und womöglich verändert. So habe ich es ja auch an mir selbst erlernt: Wie lange brauchen Bücher, viele Bücher, um eine in die Tiefe gehende Veränderung meiner Weltsicht herbeizuführen.« Also Weltöffnung, Weltsicht, und damit, unausweichlich auch Begegnung über Lokalgrenzen, Regionaltrennung hinweg im Weltzusammenhang. Gemeinsames Schicksal als Fundament grenzüberschreitender Gemeinsamkeit.
Als er noch als Einzelgänger bestaunt wurde, hat der große schwäbische Holzschneider HAP Grieshaber bereits in Dresden gearbeitet. Sein »Tod in Basel« ist dort entstanden, gleichzeitig mit anderen Arbeiten auf der Achalm. Und in Dresden begegnen wir dem mächtigen Band wieder. Nach seinem Tod.
Wir sprechen von Deutschland. Von deutscher Kultur. Von grenzüberwindender Kulturgeltung. In allen Kunstregionen. Beliebig wäre es demnach keineswegs, sondern zwangsläufig und notgedrungen, daß das Angebot maßgebender Maler aus der DDR unter dem Begriff des »Zeitvergleichs« subsumiert wird. Zum Beispiel Ausstellung von 13 Malern aus der DDR in West-Berlin. Neues Kunstquartier des Technologie- und Innovationsparks. Wedding, Stadtmitte des geteilten Berlins. Industriearchitektur im Industrie- und Arbeiterbezirk. Beispielhaft auch dieses wie vieles, was Durchblick und Einblick für kulturelle Gültigkeit in ganz Deutschland vermitteln soll. Als darstellerisches Leitmotiv Wolfgang Mattheuers symbolkräftige Bronze »Jahrhundertschritt«. Hier nun eine Begegnung mit Werken aus einer Welt, die vorurteilsverdüstert jahrelang als ein Reservat eines erstarrten und künstlerisch wie geistig erstarrenden Realismus erschien. Sozialistischer Realismus, gewiß, es gab ihn. Ideologisch versteinert. Doch kaum weniger unduldsam – im gleichen Gegenstück zu nennen – der zeitweilig geradezu zwanghafte Absolutismus des Abstrakten. Im Westen. Modebestimmt, modebeherrschend. Unüberbrückbar? So mochte es scheinen, Unduldsam hier wie dort? So handhabte es ja auch der Kunsthandel. Starrsinnig gegenüber eigenen Künstlern wie Otto Dix, wie Gerhard Marcks, wie anderen Großen, die zunächst von neuer Mode verdrängt wurden. Deutsches Schicksal – Unduldsamkeit mit Akzent. Man brauchte damals nur mit Otto Dix zu sprechen in seinem Haus am Bodensee. Der Dresdner Akademie zugehörig und dort, bis zum heutigen Tag, wie man feststellen kann, vorbildhaft nachwirkend und anfeuernd, aber nach der Totschlagzeit vor 1945 eine Totschweigzeit nach 1945.
Doch wie auch andere aus einer Blütezeit deutscher Malerei wie Beck-

mann, Kokoschka, Corinth finden deren Nachfahren in der Kunst im Osten ebenso wie im Westen weiterwirkende Gegenwärtigkeit. Also Expressionismus der »jungen Wilden« zum Beispiel? Verbindendes? Im Westen wie im Osten. Zwischenhinein natürlich auch Einzelgänger. Gerhard Altenbourg zum Beispiel. Arbeitend in Altenburg. Thüringer Wald. Als inspirierende Landschaft. Ausstellungen auch im Westen. Bei Brusberg zunächst in Hannover und inzwischen in West-Berlin. Eberhard Roters faßt zusammen: »Wirklichkeit, nämlich die bewußte Selbsterfahrung innerhalb des vorgefundenen Zusammenhangs unseres Daseins, der von jedem von uns als Austausch zwischen ›Umwelt‹ und ›Innenwelt‹ wahrgenommen wird...« Kunst der Deutschen somit trotz staatlicher Trennung deutsche Kunst. Und wie es eh und je gewesen ist, keine Welt-Fremdheit. Werner Tübke, der Leipziger Maler, beschreibt diese Künstler-Existenz so: »Nein, ich bin kein Ignorant, überhaupt nicht. Ich registriere alles um mich herum sehr wach, mache meine Schularbeiten in puncto Wahrnehmung der Veränderung gesellschaftlicher Prozesse.« Und persönlicher Verbindung. Kontakte mit anderen Künstlern – Bruno Fuchs in München oder Salzburg, Rudolf Hausner, Künstler in Moskau, Konrad Klapheck und Bernhard Schultze, Josef Beuys, »der vielleicht wichtigste Künstler in der Bundesrepublik«, Janssen »natürlich« und Bernhard Heisig in Leipzig, schließlich und ganz natürlich Renato Guttuso in Rom und kurz vor seinem Tod Chirico in dessen Wohnung an der Spanischen Treppe. Will sagen, deutsche Kunst ist heute wie eh und je eben immer auch europäische Kunst, Begegnungen finden nicht nur in westöstlicher, sondern – Italien! – stets auch in nordsüdlichem Verbund statt.

Womit angedeutet wäre, daß die Zugehörigkeit und Zusammengehörigkeit von Kunst und Künstlern, von Geist und Geistigen so leidenschaftlich stattfindet, wie es immer war. Nur als Politik-Ersatz dient dieses alles nicht, sondern fordert, erfordert sein eigenes Leben. Klarheit bitte darüber bei den Kunstschaffenden. Doch auch bei den Politikern. Bitte.

Dettmar Cramer

Presse und Präambel

Die Presse in der Bundesrepublik Deutschland – und natürlich auch Rundfunk und Fernsehen – ist ein Teil der öffentlichen Meinung. Sie macht insofern von der durch sie veröffentlichten Meinung keine Ausnahme, auch wenn die Journalisten durch ihre Funktion auf die Meinungsbildung erheblichen Einfluß ausüben können und deshalb eine besondere Verantwortung tragen. Das sogenannte Lüth-Urteil des Bundesverfassungsgerichts vom 15. Januar 1958 bezeichnet das Grundrecht auf freie Meinungsäußerung als »schlechthin konstituierend«; »denn es ermöglicht erst die ständige geistige Auseinandersetzung, den Kampf der Meinungen, der ihr Lebenselement ist«.[1] Diese Auseinandersetzung findet nicht hinter verschlossenen Türen statt, auch nicht im sogenannten Elfenbeinturm der Wissenschaft, sondern, wie man so sagt, hier und heute. Insoweit ist die Arbeit der Presse auch ein getreues Spiegelbild der allgemeinen Diskussion, wie sie z.B. im politischen Raum geführt wird.
Andererseits gilt auch, daß guter Journalismus sich stets von aktuellen, sich ständig ändernden Zeitströmungen freizumachen versucht und sich jenes wichtige Stück Eigenständigkeit und Unabhängigkeit zu bewahren hat.
Zwei Beispiele vom Januar 1989 mögen dies belegen. Ihnen kommt insofern Bedeutung zu, als sie in den beiden »nationalen« Zeitungen stehen, jedenfalls vom Titel und wohl auch vom Anspruch her. In der »Frankfurter Allgemeinen«, welche die Unterzeile »Zeitung für Deutschland« trägt, konnte man aus der Feder eines der Herausgeber lesen: »Viel von dem Mißtrauen, das heute den Deutschen, auch dem westlichen deutschen Staat, in der Welt und gerade in der Nachbarschaft entgegenschlägt, hat seinen Ursprung in der Erfahrung, wie eifrig Männer und Frauen, die in der Bundesrepublik Rang und Namen haben, heute einer staatlichen Einheit ihres Volkes abschwören. Man erinnert sich an den wahnwitzigen Nationalismus von gestern und macht sich seine Gedanken. Beides paßt fugenlos ineinander: Auf den Größenwahn folgt bei den Deutschen Selbstvergessenheit, Nährboden neuen Wahns.«[2]
»Diesen Teufelskreis zu durchbrechen«, heißt es in dem Aufsatz von Johann Georg Reißmüller weiter, »den Deutschen für Dauer zu einem normalen, natürlichen Nationalbewußtsein zu verhelfen, das von anmaßender Be-

herrschungssucht ebenso frei ist wie von Selbstverstümmelungswut – dies müßte allen Verpflichtung sein, die im westlichen Deutschland, an welchem Platz auch immer, zum politischen Bewußtsein der Teilnation beitragen. Doch da gibt es viel ›Verweigerung‹.«

Mit diesen wenigen Zeilen ist das Problem »Presse und Präambel« präzise beschrieben. Nachdem man vor nunmehr 50 Jahren, in wessen Namen, welcher Verblendung auch immer, den europäischen Kontinent an den Rand des Ruins gebracht, mit der Vernichtung der Juden, der Ermordung so vieler Polen den Begriff »Mitteleuropa« aus der politischen Geographie getilgt hat, scheinen sich manche Deutsche aus der Kontinuität ihrer Geschichte einfach davonstehlen und die Deutschen in der DDR die Zeche bezahlen lassen zu wollen.

Diese Neigung ist heute im sogenannten linken Spektrum weit verbreitet, ja, eine solche Politik wird dort geradezu als fortschrittlich, als zeitgemäß empfunden. So ist es nicht verwunderlich, daß jene Gleichgültigkeit, als wären die Deutschen in der DDR allein für Hitler und die Folgen verantwortlich, sich auch über die Presse Resonanz verschafft. »Die Welt – unabhängige Tageszeitung für Deutschland« nahm sich einer solchen »Selbstvergessenheit« an:

»Der SPD-Politiker Horst Ehmke hat das Jubiläumsjahr 1989, in dem die Bundesrepublik Deutschland und ihr Grundgesetz 40 Jahre alt werden, mit einer schrillen Dissonanz eingeleitet. Ausgerechnet in der Europa-Debatte des Bundestages diffamierte er die Motive der Väter des Grundgesetzes und machte sich Geschichtsfälschungen der SED zu eigen.«[3] Ein harter, aber nicht unberechtigter Vorwurf.

Freilich steht zu befürchten, daß im Zuge des Gedankens an jene 40 Jahre Bundesrepublik Deutschland noch mehr solcher Simplifikationen zu Protokoll gegeben werden. »Die Welt« zitiert den SPD-Politiker: »Ehmke erklärte: ›Wir dürfen nicht verdrängen, daß die Gründung der Bundesrepublik selbst, der dann die Staatsgründung der DDR folgte, nicht ein Akt zur Wahrung der Reichseinheit, sondern im Gegenteil ein entscheidender Schritt zur staatlichen Teilung gewesen ist‹. Das Gegenteil ist wahr: ›Die Väter des Bonner Grundgesetzes waren bestrebt, keinen neuen ›westdeutschen‹ Staat zu errichten, sondern lediglich einen Teil des einheitlichen deutschen Staates neu zu organisieren. Das zu schaffende Grundgesetz sollte nach ihrem Willen nicht Selbstzweck, sondern nichts anderes als die damals mögliche Etappe auf dem Wege zum wiedervereinigten Deutschland sein.‹ So Willy Brandt, heute Ehrenvorsitzender der SPD, im Jahre 1957.«

Der Autor Bernd Conrad schließt seinen Kommentar mit einem weiteren Zitat: »›Der Wiedervereinigung gilt unsere ganze Leidenschaft. Wer an diesem Feuer sein parteipolitisches Süppchen zu kochen versucht, kann vor dem großen Maßstab der Geschichte nicht bestehen.‹ Die Autoren hießen: Erich Ollenhauer, Willy Brandt, Herbert Wehner.«

Man muß einen solchen Satz mehrmals lesen und sich dann daran erinnern, was der von diesen dreien heute noch aktive Politiker derzeit sagt.
In gewisser Weise geht manche Deformation im Denken auf eben jenen Dritten zurück, der zwar noch 1963 so schrieb, später jedoch nicht mehr. Der den Sozialdemokraten nahestehende »Parlamentarisch-Politische Pressedienst« überschrieb den Bericht über einen Vortrag aus dem Jahre 1988: »Brandt: Hoffnung auf Wiedervereinigung wurde zur Lebenslüge«[4], und führte im einzelnen aus: »Als ›Lebenslüge der zweiten Deutschen Republik‹ sieht der frühere Bundeskanzler und SPD-Ehrenvorsitzende Willy Brandt die ›Hoffnung auf Wiedervereinigung‹ der beiden deutschen Staaten.« Und weiter: »Als Ziel der von ihm initiierten Ostpolitik nannte Brandt die Überwindung dieser Lebenslüge.«
Mit Nachdruck widersprach der SPD-Ehrenvorsitzende in jenem Vortrag ausgerechnet zum 40jährigen Bestehen des Grundgesetzes der Auffassung, es enthalte eine Verpflichtung zur Wiedervereinigung. »Vielmehr sei in der Präambel zum Grundgesetz von der Verpflichtung des gesamten deutschen Volkes die Rede, ›in freier Selbstbestimmung die Einheit und Freiheit Deutschlands zu vollenden‹. Seit Anfang habe es ›eine erhebliche Verwirrung der Begriffe‹ gegeben, in deren Verlauf ›aus Einheit Wiedervereinigung‹ geworden sei.« Die Frage, die sich spätestens an dieser Stelle stellt, lautet, um wessen »Lebenslüge« es sich hierbei wohl handelt. Nicht nur, daß er selbst noch 1963 und später, damals als Regierender Bürgermeister von Berlin, jedenfalls als erwachsener Mann, ganz anderer Auffassung gewesen ist und dies in unzähligen Schriften und Reden zu Protokoll gegeben hat. Ein Blick in die Präambel des Grundgesetzes oder gar in einen der hierzu erschienenen Kommentare hätte diese Begriffe geklärt. Im ersten Satz heißt es nämlich: »In dem Bewußtsein seiner Verantwortung vor Gott und den Menschen, von dem Willen beseelt, seine nationale und staatliche Einheit zu wahren...«
Die beiden letzten Sätze der Präambel zum Grundgesetz lauten: »Es hat auch für jene Deutschen gehandelt, denen mitzuwirken versagt war. Das gesamte deutsche Volk bleibt aufgefordert, in freier Selbstbestimmung die Einheit und Freiheit Deutschlands zu vollenden.« Dieser Wortlaut der Präambel ist in der Tat eindeutig. In ihm kommt, darin ist Brandt zuzustimmen, das Wort »Wiedervereinigung« nicht vor. Es ist aber von nationaler und staatlicher Einheit die Rede sowie – dies in weiser Zurückhaltung – von der Forderung an »das gesamte deutsche Volk«, die »Einheit und Freiheit Deutschlands zu vollenden«. Brandt selbst hatte das in früheren Jahren als Regierender Bürgermeister genauso gesehen, zum Beispiel in seinem 1957 erschienenen Buch: »Von Bonn nach Berlin«. Natürlich kann man sagen, daß jeder das Recht hat, im Laufe eines Lebens dazuzulernen, Meinungen und Urteile zu revidieren. Doch wird man auch sagen müssen, daß so zentrale Positionen nicht gegen Ende dieses Weges so einfach zur

Disposition gestellt und als »Lebenslüge« oder als Irrtum abgetan werden können, zumal wenn jemand wie Brandt seinen politischen Weg vor allem mit Hilfe der Berlin-, Deutschland- und Ostpolitik gemacht hat.
In jenem Buch schrieb Brandt zur gleichen Präambel: »Das zu schaffende Grundgesetz sollte nach ihrem [der Väter des Grundgesetzes] Willen nicht Selbstzweck, sondern nichts anderes als die damals mögliche Etappe auf dem Wege zum wiedervereinigten Deutschland sein. Dieser einheitliche Wille fand in der Präambel zum Bonner Grundgesetz einen sichtbaren Ausdruck. Sie enthält nicht nur ein politisches Bekenntnis zur Wiedervereinigung, sondern sie hat auch schwerwiegenden rechtlichen Gehalt. Sie verpflichtet nämlich die politischen Staatsorgane der Bundesrepublik, die Wiedervereinigung mit allen Kräften anzustreben, jede Maßnahme im Hinblick auf dieses Ziel auf ihre Tauglichkeit hin zu überprüfen und jede Haltung zu unterlassen, welche die Wiedervereinigung rechtlich hindern oder faktisch unmöglich machen würde.« »Die Welt«, die diese Zitate den Ausführungen Brandts in der Friedrich-Ebert-Stiftung gegenüberstellt[5], meint, der SPD-Ehrenvorsitzende habe »sich selbst gebrandmarkt«, als er das Wiedervereinigungsgebot zum »Mißverständnis« und zur »Lebenslüge« stempelte.
Wiederum waren es Journalisten, die Politiker, welche allzu großzügig mit der Verfassung und ihren eigenen Jahrzehnte vertretenen Positionen umgingen und dabei auf die Vergeßlichkeit wie das Desinteresse des Publikums setzten, zur Ordnung riefen, im Sinne der Präambel des Grundgesetzes, die nichts, aber auch gar nichts von ihrer Bedeutung, ihrer Weisheit eingebüßt hat. Im Falle Brandts können es nicht die Erfahrungen mit der Berliner Mauer 1961 gewesen sein, die ihn zum Umdenken veranlaßt hätten; denn gerade danach hatte er die Wiedervereinigung als einzig möglichen Ausweg bezeichnet, auch als er (und Bahr) ihre Politik revidierten, der veränderten Situation notwendigerweise anpaßten. Das Ziel jedoch blieb das gleiche. Vor dem Politischen Club der Evangelischen Akademie Tutzing erklärte der damalige Regierende Bürgermeister 1963, es sei die Frage, ob alles nur weiter wie bisher gemacht werden solle. Wer freilich nur »weiter wie bisher« sage, »wird nicht den Aufgaben von morgen gerecht, nicht einmal der Situation, in der sich die Bundesrepublik heute befindet«. Brandts Konklusion damals, die heute noch gilt, wenn auch offenbar nicht mehr für ihn, lautete, die weltpolitischen Zeichen sprächen für den großangelegten Versuch, den Status quo militärisch zu fixieren, um ihn politisch zu überwinden. Dieser Entwicklung dürfe sich die Bundesrepublik nicht entziehen. Sie verlange die Erkenntnis, daß es »keine andere Aussicht auf die friedliche Wiedervereinigung unseres Volkes gibt als den nicht erlahmenden Versuch, die Erstarrung der Fronten zwischen Ost und West aufzubrechen. Gerade weil das Deutschland-Problem so sehr in das Verhältnis zwischen Ost und West eingebettet ist, gibt es für uns keine

Hoffnung, wenn es keinen Wandel gibt.«[6] Das war damals ebenso kühn wie richtig. Es ist es auch heute noch, nur mit dem Unterschied, daß die Entwicklung zwischen Ost und West, nicht zuletzt infolge der 1969 von der sozial-liberalen Koalition eingeleiteten Ost- und Deutschlandpolitik, in einem Maße in Bewegung geraten ist, wie man es sich zu Beginn der siebziger Jahre nicht vorstellen konnte.
So hat zum Beispiel das Mitte Januar 1989 in Wien verabschiedete Schlußdokument der KSZE-Folgekonferenz gute Chancen, die Bedeutung der ersten Konferenz über Sicherheit und Zusammenarbeit in Europa aus dem Jahr 1975 in Helsinki in den Schatten zu stellen; denn die in der österreichischen Hauptstadt nach mehr als zweijährigen Verhandlungen erzielte Einigung ist wesentlich konkreter als die damalige KSZE-Schlußakte. In ihr standen Formeln wie »wollen prüfen«, »drücken ihre Absicht aus«, wollen »flexibler gestalten« im Vordergrund, natürlich »unter gebührender Berücksichtigung von Sicherheitsinteressen«, so daß die Opposition im Deutschen Bundestag seinerzeit von einem »Supermarkt von Attrappen«, von einem »gigantischen München« sprach.[7] Das war damals schon nicht richtig, wenngleich niemand damit rechnen konnte, daß die Entwicklung so rasch voranschreiten würde.
Nun will man sogar das Recht auf Freizügigkeit, auf Ausreise aus dem eigenen und Rückkehr in sein Land »uneingeschränkt« achten. Auch jetzt werden die Bäume nicht in den Himmel wachsen[8], doch ist ein wesentlicher Schritt vorwärts getan worden.
Genau das aber muß die starren, in ihrem Kern dogmatisch, ja stalinistisch gebliebenen Regime in Bukarest, Prag und in Ost-Berlin mit Sorge erfüllen. Da prügelt die Prager Polizei auf dem Wenzelsplatz weiterhin auf friedliche Demostranten ein[9], während die Behörden dem früheren Außenminister Jiri Hajek die Reise nach Bonn zur Teilnahme an dem Essen des Bundespräsidenten zu Ehren des 75.Geburtstages von Willi Brandt verweigern.[10] Mit am Tisch des Bundespräsidenten aber saßen der ehemalige Sowjetbotschafter in Bonn Valentin Falin und Polens Premierminister Mieczyslaw Rakowski, der zuvor in Warschau eine Wende in Richtung Wiederzulassung der 1981 verbotenen Gewerkschaft »Solidarnosc« durchgesetzt hatte. Aus den in Bewegung geratenen osteuropäischen Staaten, vor allem aber aus Moskau, dessen Zeitschriften die Aufarbeitung des Stalinismus zügig fortsetzen und dabei vor nichts mehr zurückschrecken, wird direkte Wirkung auf die DDR ausgehen; deren Führung isoliert sich weiterhin und schlägt dabei ohnmächtig um sich. Etwa, wenn Honecker vor dem SED-Zentralkomitee vom »Gequake wildgewordener Spießer«[11] spricht und damit offensichtlich die sowjetische »Glasnost«-Politik meint, wenn sowjetische Zeitschriften und Bücher von Ost-Berlin verboten werden.
Ebenso, wenn der SED-Generalsekretär die Reden der Außenminister Shultz und Genscher zum Abschluß des Wiener KSZE-Folgetreffens »extremisti-

sche Ausfälle« nennt, nur weil diese auf den Anachronismus der Berliner Mauer hingewiesen hatten.[12] Glaubt Honecker wirklich, was er sagt? Zum Beispiel, die Mauer werde in »50 und auch in 100 Jahren noch bestehenbleiben, wenn die dazu vorhandenen Gründe noch nicht beseitigt sind«. Der eigentliche Adressat dieser Polemik war die Führung in Moskau. »Was in 50 oder 100 Jahren sein werde, wisse niemand«[13], hatte ein Vierteljahr früher das SED-Zentralorgan, offensichtlich voller Zorn, den Sprecher des sowjetischen Außenministeriums, Gerassimov, zitiert. Ein Jahr zuvor hatte Gorbatschow gegenüber dem Bundespräsidenten zum gleichen Thema erklärt, »was in 100 Jahren sein wird, wird die Geschichte entscheiden«[14]. Diese Halbierung der Fristen zerrt verständlicherweise an den Nerven der Ost-Berliner Führung. Doch es ändert nichts daran, daß die Ursachen, die 1961 zum Bau der Mauer geführt hatten, von der SED geschaffen wurden, wenn auch anfangs mit tatkräftiger Unterstützung Stalins.

Erstmals, so scheint es, beginnen sich heute Möglichkeiten für die Lösung der deutschen Frage abzuzeichnen, die in den Unionsparteien wie bei den Liberalen diskutiert werden, bei den Sozialdemokraten jedoch auf Ablehnung, zumindest auf große Skepsis stoßen. Hierin findet Brandt sogar die Zustimmung des SED-Politbüros. In seinem Bericht an das 9. Plenum des Zentralkomitees Ende November 1984 konnte Honecker aus einer Rede des damaligen SPD-Vorsitzenden folgende Sätze zitieren: »Nachdem sich die ›Wiedervereinigung‹ als eine große Illusion erwiesen habe, habe der Streit um die deutsche Frage für ihn die Dramatik eines Traumes, der nachschwingt, aber vorbei ist, wenn man aufwacht. Nicht in Frage gestellt werden dürften angesichts wachsender Gefahren die europäischen Grenzen.«[15]

Präambel hin, Präambel her, Brandt macht es sich mit solchen Thesen denn doch zu einfach. Im übrigen nimmt man sie weder in Moskau noch in Ost-Berlin für bare Münze. Anders sind jene hysterischen Reaktionen seitens der SED-Führung auf die Entwicklung der letzten Zeit, speziell in Moskau, jedenfalls nicht zu erklären.

Vollends irreal wird es, wenn der SPD-Ehrenvorsitzende in der Vortragsreihe »Berliner Lektionen« über »Deutsche Wegmarken« spricht und dabei ausführt: »Statt sich mit einer veränderten weltpolitischen Realität auseinanderzusetzen, stand hierzulande allerding die Fiktion des nationalpolitisch Vergangenen hoch im Kurs. Mit der Theorie vom Fortbestand des Deutschen Reiches – mein Freund Carlo Schmid sprach von der ›gesamtdeutschen Hoheitsgewalt in Westdeutschland‹ – haben wir uns den Umgang mit der Problematik der deutschen Einheit gewiß nicht leichter gemacht. Durch den Kalten Krieg und dessen Nachwirkungen gefördert, wurde die ›Wiedervereinigung‹ zu jener spezifischen Lebenslüge der zweiten Deutschen Republik.«[16] Solche Worte, zumal in Berlin gesprochen, muten schon seltsam an, besonders, wenn der Betreffende selbst eine solche »Lebenslüge«

über so lange Jahre vehement vertreten hat. Der Verdacht drängt sich auf, daß hier eher Resignation im hohen Alter mitschwingt, vielleicht auch Desinteresse angesichts anderer, nicht minder dringender Probleme, zum Beispiel zwischen Nord und Süd.

Von daher ist es kein weiter Schritt mehr, wenn sich dem linken Flügel der SPD zuzurechnende Politiker dafür aussprechen, das Wiedervereinigungsgebot aus der Präambel des Grundgesetzes zu streichen. Der SPD-Bundestagsabgeordnete Konrad Gilges meinte: »Um eine europäische Friedensordnung zu schaffen, ist es notwendig, auf Dauer von der Existenz zweier deutscher Staaten auszugehen.« Das Akzeptieren von »Realitäten«, so der Kölner Politiker weiter, sei in der Bevölkerung größer, als viele Politiker heute meinten. Das heiße freilich nicht, die SPD-Linke sei gegen die Wiedervereinigung. Doch sei dies eine Frage von Generationen.[17] Die SPD ging zwar seinerzeit auf Distanz zu diesen Forderungen. Der damalige SPD-Fraktionsvorsitzende Vogel erklärte zu Recht, eine Beseitigung des Wiedervereinigungsgebots in der Präambel des Grundgesetzes sei in keiner Weise notwendig. Vorstellungen von linken Sozialdemokraten, die Forderung nach Wiederherstellung der staatlichen Einheit Deutschlands aufzugeben, seien weder in der Partei noch in der Fraktion mehrheitsfähig.[18]

Auch hier waren es wieder kritische Zeitungskommentare, die nach dem Sinn eines solchen Vorhabens fragten. Mit ungläubigem Staunen würden auch die Bündnispartner der Bundesrepublik auf jene Ankündigung der SPD-Linken reagieren, die Wiedervereinigung, also die Wiederherstellung der staatlichen Einheit Deutschlands, als Ziel bundesdeutscher Politik aufzugeben, schrieb zum Beispiel die »Kölnische Rundschau«. Schon lange sei diese Verfassungspflicht der DDR-Führung ein Dorn im Auge. »Doch so einfach sollten sich auch Sozialdemokraten die Überwindung der deutschen Teilung nicht machen«, im deutschen Volk werde diese »Strategie gewiß nicht greifen«.[19]

Knapp drei Jahre später stellte freilich auch der SPD-Parteivorsitzende Vogel den Wortlaut der Präambel in Frage. In einer Bundestagsdebatte setzte er sich zunächst kritisch mit der Aussage der CDU auseinander, die Wiederherstellung der staatlichen Einheit sei ihr vordringliches Ziel. Das sei ein Märchen, mit dem die Union ihren »rechten Rand« beschwichtigen wolle.[20] Das Aufkommen der »Republikaner sollte da nachdenklicher stimmen.

Der SPD-Fraktionsvorsitzende ließ dann aber deutlicher als je zuvor durchblicken, daß für ihn das Ziel der staatlichen Einheit keineswegs mehr unumstößlich sei. »Keiner wisse, welche Antwort die Geschichte auf die Frage der Teilung bereithalte, sagte Vogel, und interpretierte die Präambel des Grundgesetzes in dem Sinne, daß die staatliche Einheit nicht der unverrückbare Auftrag des Grundgesetzes sei. ›Die Präambel des Grundgesetzes läßt durchaus eine Lösung im Rahmen einer europäischen Friedensordnung zu. Einer Ordnung, die die Grenzen durchlässiger macht, Feindbilder überwindet, die individuellen und die sozialen Menschenrechte stärkt und den Deutschen ohne Rücksicht auf ihre staatliche Organisation erlaubt, sich weiterhin als Glieder einer Geschichts-, Kultur-, Sprach- und Gefühlsgemeinschaft, also einer Nation zu verstehen, innerhalb der unterschiedliche Gesellschaftsordnungen miteinander in friedlichem Wettbewerb stehen... Das ist der Kern dessen, was uns das Grundgesetz zu bewahren aufgibt.«

Selbst Berliner SPD-Bundestagsabgeordnete, die es wegen der besonderen Situation der geteilten Stadt eigentlich besser wissen müßten, folgen inzwischen dieser Linie. So meinte Gerhard Heimann, die »normative Kraft des Faktischen«, die Aufarbeitung geschichtlicher Erfahrungen und das Nachdenken über eine künftige Ordnung Europas würden eines Tages die Bundesrepublik zur Änderung ihrer Verfassung zwingen, solange unter dem Gebot zur Einheit die staatliche Einheit verstanden werde.[21] Zuvor hatte sich der SPD-Bundestagsabgeordnete Schmude, ausgerechnet auf einer Tagung des Historisch-Politischen Arbeitskreises des Kuratoriums Unteilbares Deutschland, kritisch mit der Präambel des Grundgesetzes auseinandergesetzt.[22] Unter Bezugnahme auf das Grundvertragsurteil des Bundesverfassungsgerichts vom 31. Juli 1973, in dem es heißt, der Wiedervereinigungsanspruch sei im Inneren wachzuhalten und nach außen beharrlich zu vertreten, stellte er die Frage: »Soll das der letztlich einzigeWeg der Deutschlandpolitik sein, zu dem es verfassungsrechtlich zulässige Alternativen nicht gibt? Sollten die in dieser Weise interpretierten Vorstellungen des Verfassungsgesetzgebers, der ja nicht die Erfahrungen und Einsichten der 40 Jahre seit 1945 berücksichtigen konnte, uns auf unbegrenzte Zeit binden?«

Von über 100 Festnahmen durch Volkspolizei in Leipzig berichteten die Zeitungen Mitte Januar 1989, nachdem zuvor etwa 800 Demonstranten in der Leipziger Innenstadt an einer Kundgebung aus Anlaß des Todestages von Karl Liebknecht und Rosa Luxemburg teilgenommen hatten. In westlichen Kommentaren hieß es dazu, die Lage sei grotesk. In Wien träfen sich die Außenminister, um die Dokumente der Konferenz über Sicherheit und Zusammenarbeit in Europa zu unterzeichnen, während in Prag nervöse Unruhe herrsche und in Leipzig Fürbittgottesdienste für verhaftete Demonstranten stattfänden. »Der Kampf um die Verwirklichung der persönlichen Freiheitsrechte wird mit den europäischen Abmachungen also erleichtert. Aber dieser Kampf wird noch lange dauern.«[23] Das hat natürlich, wer wollte das bestreiten, auch mit der deutschen Teilung zu tun.

Der Abgeordnete der Grünen, Schily, forderte demgegenüber eine Änderung der Präambel, unter anderem deshalb, weil man mit Verfassungsurkunden die Geschichte nicht aufhalten könne. »Es wäre mir herzlich gleichgültig, ob es zwei deutsche Staaten gibt oder nur einen«, sagte Schily,

»wenn mit dem Abschied vom Wiedervereinigungsgedanken die DDR bestehenbliebe, aber die Mauer verschwände, und wenn bei einer stärkeren Demokratisierung der DDR ein freierer Reiseverkehr zwischen beiden deutschen Staaten möglich wäre.«[24] Wie könnte das allein im Hinblick auf West-Berlin funktionieren?

Auf welchem Wege kann den Deutschen in der DDR am ehesten geholfen werden: indem der Wiedervereinigungsanspruch aufrechterhalten wird, entsprechend der Präambel des Grundgesetzes und dem Urteil des Bundesverfassungsgerichts zum Grundlagenvertrag aus dem Jahre 1973, oder indem man den anderen deutschen Staat gleichsam wertneutral sich selbst und damit den dortigen derzeitigen Machthabern überließe? Zum Frieden gehört, darauf kann nicht ausdrücklich genug hingewiesen werden, zuallererst der innere Frieden, auch in der DDR; davon aber kann nach wie vor keine Rede sein.

Selbst aus Moskau kommen kritische Töne zur sowjetischen Außenpolitik der Nachkriegszeit. Ein namhafter sowjetischer Wissenschaftler attackiert die »Befehlszentrale« im Kreml unter Stalin, der seine Art von Sozialismus auszuarbeiten versucht habe, wo immer es ging, ohne sich um die jeweiligen nationalen Besonderheiten zu scheren. Trifft das nicht auch auf die Entwicklung in Deutschland nach 1945 zu? Wie, wenn solches Nachdenken Schule machte und weiter um sich griffe? Ein guter Teil der Nervosität in Ost-Berlin ist offensichtlich auf solche Befürchtungen zurückzuführen; denn die DDR ist ein Kind Stalins.

Vor Ungeduld ist andererseits zu warnen. Das gilt auch für den Aufsatz von Klaus Bölling »Die offene deutsche Frage«[25], der sich vehement für eine Änderung eben dieser Präambel einsetzt. Der Bundeskanzler müsse ganz einfach »mal beweisen, daß sich die West-Deutschen nicht als die Ober-Deutschen verstehen« – als ob es darauf ankäme. Bölling schreibt weiter: »Gewonnen wäre für jede Bundesregierung immerhin ein beträchtliches Stück Handlungsfreiheit im eigenen Haus, weil sich die Exekutive durch Präambel und Karlsruher Urteil bis heute innerlich gehemmt fühlen muß, den zweiten Absatz in Artikel 3 des Grundlagenvertrages für bare Münze zu nehmen: ›Sie (die beiden Regierungen) bekräftigen die Unverletzlichkeit der zwischen ihnen bestehenden Grenze jetzt und in der Zukunft und verpflichten sich zur uneingeschränkten Achtung ihrer territorialen Integrität.‹« Ob damit den Leipziger Demonstranten vom Januar 1989 auch nur im geringsten geholfen gewesen wäre? Es geht doch wohl um die Gründe, die, um Honecker zu zitieren, zum Bau der Mauer geführt haben und die heute allein die SED zu vertreten hat.

Ähnliches läßt sich zu dem letzten Absatz in jenem sicherlich gutgemeinten, aber doch ein wenig neben der Realität liegenden Aufsatz sagen: »Wenn es dem Bundeskanzler, so wird ja geraunt, mit der Absicht Ernst ist, dem Staatsratsvorsitzenden Erich Honecker als Partner in einer sich an den

Wünschen und Hoffnungen der Menschen orientierten Verantwortungsgemeinschaft zu begegnen, braucht er deshalb nicht um seine Reputation als Antikommunist zu bangen. Nicht Erfüllungspolitik wird ihm angeraten, sondern nur die Konsequenz aus der Einsicht, daß wir die DDR nicht zu einem freiheitlichen Rechtsstaat machen können, ohne daß Honecker es merkt.« Genau umgekehrt wird ein Schuh daraus. Gerade, weil Honecker weiß, daß Freiheit allemal stärker ist als das Gedankengut, das die Sozialistische Einheitspartei Deutschlands vertritt, zumal in einem geteilten Land, schlägt er so wild um sich und fällt verbal, neuerdings auch gegenüber dem Osten, aus der Rolle. Daran wird ein noch so fortschrittlicher und vor allem jüngerer Nachfolger kaum etwas ändern können. Auch Honecker hat als Nachfolger Walter Ulbrichts einmal mit einigen Neuerungen begonnen, um genau so starr wie Ulbricht zu enden. Heute kommt die existentielle Bedrohung für die DDR allerdings auch aus dem Osten. Übrigens: Honecker war 1987 in Bonn, wurde von Kohl sogar mit militärischen Ehren empfangen, es gab wohlklingende Erklärungen – im Kern geändert hat sich gleichwohl nichts, es konnte sich auch nichts ändern.
Ein insgesamt verständiger, wenn auch kritischer Kommentar zu den Vorstößen Böllings und Schmudes für eine Änderung der Präambel des Grundgesetzes erschien in der »Frankfurter Rundschau«.[26] Die Formulierungen der Präambel entsprechen genau der politischen Situation, in der sie entstanden sind, hieß es dort. »Deshalb sollte man sie so nehmen, wie sie ist, und nicht nachträglich mit einem Heiligenschein versehen und diejenigen verteufeln, die es wagen, an den Glaubenssätzen zu zweifeln. Wie auch immer: Eine Diskussion über Neuformulierungen der Grundgesetz-Präambel bringt nichts ein. Politik ist immer ein Geschäft auf Gegenseitigkeit, ein Geben und Nehmen. Die Anerkennung der Realitäten durch den Grundlagenvertrag hat für ›die Menschen im geteilten Deutschland‹ eine Fülle von Erleichterungen gebracht. Es ist jedoch nichts zu erkennen, was uns eine Verfassungsänderung – außer neuen Problemen – zusätzlich bringen könnte. Nur wenn es etwas zum Anfassen gäbe, hätte ein Denkanstoß in dieser Richtung einen Sinn haben können. Also bleibt es dabei; unergiebig und deshalb überflüssig.«
Was sollte eine Änderung der Präambel des Grundgesetzes erbringen als der DDR das noch fehlende Stück völkerrechtlicher Anerkennung nachzuliefern, etwa in der Staatsbügerschaftsfrage oder in der Umbenennung der aus guten Gründen eben nicht Botschaften, sondern Ständige Vertretungen bezeichneten Einrichtungen? Das, was die DDR zu Beginn der siebziger Jahre dank der konsequenten und logischen Verhandlungsführung Bahrs nicht erreicht hatte, soll nun im Schutz einer scheinbar uninteressierter gewordenen Öffentlichkeit durchgesetzt werden. Mag auch in den einen oder anderen politischen Quartieren Anlaß zu diesbezüglichen Spekulationen bestehen – solche Erwartungen werden sich gerade jetzt,

gegen Ende der achtziger Jahre, als frommer, wenn auch vergeblicher Wunsch erweisen.

Hatte der »Spiegel« 1985 seine Spalten für einen Essay Böllings geöffnet, der darin für eine Änderung der Präambel des Grundgesetzes plädierte, räumte das Nachrichtenmagazin 1988 dem Ost-Berliner Schriftsteller Rolf Schneider die Möglichkeit ein, seine durchaus andere Sicht der deutsch-deutschen Dinge zu schildern.[27] »Wenn man mich heute fragt, ob ich den einheitlichen deutschen Nationalstaat für erstrebenswert halte, werde ich redlicherweise antworten: ja. Wenn man mich fragt, ob ich für seine Herstellung derzeit eine reale Chance sehe, werde ich ebenso redlich antworten: nein. Ich weigere mich, aus der zweiten Antwort eine Einschränkung der ersten abzuleiten, auch wenn ich weiß, daß sie insgesamt nichts anderes darstellt als eine matte und vorwiegend poesiehaltige Utopie.« Und zum Schluß des Beitrags hieß es: »Kein Zufall, daß die gegenwärtige Diskussion vornehmlich unter Literaten tobt, und sollte es nur deswegen sein, weil diese hier, angesichts der poetischen Wegwerfware, die sie sonst produzieren, eine Mission von einiger Dauer wittern.«

Auch dieses Beispiel zeigt, daß wir im Westen kein Recht haben, über die Präambel des Grundgesetzes und deren Änderung so daher zu schreiben, wie dies zuweilen geschieht. Entscheiden darüber, was wird, werden allein die Deutschen drüben. Mag so mancher Autor, der sich hierzulande zu Wort meldet, in der Regel auch das Beste wollen. Allzu leicht geraten solche Beiträge in die Nähe intelligenten Geschwätzes, ohne Bezug zur Realität, und das heißt: zu den Menschen in der DDR. Um deren Schicksal, um deren Zukunft geht es. Die Titelseite des nach einjährigem Schweigen zu Beginn des Jahres 1989 wieder erschienenen DDR-Samisdatbandes »Grenzfall« zeigt einen gewalttätig aussehenden Mann, der dem Papagei im Vogelbauer befiehlt: »Und jetzt sprich mir nach: ›Ich bin frei.‹ « Die Antwort: »Ich bin glücklich.« Diese Karikatur spricht Bände.

Im Editorial auf der ersten Seite dieser von Mitgliedern der Initiative Frieden und Menschenrechte herausgegebenen, mühsam hektografierten Zeitschrift heißt es: »Eine Zeitung verstummt, und viele andere werden erscheinen, mit dieser Hoffnung wollen wir Euch ein durchsichtiges neues Jahr wünschen und ab und zu einen ›Grenzfall‹ «. Dies alles sagt mehr über das Thema »Presse und Präambel« aus als viele noch so gescheite Aufsätze hierzulande.

In einem Kommentar des Deutschlandfunks hieß es aus Anlaß der 125-Jahr-Feier der SPD[28]: »Auf der Geburtstagsfeier der deutschen Sozialdemokraten ist Bemerkenswertes über die Partei in Vergangenheit und Gegenwart gesagt worden. Ebenso gestern in Ost-Berlin bei der Kranzniederlegung an Gräbern führender SPD-Politiker. Zu Recht wies der Bundespräsident in einem Glückwunsch darauf hin, ihre Geschichte sei ein gutes, ein großes Kapitel der deutschen Geschichte. Weizsäcker war es auch, der an

Leipzig als Gründungsort des ›Allgemeinen Deutschen Arbeitervereins‹ 1863 erinnerte, was in diesen Tagen ansonsten arg vernachlässigt wurde. Man müßte auch Eisenach erwähnen, wo 1869 die ›Sozialdemokratische Deutsche Arbeiterpartei‹ gegründet wurde, und ebenso Gotha, wo es 1875 schließlich zum Einigungskongreß der deutschen Sozialdemokratie gekommen ist. Diese drei Namen weisen sämtlich auf den sächsisch-thüringischen Raum hin, in dem sich Sozialdemokraten zum ersten Mal auf deutschem Boden organisierten.« Das könnte sich eines Tages durchaus wiederholen.

»Und es war Dresden, nicht eine Stadt im Westen Deutschlands, wo 1871 auf dem zweiten Kongreß der Arbeiterpartei, damals noch utopisch, der Zehn-Stunden-Tag sowie von August Bebel das allgemeine gleiche, direkte und geheime Wahlrecht gefordert wurden. Das liegt weit zurück – und wiederum nicht. Guten Gewissens, so Brandt heute, lasse sich sagen, Krieg und Diktatur hätten Sozialdemokraten nie über das deutsche Volk gebracht. Fortan sprach der Ehrenvorsitzende nur noch von ›unserem Volk‹ auf den deutschen Westen sowie auf Berlin eingeengt. Der Ursprung deutscher Sozialdemokratie im Gebiet der DDR, ihr früher Kampf um Demokratie westlichen Zuschnitts, blieben unerwähnt. Das hinterläßt zwiespältige Empfindungen. Denn es ist nicht anzunehmen, daß die heutige Generation sächsischer und thüringischer Arbeiter sich in ihrem politischen Bewußtsein von dem ihrer sozialdemokratischen Vorväter unterscheidet. Immerhin erinnerte der 80jährige Richard Löwenthal aus dem gleichen Anlaß in Bonn daran, daß es die SPD nach 1945 zunächst auch im Osten Deutschlands gegeben habe, sie später aber von den Sowjets verboten worden sei. Doch das blieben Ausnahmen.«

Natürlich gibt es auch im konserativen Lager zuweilen intellektuelle Spielereien um Wortlaut und Sinn der Präambel des Grundgesetzes, etwa wenn der CDU-Generalsekretär Geißler meint, es sei ein Irrtum zu glauben, »wir stellen den Nationalstaat wieder her in den Grenzen von 19XY«. Solche Ausflüge ins Abseits werden jedoch in der Union zur Sprache gebracht und zurückgewiesen. So bezeichnete der schleswig-holsteinische Abgeordnete von Schmude diese Äußerung vor der CDU/CSU-Bundestagsfraktion als einen »Tiefflug über die Köpfe der CDU-Wähler« und trat Geißlers Bewertung der nationalen Frage entgegen. »Die Wiederherstellung der staatlichen Einheit sei kein historischer Irrtum, sondern eine historische Aufgabe, an der er nicht nur wegen der vom Grundgesetz ausgesprochenen Verpflichtung festhalte, sondern aus Überzeugung.«[29] Zuvor waren am innerparteilichen Widerstand schon die Versuche Geißlers gescheitert, eine Korrektur der bisherigen Position der Unionsparteien zur Deutschlandpolitik einzuleiten und diese auf dem Wiesbadener Parteitag im Juni 1988 zu verkünden.[30]

Der Vorsitzende des Bundesfachausschusses Deutschlandpolitik der CDU,

der Parlamentarische Staatssekretär Hennig, erklärte etwa, Ausgangspunkt der Deutschlandpolitik der CDU seien das Grundgesetz und sein Auftrag, die Einheit und Freiheit Deutschlands in freier Selbstbestimmung zu vollenden. Daran werde sich nichts ändern. Der Unionsabgeordnete Friedmann erklärte zum gleichen Thema, die Wiedervereinigung dürfte nicht so lange zurückgestellt werden, bis der Ost-West-Konflikt überwunden sei. Wichtig sei, daß der Zusammenhang zwischen Abrüstungs- und Deutschlandpolitik erkannt und genutzt werde. »Die Abrüstungspolitik macht auf die Dauer nur dann Sinn, wenn auch die Spannungsursachen beseitigt werden... Die Teilung Deutschlands ist eine Spannungsursache. Mithin ist ihre Beseitigung ein Sicherheitskonzept.« Der Abgeordnete Abelein erklärte in der Unionsfraktion schließlich, die wiederholte Feststellung, daß Freiheit vor Einheit gehe, enthalte keine Antwort für die 17 Millionen Deutsche, die in Unfreiheit leben müßten und für die dieser Satz keinen Sinn ergebe.[31]
In einem Kommentar hieß es in der »Frankfurter Allgemeinen Zeitung« unter der Überschrift »Korrigierter Geißler«[32] : »Noch erinnerlich ist der Sturm, den das Konzept des CDU-Generalsekretärs Geißler über die Außen-, Sicherheits-, Europa- und Deutschlandpolitik zumal im letztgenannten Teil entfacht hatte. Da nützten Beschwichtigungen nichts, daß eine Kursänderung nicht beabsichtigt sei. Nun hat ein eingesetzter Fachausschuß das Schriftstück unter die Lupe genommen und die schlimmsten Fehler korrigiert. Es steht also nicht mehr fest, daß die Lösung der deutschen Frage ›gegenwärtig nicht zu erreichen‹ sei. Dem ängstlichen Verschweigen des Zieles, die getrennten Landesteile zu vereinigen, blieb Zustimmung ebenso versagt wie deren absichtsvoller Bindung an ein ›Einverständnis der Nachbarn in Ost- und West‹. Der Protest gegen die Ausverkaufs-Stimmung im Adenauerhaus war nicht vergeblich. Mit Sicherheit ist nun damit zu rechnen, daß in der endgültigen Fassung des Konzeptes die Rügen der Kommission berücksichtigt werden. Doch ist Wachsamkeit weiterhin geboten: Weniger anstößige Formulierungen könnten manchem als Gelegenheit erscheinen, den Geißler-Kurs noch ungenierter zu steuern.«
Die Korrektur der ursprünglich ins Auge gefaßten Änderungen am deutschlandpolitischen Konzept der Unionsparteien ist tatsächlich mit auf die Wachsamkeit und den Protest einiger Zeitungen zurückzuführen. Als »Der Spiegel« darüber zum erstenmal berichtete, lautete die Überschrift der in dieser Hinsicht besonders engagierten »Frankfurter Allgemeinen Zeitung« zu dem entsprechenden Artikel: »Löst sich die CDU von ihrer bisherigen Deutschlandpolitik?« und die Unterzeile: »Eine Kommission unter Geißler soll am Entwurf eines entsprechenden Leitantrages zum Wiesbadener Parteitag arbeiten.«[33] Dies ist in der Tat ein Beispiel dafür, daß eine aufmerksame Presse dort, wo es notwendig ist, Korrekturen an Texten erzwingen kann, die in ihrer Konsequenz auf eine Veränderung der Präambel hinaus-

liefen. Es war dieselbe »Zeitung für Deutschland«, die in einem weiteren Kommentar zum gleichen Thema kopfschüttelnd resümierte, die »Absage der CDU an Deutschland (erfolgt) just in einem Augenblick, in dem die Entwicklung in der DDR und im Ostblock das Gegenteil geraten erscheinen ließe: den Atem anzuhalten und nichts zu sagen«.[34]

Natürlich wird es, ja, muß es wegen der Meinungsvielfalt immer auch andere Stimmen geben, die zu resignieren scheinen, die zugleich aber zu erkennen geben, die Dramatik der Geschehnisse im Osten letztlich nicht zu verstehen. Etwa, wenn eine namhafte Wochenzeitung ihren Leitartikel überschreibt: »Von der Geschichte längst überholt – Wiedervereinigung oder Europäische Union – keine Alternative mehr«.[35] Woher will man das eigentlich so genau wissen? Und in wessen Namen wird das geschrieben? Auch im Namen von 17 Millionen Deutschen drüben? Wohl kaum. So ist es denn andererseits versöhnlich, wenn das gleiche Blatt wenige Wochen zuvor im Feuilleton einen Beitrag von Martin Walser, »Über Deutschland reden«, abdruckte, und zwar im vollen Wortlaut über drei Seiten. Die »Frankfurter Allgemeine Zeitung« berichtete über diesen Vortrag unter der Überschrift »Die Wunde«.[37]

Die deutsche Teilung sei eben keine allmähliche Entwicklung wie im Falle Österreichs, sondern ein willkürlicher Eingriff, eine Strafaktion von Jalta und Teheran, eine, die wir verdient hätten, »aber doch nicht für immer«. Deshalb sei die deutsche Einheit immer noch eine Frage unserer Souveränität in Ost und West, eine Frage, die nur von freien und geheimen Wahlen zu beantworten wäre. Denn niemand könne angesichts einer 40jährigen demokratischen Entwicklung behaupten, daß »ein nicht mehr geteiltes Deutschland wieder eine Gefahr wie in der ersten Jahrhunderthälfte« darstellen würde. Es sei grotesk, daß dieser Vorwand für ein Weiterbestehen der Teilung immer wieder »inbrünstig nachgesprochen« werde und man statt dessen »einschlägig behäkelte Trostdeckchen über den Trennungsspalt« zu ziehen versuche, wie die Geschichts- und Kulturnation oder den »Verfassungspatriotismus«, ein Wort, das nach dem »Abfindungslabor« rieche, aus dem es stammt. Die Nation sei eben im Menschenmaß »das mächtigste geschichtliche Vorkommen«, und das müßten irgendwann auch die Großmächte lernen. »Zwei vernünftige Leute gleichzeitig im Amt, einer in Washington, einer in Moskau, und in Bonn und Ost-Berlin keine bloßen Verwalter, dann schrumpft die Trennung.« Seit Gorbatschow fiele es leichter, so etwas zu sagen.

Auch das gehört zum Thema: »Presse und Präambel« und zeigt, wie lebendig diese Diskussion immer noch oder wieder ist und – diese Voraussage sei gewagt – bleiben wird.

Denn mit den Veränderungen in Moskau, aber ebenso in Warschau und in Budapest ist eine Entwicklung in Gang gekommen, die eines Tages direkte Rückwirkungen auf die DDR haben wird. Erstmals seit Kriegsende könnte in Europa eine Lage entstehen, die eine Lösung der nach wie vor offenen deutschen Frage in den Bereich des Möglichen rückt. Deswegen stehen nicht irgendwelche Korrekturen an der Präambel unseres Grundgesetzes auf der Tagesordnung, sondern vielmehr das Nachdenken darüber, wie man diese Entwicklungen, zu denen die Abrüstungsverhandlungen in Wien als wesentliche, als entscheidende Ergänzung hinzutreten, für die Verwirklichung des auch den Deutschen in der DDR und in Ost-Berlin zustehenden Rechtes nutzen kann: in »freier Selbstbestimmung die Einheit und Freiheit Deutschlands zu vollenden«. An dieser Selbstbestimmung der Deutschen drüben führt, früher oder später, kein Weg vorbei.

Anmerkungen

1 Lüth-Urteil, Entsch. d. BVerfG, 7. Bd., Nr. 28, S. 208.
2 FAZ v. 16. Januar 1989, »Erst Größenwahn, dann Selbstvergessenheit«.
3 »Was Ehmke verdrängt«, Die Welt Nr. 17 v. 20. Januar 1989.
4 PPP v. 15. September 1988, S. 2.
5 »Brandt, eine Lebenslüge und die Wiedervereinigung«: Die Welt v. 16. September 1988.
6 Archiv der Gegenwart v. 15. Juli 1963, S. 10700 f.
7 Vgl. Dettmar Cramer, Bürgerrechte 77, S. 136 f., Verlag Wissenschaft und Politik, Köln 1977.
8 Vgl. »DDR schwächt den KSZE-Text ab - Wichtige Passagen falsch wiedergegeben«, Kölner Stadt-Anzeiger v. 25. Januar 1989: Neues Deutschland v. 21./22. Januar 1989.
9 Bonner General-Anzeiger v. 20. Januar 1989.
10 Ebda.
11 Neues Deutschland v. 2. Dezember 1988.
12 Neues Deutschland v. 20. Januar 1989.
13 Neues Deutschland v. 27. Oktober 1988.
14 Vgl. D. Cramer: »Der Bundespräsident in der Sowjetunion«, Deutschland Archiv, August 1987, S. 793.
15 Neues Deutschland v. 23. November 1984.
16 Der Tagesspiegel v. 13. September 1988.
17 »SPD-Linke: Wiedervereinigung aus dem Grundgesetz streichen«, Süddeutsche Zeitung v. 25. Februar 1986.
18 »Vogel weist Forderung von SPD-Linken zurück«, Süddeutsche Zeitung v. 26. Februar 1986.
19 »Gefährlicher Romantiker«, Kölner Rundschau v. 25. Februar 1986.
20 »Im Bundestag erstmals offener Streit über das Fernziel Wiedervereinigung«, FAZ v. 2. Dezember 1988.
21 »Präambel bleibt in der Diskussion«, Die Welt v. 23. Mai 1988.
22 »Der Eklat unter Schumacher Porträt - Verblüffung über Schmudes Angriff auf die Grundgesetz-Präambel«, Die Welt v. 20. Mai 1985.
23 »Papier und Realität«, Stuttgarter Zeitung v. 17. Januar 1989.
24 »Schily bekräftigt: Präambel ändern«, Süddeutsche Zeitung v. 22. September 1984.

25 Der Spiegel v. 25. April 1985.
26 »Präambel mit Heiligenschein«, Frankfurter Rundschau v. 22. Mai 1985.
27 »Die deutsche Nation als Gefühl«, Der Spiegel v. 5. Dezember 1988.
28 »125 Jahre SPD«, Kommentar im Deutschlandfunk am 28. Mai 1988.
29 »Geißler beruft sich auf Kohl und Strauß«, FAZ v. 10. November 1988.
30 »Geißlers Deutschland-Thesen vor Änderungen«, FAZ v. 23. März 1988.
31 »Die Wiedervereinigung als Reich Gottes«, FAZ v. 24. Februar 1988.
32 FAZ v. 23. März 1988.
33 FAZ v. 15. Februar 1988.
34 FAZ v. 16. Februar 1988.
35 Die Zeit v. 20. Januar 1989.
36 Die Zeit v. 4. November 1988.
37 FAZ v. 2. November 1988.

Detlef Kühn

Deutschlandpolitische Bildung

Das Bundesverfassungsgericht hat in seinem Urteil über die Verfassungsmäßigkeit des Grundlagenvertrages festgestellt, daß es Verpflichtung aller staatlichen Organe von Verfassungs wegen sei, den Wiedervereinigungsanspruch nach innen aufrechtzuerhalten und nach außen beharrlich zu vertreten.[1] Diese Auffassung über Verfassungspflichten aller Organe korrespondiert mit dem Auftrag, der zum Beispiel dem Gesamtdeutschen Institut – Bundesanstalt für gesamtdeutsche Aufgaben – im Gründungserlaß vom Jahre 1969 zur politischen Bildung erteilt worden ist, nämlich den gesamtdeutschen Gedanken durch Informationsvermittlung zu festigen und zu verbreiten.[2] Im folgenden soll untersucht werden, inwieweit es gelungen ist, diesen Auftrag zu erfüllen, wo Defizite liegen und welche grundsätzlichen Probleme die deutschlandpolitische Bildungsarbeit mit sich bringt.
Der aus der Präambel des Grundgesetzes hergeleitete Auftrag an alle staatlichen Institutionen, den Wiedervereinigungsanspruch im Innern aufrechtzuerhalten, ist insbesondere ein Auftrag an die Institutionen, denen die politische Verantwortung für Bildungsmaßnahmen obliegt. Dies sind nach unserer verfassungsmäßigen Ordnung nicht in erster Linie Bundesbehörden, sondern vor allem Institutionen der Länder, denen die Zuständigkeit für die Schul- und Bildungspolitik überwiegend zugewiesen wurde (Art. 70 ff. GG). Der Bund hat insofern nur eine Zuständigkeit, die aus seiner deutschlandpolitischen Kompetenz abgeleitet werden kann. Im Bundeshaushalt sind für diese Zwecke 1988 rund 80 Millionen DM ausgewiesen worden (ohne Personalkosten). Davon entfallen etwa

- 7,65 Millionen DM auf Herstellung, Erwerb und Verbreitung von Publikationen,
- 24,81 Millionen DM auf Seminare, Tagungen und Vorträge,
- 2,45 Millionen DM auf die Film- und Bildarbeit und
- 18,65 Millionen DM auf die Förderung von Reisen nach Berlin-West und an die Grenze zur DDR.

Weitere 20 Millionen DM dienen der Förderung von Begegnungen und Informationsreisen und dem kulturellen Austausch im Bereich der innerdeutschen Beziehungen. Hierzu gehört auch die finanzielle Unterstützung von Klassenreisen in die DDR.

Bemühungen um die Schulen

Diese Bemühungen des Bundes können und dürfen entsprechende Bemühungen der Länder nicht ersetzen. Es war daher konsequent, daß die Kultusminister der Bundesländer mit ihrer (notwendigerweise einstimmig verabschiedeten) Empfehlung vom 23. November 1978 Grundsätze für die Behandlung der deutschen Frage im Unterricht beschlossen.[3]

Daß die Kultusminister der elf Bundesländer, die damals immerhin vier verschiedenen Parteien angehörten, sich in einer so heiklen Frage auf durchaus substanzreiche gemeinsame Empfehlungen einigen konnten, mutet heute noch wie ein kleines Wunder an. Die Empfehlungen wurden in allen Bundesländern in die Form rechtsverbindlicher Erlasse gekleidet, wenn auch nicht immer unverändert. Das Land Nordrhein-Westfalen nahm z.B. nicht unerhebliche Veränderungen in bezug auf die Behandlung der Gebiete jenseits von Oder und Neiße vor.[4] Dennoch kann heute, zehn Jahre später, mit Genugtuung festgestellt werden, daß die damalige Empfehlung die deutschlandpolitische Bildungsarbeit an Schulen im Grundsatz dem Parteienstreit entzogen hat. Kontroversen, wie sie der Baden-Württembergische Landtag vor zwei Jahren erlebt hat[5], blieben die Ausnahme. Der Verdacht ist allerdings nicht völlig von der Hand zu weisen, daß diese Ruhe ihre Ursache letztlich doch in einem relativ weitverbreiteten Desinteresse an dieser Thematik hat. Die Fälle, in denen sich die Landtage seit 1978 mit der deutschlandpolitischen Bildungsarbeit an Schulen befaßt haben, lassen sich an den fünf Fingern abzählen. Meistens war dies dann der Fall, wenn ein Unterrichtshilfsmittel des Bundes, zum Beispiel der Kalender des Gesamtdeutschen Instituts, für Aufsehen sorgte.[6] Eine systematische Kontrolle, ob und inwieweit die Empfehlungen der Kultusministerkonferenz von 1978 tatsächlich in den Unterrichtsalltag Eingang finden, erfolgt offensichtlich nicht. Der Erfolg der politischen Grundsatz-Entscheidung bleibt nach wie vor dem unterschiedlich entwickelten Engagement des einzelnen Lehrers überlassen. Zu einer gemeinsamen Bilanz über die Auswirkungen ihrer damaligen Entscheidung konnten sich die Bundesländer bis heute nicht verstehen. Bemühungen des Bundes, eine solche Bilanz zu ziehen, sind unter Hinweis auf die verfassungsmäßigen Kompetenzen der Länder gescheitert, wie anläßlich eines Hearings des Bundestagsausschusses für innerdeutsche Beziehungen 1981 deutlich wurde.[7]

Die Praxis der Zusammenarbeit von Bund und Ländern in der deutschlandpolitischen Bildungsarbeit ist vor allem in der Lehrerfortbildung recht erfolgreich. Rund 1500 Lehrer aus allen Bundesländern kommen alljährlich zu ein- oder mehrtägigen Seminaren in Berlin oder in Westdeutschland zusammen, bei denen unter finanzieller und inhaltlicher Kooperation zwischen dem Gesamtdeutschen Institut und den für Lehrerfortbildung zuständigen Landesbehörden entsprechende Kenntnisse vermittelt werden. Dabei ist vor allen Dingen das Interesse an den Berlin-Seminaren so groß, daß regelmäßig nur ein Drittel der Anmeldungen berücksichtigt werden kann. Wenn in diesem Bereich mehr Mittel zur Verfügung stünden, wäre der Erfolg noch erheblich zu steigern. Im übrigen stellt der Bund, insbesondere vertreten durch das Bundesministerium für innerdeutsche Beziehungen und das ihm nachgeordnete Gesamtdeutsche Institut, Unterrichtshilfsmittel zur Verfügung, die zum Teil auch in Klassensätzen abgegeben werden können und sich erheblicher Beliebtheit erfreuen. Ich verweise hierzu insbesondere auf die sogenannten Seminarmaterialien des Gesamtdeutschen Instituts und seine Kalender, deren Texte zusätzlich noch in gesonderten Heften für die Hand des Schülers abgegeben werden.

Wenn auch zahlreiche private Träger der politischen Bildung in der Lehrerfortbildung aktiv sind, darunter insbesondere auch Lehrerverbände wie der Verband der Schulgeographen, der Deutsche Geschichtslehrerverband oder die Gemeinschaft evangelischer Erzieher, bei denen die multiplikatorische Wirkung besonders groß ist, ist doch nicht zu verkennen, daß durch Fortbildungsmaßnahmen nur ein geringer Prozentsatz der insgesamt nach Hunderttausenden zählenden Lehrer im Bundesgebiet erreicht werden kann. Es wäre sicherlich effektiver, den Hebel bereits bei der Lehrer-Ausbildung anzusetzen. Leider fehlt es hier noch weitgehend an einer systematischen Berücksichtigung der deutschlandpolitischen Bildung in den einzelnen Studiengängen. Ein auch durch Examensdruck erzeugter Anreiz zur stärkeren Beschäftigung mit dieser Thematik ist nur selten vorhanden. Die Folge ist, daß die freien Mitarbeiter des Gesamtdeutschen Instituts, die für Vorträge vor Schulklassen eingesetzt werden, häufig den Eindruck haben, die Lehrer hätten die Wissensvermittlung ebenso nötig wie ihre Schüler.

Erfreulich ist dagegen, daß auch die Bundeszentrale für politische Bildung und einige Landeszentralen Unterrichtshilfsmittel und sonstige Materialien mit deutschlandpolitischer Relevanz zur Verfügung stellen. Sie zeigen damit, daß sie den grundgesetzlichen Auftrag ernst nehmen. All diese Aktivitäten ändern jedoch leider nichts daran, daß Klagen meist berechtigt sind, wonach Schüler zu wenig Kenntnisse über Deutschland als Ganzes und die Teile Deutschlands östlich der Zonengrenze aufweisen.[8] Um hier einen grundlegenden Wandel herbeizuführen, bedarf es offenbar zusätzlicher Initiativen aus dem politischen Raum, an denen es zur Zeit noch fehlt. Hier sind vor allem die Fraktionen der Landtage gefordert.

Bildungsarbeit als politischer Seismograph

Die deutschlandpolitische Bildungsarbeit wirkt wie ein Seismograph in bezug auf Veränderungen im allgemeinen politischen Bewußtsein. Mir scheinen die hierbei zu gewinnenden Erfahrungen wichtiger zu sein als

manche Meinungsumfragen, bei denen das Ergebnis doch sehr davon abhängt, wie und mit welcher Tendenz Fragen formuliert werden. In der deutsch-landpolitischen Bildungsarbeit vor allem mit Erwachsenen hat man es häufig nicht mit einem »repräsentativen« Querschnitt der Bevölkerung zu tun, sondern mit den politisch bewußteren und engagierten Kreisen unseres Volkes. Diese mögen nicht repräsentativ im landläufigen Sinne sein. Sie sind aber für Veränderungen des politischen Bewußtseins von ungleich größerer Bedeutung. Diese Veränderungen lassen sich daher auch in Fragen der Deutschlandpolitik schneller und zuverlässiger erkennen, wenn man die Erfahrungen der deutschlandpolitischen Bildungsarbeit berücksichtigt. Als Beispiel verweise ich darauf, daß in diesem Bereich schon Ende der siebziger Jahre und Anfang der achtziger Jahre ein zunehmendes Interesse auch und gerade bei jüngeren Menschen an der Deutschlandpolitik zu registrieren war. Unter den jungen Akademikern waren es vor allem die Angehörigen der Burschenschaften, die sich frühzeitig auf die gesamtdeutschen Traditionen ihrer Verbindungen besannen. Im mehr »linken« Lager wirkte sich der deutschlandpolitische Einfluß Rudi Dutschkes, des Studentenführers der sechziger Jahre, aus, der im Rahmen des »linken« Meinungsspektrums nur teilweise ignoriert werden konnte.[9]
Es hat dann allerdings noch fünf bis sechs Jahre gedauert, bis dieses wiedererwachte Interesse auch zu den gesicherten Erkenntnissen der politischen Parteien gehörte. Programmatische Schlußfolgerungen wurden – wenigstens für CDU und FDP – daraus erst im Jahre 1988 gezogen.[10]

Das Verhältnis zur operativen Deutschlandpolitik

Es liegt in der Natur der Sache, daß die deutschlandpolitische Bildung mit der operativen Deutschlandpolitik eng verbunden ist. Maßnahmen oder auch unterlassene Maßnahmen der operativen Politik wirken sich meist unmittelbar auf die Diskussionen aus, die die politische Bildungsarbeit zu bestehen hat. Gelegentlich treten hinsichtlich der Ziele dieser Politik Irritationen sogar bei den Vertretern der politischen Bildung selbst auf. Wer hier nicht fest auf dem Boden des Grundgesetzes, wie es durch das Bundesverfassungsgericht interpretiert wurde, steht, gerät leicht in die Gefahr, ziellos zu wirken. Unter Umständen wird dann das Heil nur noch von der Politikwissenschaft erhofft.[11]
Unklarheiten oder gar logische Brüche in bezug auf die Zielsetzungen der operativen Politik bekommt man in der deutschlandpolitischen Bildungsarbeit unmittelbar zu spüren. Dies gilt zum Beispiel für das Verhältnis der Deutschlandpolitik zur Sicherheitspolitik, zur Europapoltik oder zur allgemeinen Menschenrechtspoltik. Diesbezügliche Fragen werden in den Seminaren der politischen Bildung konkreter und direkter, meist auch

besser fundiert, gestellt, als es sonst in Partei- und Wahlveranstaltungen der Fall sein mag. Es ist sicher nicht immer möglich, in den daraus resultierenden, zum Teil sehr engagierten Auseinandersetzungen fundierte Antworten zu geben, zu denen die offizielle Politik der Parteien häufig noch nicht in der Lage ist.

Dies gilt insbesondere für das Verhältnis von Deutschlandpolitik und Europapolitik. In dem »Brief zur deutsche Einheit«, der anläßlich der Unterzeichnung des Grundlagenvertrages von der Bundesregierung der Regierung der DDR zugestellt wurde, wurde festgehalten, daß der Vertrag »nicht im Widerspruch zu dem politischen Ziel der Bundesrepublik Deutschland steht, auf einen Zustand des Friedens in Europa hinzuwirken, in dem das deutsche Volk in freier Selbstbestimmung seine Einheit wiedererlangt«.[12] Soweit besteht zumeist auch heute noch Übereinstimmung zwischen den Parteien – wohl mit Ausnahme der »Grünen«, deren Bundestagsfraktion offenbar das Ziel der staatlichen Einheit der Deutschen mehrheitlich aufzugeben wünscht.[13] Wie aber die »europäische Friedensordnung« herbeigeführt werden könnte, welche konkreten Schritte hierfür erforderlich sind, ist auch den staatstragenden Parteien noch immer höchst unklar. Meist verläßt man sich auf die Automatik des KSZE-Prozesses, der aber so langsam verläuft, daß die Vertröstung, die Wiedervereinigung sei unter diesen Umständen Sache künftiger Generationen, leider realistisch erscheinen könnte. Es ist jedoch auch in der politischen Bildungsarbeit nur schwer zu vermitteln, daß das Vertrauen auf diesen höchst langwierigen Prozeß schon das beharrliche Vertreten des Wiedervereinigungsanspruchs sein soll, das das Bundesverfassungsgericht für geboten hält. Immer wieder wird in Seminaren und Diskussionen die Frage gestellt, ob hierfür nicht ein Mehr an Initiativen erforderlich ist. –

In den gleichen Zusammenhang gehört auch die Frage, ob das Zusammenwachsen aller Staaten Europas, von der Biskaya bis zum Baltikum oder gar zum Ural, zu einem Bundesstaat wirklich die einzige Chance der Deutschen sein soll, ihre staatliche Einheit wiederzuerlangen. Immer wieder wird dagegen gefragt, ob nicht umgekehrt die Zusammenfügung der getrennten Teile Deutschlands die Möglichkeit eröffnet, die verkrusteten Strukturen im geteilten Europa aufzubrechen und dem späteren Zusammenwachsen eines »Europas der Vaterländer« zu dienen. Wer dieser Auffassung zuneigt, vermißt meist entsprechende konkrete Schritte der Bundesrepublik gegenüber den Siegermächten des zweiten Weltkriegs, die sich ihre Verantwortung für Deutschland als Ganzes bis heute vorbehalten haben, insbesondere gegenüber der Sowjetunion. In den aktuellen Schwierigkeiten der UdSSR, die zu der vieldiskutierten Perestroika-Politik Gorbatschows geführt haben, sieht man dann durchaus einen Ansatzpunkt für entsprechende Bemühungen.

Ein noch größeres Problem stellt das Bemühen um eine (West-)Euro-

päische Union dar, in der nicht nur die SPD, sondern auch deutschlandpolitisch Interessierte im mehr »rechten« Teil des Meinungsspektrums eine endgültige Absage an jede Wiedervereinigungspolitik sehen oder befürchten.[14] Nun steht diese Union sicherlich noch nicht vor der Tür – auf ihre Souveränität wollen auch unsere westeuropäischen Nachbarn meist nicht verzichten –, daß sie aber gegebenenfalls die Einheit Deutschlands wirklich schneller herbeiführen würde als jede andere denkbare Lösung der deutschen Frage, müßte erst einmal bewiesen werden. Die Einengung des Europabegriffs in der politischen Praxis (wie bei der »Europa-Wahl«) auf Westeuropa, die mit der häufigen Beschränkung des Deutschlandbildes im alltäglichen Sprachgebrauch auf die Bundesrepublik korrespondiert, erleichtert die deutschlandpolitische Bildungsarbeit ebenfalls nicht.
Vor einiger Zeit war das politische Bonn geschockt, als das Ergebnis von Meinungsumfragen bekannt wurde, wonach ca. 80 Prozent der Westdeutschen für ein (militärisch) neutrales wiedervereinigtes Deutschland eintreten.[15] Wer in der politischen Bildungsarbeit aktiv ist, war dagegen kaum überrascht. Hier wird man sich sehr schnell einig, daß eine Wiedervereinigung, bei der die DDR der NATO oder die Bundesrepublik dem Warschauer Pakt angeschlossen wird, völlig unvorstellbar ist. Folgerichtig wird dann sehr konkret die Existenz der beiden Militärbündnisse in Frage gestellt. Man denkt über Alternativen nach und ist enttäuscht, wenn die Politik den Eindruck erweckt, als sei unsere Zugehörigkeit zur NATO ein Essential der westlichen Wertegemeinschaft und nicht nur ein Mittel zum Zweck der Abschreckung oder der militärischen Verteidigung im Ernstfall. Viele engagierte Deutsche können sich sehr wohl Alternativen zum sicherheitspolitschen Status quo vorstellen und sind enttäuscht, wenn die politischen Parteien sich Denkarbeit in dieser Richtung ersparen. Dies gilt nicht zuletzt für zahlreiche (ehemalige) hohe Offiziere der Bundeswehr, wie die Generale Kießling, Löser, F. Uhle-Wettler u.a., die in Büchern, Vorträgen und Zeitungsbeiträgen entsprechend aktiv werden.[16] Die Glaubwürdigkeit der Parteien wird bei dem kritischen »Kunden«, mit dem es die politische Bildung zu tun hat, durch geistige Enthaltsamkeit jedenfalls nicht erhöht.

Politische Bildung ohne Tabus und Schlagworte

Eine ehrliche deutschlandpolitische Bildungsarbeit verträgt weder Tabus noch Schlagworte. Sehr allgemein gehaltene Warnungen wie die vor einem »deutschen Sonderweg«, vor »Neutralismus« (ohne konkrete Definition, was damit gemeint ist), vor einem neuen »Rapallo« oder einer »Finnlandisierung« Deutschlands werden hier nicht einfach akzeptiert, sondern in Arbeitsgruppen und engagierten Diskussionsbeiträgen kritisch hinterfragt. Dabei spielt auch die bekannte Stalin-Note vom März 1952 zur Wiedervereinigung eine Rolle, die durch die Untersuchungen des Innsbrucker Historikers Steininger in einem neuen Licht erscheint.[17] Früher wurde diskutiert, ob die Note mit dem Angebot eines militärisch neutralen wiedervereinigten Deutschlands ohne die Ostgebiete »ernst gemeint«[18] war. Heute ist auf Grund der neueren Forschungen klar, daß Adenauer und führende Vertreter der Westmächte sie jedenfalls für ernst gemeint erachteten. Adenauer wollte aber zuerst die Westbindung der Bundesrepublik sichern, ehe er sich der Vereinigung ganz Deutschlands widmen wollte, und drängte daher auf Ablehnung des Vorschlags Stalins. Da inzwischen offenkundig ist, daß diese Poltik – sei sie nun damals »richtig« oder »falsch« gewesen – jedenfalls nicht zur Einheit Deutschlands geführt hat, nimmt es nicht wunder, daß die Entscheidung der fünfziger Jahre neuerdings verstärkt unter dem Aspekt diskutiert wird, ob eine Neuauflage dieser Note in gleicher oder veränderter Form heute möglich wäre und wie darauf reagiert werden müßte.

Was ist Deutschland?

Die Unklarheiten, mit denen sich die politische Bildung auseinandersetzen muß, beginnen schon bei der Frage, was denn eigentlich unter Deutschland zu verstehen ist. Deutschland ist offenbar ein schwieriger Begriff. Im alltäglichen Sprachgebrauch der Westdeutschen ist eine Beschränkung des Deutschlandbildes auf das Gebiet der Bundesrepublik Deutschland (allenfalls einschließlich West-Berlins) festzustellen. Beispiele für diese bedenkliche Entwicklung fehlen vor allem in der Sportberichterstattung nicht, wenn es z.B. heißt, »deutsche Sportler« seien in Seoul bei den Olympischen Spielen mit 40 Medaillen erfolgreich gewesen (in Wahrheit hatten deutsche Sportler doch 140 Medaillen errungen!). Immer wieder wird auch bei den so beliebten Nationen-Wertungen die »DDR« – meist oben im Medaillen-Spiegel – »Deutschland«, womit die Bundesrepublik gemeint ist, gegenübergestellt, das fast immer weiter unten steht. Damit ist dann den Sportfans klar, daß die DDR jedenfalls nicht zu Deutschland zu zählen sei...

Derartigen Fehlentwicklungen gilt es mit Vorrang Widerstand entgegenzusetzen. Daneben muß auch noch das historisch gewachsene und das juristisch gesicherte Deutschland dargestellt werden. Das historische Deutschland reicht von Ostpreußen bis zum Elsaß und umfaßt zum Beispiel noch im »Großdeutschland der Paulskirche«[19] 1848 auch den österreichischen Teil des Habsburger Reiches. Rechtlich gehen wir heute in Übereinstimmung mit der Definition der Siegermächte des zweiten Weltkrieges vom Jahre 1944 von Deutschland in den Grenzen von 1937 aus, was zwar politisch zweckmäßig ist, aber – wenn man zum Beispiel an das dabei ausgesparte Memelland denkt – nicht ohne weiteres logisch zu erklären ist.[20] Mit all diesen Problemen hat sich die politische Bildung herumzuschlagen. In der Praxis dürfte sie sich vor allem auf die Gebiete des Deutschen Reiches von vor 1938 konzentrieren, die heute überwiegend von Deutschen bewohnt sind, also die Bundesrepublik Deutschland und die DDR. Diese Beschränkung ist sicherlich in Hinblick auf die Wahrung der Einheit der Nation, die ja nun einmal aus Menschen besteht, notwendig und zweckmäßig. Sie ändert jedoch nichts daran, daß immer wieder auf die zum Teil anders lautende Rechtslage und auf den historischen Deutschlandbegriff zurückgegriffen werden muß. In der Frage der kartographischen Darstellung Deutschlands wird dieses Problem besonders deutlich.[21]

Die Motivation junger Menschen

Eines der zentralen Probleme der deutschlandpolitischen Bildungsarbeit ist die Frage, auf welche Weise insbesondere junge Menschen motiviert werden können, sich mit ihrem Staate, ihrem Volk und den Zukunftsaussichten der Deutschen zu beschäftigen. Die Lösung kann nicht allein im Einsatz moderner Mittel, wie Filme, gesucht werden. Es ist selbstverständlich, daß audiovisuelle Medien nicht verschmäht werden.[22] Sie können jedoch eine fehlende Motivation nicht ersetzen. Filme und Bilder haben eine Einstiegsfunktion in die Thematik und können bestimmte Sachverhalte illustrieren. Den Film jedoch, der *alle* Fragen beantwortet und darüber hinaus noch interessant und abwechslungsreich ist, wird es nie geben. Auf die Notwendigkeit abstrakten Denkens kann auch in der deutschlandpolitischen Bildungsarbeit nicht verzichtet werden. Deshalb muß bei der Information eine Vielzahl von Methoden angewandt werden, die je nach den Adressaten unserer Bemühungen unterschiedlich sein können und müssen. Der akademischen Jugend muß mehr an abstraktem Denken zugemutet werden als etwa Hauptschülern. Dies muß auch bei der Auswahl der einzusetzenden Medien berücksichtigt werden.
Nach den Auseinandersetzungen um die »neue Ostpolitik« Anfang der siebziger Jahre war die deutschlandpolitische Bildungsarbeit betont rational angelegt. Man beschränkte sich darauf, so nüchtern wie möglich Faktenwissen zu vermitteln. Um vor allem der DDR nicht zu nahe zu treten, wurde die Methode der »systemimmanenten« Darstellung der dortigen Verhältnisse propagiert, bei der die DDR nur an ihren eigenen ideologischen Voraussetzungen gemessen werden durfte. Eine Bewertung nach den Maßstäben der westlichen Demokratien galt als unzulässig. Wie zu erwarten war, führte diese Methode zu einer Fülle von Mißverständnissen, da häufig der Eindruck entstehen mußte, das kommunistische System in der DDR solle verteidigt werden. – Um das Interesse junger Menschen an dem

ihnen häufig so fremden Gegenstand DDR zu erregen, wurde dann gern zum Hilfsmittel des Systemvergleichs gegriffen. Dies war sicherlich unter den gegebenen Umständen, sozusagen zur Beruhigung der noch erregten Gemüter, notwendig und richtig. Eine dauerhafte Motivation junger Menschen ist allein auf diese Weise jedoch nicht zu erzielen. Betroffen machen kann nur der, der selbst betroffen ist. Diese Grundwahrheit der Bildung und Erziehung gilt insbesondere für den Bereich der Deutschlandpolitik. Aber wie dieses Ziel erreicht werden kann, ist in hohem Maße umstritten, wird doch stets befürchtet, dabei in das Abseits der Demagogie zu geraten oder unkontrollierbare Emotionen zu wecken.
Interessant ist, wie wir uns zu unseren nationalen Symbolen[23] stellen, zu denen viele ein sehr ambivalentes Verhältnis haben. Unsere Nationalhymne wurde viele Jahre lang praktisch nicht gesungen – schon deshalb nicht, weil kaum jemand den Text der dritten Strophe, die bei offiziellen Gelegenheiten gesungen werden soll, in der Schule gelernt hatte.
Jetzt wird in vielen Schulen wieder häufiger die Entstehungs-Geschichte der deutschen Nationalhymne und ihr Text »durchgenommen«. Häufig lernen die Schüler den Text wenigstens der dritten Strophe auswendig, wenn auch nach wie vor an westdeutschen Schulen nur selten gesungen wird und daher kaum Gelegenheit zur Anwendung des Gelernten besteht. Eine Antwort wie die eines jungen Lehrers noch am Anfang der achtziger Jahre auf die Frage, wann er das Deutschland-Lied mit seiner Klasse durchzunehmen gedenke: »Niemals, denn dann könnte ich ja auch gleich das ›Horst-Wessel-Lied‹ auswendig lernen lassen«, wäre jedenfalls heute wohl nicht mehr möglich.
Es ist inzwischen unbestritten, daß insbesondere der Text der dritten Strophe des Deutschland-Liedes geeignet ist, die Wünsche und politischen Ziele des deutschen Volkes in der Situation eines geteilten Landes auszudrücken. Einigkeit und Recht und Freiheit werden dem ganzen deutschen Volk über 40 Jahre nach Kriegsende noch immer vorenthalten. Die dritte Strophe des Deutschland-Liedes wirkt damit wie eine Handlungsanweisung, die den Verfassungsauftrag, das Ziel der Wiederherstellung der staatlichen Einheit »im Inneren wachzuhalten und nach außen beharrlich zu vertreten«, in die schlichtere Sprache eines Volksliedes übersetzt.

Ratio und Emotio

Ein Lehrer berichtete kürzlich, seine Schüler einer Grundschule wollten beim Turnunterricht immer zuerst die Nationalhymne singen. Dieser Wunsch, der in seiner kindlichen Naivität rührend wirkt, zeigt, welche starken emotionalen Bedürfnisse in bezug auf nationale Symbole schon bei Kindern bestehen. Dennoch wird dieser Aspekt bisher weder in der politischen

Bildung noch in der politischen Kultur hinreichend berücksichtigt. Vor allem in der politischen Bildungsarbeit sieht man das Heil noch immer in einer betonten Rationalität: Die Vergangenheit muß »aufgearbeitet«, die Systeme in Ost und West müssen miteinander verglichen werden, Sachverhalte sind – natürlich kritisch – zu »hinterfragen«. Wir sind schon zufrieden, wenn dabei wenigstens noch ein Mindestmaß an Faktenwissen vermittelt werden kann. In diesen Zusammenhang gehört auch die Forderung nach Entwicklung eines(west-)deutschen »Verfassungspatriotismus«, der offenkundig für ein alle Deutsche umfassendes Nationalgefühl wenig Raum lassen soll.[24]

Um nicht mißverstanden zu werden: Kritische und informative Arbeit war und ist wichtig und soll gerade für die politische Bildung nicht abgewertet werden. Dennoch bleibt die Erkenntnis, daß der Mensch nicht nur eine Ratio, sondern auch eine Emotio hat. Gefühlswerte sind auch Werte, deren sich niemand zu schämen braucht. Gefühl darf gerade auch der zeigen, der in der Politik vor allem seinen Verstand gebraucht. Ratio und Emotio sind nicht Gegensätze, sondern bedingen und ergänzen einander.

Diese Erkenntnis ist noch nicht Allgemeingut, wenn auch ein Umdenkungsprozeß offenbar in Gang kommt. Wir müssen uns mit der emotionalen Seite unserer politischen Kultur stärker als bisher auseinandersetzen. Daß hier Bedürfnisse bestehen, kann nicht geleugnet werden. Sie weiter zu vernachlässigen, kann allerdings gefährlich werden. Demagogen bekämen damit eine Chance, die Demokraten ihnen eigentlich nicht einräumen dürften.

Reisen und ihre Wirkungen

Eine Bestandsaufnahme und vorläufige Bilanz der deutschlandpolitischen Bildungsarbeit im 40. Jahr der staatlichen Spaltung Deutschlands bringt ein zwiespältiges Bild zutage. Einerseits nehmen die Klagen über das geringe Wissen der Jugend in bezug auf Deutschland als Ganzes und vor allem über Mittel- und Ostdeutschland nicht ab. Die Frage ist dabei berechtigt, ob die Eltern und Lehrer der so gescholtenen Jugendlichen selbst einen deutlich besseren Wissensstand haben. Auf der anderen Seite bleibt der in den letzten drei Jahren erheblich angestiegene Reiseverkehr zwischen den beiden Teilen Deutschlands nicht ohne positive Wirkung auf das Engagement und auf das Wissen westdeutscher Jugendlicher. Nichts ist motivierender für junge Menschen als eine Klassenfahrt in die DDR. In dieser Beurteilung sind sich fast alle Lehrer, die eine solche Reise unternommen haben, einig. Wer vorher noch glaubte, die DDR sei für ihn Ausland, ist nach einer Woche im anderen Teil Deutschlands eines Besseren belehrt. Wenn zur Zeit jährlich etwa 60 000 Jugendliche zu Mehr-Tages-Fahrten in die DDR

reisen, dazu kommen noch etwa 270 000, die von West-Berlin aus lediglich den Ostsektor der geteilten Stadt kennenlernen, so werden damit im Bewußtsein Veränderungen herbeigeführt, die in ihrer Langzeitwirkung nicht unterschätzt werden sollten.
Sich nur auf die motivierende und bildende Wirkung von Klassenfahrten zu verlassen, dürfte jedoch nicht ausreichen. Vor allem die mangelhafte jugendtouristische Infrastruktur der DDR wird es auch weiterhin verhindern, daß alle westdeutschen Schüler im Laufe ihrer schulischen Laufbahn eine Reise in die DDR unternehmen können, wie es eigentlich wünschenswert wäre. Die hier bestehen bleibenden Defizite werden auf andere Weise gedeckt werden müssen.

Didaktische Fragen und Probleme

Der schulischen Information als fächerübergreifendes Prinzip kommt dabei eine besondere Bedeutung zu. Nur über die Schule ist bei Jugendlichen eine hinreichende Breitenwirkung zu erzielen. Gefragt sind alle (deutschkundlichen) Fächer – neben dem Geschichtsunterricht und der Geographie vor allem auch Deutsch. Dieses Fach verfügt zum einen über relativ viele Unterrichtsstunden; zum anderen bietet gerade die Literatur der DDR oder von Autoren, die in den Westen übersiedeln mußten, eine Fülle von Informationen über System, Alltag und Stimmungen in der DDR. Aber auch die musischen Fächer und nicht zuletzt der Religionsunterricht sind aufgerufen, über künstlerische Entwicklungen und über die Situation der Kirche im anderen Teil Deutschlands zu informieren.
Dabei müssen Unterrichtsmethoden unter Umständen der Zielsetzung angepaßt werden. Nicht zuletzt die Abkehr vom früher üblichen geographischen Unterrichtsprinzip »aus der Nähe in die Ferne« ist eine Ursache dafür, daß Mittel- und Ostdeutschland häufig im Unterricht nicht mehr behandelt werden. Wenn dann als Ergebnis darüber geklagt wird, die Schüler wüßten nichts über Dresden, Breslau und Königsberg, dann ist es nur ein schwacher Trost, wenn man nachweisen kann, daß sie auch über vergleichbare westdeutsche Städte häufig wenig Kenntnisse aufweisen. Bei uns kann man durchaus das Abitur bestehen, ohne zu wissen, wo und wohin der Rhein, die Weser oder die Elbe münden – von der Oder oder gar der Weichsel ganz zu schweigen.
Bei Anwendung des jetzt gültigen Prinzips des »exemplarischen Lernens« im Geographieunterricht muß daher verstärkt nach Beispielen gesucht werden, die nicht nur die Bundesrepublik, sondern auch die DDR einbeziehen. Ich denke hier z.B. bei der Behandlung der Energieversorgung an die Bedeutung der Braunkohle in Ost und West. Die Anwendung des Prinzips der Länderkunde auf die DDR ist zwar ein Fortschritt. Sie ignoriert jedoch

häufig die natürlich gewachsenen Zusammenhänge zwischen den einzelnen deutschen Landschaften und kommt im übrigen meist erst in den höheren Klassen bzw. Jahrgangsstufen zum Tragen. Ich meine dagegen, daß man mit der deutschlandpolitischen Bildung an Schulen – natürlich in stets altersgemäßer Form – gar nicht früh genug beginnen kann. Die DDR erst in der 11. Jahrgangsstufe »durchzunehmen«, dürfte entschieden zu spät sein, da zu dieser Zeit viele Schüler überhaupt nicht mehr erreicht werden, weil sie die Schule bereits verlassen haben, und die übrigen emotional und interessenmäßig meist schon anders festgelegt sind und die DDR dann wirklich wie ein fremdes Land wahrnehmen.

Noch verheerender hat sich möglicherweise das Prinzip des exemplarischen Lernens auf den Geschichtsunterricht ausgewirkt. Hier ist in großen Teilen der Bundesrepublik jede historische Kontinuität im Geschichtsbild junger Menschen verlorengegangen. Weil nur »Inseln« des Wissens gebildet wurden, können Ursache und Wirkung in historischen Abläufen nur selten richtig erkannt werden. Dies hat praktische Folgen auch für die deutschlandpolitische Bildung. Die Teilung Deutschlands wird dann von Schülern meist als unmittelbare Folge des zweiten Weltkriegs angesehen, sozusagen als (gerechte?) Strafe für die Deutschen, die diesen Krieg angezettelt hätten. Gegenargumente sind kaum bekannt: Abgesehen davon, daß dann ja konsequenterweise, wegen des Zusammenwirkens Stalins mit Hitler 1939, eigentlich auch die Sowjetunion hätte geteilt werden müssen, trifft dieses Argument bekanntlich nicht den Kern der Entwicklung nach dem Kriege.[25] Da aber vor allem die Zeit zwischen 1945 und 1949 im Geschichtsunterricht nur selten eine größere Rolle spielt, lernt der Schüler auch nur selten,

- daß die Alliierten, vor allem die Sowjetunion, auf der Potsdamer Konferenz 1945 von der Fortexistenz eines einheitlichen Deutschlands ausgingen,
- daß der Alliierte Kontrollrat bis 1948 die letzte »Regierung« über die vier Besatzungszonen und Berlin darstellte,
- daß auch die Parteien in der Sowjetzone einschließlich der SED eine gesamtdeutsche Zielsetzung verfolgten,
- daß nur der ab 1948 verstärkt aufbrechende Ost-West-Gegensatz die Teilung Deutschlands und Europas herbeiführte.[26]

Eine einigermaßen gründliche und zutreffende Bewertung der gegenwärtigen Situation Deutschlands dürfte Schülern nur vor einem Hintergrund möglich sein, der zumindest die letzten 200 Jahre umfaßt und auf historische Kontinuität besonderen Wert legt. Dabei wird nicht nur die deutsche Geschichte, sondern auch die unserer europäischen Nachbarn in Betracht zu ziehen sein, um einseitig negative Darstellungen zu Lasten der Deutschen zu vermeiden. Es ist unumgänglich, daß der Eindruck vermieden wird, die deutsche Geschichte sei mit einer Art nationalen Vorstrafen-Register zu vergleichen. Schüler müssen – trotz der Verbrechen, die im Dritten Reich begangen wurden – die Chance haben, sich mit der Geschichte ihres Volkes zu identifizieren und aus ihr die Kraft für die Bewältigung der Zukunftsaufgaben zu gewinnen.

Antinationale Eliten in der Bundesrepublik?

Eine erfolgreiche deutschlandpolitische Bildungsarbeit ist bei Beschränkung auf den Gesichtspunkt der »Offenheit« der deutschen Frage und auf menschliche Erleichterungen zur Linderung der Teilungsfolgen auf die Dauer nicht möglich. Hier bedarf es mehr, nämlich eines Konsenses der politisch tragenden Kräfte in unserem Land über die Gestaltung unserer nationalen Zukunft in einem hoffentlich zusammenwachsenden Gesamt-Europa. Dabei sind die Entwicklungen bei unseren europäischen Nachbarn nicht außer acht zu lassen. Sie sind gekennzeichnet durch ein im allgemeinen völlig ungebrochenes Nationalgefühl und demzufolge auch durch ein Festhalten an der Idee des Nationalstaates, der ja für die meisten Völker auch eine Realität ist. Die Deutschen klinken sich aus Europa aus, wenn sie glauben, einseitig auf Nationalgefühl und staatliche Verfaßtheit ihrer nationalen Existenz verzichten zu müssen. Im übrigen Europa, und zwar im Osten wie im Westen, wird ihnen auf absehbare Zeit dabei kaum jemand folgen.
Es ist auch für die politische Bildung von Bedeutung, wenn ein Kenner der Verhältnisse in beiden Teilen Deutschlands wie Wolfgang Seiffert[27] glaubt feststellen zu müssen, die Eliten in der Bundesrepublik seien durch eine anationale, wenn nicht gar anti-nationale Einstellung charakterisiert. Sollte diese Beobachtung auf größere Teile der westdeutschen tonangebenden Schichten zutreffen – und dafür spricht einiges –, dann wird sich die jetzt schon festzustellende Kluft zwischen ihnen und der Mehrheit der Bevölkerung noch vergrößern. Nicht zuletzt hat die weitverbreitete Parteienverdrossenheit, auf die man auch in der politischen Bildung immer wieder stößt, auch eine deutschlandpolitische Komponente. Demokraten würden einen schwerwiegenden Fehler machen, wenn sie die hier lauernden Gefahren vernachlässigten oder gar ignorierten.

Anmerkungen

1 Leitsatz 4 des Urteils vom 31.7.1973; vgl. Der Grundlagenvertrag vor dem Bundesverfassungsgericht. Dokumentation zum Urteil vom 31. Juli 1973 über die Vereinbarkeit des Grundlagenvertrages mit dem Grundgesetz, herausgegeben vom Presse- und Informationsamt der Bundesregierung in Zusammenarbeit mit dem Bundesverfassungsgericht, Karlsruhe und Heidelberg, 1975.

2 Gisela Rüß, Anatomie einer politischen Verwaltung. Das Bundesministerium für gesamtdeutsche Fragen – Innerdeutsche Beziehungen 1949-1970, München, 1973, S. 83.
3 Abgedruckt u.a. in »Geschichte in Wissenschaft und Unterricht«, 30.Jg., 1979, S. 343 - 356.
4 Runderlaß des Kultusministers vom 30.1.1981, abgedruckt in: Geschichte, Politik und ihre Didaktik, 9.Jg., 1981, S. 40 - 42.
5 FAZ vom 4.7.1986, S. 3.
6 Siehe z.B. Protokoll des Landtags Nordrhein-Westfalen, 9. Wahlperiode, 89. Sitzung vom 26.1.1984, S. 5116 ff, und 94. Sitzung vom 21.3.1984, S. 5566 ff.
7 Herausgeber Deutscher Bundestag: Deutsche Geschichte und politische Bildung. Öffentliche Anhörungen des Ausschusses für innerdeutsche Beziehungen des Deutschen Bundestages, 1981, S. 187.
8 Zuletzt vom Deutschen Lehrerverband erhoben, vgl. Meldung der Nachrichtenagentur AP vom 21.11.1988, Nr. 166.
9 Peter Brandt/Herbert Ammon (Hrsg.), Die Linke und die nationale Frage, Reinbek, 1981, S. 135 f., 150 f.
10 »Unsere Verantwortung in der Welt. Christlich-demokratische Perspektiven zur Deutschland-, Außen-, Sicherheits-, Europa- und Entwicklungspolitik«, Beschluß des 36. Bundesparteitags der CDU vom 12. - 15. Juni 1988 in Wiesbaden; »Thesen der FDP zur Deutschland- und Berlinpolitik«, Beschluß des Bundeshauptausschusses der FDP, Berlin, 19. November 1988.
11 So Eckart D. Stratenschulte, Wie lautet die deutsche Frage? Hilferuf an die politische Wissenschaft, Deutschland Archiv, 21.Jg., 1988, S. 1170 f.
12 Siehe hierzu Benno Zündorf, Die Ostverträge, München, 1979, S. 274 ff.
13 Deutschland Archiv, 19.Jg., 1986, S. 1053 ff.
14 Egon Bahr: »Das Gebot staatlicher Einheit und das Ziel Europas im Widerspruch«, FR vom 12.12.1988; Heinrich Lummer in »Interview der Woche«, DLF, 18.12.1988; vgl. zu dem Problem »Wiedervereinigung und Westintegration« Gerhard Hoffmann in FAZ vom 2.1.1989, S. 6.
15 Vgl. Quick vom 27.5.1987;
Detlef Kühn, Nato und geteiltes Deutschland, Zusammenhänge zwischen Sicherheits- und Deutschlandpolitik, MUT Nr. 244, Dezember 1987, S. 24 ff.
16 Günter Kießling, »Deutschland zwischen Bündnis und Nation«, in Burschenschaftliche Blätter, 1/1986, S. 4 ff; ders., Neutralität ist kein Verrat. Entwurf einer europäischen Friedensordnung, Erlangen 1989. Jochen Löser/Ulrike Schilling, Neutralität für Mitteleuropa. Das Ende der Blöcke, München 1984; F. Uhle-Wettler, »Wo liegt unsere Sicherheit?«, in Criticon 108, S.183 ff., München, 1988.
17 Rolf Steininger, Eine vertane Chance. Die Stalin-Note vom 10. März 1952 und die Wiedervereinigung, Berlin/Bonn, 1985, und die Dokumentation »Eine Chance zur Wiedervereinigung? Darstellung und Dokumentation auf der Grundlage unveröffentlichter britischer und amerikanischer Akten« Bonn 1985.
18 Vgl. Steininger, a.a.O., S. 11 ff.
19 So der Titel eines Buches von Günter Wollstein, Düsseldorf, 1977.
20 Dieter Blumenwitz, Was ist Deutschland? Staats- und völkerrechtliche Grundsätze zur deutschen Frage und ihre Konsequenzen für die deutsche Ostpolitik, Bonn, 1982, S. 21 ff.
21 Beschluß der Kultusministerkonferenz vom 12. Februar 1981, von dem sich allerdings das Land Hamburg distanziert, der jedoch in der Praxis beachtet wird; vgl. Die Welt vom 20.3.1981, S. 2, und vom 1.4.1981, S. 11.

22 Vgl. Filmkatalog 1985 des Gesamtdeutschen Instituts mit Nachträgen.

23 Hierzu Karlheinz Weißmann, Die Zeichen des Reichs. Symbole der Deutschen, Asendorf, 1989.

24 S. zum Beispiel den Bericht über die Rede Kurt Sontheimers »über das eigene Land« in »Die Welt« vom 14.11.1988, S. 17.

25 Vgl. Manfred Overesch, Deutschland 1945 - 1949. Vorgeschichte und Gründung der Bundesrepublik, Königstein/Taunus, 1979.

26 Vgl. Alois Mertes, Die Tragweite und Bedeutung der Berliner Vier-Mächte-Erklärung für Deutschland, in: Boris Meissner/Theodor Veiter (Hrsg.), Das Potsdamer Abkommen und die Deutschlandfrage, II. Teil, Berliner Deklaration und Sonderfragen, Wien, 1987, S. 1 ff.

27 Vgl. Wolfgang Seiffert, Das ganze Deutschland, München 1986, S. 75 ff.

Dieter Haack

Junge Generation und deutsche Einheit

I.

Das Verhältnis der jungen Generation der Bundesrepublik Deutschland zur Einheit der deutschen Nation ist für die Entwicklung der deutschen Frage von entscheidender Bedeutung.
Selbst die heute 50jährigen haben nie bewußt ein geeintes Deutschland erlebt. Wie sollen die heute 20jährigen sich die Einheit vorstellen?
Die deutsche Frage löst sich allein schon biologisch – so war die Meinung noch vor wenigen Jahren. Je mehr die verwandtschaftlichen Verbindungen nachlassen, desto weniger Gemeinsamkeiten zwischen den Menschen in beiden deutschen Staaten werden vorhanden sein. Gerade die jungen Menschen werden sich immer mehr auseinanderleben. Das Denken und Fühlen in unterschiedlicher Gesellschaftsordnung wird stärker sein als eine gemeinsame nationale Geschichte, die immer mehr in die Vergangenheit rückt und nicht mehr erlebbar ist. Die deutsche Einheit wird sich bald von selbst überlebt haben. So hörten wir es allenthalben – in intellektuellen Kreisen mehr als in anderen Bevölkerungsgruppen. Nicht wenige Autoren überschlugen sich geradezu in angeblich unbestreitbaren Analysen vom Auseinanderleben der Deutschen. Das deutsche Erbübel, von einem Extrem ins andere zu fallen – vom übersteigerten Nationalismus in die Verleugnung eines gesunden, allen Völkern eigentümlichen Nationalgefühls, zeigte sich in der deutschlandpolitischen Diskussion besonders. Heute ist schon manche Stimme kleinlauter geworden.
Nachdem selbst die SED-Führung erkannt hat, daß sie die junge Generation der DDR nicht für die absurde Idee der Teilung Deutschlands in zwei Nationen gewinnen konnte, wird auch in der Bundesrepublik kaum mehr Zweifel am Fortbestand der deutschen Nation trotz der bisherigen 40jährigen Teilung in zwei Staaten laut. Und in der Tat, das Interesse unserer jungen Landsleute an der offenen deutschen Frage nimmt von Jahr zu Jahr zu.
Der steigende Reiseverkehr aus der Bundesrepublik in die DDR, vor allem die Klassenfahrten, haben das Interesse der jungen Menschen an der DDR und damit auch das Gefühl, daß wir trotz der Teilung in zwei Staaten eine

gemeinsame Geschichte und eine gemeinsame Kultur als Volk und Nation haben, geweckt und gefestigt.
Natürlich werden bei Begegnungen in der DDR die Unterschiede beider Gesellschaftsordnungen bewußt. Aber es wächst ebenso die Bereitschaft, gegen eine deutsch-deutsche Entfremdung anzugehen. Jugendliche, die eine Klassenfahrt in die DDR gemacht haben, empfehlen fast einmütig ihren Altersgenossen eine solche Fahrt, während die Jugendlichen, die noch nicht in der DDR waren, etwa zur Hälfte lieber in ein anderes Land fahren würden. Sie neigen auch dazu, die Teilung für unabänderbar zu halten, und meinen, die Deutschen hätten sich auseinandergelebt. Es bedarf nur des ersten Kontaktes mit den Menschen in der DDR und den dort vorhandenen Zeugnissen der gemeinsamen Geschichte und Kultur, um zu einem geänderten Verhältnis zu den Problemen der Teilung Deutschlands zu kommen.
Die jungen Menschen stellen dann auch sehr schnell fest, daß in unserem Schulunterricht viel zu wenig über die DDR gesprochen wird. Vermehrte Begegnungen der jungen Generation in beiden deutschen Staaten führen dazu, daß das Zusammengehörigkeitsgefühl der jungen Deutschen wächst und auch sie sich, wie die ältere Generation, als eine Geschichts-, Sprach- und Kulturgemeinschaft verstehen.

II.

Ich habe in meiner Heimatstadt Erlangen zur Abrundung von Erfahrungen aus anderen Diskussionen, Reiseberichten und Meinungsumfragen mit einem Kreis von politisch interessierten Abiturienten, Auszubildenden und Studenten im Alter von 19 bis 22 Jahren in einer Gesprächsrunde+ – ausgehend von den Begriffen der Präambel nationale Einheit, staatliche Einheit, vereintes Europa, gesamtes Deutsches Volk, freie Selbstbestimmung, Einheit und Freiheit Deutschlands vollenden – über folgende Fragen gesprochen:
1. Was ist für Sie heute Deutschland?
2. Wie sehen Sie das Verhältnis Deutsche – Europäer?
3. Was sagt Ihnen der Begriff deutsche Kultur?
4. Fühlen Sie sich verantwortlich für die Deutschen in der DDR?
5. Was verstehen Sie unter Wiedervereinigung Deutschlands, und wie können Sie sich die Zukunft vorstellen?
6. Wie beurteilen Sie die Entwicklung im Ostblock seit der Reformpolitik Gorbatschows in der Auswirkung auf die DDR?

+ An der Gesprächsrunde nahmen teil:
Joachim v. Alvensleben, Elektra Cheliotis, Ulrike Geyer, Manuel Haack, Jürgen Herberger, Marion Lange, Michael Lin, Jasmin Schubert, Mathias Schuch, Margret Schiller.

1. Auf die Frage: Was ist für Sie heute Deutschland? antworteten fast alle jungen Menschen: Bundesrepublik und DDR.

Deutschland steht für sie als nationale Klammer über den beiden deutschen Staaten.

Die DDR ist für nicht wenige fremd und hat ein anderes politisches und gesellschaftliches System. Von diesem System abgesehen, ist aber die DDR für sie nicht der »schlechtere Teil«.

Viele Jugendliche wissen oder fühlen, daß sie über die DDR zu wenig wissen. Die ideologischen Gegensätze sind ihnen dennoch bewußt.

Diejenigen, die unter Deutschland zunächst nur die Bundesrepublik meinen, orientieren sich am nachlässigen Sprachgebrauch vieler älterer Bundesbürger, auch von Politikern. Die im internationalen Sport für die Bundesrepublik übliche Bezeichnung Deutschland zeigt auch bei jungen Menschen Auswirkungen.

Nicht wenige junge Leute wissen, daß unsere Landsleute in der DDR besonders betroffen sind, wenn wir Deutschland sagen und nur die Bundesrepublik meinen.

Besuche und Kontakte in der DDR verstärken gerade bei Jugendlichen das Gefühl und das Bewußtsein, daß wir trotz 40jähriger Teilung in zwei Staaten gemeinsam Deutsche geblieben sind.

Die deutsche Frage ist für fast alle jungen Menschen keine territoriale Frage.

Deutschland besteht aus den heute existierenden beiden Staaten. Die Gebiete jenseits von Oder und Neiße werden in diesem Zusammenhang nicht genannt.

Auf entsprechende Nachfrage wird deutlich, daß die politische Bindungswirkung des deutsch-polnischen Vertrages im Denken und Fühlen unserer jungen Generation bestätigt ist.

Den jungen Menschen bei uns ist bekannt, daß Funktionäre der SED die Spaltung Deutschlands vertiefen und die Beziehungen zur Bundesrepublik wie zu einem ausländischen Staat gestalten wollen. Sie wissen auch, daß dies nicht im Namen der Bevölkerung der DDR geschieht.

2. Auf die Frage: Wie sehen Sie das Verhältnis Deutsche – Europäer? antworten fast alle, daß sie sich in erster Linie als Deutsche(r) verstehen.

Offensichtlich ist die Europabegeisterung der Nachkriegszeit nicht mehr in gleicher Weise vorhanden. Wohl auch deshalb, weil die heutige junge Generation wegen des zeitlichen Abstandes zu der Übersteigerung und Pervertierung des nationalen Gedankens unter der nationalsozialistischen Gewaltherrschaft den nationalen Rahmen nicht mehr überspringt und auch nicht die Europaidee als Ersatzideologie ansieht.

Die jungen Menschen heute sind in dieser Frage sehr rational und realistisch.

Sie begrüßen die fortschreitende westeuropäische Integration. Westeuropa liegt ihnen näher als Osteuropa.
Die bisherige politische Entwicklung und der verbreitete Tourismus in die westeuropäischen Länder sind dafür einsehbare Gründe.
Dennoch wird von der Jugend als Wunschziel für die Zukunft Gesamteuropa gesehen. Die Vereinigten Staaten von Europa kann man sich als Bundesstaat vorstellen. Mit den Menschen in Osteuropa fühlt man sich noch zu wenig verbunden. Man hat mit ihnen bisher zu wenig Kontakt. Auch die Vorstellungen über die kulturelle Situation in Osteuropa ist noch sehr vage.
Gleichzeitig gibt es die Befürchtung, daß sich die europäischen Kulturen beim fortschreitenden europäischen Einigungsprozeß vermengen würden. Für viele Jugendliche ist der Begriff Europäer noch nicht recht faßbar. Das Gefühl, auch Europäer zu sein, muß sich erst noch entwickeln.
Viele meinen noch, daß sie sich im nichteuropäischen Ausland als Deutsche, nicht aber als Europäer fühlen würden. Europa ist für sie eher ein geographischer Begriff. Allerdings entspringt bei den heutigen jungen Menschen das Gefühl, in erster Linie Deutscher zu sein, nicht nationalistischer Überheblichkeit, sondern eher einer nüchternen Standortbeschreibung.

3. Auf die Frage: Was sagt Ihnen die deutsche Kultur? wird die Gemeinschaft der Deutschen im Kulturellen ebenso bejaht wie in der Sprache und der Geschichte. Das Gefühl der gemeinsamen Kultur wird vor allem von den Jugendlichen bejaht, die schon die DDR besucht haben. Je bekannter der Ort in der DDR ist, in dem man deutscher Kultur begegnet (z.B. Weimar), je stärker wird die Gemeinsamkeit erlebt.
»Wenn ich vor Kulturdenkmälern und Kulturgütern in der DDR stehe, ist für mich keine kulturelle Trennung erkennbar« ist eine häufige Feststellung junger Menschen.
Besonders beeindruckend sind auch ihre Erlebnisse beim Besuch von Stätten der grausamen nationalsozialistischen Vergangenheit.
»Das stärkste Gefühl der Gemeinsamkeit habe ich beim Besuch des Konzentrationslagers Buchenwald empfunden. Das ist unsere Geschichte. Was bis dahin war, ist nicht zu trennen. Nicht im Positiven und nicht im Negativen.«
Wenn Jugendliche aus der DDR und der Bundesrepublik gemeinsam Stätten der Kultur oder der Geschichte besuchen, ist das Erleben und Erfahren noch intensiver. Auf diese Weise kann die Entfremdung sehr schnell überwunden werden und ein freundschaftliches Verhältnis entstehen.
Wegen der Gemeinsamkeit der Sprache, der Kultur und der Geschichte in guten und bösen Tagen kritisieren unsere Jugendlichen, wenn bei offiziellen Führungen in der DDR die kommunistische Terminologie verwendet

wird und die Kultur- und Geistesgeschichte einseitig von der SED vereinnahmt wird. Die jungen Leute merken aber schnell, daß die Propagandisten der Staatspartei nicht für die Bevölkerung sprechen.
Kritisch wird allerdings auch vermerkt, daß viele Jugendliche der DDR sich nur für das bei uns interessieren, was eigentlich gar nicht deutsch ist, sondern von Amerika gekommen ist.
Dies ist allerdings nur ein Beweis, daß die Einstellung junger Leute in beiden Teilen Deutschlands ähnlich ist.

4. Bei der Frage: Fühlen Sie sich verantwortlich für die Deutschen in der DDR? zeigen die Antworten, daß man die Widersprüche und Unwahrheiten im System der DDR erkennt.
Das Verbot der Meinungsfreiheit, die weitgehende Einschränkung der Reisefreiheit und die mangelnde berufliche Freiheit bedrücken unsere junge Generation, die sich mit der DDR befaßt, am meisten. Sie fühlt sich bei einem Besuch in der DDR privilegiert.
»Man kann sich nicht vorstellen, wie man dort lebt, ich würde durchdrehen.«
»Ich empfinde ein großes Gefühl der Hilflosigkeit, der Betroffenheit, wenn Jugendliche in meinem Alter nicht die gleichen Rechte haben wie ich. Ich habe fast ein schlechtes Gewissen, weil ich so bevorzugt bin. Es ist ja nicht mein Verdienst.«
Das Unrecht in der DDR wird verurteilt wie Menschenrechtsverletzungen in anderen Ländern, nicht mehr und nicht weniger.
»Für mich ist die Nähe nicht von Bedeutung, wenn Unrecht geschieht.«

5. Die Frage: Was verstehen Sie unter Wiedervereinigung Deutschlands, und wie können Sie sich die Zukunft vorstellen? führt bei jungen Menschen zu unterschiedlichen Antworten.
Für viele ist ein friedliches Nebeneinander beider deutscher Staaten und ein ungehindertes Reisen hinüber und herüber ein erstrebenswerter Zustand.
Wenn es den Menschen in der DDR besser geht, ist schon viel erreicht.
Manche jungen Leute meinen, daß es im Laufe der Jahrzehnte eine Angleichung der beiden deutschen Staaten gebe, durch die sich die politischen Fragen von allein lösen könnten.
Viele Antworten muten sehr realistisch an.
»Wir müssen fordern, daß sich die Menschen drüben selbst entscheiden können, ob sie die Wiedervereinigung wollen. Eine Chance dazu ist allerdings nicht sichtbar.«
Auf meine Frage: Warum sind Sie als junge Menschen so realistisch, und warum haben Sie keine Zukunftsvision? wurde mir geantwortet: »Weil man seine Grenzen auch in anderen Lebensbereichen ständig aufgezeigt bekommt. Wer noch idealistisch ist, ist zu beneiden.«

Es war aber auch folgende Antwort zu hören: »In der DDR gibt es ein wachsendes Nationalbewußtsein. Dadurch kann der Wunsch nach Wiedervereinigung wachsen.«
Auffällig war für mich, daß der Begriff Wiedervereinigung nicht von vornherein abgelehnt wird. Darunter wird eine Vereinigung der Bundesrepublik mit der DDR verstanden. Die Gebiete jenseits von Oder und Neiße spielen dabei keine Rolle. Diese territoriale Frage ist für die jungen Menschen längst gelöst. Sie kennen diese Frage gar nicht mehr. Sie haben offensichtlich auch nicht den Wunsch nach einer isolierten Lösung der deutschen Frage. Letztlich können auch sie sich eine Einheit Deutschlands nur in einem vereinten Europa vorstellen.

6. Die Frage: »Wie beurteilen Sie die Entwicklung im Ostblock seit der Reformpolitik Gorbatschows in der Auswirkung auf die DDR?« bringt folgende Antworten:
»Wie weit Gorbatschow durchkommt, bleibt abzuwarten. Die Erfolge in der UdSSR, wenn sie sich einstellen, werden eine entscheidende Rolle spielen. Die Hoffnung auf Gorbatschow in der DDR ist groß.«
»Man kann die Entwicklung nicht einschätzen. Einflüsse von Gorbatschow auf die DDR können heilsam sein. Eine Reform kann nur stattfinden, wenn Honecker Vergangenheit geworden ist.«
»Ein Scheitern Gorbatschows bringt die große Gefahr von Rückschlägen mit sich.«
»In der DDR fehlt ein Gorbatschow.«
»Mit der Entwicklung in der UdSSR steht und fällt alles.«
»Auch die DDR muß mitmachen.«
Offensichtlich überwiegt die Hoffnung die Skepsis.

III.

Gespräche mit jungen Menschen in der Bundesrepublik zeigen sehr oft, daß es die Politik bisher nicht verstanden hat, über den in der Präambel unseres Grundgesetzes verankerten Verfassungsauftrag umfassend aufzuklären. Deshalb hat auch die politische Bildung in den Schulen ihre Aufgabe nicht erfüllen können. Dazu kommt noch das fehlende Interesse in vielen Elternhäusern an den ungelösten deutschen Problemen.
Wer keine Verwandten und Bekannten in der DDR hat oder als Tourist den anderen Teil Deutschlands bisher ausgespart hat, redet über die DDR nicht nur wie über ein fremdes Land, sondern ist in Vorurteilen befangen, die mit der Wirklichkeit nicht übereinstimmen.
Ein Geschichtsgefühl, von dem Martin Walser in seiner beachtlichen Rede im vergangenen Jahr in München in der Reihe »Reden über das eigene

Land – Deutschland« gesprochen hat, konnte sich unter diesen Umständen nicht ausbilden.
Das Bekenntnis zur gesamten Geschichte unseres Volkes, zu Höhen und Tiefen, zu Schuld und Verstrickung, aber auch zu den großen Leistungen der Geistesgeschichte wurde unseren jungen Leuten nur unzureichend vermittelt.
Die älteren Generationen waren nach 1945 selbst verunsichert, viele Ideale waren zerbrochen, der Wiederaufbau hatte alle Kräfte verlangt.
Zu einem in die Grundwerte der demokratischen Gesellschaftsordnung eingebundenen Nationalgefühl konnten junge Menschen in unserem Land nur schwer finden.
Die vielen Zweideutigkeiten in der öffentlichen Diskussion über die Einheit Deutschlands mußten auch junge Menschen verunsichern. Der in allen Bereichen unserer Politik festzustellende Verlust an Glaubwürdigkeit und Ehrlichkeit hat auch die Deutschlandpolitik erfaßt.
Es ist deshalb gerade für unsere jüngere Generation dringend notwendig, daß wir einen breiten überparteilichen Konsens in den Fragen der deutschen Einheit finden.
Die Deutschlandpolitik darf nicht zur innerpolitischen Profilierung mißbraucht werden. Es ist auch verantwortungslos, wenn sich prominente Politiker, Publizisten oder Professoren zur deutschen Frage äußern, um sich interessant zu machen.
Zu dem unverzichtbaren Konsens muß gehören, daß wir uns endgültig und unwiderruflich für die Werte der westlichen Demokratie entschieden haben. Damit haben wir in den Worten der Präambel »auch für jene Deutschen, denen mitzuwirken versagt war«, gehandelt.
Auch für sie ist der demokratische Staat die allein annehmbare Ordnung für ein menschenwürdiges Zusammenleben in der Gemeinschaft.
Die Jugendlichen sind davon überzeugt, daß die große Mehrheit der DDR-Bewohner gerne mit uns gemeinsam in einer Demokratie nach westlichem Muster leben würde. Dies widerlegt auch die intellektuellen Spielereien von einem dritten Weg. Zwischen freiheitlicher Demokratie und totalitärer Herrschaft gibt es keinen dritten Weg. Rechtsstaatlichkeit und Willkür, Selbstbestimmung und Fremdbestimmung sind nicht in einem Kompromiß auf einen Nenner zu bringen, sie schließen sich gegenseitig aus.
Diese für die deutsche Frage essentiellen Erkenntnisse müssen unserer jungen Generation glaubwürdig und überzeugend vermittelt werden – nicht in der Sprache des Kalten Krieges, sondern mit der Überzeugung eines demokratischen Selbstbewußtseins.
Aus der nationalsozialistischen Gewaltherrschaft und dem Zweiten Weltkrieg haben wir die Lehre zu ziehen, daß von deutschem Boden kein Krieg aber auch keine Diktatur mehr ausgehen darf. In diesem Sinn erhebt auch die Präambel unseres Grundgesetzes keinen machtpolitischen Anspruch,

sondern verweist auf unseren geschichtlichen Auftrag, für Freiheit und Selbstbestimmung einzutreten.
Der Begriff der Wiedervereinigung Deutschlands, der in der Präambel nicht vorkommt, ist in der politischen Diskussion nur unzureichend präzisiert worden. Dennoch ist es unverständlich, wenn Willy Brandt neuerdings die Wiedervereinigung Deutschlands als »Lebenslüge« der Nachkriegszeit bezeichnet.
Es war seit 1949 klar, daß wir Deutschen nicht die Wiederherstellung des Bismarckschen Nationalstaates anstreben. Die Väter und Mütter des Grundgesetzes wollten eine neue Ordnung und ein Deutschland, das als gleichberechtigtes Glied in einem vereinten Europa dem Frieden der Welt dient. Dies war der Bruch zur außenpolitischen Kontinuität des Deutschen Reiches, das Hitler durch seine den nationalen Interessen entgegengesetzte Machtpolitik zerstört hatte.
Die Verbindung von Freiheit und Einheit, die Verknüpfung von Deutschland und Europa und die Orientierung am Frieden in der Welt der Präambel beweisen, daß unsere Verfassung nicht an Restauration, sondern an einen künftigen Prozeß denkt.
Der konstruierte Gegensatz von europäischer Integration und deutscher Einheit ist geradezu verfassungswidrig. Die deutsche Einheit ist nur in einer europäischen Friedensordnung möglich.
Zu dieser Ordnung gehört die Verwirklichung der Menschenrechte.
Deshalb dürfen auch Frieden und Recht nicht getrennt werden. Die DDR ist ein friedlicher Staat, soweit es um ihre Außen- und Sicherheitspolitik heute geht.
Friedensfähigkeit ist aber mehr als die Bereitschaft, einen Krieg zu verhindern. Zur Friedensfähigkeit gehört der rechtmäßige Umgang eines Staates mit seinen Bürgern. Im Blick auf Mauer und Stacheldraht an den Grenzen und die Einschränkung der Grund- und Freiheitsrechte der Bürger ist die DDR bisher nicht friedensfähig.
Da die deutsche Frage im Kern eine Friedens- und Freiheitsfrage ist, darf die Deutschlandpolitik aller Parteien und wichtigen gesellschaftlichen Gruppen von den Realitäten in unserem geteilten Vaterland nicht ablenken. Die Deutschlandpolitik ist es gerade unserer jungen Generation schuldig, nicht ausschließlich in Pragmatismus zu verfallen.
Pragmatismus muß die praktische Politik bestimmen. Unsere Landsleute in der DDR wissen, daß ihnen große Worte nicht helfen, sondern nur eine Politik, die der SED-Führung Schritt für Schritt Verbesserungen für die Lebensverhältnisse in der DDR abringt.
Aber der Pragmatismus muß ergänzt werden durch Klarheit und Festigkeit in den Grundfragen von Menschenrechten, Freiheit und Frieden im Innern einer staatlichen Ordnung. Dabei geht es um moralische Grundprinzipien, die nicht opportunistisch verspielt werden dürfen.

Junge Menschen sind nur dann für eine Sache anzusprechen, wenn sie davon überzeugt sind, daß Unrecht beseitigt werden muß.
Der gegenwärtige Zustand der Teilung Deutschlands und die Zustände in der DDR widersprechen dem Rechtsgefühl.
In der von uns anzustrebenden europäischen Friedensordnung werden alle Völker ihre nationale Identität wahren können. In dieser Friedensordnung werden die Deutschen eines Tages in derselben staatlichen oder institutionellen Form zusammen leben wie Franzosen, Polen, Engländer und Ungarn. Für die deutsche Zweistaatlichkeit gibt es keine moralische Begründung, schrieb vor kurzem der in der DDR lebende Schriftsteller Rolf Schneider in einem Essay. Wir müssen auch im Interesse der Zukunft unserer jungen Generation auf die europäische Friedensordnung hinarbeiten. Dabei sind auch Zwischenlösungen für die deutsche Frage denkbar.
Wenn wir mithelfen, den Ost-West-Gegensatz schrittweise zu überwinden und den in Helsinki 1975 begonnenen Prozeß der Sicherheit und Zusammenarbeit in Europa konsequent fortsetzen, beschleunigen wir eine geschichtliche Entwicklung, die nicht nur im deutschen Interesse, sondern im Interesse aller unserer Nachbarn ist.
Wenn die Deutschlandpolitik dieses Ziel ohne Taktieren und Finassieren verfolgt, wird sie die junge Generation in beiden deutschen Staaten auf ihrer Seite haben.

Die Präambel
und unsere Nachbarn

III

Gesine Schwan

Die Präambel und die europäische Integration

In der deutschlandpolitischen Debatte der letzten Jahre hat es einen Streit um die Frage gegeben, ob die Präambel des Grundgesetzes das Gebot der staatlichen Wiedervereinigung Deutschlands enthalte oder ob sie auch mit einer Politik vereinbar sei, die auf Dauer zwei deutsche Staaten anstrebe. Dabei handelt es sich um einen in der Sache gegenstandslosen Streit, da die in der Präambel geforderte »Einheit und Freiheit Deutschlands« im Sinne dessen, daß das Deutsche Volk »als gleichberechtigtes Glied in einem vereinten Europa dem Frieden der Welt... dienen« sollte, nach gegenwärtigem Ermessen weder als »staatliche Wiedervereinigung« noch als Festlegung auf zwei deutsche Staaten erlangt werden kann oder auch nur wünschbar erscheint. Die folgenden Überlegungen sollen diese Behauptung begründen.

Für eine zukunftsträchtige Deutschlandpolitik ist es wichtig, in zwei Richtungen über den Tag hinaus zu denken: in die Vergangenheit und in die Zukunft. Wer das Gewicht der Vergangenheit unterschätzt, versieht sich an den Hypotheken der deutschen und der europäischen Geschichte. Wer die Zukunft nicht vorauszudenken versucht, bleibt Eintagsschritten und -erfolgen verhaftet und wird damit leicht zum nur reagierenden Objekt einer zielstrebigen kommunistischen Deutschlandpolitik. Aber auch die Gegenwart muß man nüchtern zur Kenntnis nehmen, sonst verliert man sich in Phrasen und Illusionen.

Unter dem Gebot, Vergangenheit, Gegenwart und Zukunft zusammen zu sehen, seien vorweg die beiden kardinalen Probleme genannt, mit denen jede Deutschlandpolitik m. E. umgehen muß:

1. die aus dem Gegensatz der politischen Systeme folgende Teilung zwischen Ost und West;
2. die traditionelle Brisanz der nationalstaatlichen Gegensätze in Europa und insbesondere die historisch gesättigte Sorge der europäischen Nachbarn vor einer deutschen Hegemonie.

Die Art des Umgangs mit diesen Problemen markiert die Unterschiede und die Tragweite der gegenwärtig diskutierten Vorschläge, die sich in drei Typen bündeln lassen:

I. Der *erste Typ* läuft gemeinhin unter dem Stichwort *»Anerkennung der Realitäten«*. Egon Bahr hat ihn kürzlich in einem sicherheits- und europapolitischen Rahmen deutlicher als bisher umrissen. Bahr stellt sich vor, das der Systemgegensatz auf absehbare Zeit und jedenfalls in der zeitlichen Reichweite seines Konzepts erhalten bleibt. Als ersten Schritt zur Lösung der Berlin- und Deutschlandfrage schlägt er die Entfernung der Nuklearwaffen aus allen europäischen Staaten vor, die nicht selbst über sie verfügen, also mit Ausnahme Englands, Frankreichs und der Sowjetunion. Parallel dazu soll eine konventionelle Parität zwischen NATO und Warschauer Pakt hergestellt werden. Sobald sie verwirklicht ist, können die Bündnisse aufgelöst werden. Statt ihrer garantieren sich in einem kollektiven europäischen Sicherheitssystem die souveränen europäischen Einzelstaaten gegenseitig ihre Grenzen. Die Supermächte überwölben dieses System durch eine Art Obergarantie, die allerdings zeitlich begrenzt bleiben soll. Danach ziehen sie sich aus Europa zurück. In dieser Situation, die Egon Bahr als »europäischen Frieden« bezeichnet, müssen gemäß seiner Strategie beide deutschen Staaten gleichlautende Friedensverträge erhalten, die ihnen wie allen anderen europäischen Staaten eine uneingeschränkte Souveränität verleihen.
Bis zu diesem Punkt der Entwicklung läuft Bahrs Konzept hinsichtlich Deutschlands und Europas nicht auf die Überwindung, sondern auf die Festschreibung der Teilung hinaus. Dies entspricht seiner Forderung, die Realitäten – d.h. den Systemgegensatz zwischen Ost und West – als auf absehbare Zeit unabänderliches Machtfaktum anzuerkennen. Für die Überwindung dieses Gegensatzes macht er infolgedessen über die Forderung nach ökonomischer und technologischer Kooperation hinaus auch keinen Vorschlag.
In einem einzigen eher unauffällig eingeschobenen Satz läßt Bahr allerdings aufscheinen, wie es von dieser scheinbar befestigten Teilung zur deutschen Einheit im Sinne einer staatlichen Wiedervereinigung kommen könnte. Nachdem Bahr den Zustand uneingeschränkter nationaler Souveränität der europäischen Staaten umrissen hat, schreibt er: »Dies würde dann auch das Recht der beiden deutschen Staaten einschließen, die Grenze zwischen ihnen aufzugeben, wenn sie es wollen.«[1] Dahinter steht die Logik, über den Abzug der Nuklearwaffen der Großmächte vom europäischen Boden und über die Auflösung der Bündnisse die Souveränität der europäischen Nationalstaaten und damit auch der Deutschen zurückzugewinnen und dann darauf zu vertrauen, daß die Deutschen – wenn sie ihr nationales Selbstbestimmungsrecht nur wieder voll erlangt hätten – ihre Einheit trotz des Systemgegensatzes herbeiführen werden. Bis zu diesem Zeitpunkt sind qualitativ neue Schritte in der Deutschlandpolitik Bahr zufolge nicht möglich und auch nicht nötig. Die ganze Energie richtet sich für die nahe Zukunft vielmehr auf die sicherheitspolitischen Ziele der Entnuklearisierung Euro-

pas und der konventionellen Stabilität, die Bahr als Schlüsselinstrumente im Dienst der deutschen Souveränität einsetzt.
Eine Analyse der Bahrschen Strategie ergibt, daß er für das erste der beiden anfangs genannten kardinalen Probleme keine Lösung anbietet, während er das zweite – die historischen nationalen Gegensätze in Europa – durch ein konventionelles Gleichgewicht überwinden will, das militärische Angriffe aus technischen Gründen für die Zukunft ausschließt. Politische Übermächtigungen, auch durch einen wiedervereinigten deutschen Nationalstaat, bleiben weiterhin möglich, zumal sie nach Bahr zur Natur der internationalen Staatenpolitik gehören. Kurz: Bahr will zurück in das Europa nationaler Machtstaaten und der Gleichgewichtspolitik, wie sie im Zeitalter Bismarcks praktiziert wurde, mit dem alleinigen Unterschied, daß er die Möglichkeit postuliert, Kriege für die Zukunft waffentechnisch unmöglich zu machen. Strategien für eine west- oder gesamteuropäische Integration entwickelt er nicht, sie stünden im übrigen seiner eindeutigen Priorität für die uneingeschränkte nationalstaatliche Souveränität entgegen.
Bahrs Konzept zeigt überdies, daß Vorschläge, die zwei deutsche Staaten auf Dauer festschreiben wollen – sei es, weil sie von einem dauerhaften Systemgegensatz ausgehen, sei es, um damit den Nachbarn die Sorge vor deutscher Hegemonie zu nehmen, untauglich sind. So fern sie im Rahmen eines Europas der souveränen Nationalstaaten verharren, kann die Möglichkeit einer Wieder- oder Neuvereinigung zweier deutscher Staaten gar nicht ausgeschlossen werden. Der Sorge vor deutscher Hegemonie wird somit nicht der Boden entzogen. Sofern der Systemgegensatz als unüberwindbar angenommen wird, dienen solche Vorschläge der Einheit der Deutschen nicht mehr, als es die praktizierte Politik der kleinen Schritte ohnehin tut.
Angesichts der gravierenden Mängel an Beachtung der historischen Hypothek und der vielfältigen Probleme und Gefahren, die sich m. E. aus Bahrs sicherheitspolitischen Vorschlägen ergeben, scheint mir sein Konzept nicht geeignet, die Teilung Deutschlands und Europas friedlich und unter Bedingungen der Freiheit zu überwinden. Eine derartige Politik schriebe entweder die Teilung auf Dauer fest oder sie führte zu einer unkontrollierbaren politischen, ökonomischen und militärischen Hegemonie Deutschlands über ein erneut in Koalitionen und Machtkonkurrenzen geteiltes und um Grenzfragen zerstrittenes Europa der souveränen Nationalstaaten. Angesichts des nach Bahr zugleich weiterbestehenden Systemgegensatzes läßt sich eine explosivere Situation auf dem Alten Kontinent kaum vorstellen.

II. Auf den ersten Blick richtet sich *der zweite* aktuelle *Typ* deutschlandpolitischer Vorschläge, der die *»nationale Aufgabe«* und die *Hauptstadtfunktion Berlins* als seinen Kern propagiert, im Vergleich zu Bahr auf ein ent-

gegengesetztes Ziel. Er will die Teilung gerade nicht anerkennen und hält an der Option eines zukünftigen einheitlichen Deutschlands mit der Hauptstadt Berlin unbeirrt fest. Auch schlägt er eine Bahr entgegengesetzte Strategie vor: Die Siegerrechte in Berlin und in bezug auf Deutschland als Ganzes sollen nicht zugunsten der Souveränität zweier deutscher Staaten in Friedensverträgen abgelöst werden, sondern gerade als Garant der Offenheit der deutschen Frage und der schließlichen staatlichen Wiedervereinigung der Deutschen bis zur Erreichung dieses Ziels erhalten bleiben.
Wie die langfristige Perspektive der nationalen Aufgabe und die Einlösung der Hauptstadtfunktion Berlins zu denken ist, hat *Rupert Scholz* erläutert. Für ihn bildet die Hauptstadt gleichsam das Herz eines Staates. In ihr konzentrieren sich dessen politische Macht und Souveränität, vor allem »der politisch-nationale Wille eines Volkes«[2] zur Einheit. Ihre entscheidende Funktion liegt darin, ein Volk »geistig-ideell« und »staatlich-politisch« zu integrieren. In Berlin »erfüllte sich Deutschlands Schicksal ebenso richtungsgebend wie beispielhaft«.[3] Auch nach dem Krieg blieb es »unverändert der maßgebende integrationspolitische Mittelpunkt Deutschlands«.[4] Dies schlägt sich auch in seinem Rechtsstatus nieder. Politisch strategisch folgert Scholz: »Die Wahrung dieser rechtlichen Position zur Hauptstadtfunktion Berlins ist demgemäß erstes Gebot aller Deutschlandpolitik, aber auch aller alliierten Statuspolitik.«[5] Deshalb darf Berlin auch nicht elftes Bundesland werden.
Für die Praxis sieht Scholz vor allem in der Kulturpolitik die Möglichkeit, Berlins Hauptstadtfunktion einzulösen und zu demonstrieren. So sollte die Stadt »zum besonderen Mittelpunkt einer kooperativen Kulturpolitik aller Bundesländer werden«.[6] Als Schritt in diese Richtung begrüßt er die Gründung der Kulturstiftung der deutschen Länder in Berlin. So kann die Stadt »als Klammer deutscher Einheit und Hauptstadt im integrationspolitischen Sinne« wirken.[7] Außerdem soll sie ihre einzigartigen Chancen für multinationale Kooperationen vor allem im deutsch-amerikanischen und im europäisch-amerikanischen Verhältnis nutzen. Gegenüber Osteuropa kann sie besondere Kontakte anbahnen und Vermittlungen wahrnehmen, an die man jedoch nicht allzu hohe Erwartungen knüpfen sollte. Für die Entspannungspolitik fungiert Berlin vor allem als Nagelprobe.
Im Vergleich zu Egon Bahr zeigen sich hier wesentliche Unterschiede. Anders als Bahr legt Scholz großen Wert auf die Rolle der Schutzmächte und die enge transatlantische Zusammenarbeit, weil er im Ost-West-Konflikt und in der Politik der Sowjetunion nach wie vor eine Bedrohung der Freiheit ausmacht.
Aber es gibt auch eine auffällige Gemeinsamkeit mit Egon Bahr. Denn wie dieser verfolgt Rupert Scholz letztlich eine ganz und gar nationale Perspektive, die ihren wesentlichen Bezugspunkt in der Bismarckschen Reichsgründung findet. Die historische Hypothek deutschen Hegemonialstrebens

findet in seinem Konzept keine Berücksichtigung. Zwar zielt er nicht so rigoros wie Bahr auf die uneingeschränkte nationalstaatliche Souveränität der Deutschen – das heutige Europa ist ein immerhin »zusammenwachsender supranationaler Verbund von Nationalstaaten«[8] –, aber weder für die Deutschlandpolitik noch für die integrative Funktion Berlins zeichnet er eine europäische Dimension.
Aus dieser ganz vorrangig nationalen Ausrichtung folgt auch Scholz' zweite Übereinstimmung mit Egon Bahr: Für die Überwindung der Teilung durch eine Einebnung des Systemgegensatzes enthält diese Strategie keine Vorschläge. Trotz aller Betonung dessen, daß Fantasie, Kreativität und geistig-politische Offenheit nötig seien, reduziert sich Scholz' Konzept im Verhältnis zu Ost-Berlin und zu Osteuropa notwendig auf die Wahrung des Rechtsstandpunktes.

III. Der *dritte Typ* aktueller Deutschlandpolitik ist am besten unter dem Stichwort *»Berlin – eine europäische Aufgabe«* zu fassen. Sein zentrales Ziel liegt in der gleichzeitigen Überwindung der Teilung Berlins, Deutschlands und Europas. Er folgt dem Grundgedanken, daß dies erst in einer Konstellation erreicht werden kann, in der die beiden anfangs genannten Hauptprobleme – der Systemgegensatz zwischen Ost und West sowie die Tradition nationalstaatlicher Konflikte und die Sorge der europäischen Nachbarn vor einer deutschen Hegemonie – eine überzeugende Lösung gefunden haben. Diese Konstellation wäre ein freies demokratisches Gesamteuropa, in dem diejenigen einzelstaatlichen Machtpotentiale und Funktionen integriert sind, die traditionell als Instrumente nationaler Kriege und Übermächtigungen gedient haben. Es wäre überdies ein Europa, in dem den nationalstaatlichen Grenzen für die Qualität des täglichen Lebens – für Freizügigkeit, Lebensstandard, Berufswahl, soziale Sicherheit – kein entscheidendes Gewicht mehr zukäme.
Diese Konstellation kann erst Realität werden, wenn die Sowjetunion den Weg des Rechtsstaates, auf den sich Gorbatschow derzeit offenbar wagen möchte und der im Westen historisch schließlich zur Demokratie geführt hat, mit Erfolg gegangen ist. Nur unter der Bedingung einer soliden Rechtsstaatlichkeit, die nicht nur die Gewaltenteilung, sondern unter den heutigen Verhältnissen industrieller bzw. postindustrieller Massengesellschaften auch ein erhebliches Maß an gesicherter politischer Öffentlichkeit verlangt, ist es denkbar, daß die Sowjetunion ihre gegenwärtige militärisch abgesicherte Vormachtstellung in Osteuropa aus wohlverstandenem eigenen Interesse zugunsten eines von beiden Großmächten unabhängigen Gesamteuropas aufgibt.
Chancen und politisch-strategische Ansatzpunkte dafür, dieses Ziel zu erreichen, ergeben sich aus den seit einiger Zeit zunehmend radikalen Reformvorstellungen in Osteuropa und vor allem in der Sowjetunion sowie

aus den energischen Schritten, die in den letzten Monaten in Richtung auf einen europäischen Binnenmarkt für 1993 getan worden sind. Sie haben die Aufmerksamkeit gegenüber Westeuropa nicht nur bei den westlichen Handelspartnern, sondern auch in der Sowjetunion und in den osteuropäischen Staaten merklich gesteigert. Zugleich setzt sich bei diesen mehr und mehr die Einsicht durch, daß sie den Weg aus der Sackgasse der ökonomischen und z.T. technologischen Rückständigkeit nur durch eine Kooperation mit der westlichen, vornehmlich der westeuropäischen Wirtschaft und überhaupt durch einen schrittweisen Einbezug in den Weltmarkt – nicht durch den Aufbau eines separaten sozialistischen Marktes – finden können. Dieser Weg führt am effektivsten und am praktikabelsten über die direkte Kooperation zwischen westlichen und östlichen Unternehmen und erfordert somit schon aus technisch-ökonomischen Gründen im kommunistischen Bereich die Erweiterung von deren Autonomie, mithin tendenziell die Ausschaltung zunächst des kommunistischen staatlichen Außenhandelsmonopols, im weiteren die generelle Überwindung der staatlichen Befehlsgewalt über die Wirtschaft zugunsten marktwirtschaftlicher Regelungsmechanismen, in eins damit die Sicherung rechtsstaatlicher Normen im Dienst der ökonomischen Berechenbarkeit und Zuverlässigkeit und schließlich die Dezentralisierung der politischen Macht, mithin die Auflösung des Machtmonopols der kommunistischen Partei, des zentralen Merkmals der kommunistischen politischen Systeme im Gegensatz zu den westlichen Demokratien.

Im Unterschied zu der Zeit vor 20 Jahren wird dieser Zusammenhang nicht nur von Experten eingesehen – bekannt ist er ja seit langem –, sondern er wird in der Sowjetunion und besonders markant z.Zt. in Ungarn öffentlich und z.T. partei-offiziell diskutiert.

Nimmt man die logischen Bedingungen für die Überwindung der Teilung Deutschlands und Europas und die genannten aktuellen Entwicklungen zusammen in den Blick, so ergibt sich als Grundmerkmal einer erfolgreichen Deutschlandpolitik, daß die für sie erforderlichen politisch-strategischen Schritte nicht nur aus moralischer Verpflichtung gegenüber Freiheit und Demokratie, sondern auch aus realpolitischen Gründen die Hindernisse der kommunistischen Einparteidiktaturen in Osteuropa *und* der nationalen Gegensätze in Gesamteuropa *zugleich* angehen und zu überwinden trachten müssen. Nationale Selbstbestimmung, demokratische Freiheit und europäische Einheit stehen in einem unlöslichen Zusammenhang. Sie bedingen einander insofern, als ökonomische Kooperation wie nationale Selbstbestimmung nur unter freiheitlich-demokratischen Bedingungen Sinn machen und möglich sind und als sie mit Aussicht auf eine friedliche Zukunft nur in einem integrierten Europa verwirklicht werden können.

Daher gehen sowohl die Bahrsche Vorstellung wirtschaftlicher Kooperation innerhalb eines in Systemblöcke geteilten Europa als auch seine wie

Scholz' Option für den Vorrang der nationalstaatlichen Souveränität an den Realitäten vorbei. Eine auch nur rein ökonomische und technologische Kooperation zwischen Ost und West erfordert, wenn sie zukunftsträchtig sein soll, die Liberalisierung der Wirtschaft in Osteuropa, und die internationale Zusammenarbeit erfolgt zunehmend – keineswegs nur im Ost-West-Verhältnis – zwischen Akteuren unterhalb der staatlichen Ebene, was die Bedeutung der nationalstaatlichen Grenzen und Kompetenzen offenkundig relativiert. Die Politikwissenschaft hat hierfür den Begriff der transnationalen (statt der internationalen, auf die Staaten konzentrierten) Politik entwickelt.
Freilich gibt es gegen diese Tendenz zur Integration der Nationalstaaten gerade auch auf kommunistischer Seite aus verschiedenen Motiven noch erhebliche Widerstände. Daß es aus deutschlandpolitischer Warte dennoch angezeigt ist, den Weg der europäischen Integration bewußt und entschieden zu beschreiten, machen die konkreten Erfahrungen mit den verstärkten Beziehungen zwischen EG und RGW in der letzten Zeit deutlich: Denn mit dem Ziel, West-Berlin als eine besondere politische Einheit abzutrennen, versucht der RGW unverkennbar, der vollen Integration West-Berlins in die europäische Zusammenarbeit wo immer möglich Hindernisse in den Weg zu legen. Um sie zu überwinden, sind wir auf die Solidarität vor allem der west-, aber möglichst auch der osteuropäischen Völker angewiesen. Daher verbietet sich eine Deutschlandpolitik, die gegenüber der europäischen Einigung eine skeptisch-zögerliche oder sogar ambivalente Haltung einnimmt und gleichsam abwartend offen lassen will, ob sie die deutsche Wiedervereinigung nicht vielleicht doch schneller und preiswerter als Konzession der Sowjetunion erhalten kann.
Schließlich zeigt die Entwicklung der jüngsten Zeit, daß die Intensivierung der westeuropäischen Integration nicht im Gegensatz zu einer gesamteuropäischen Einigung steht, da sie erst die reale Macht und Attraktivität herstellt, die Osteuropa und die Sowjetunion auf den Weg der Kooperation verweisen. Die Magnettheorie der fünfziger Jahre erhält damit eine modifizierte Geltung: modifiziert insofern, als es heute nicht mehr darum gehen kann, einzelne Staaten aus dem sowjetischen Machtbereich gleichsam herauszuziehen, da Westeuropa als Kooperationspartner für alle kommunistischen Partner bereitsteht (wenn die EG auch zu Recht auf bilateralen Abmachungen mit den osteuropäischen Staaten beharrt, um ein politisch erdrückendes Übergewicht der Sowjetunion über Osteuropa zu verhindern); Geltung insofern, als die osteuropäischen Staaten und insbesondere die Sowjetunion jetzt erkennen, daß es in ihrem eigenen Interesse an der radikalen Reform ihres Systems liegt, sich Westeuropa zu nähern.
Freilich folgt der Zusammenschluß West- und Osteuropas angesichts der ökonomischen Schwäche der kommunistischen Wirtschaften nicht naturwüchsig aus ökonomischer Notwendigkeit. Politischer Wille und entspre-

chendes Engagement sind erforderlich, sie voranzubringen. Beides zu stärken liegt daher im originären deutschlandpolitischen Interesse.
Auf zwei Ebenen muß sich der politische Wille, West- und Osteuropa trotz der ökonomischen Schwäche Osteuropas zusammenzubringen, konkretisieren: Zum einen gilt es, die ökonomische, sozialpolitische und außenpolitische Integration Westeuropas energisch voranzubringen sowie der ökonomischen und technologischen Kooperation mit Osteuropa ein möglichst breites Feld zu eröffnen, und dies mit Festigkeit im Beharren auf den freiheitlichen Voraussetzungen ökonomischer Effizienz und mit Großzügigkeit im Bereitstellen technologischer Hilfe. Zum anderen geht es um die Bereitung eines gesamteuropäischen Bewußtseins, das die nationale Zugehörigkeiten nicht überspringt, aber die europäische Zusammengehörigkeit in der Geschichte und für die Zukunft vergegenwärtigt.
Unter politischem Aspekt bedeutet die redliche Vergegenwärtigung unserer jeweiligen Geschichte, mit ihren Höhepunkten, aber auch mit ihren gravierenden Irrtümern ein besonders wichtiges und fruchtbares Feld, auf dem ein Zusammengehörigkeitsgefühl erwachsen kann.
Dafür ein kleines Beispiel: Nicht nur wir Deutschen haben einen Historikerstreit. Die Tschechen z.B. haben auch einen. Formal geht es bei ihnen um etwas ähnliches wie bei uns, um die Neu-Interpretation der nationalen Geschichte zum Zweck einer gelungenen Zukunft. Inhaltlich kam der Anstoß dazu allerdings nicht aus dem Motiv, die eigenen Irrwege aus den früheren Irrtümern der anderen, die tschechischen also als den vormaligen deutschen zu erklären, sondern umgekehrt: das Verhältnis zwischen Tschechen und Deutschen durch eine moralische Selbstkritik an der Vertreibung der Sudetendeutschen durch die Tschechen auf eine neue Ebene zu heben. Diese Asymmetrie zwischen deutschen und tschechischen Revisionabsichten gibt zu denken.
Aber der tschechische Historikerstreit, an dem sich inzwischen die Untergrund- und die offizielle Geschichtsschreibung wie schließlich eine prononciert katholische Richtung beteiligen, ist über den genannten Einzelpunkt hinaus zur allgemeinen Frage vorgestoßen, ob das protestantisch-nationale Geschichtsbild, das den österreichischen Vielvölkerstaat als reaktionären Gegner der nationalen Selbstbestimmung ablehnte, nicht revidiert werden muß. An Boden gewinnt die Einsicht, daß die Verabsolutierung des nationalen Prinzips, die rigide Forderung nach einem souveränen Nationalstaat, gerade zur Zerstörung der nationalen Selbstbestimmung und Kultur geführt hat durch Krieg und diktatorische Unterdrückung. Nicht die uneingeschränkte und strikte Realisierung des Nationalstaatsprinzips, sondern der überstaatliche Verband wäre demnach die Form, in der nationale Selbstbestimmung und Demokratie in Europa nur gesichert gelebt werden könnten. Dies entspräche übrigens dem ursprünglich durchaus völkerverbindenden Impetus der demokratischen Nationalbewegung in der ersten Hälfte

des 19. Jahrhunderts, der erst mit der Entwicklung des wirtschaftsprotektionistischen Machtstaates in der zweiten Hälfte des 19. Jahrhunderts zum Chauvinismus degenerierte.
Dieses Beispiel zeigt zum einen die Parallelität der Situation, in der sich zumindest die osteuropäischen Nationen mit der deutschen befinden, und zum anderen den engen realpolitischen Zusammenhang von Einheit und Freiheit in Europa. Denn die redliche Vergegenwärtigung der Vergangenheit, die in den kommunistisch regierten Staaten von den demokratisch-oppositionellen Kräften initiiert wurde, verlangt die politische Struktur einer offenen Gesellschaft, wie umgekehrt aus der Öffnung der kommunistischen Gesellschaften – z.Zt. besonders deutlich in der Sowjetunion – gleichsam wie von selbst das Bemühen um eine wahrhaftige Rekonstruktion und Deutung der Vergangenheit erwächst. Schließlich finden wir die in der Politikwissenschaft vielfach aufgedeckte Erfahrung bestätigt, daß Information und Kommunikation aus sich heraus Konflikte entschärfen und abbauen helfen.
Austausch und Selbstverständigung gelingen jedoch nicht, wenn wir die Marke Europa nur als Instrument oder als Maske unserer eigentlich rein nationalen Interessen verwenden. Wir geraten auch von vornherein auf die schiefe Bahn, wenn wir die europäische Einigung unter anti-amerikanischen Vorzeichen propagieren und damit den politisch-antidemokratischen Antiamerikanismus reaktionärer Kultureliten der Zwischenkriegszeit wieder aufwärmen. Schließlich besteht für die freiheitliche demokratische Integration Europas nur eine Chance, wenn man die Sowjetunion nicht als Erbfeind betrachtet, sondern sie kulturell wie ökonomisch involviert und politisch ermutigt, den Weg des Rechtsstaats wirklich einzuschlagen und fortzusetzen, auf den sie sich gegenwärtig zu begeben scheint.

Aus dem Reden und Handeln unserer Politiker wird deutlich, wie ernst sie die europäische Sache nehmen, ob sie sich auf die Kulturen unserer Nachbarn einlassen, sich für sie interessieren und erwärmen oder ob es ihnen letztlich nur um ein eng nationales Interesse der Deutschen geht, das sie in der Bevölkerung damit zugleich bestärken würden. Täten sie dies, so würden sie über kurz oder lang in Dissens zu allen Freunden und Nachbarn in Europa und darüber hinaus geraten. Es ist eine legitime Erwartung der Deutschen, Fortschritte im deutsch-deutschen Dialog für den Alltag, gleichsam »zum Anfassen« einzufordern. Es ist ein legitimes Verfahren demokratischer Politiker, ihre Handlungen möglichst nahe an diesen Interessen auszurichten und auf Erfolge, die sich daraus ergeben und in Wahlen auszahlen, zu rechnen. Aber es schadet diesem berechtigten Anliegen ja nicht und begrenzt die Gefahren eines nationalistischen Provinzialismus, wenn man das Feld, das jenseits dieses Horizonts liegt, ebenso umsichtig bestellt.

Erst in einem freiheitlichen und integrierten Europa sind die anfangs genannten Hindernisse gegen die Einheit der Deutschen in Frieden und auf Dauer zu überwinden. In ihm aber werden sowohl das am 19. Jahrhundert orientierte Modell der »staatlichen Wiedervereinigung« als auch dasjenige einer letztlich künstlichen und nicht fixierbaren deutschen Zweistaatlichkeit in gleicher Weise obsolet.

Anmerkungen

1 Egon Bahr, Zum europäischen Frieden. Eine Antwort auf Gorbatschow, Berlin 1988, S. 92.
2 Rupert Scholz, Die Hauptstadt, in: Politik und Kultur, Heft 4, 14. Jg., 1987, S. 33-52, hier S. 37.
3 Ebd. S. 39.
4 Ebd. S. 44.
5 Ebd. S. 46.
6 Ebd. S. 50.
7 Ebd. S. 58 f.
8 Ebd. S. 34.

Eduard Lintner

Die Präambel und unsere westlichen Verbündeten

Die heftiger gewordene Diskussion über die deutsche Frage in der Bundesrepublik und die verblüffende Dynamik in den innerdeutschen Beziehungen haben auch bei unseren Nachbarn und Bündnispartnern sowie in Osteuropa das Interesse an diesem Thema neu belebt.
Zum Echo gehören naturgemäß auch kritische, eine staatliche Wiedervereinigung ablehnende Stimmen. Das wiederum ist Wasser auf die Mühlen jener hier bei uns, die ohnehin meinen, selbst befreundete Staaten wollten die Wiedervereinigung der Deutschen trotz aller Beteuerungen nicht wirklich. Beispielsweise lautet eine der Eröffnungsthesen für ein deutschlandpolitisches Seminar in diesen Tagen: »Formale Konzessionen an die deutsche Position (Deutschlandvertrag und Harmel-Bericht) geben nicht die wahren Positionen der Bündnispartner wieder.«
Es liegt daher nahe zu untersuchen, inwieweit es auch logische und objektive Gründe für die Unterstützung des Wiedervereinigungsgebots durch die westlichen Alliierten gibt und unter welchen Voraussetzungen eine solche Unterstützung realistischerweise auch mobilisiert werden kann.

Wiedervereinigungsanspruch und Wertegemeinschaft

Der Politologe Hans-Peter Schwarz berichtet, daß Konrad Adenauer vor dem CDU-Vorstand in den ersten Jahren der Bundesrepublik bemerkt habe: »Es muß alles neu gemacht werden...«; und Schwarz fügt hinzu, daß es bei den Bemühungen der jungen Republik, in den Kreis der westeuropäischen Demokratien aufgenommen zu werden, nicht um eine Teilintegration, z.B. auf wirtschaftlichem Gebiet, ging, »sondern um die Gesamtheit einer Rückführung der Deutschen in die Staatengesellschaft zivilisierter Völker und um die konstruktive Mitarbeit am Wiederaufbau Europas«. Diese Absicht hat Konrad Adenauer immer wieder hervorgehoben und betont, es gehe um eine »echte Gemeinschaft«; um eine, so auch Franz Josef Strauß, »Rückkehr der Deutschen im freien Teil ihres Vaterlandes zu den Ordnungen, zu der menschlichen und politischen Kultur, von der sie für einen kurzen verhängnisvollen Zeitraum tatsächlich ein Sonderweg fortgeführt hatte«.

Die damalige Politik zielte darauf ab, im Wege der europäischen Zusammenarbeit wieder ein gleichberechtigter Staat mit Souveränität und Handlungsfreiheit zu werden und so zugleich die Voraussetzungen für die Lösung der deutschen Frage durch Wiedervereinigung zu schaffen, wobei durch die Einbindung des deutschen Schicksals in die europäische Integration den historischen Ängsten der Nachbarvölker vor einer neuen deutschen Hegemonialmacht in der Mitte Europas Rechnung getragen werden sollte.
So ist die oft mit der Formel »Freiheit und Einheit« umschriebene grundsätzliche Wertentscheidung der deutschen Nachkriegspolitik ein zwangsläufiger Bestandteil dieser Wertegemeinschaft, ihre Voraussetzung. Dieses Ergebnis entspricht im übrigen auch dem Wollen der Bevölkerung, weil die Einheit natürlich nur im Rahmen eines freiheitlich-demokratischen Staatswesens erstrebenswert ist.
Der Gedanke, die Alliierten dadurch zusätzlich – d.h. neben den schon damals aus der Kriegszeit vorhandenen vertraglichen Festlegungen – und andere europäische Staaten auf das Ziel der Wiedervereinigung zu verpflichten, ist von Anfang an deutscherseits Teil der Überlegung.
Eine tiefgründende Wertegemeinschaft mit den westlichen Demokratien sollte eingegangen werden, nicht nur eine mehr oder weniger aus der Not oder aus aktuellem Opportunismus geborene Bindung. Das beinhaltete darüber hinaus aber auch die ausdrückliche Verpflichtung, die rechtlichen und moralischen Grundelemente dieser Wertegemeinschaft zu akzeptieren und in der Bundesrepublik auch zu praktizieren. Demokratische Freiheits- und Bürgerrechte, Rechtsstaatlichkeit und eine marktwirtschaftliche Ordnung sind elementare, geradezu konstitutive Elemente dieser Gemeinschaft. Der Eintritt und die Zugehörigkeit der Bundesrepublik zum Kreis demokratisch organisierter Staaten war für unsere Partner »jene Geschäftsgrundlage, auf der sie ein moralisches, wirtschaftliches, politisches, auch ein militärisches Comeback der Deutschen akzeptieren«, so Hans-Peter Schwarz. Jenseits aller schriftlichen, völkerrechtlich verbindlichen Verpflichtungen der westlichen Alliierten, die Wiedervereinigung Deutschlands zu fördern und die Bestrebungen dazu zu unterstützen, muß aber auch das deutsche Volk bis heute davon ausgehen können, daß seine Forderung nach Gewährung des Selbstbestimmungsrechts auch aus Gründen gemeinschaftlicher fundamentaler Prinzipien die Zustimmung der Bündnispartner findet, zumal, wenn dabei auf eigene elementare Sicherheitsinteressen ausreichend Rücksicht genommen wird.
In diesem Rahmen haben die westlichen Alliierten eine Selbstbindung zu akzeptieren, die aus der Sicht der Deutschen den Anspruch beinhaltet, dann unterstützt zu werden, wenn sich die deutsche Politik auf essentielle Elemente des gemeinsamen Wertesystems berufen kann. Das gilt speziell für das Bestreben, für alle Deutschen die Geltung der Menschenrechte, insbesondere der elementaren demokratischen Bürgerrechte zu sichern. Dazu

zählt auch die Möglichkeit, das Selbstbestimmungsrecht frei ausüben zu können.
Ein solches Streben entspricht im übrigen offensichtlich auch ganz dem natürlichen Empfinden aller Völker. Anders ist es nicht zu erklären, daß beispielsweise bei Meinungsumfragen in Frankreich, Großbritannien und den USA – trotz warnender Kritiker – die Forderung der Deutschen nach Wiedervereinigung über Jahre hin jeweils hohe Zustimmung erfährt.
Beispielsweise stimmten bei einer Umfrage im Jahre 1984 mit 73 Prozent mehr Franzosen über 18 Jahre einer Wiedervereinigung zu als gleichaltrige Deutsche mit nur 62 Prozent.
Bei der gleichen Umfrage waren 36 Prozent der französischen Befragten optimistisch, daß »ein wiedervereinigtes Deutschland eines Tages existieren wird«, demgegenüber aber nur elf Prozent Deutsche (vgl. Die Welt, 18.1.1985). In der gleichen Richtung äußern sich auch führende Politiker der westlichen Alliierten. Bereits General de Gaulle hat 1967 betont, die Deutschen besäßen ein »natürliches Recht auf Wiedervereinigung«; so auch Jacques Chirac und François Mitterrand bis in die jüngste Zeit hinein. Besonders eindrucksvoll ist das Bekenntnis der früheren Präsidentin des Europäischen Parlaments, Simone Veil, die Auschwitz durchgemacht hat: »Wir sollten das deutsche Volk in seinem Streben nach Einheit moralisch unterstützen. Wir sollten es wissen lassen, daß wir uns dem nicht widersetzen und mit ihm fühlen. Schließlich gibt es dieses Volk und es gibt eine deutsche Kultur, auch wenn beide zur Zeit durch einen unglücklichen Zufall der Geschichte in zwei Staaten existieren.« (Die Welt vom 28.2.1984)
Demgegenüber sind Auffassungen, die den westlichen Alliierten unterstellen, sie seien nur so lange für die Wiedervereinigung, wie diese unmöglich sei, nach Meinung des französischen Diplomaten Jean Michel Dumond typisch für eine »kleine, wenn auch lautstarke Mehrheit«. (Frankfurter Rundschau vom 11.5.1984)
An der Aufrichtigkeit der Unterstützung des deutschen Anliegens zweifeln zu wollen, hieße, den alliierten Regierungen zu unterstellen, mit elementaren Werten, die praktisch zur Staatsräson der westlichen Demokratien zählen, wie z.B. das Selbstbestimmungsrecht, die Menschenwürde usw., im Falle des deutschen Volkes ein zynisch doppelzüngiges Spiel zu treiben. Dadurch wäre die gemeinsame Basis dieser Wertegemeinschaft ernsthaft erschüttert, was wiederum die Gefahr in sich bergen würde, die Deutschen könnten in ihrer Isolation Sonderwege in Erwägung ziehen. Franz Josef Strauß hat das auf die einprägsame Formulierung gebracht: »Eine Politik, die dem deutschen Volk das verweigern wollte, was allen anderen Völkern als selbstverständlich zugestanden wird, nämlich die Liebe zum Vaterland, das Recht auf eine nationale Identität und auf ein richtig verstandenes Nationalgefühl, trägt den Keim zu neuem Unheil in sich.« (Reden über das eigene Land: Deutschland; München 1984)

So handelt es sich bei der Frage der Unterstützung des Anliegens der Deutschen keineswegs um eine bloße politische Forderung des deutschen Volkes, sondern um eine »politisch-moralische Verpflichtung des Westens und um eine Frage europäischer Solidarität«, so ebenfalls Franz Josef Strauß. Voraussetzung für die Unterstützung der befreundeten Staaten, aber auch für entsprechende Erwägungen der Sowjetunion ist sicherlich, daß durch die deutsche Wiedervereinigung sich nicht die Sicherheitslage grundlegend negativ für die eine oder die andere Seite verändert. Das bedeutet, daß nur Konstruktionen eine Realisierungschance haben, die solchen Bedenken voll Rechnung tragen. Die Zwangsläufigkeit des Zusammenhangs zwischen dem deutschen Anliegen und der sicherheitspolitischen Stabilität in Europa wird hier deutlich.
Damit verbieten sich auch alle Sonderwege zur Lösung der deutschen Frage, denn sie beinhalten alle eine Art Restrisiko für die Freiheit, die Demokratie oder die freie Handlungsfähigkeit Deutschlands und damit die Stabilität in Mitteleuropa. Das gilt für die Vorstellung, in der Mitte Europas könne ein unabhängiges, neutrales gesamtdeutsches Staatengebilde erreicht und dann auch gesichert werden. So z.B. für Überlegungen, die Wiedervereinigung auf dem Wege eines neutralen Gesamtdeutschlands – analog Österreich – anzustreben. Solche Gedankengänge widersprechen zwar den realen Möglichkeiten, sie kommen aber immerhin einer Sehnsucht der Deutschen entgegen, endlich konfliktfrei zwischen Ost und West leben zu können, und deshalb finden sie in der Bevölkerung – glaubt man den Umfragen – eine beachtliche Zustimmung.
Die Interessenlagen in Europa machen es zwingend, die deutsche Frage nur im Zusammenwirken mit den Nachbarstaaten zu lösen. Modelle, die auf einen neutralen deutschen Gesamtstaat hinauslaufen, haben zumindest unter der Existenz des Ost-West-Gegensatzes keine Aussicht auf diese Unterstützung. Aber auch außerhalb dieses Spannungsverhältnisses würde gelten, was Bismarck schon 1857 in einem Brief an Leopold von Gerlach festgestellt hat: »Eine passive Planlosigkeit, die froh ist, wenn sie in Ruhe gelassen wird, können wir in der Mitte Europas nicht dulden!«
Franz Josef Strauß bemerkt dazu in seiner 1984 in München gehaltenen »Rede über das eigene Land«: »Bedingt durch Deutschlands Mittellage, waren spätestens seit dem Dreißigjährigen Krieg alle innerdeutschen Probleme gleichzeitig europäische Probleme. Es gehört daher zur zwangsläufigen Konsequenz der Solidargemeinschaft der westlichen Demokratien, daß die Bundesrepublik Deutschland, solange der Ost-West-Gegensatz in der gegenwärtigen Form besteht, sich im Rahmen der Gemeinschaft an der Verteidigung der Freiheit beteiligt.« Unter dieser zwingenden Prämisse ist aber auch heute noch keine Bereitschaft der Sowjetunion erkennbar, der Wiedervereinigung näherzutreten.

Das Wiedervereinigungsgebot – Ausfluß gültigen Völkerrechts

Der Kern des Wiedervereinigungsgebots ist das Selbstbestimmungsrecht. Das Selbstbestimmungsrecht ist als universales Völkerrecht ein unverzichtbares, jeder staatlichen Rechtsetzungsbefugnis und damit auch jeder Verfassung vorgegebenes Recht. Es ist somit veränderungsfest und steht deshalb nicht zur Disposition der jeweiligen Regierung.

Das Recht beinhaltet die freie Entscheidung der Völker, »über ihren politischen Status« und ihre wirtschaftlichen, sozialen und kulturellen und damit gesellschaftlichen Verhältnisse zu entscheiden (siehe z.B. Art. 1, Abs. 1 in Teil I des Internationalen Pakts über bürgerliche und politische Rechte vom 19. Dezember 1966).

Dabei handelt es sich längst um ein anerkanntes klassisches Völkerrecht, dessen Existenz auch die Sowjetunion und alle übrigen Ostblockstaaten in zahlreichen internationalen Verträgen und Vereinbarungen akzeptiert haben. Vielfach finden sich Artikel, die sich ausdrücklich auf das Völkerrecht berufen, auch in den Verfassungen dieser Staaten, so z.B. Art. 8 der DDR-Verfassung. Nur in der Realität sträuben sie sich bis heute, dem Recht auch im Falle der Deutschen und in ihrem Machtbereich lebender Völker und Minderheiten Geltung zu verschaffen.

Zwar scheint Gorbatschow die Unnatürlichkeit der deutschen Teilung einzusehen, wenn er mittlerweile immerhin einräumt, im Laufe der Geschichte könne die deutsche Teilung sehr wohl überwunden werden, aber die Sowjetunion verhindert bis heute mit ihren Machtmitteln die reale Ausübung des Selbstbestimmungsrechts und damit die Überwindung der Teilung.

Für das deutsche Volk resultiert aus diesem Recht ein nicht abweisbarer und nicht verwirkbarer Anspruch auf Selbstbestimmung und damit konsequenterweise auch auf staatliche Wiedervereinigung, denn eine Beschränkung dieses Rechts etwa des Inhalts, daß ein »Ja« zur staatlichen Wiedervereinigung dabei ausgeschlossen sein müsse, würde zu einer inhaltlichen Denaturierung des Selbstbestimmungsrechts führen. Konsequenterweise haben sich die westlichen Alliierten deshalb auch im Deutschlandvertrag vom 26. Mai 1952 in Art. 7 Abs. 2 auf die Unterstützung der Wiedervereinigung Deutschlands festlegen lassen. Das gilt in jedem Falle für die Bundesrepublik Deutschland und die DDR, und zwar um so mehr, als die DDR-Führung erst gar nicht den Versuch unternimmt, die Existenz ihres Staates mit der Ausübung des Selbstbestimmungsrechtes in Zusammenhang zu bringen.

Im Gegenteil, in einem Kommuniqué vom 5. Mai 1985 über die Gespräche Honeckers und Gorbatschows heißt es zur Entstehung der DDR im Jahre 1949: »In diesem großen Sieg (= der UdSSR über das Deutsche Reich, Anm. d. Verf.) hat der erste Staat der Arbeiter und Bauern auf deutschem Boden seine Wurzel.« Jens Hacker kommentiert diesen Satz in »Die Welt«

am 29. August 1987 zutreffend folgendermaßen: »Klarer und eindeutiger kann man die Fremd-, nicht auf Selbstbestimmung zurückgehende Errichtung des zweiten deutschen Staates in Deutschland wohl nicht zum Ausdruck bringen.«
Das »Deutsche Reich in den Grenzen von 1937« ist deshalb »ein völkerrechtlich verbindliches Ausgangsdatum«, wie Alois Mertes, der ehemalige Staatsminister im Auswärtigen Amt, formuliert hat.
Auch den Alliierten ist sicherlich klar, daß das Selbstbestimmungsrecht als allgemein anerkanntes Völkerrechtsprinzip nicht dem deutschen Volk selektiv als einzigem vorenthalten werden kann.
Wir können daher dieses Recht in Übereinstimmung mit dem Völkerrecht, dem allgemeinen Rechtsempfinden der Völker und damit der internationalen Öffentlichkeit als eine aus sich heraus ganz selbstverständliche Forderung erheben.
Im Gegenteil, ein Verzicht der Deutschen auf diese Rechtsposition würde als irrational und deshalb unglaubwürdig empfunden, weil ein solcher Schritt der Auffassung anderer Völker von den elementaren Eigeninteressen eines jeden Volkes widersprechen würde. Sie würden diesen Schritt als unnatürlich und deshalb als vordergründigen Opportunismus ansehen. Der Zweifel an der Aufrichtigkeit eines solchen Verzichts und damit seiner Verbindlichkeit müßte der deutschen Politik den Vorwurf der Doppelbödigkeit und Unzuverlässigkeit einbringen.
Da außerdem ein derartiger Verzicht rechtlich gar nicht verbindlich sein kann, würden künftige Generationen trotzdem nicht daran gehindert, ihr Recht auf Selbstbestimmung erneut einzufordern, was einen solchen Verzicht in den Augen der Welt zusätzlich dubios erscheinen lassen würde.
So stellt auch der ehemalige Botschafter Sigismund von Braun fest, daß »die Deutschen sich völlig unglaubwürdig machen würden, wenn sie die Wiedervereinigung abschreiben würden« (vgl. Die Welt, 25.3.1985). Eine Bundesregierung, die deshalb eine logische, verständliche und dadurch glaubwürdige Politik treiben will, kann daher auf den Anspruch auf Wiedervereinigung nicht verzichten.

Wiedervereinigung - eine vertragliche Verpflichtung

Bis zum Potsdamer Protokoll am 2. August 1945 einigten sich die Kriegsalliierten darauf, Deutschland nicht zu zerstören, nicht zu annektieren, sondern es zu besetzen, um dann über seine endgültige Gestalt in damals noch als ganz selbstverständlich erwarteten Friedensverhandlungen zu befinden. Wenn es dennoch nicht dazu kam, so liegt die Ursache dafür nicht im Kriegsausgang selbst, sondern in der Entwicklung danach, wie Adenauer es in seiner ersten Regierungserklärung am 29. September 1949 ausdrückte:

»Diese Teilung ist durch Spannungen herbeigeführt worden, die zwischen den Siegermächten entstanden sind«, und er fügte den aus heutiger Sicht womöglich prophetischen Satz hinzu: »Auch diese Spannungen werden vorübergehen.«
Die faktisch durch die machtpolitischen Verhältnisse erzwungene Teilung Deutschlands hat in keiner Weise die Gültigkeit der alliierten Abmachungen, u.a. des Londoner Protokolls vom 12. September 1944 und des Potsdamer Abkommens, außer Kraft gesetzt.
Unverändert gilt – und so wird es von uns und den Westalliierten bis heute gesehen – die Verpflichtung, die endgültige Gestalt eines wiedervereinigten Deutschlands erst im Rahmen von Friedensverhandlungen festzulegen. Wilhelm Grewe, späterer deutscher Botschafter in Washington, bestätigt als Ohren- und Augenzeuge, daß im Hinblick auf die vorläufig unter polnische und russische Verwaltung gestellten Ostgebiete eine endgültige territoriale Festlegung erst in einer frei vereinbarten friedensvertraglichen Regelung für ganz Deutschland getroffen werden soll. Dieses Ziel ist immer noch Teil der Verantwortung der Siegermächte. Dabei kommt es praktisch allerdings darauf an, eine von allen Betroffenen getragene Lösung auf dem Verhandlungsweg zu finden.
Und auch die Sowjetunion hält erkennbar an dieser Gesamtverantwortung als Siegermacht fest. So hat der damalige sowjetische Oberkommandierende Armeegeneral Saizew am 16. April 1985 das SED-Parteiorgan »Neues Deutschland« barsch aufgefordert, an der Bezeichnung »Gruppe der sowjetischen Streitkräfte in Deutschland« festzuhalten und nicht »Oberkommando der sowjetischen Streitkräfte in der DDR« zu schreiben. Da die Sowjetunion aber logischerweise nicht nur teilweise aus dieser Verantwortung als Siegermacht aussteigen kann, muß sie sich auch am Friedensvertragsvorbehalt festhalten lassen.
Die westlichen Alliierten haben sich 1952 im Deutschlandvertrag noch einmal ausdrücklich zu den genannten Zielen bekannt. In Artikel 2 bekennen sie sich zu ihrer Gesamtverantwortung für Deutschland als Ganzes »einschließlich der Wiedervereinigung Deutschlands und einer friedensvertraglichen Regelung«.
In Art. 7 Abs. 1 wiederholen sie den in den alliierten Dokumenten enthaltenen Friedensvertragsvorbehalt bezüglich einer »endgültigen Festlegung der Grenzen Deutschlands«. Und in Art. 7 Abs. 2 sichern sie den deutschen Regierungen ihre uneingeschränkte Unterstützung zu, wenn diese »mit friedlichen Mitteln«, »ein wiedervereinigtes Deutschland, das eine freiheitlich-demokratische Verfassung, ähnlich wie die Bundesrepublik besitzt und das in die Europäische Gemeinschaft integriert ist«, anstreben.
Zahlreiche mehr oder weniger regelmäßige, auch förmliche Bekenntnisse zu diesen Zielen zeigen, daß die Alliierten diese Verpflichtung unverändert akzeptieren. Beispielhaft dazu der britische Botschafter in Bonn, Sir Julian

Bullard, in einer 1988 erschienenen Broschüre mit dem Titel »Die deutsche Frage als strategischer Schlüssel«: »Das Recht der Deutschen auf Selbstbestimmung ist von den Alliierten im allgemeinen und, wie ich verdeutlicht habe, von der britischen Regierung im besonderen stets unterstützt worden. An dieser Haltung, sowie an der Verpflichtung der britischen Regierung zur Unterstützung des letztendlichen Zieles der Selbstbestimmung und der ›Erreichung eines vollkommen freien und vereinigten Deutschlands mit friedlichen Mitteln‹ hat sich nichts geändert, trotz der verschiedenen weitreichenden Änderungen, die mit der Anerkennung der DDR und den Bemühungen der Bundesrepublik um Normalisierung ihrer Beziehungen zur DDR – Bemühungen, die die Alliierten von ganzem Herzen unterstützt haben – einhergegangen sind.«
Ähnliche Äußerungen und Bekenntnisse ließen sich auch für die amerikanische, die französische und andere Regierungen anführen. Ihnen kann Vertrauen geschenkt werden, vorausgesetzt, deren elementare Sicherheitsinteressen werden nicht gefährdet.
Letztlich ist auch die Möglichkeit des »peaceful change« in der Schlußakte von Helsinki vom 1. August 1975: »Sie sind der Auffassung, daß ihre Grenzen in Übereinstimmung mit dem Völkerrecht verändert werden können« akzeptiert und so formuliert worden, nicht zuletzt auf deutsches Drängen hin, um die Vereinbarungen der KSZE nicht in Widerspruch zum Friedensvertragsvorbehalt zu bringen und den Weg zu einem gerechten friedlichen Ausgleich zu ermöglichen.
Alle Mitglieder der NATO brachten ihre Unterstützung für die deutschlandpolitischen Ziele der Bundesrepublik darüber hinaus im Harmel-Bericht vom 13./14. Dezember 1967 zum Ausdruck. Dort wird festgestellt, daß eine endgültige und stabile Regelung in Europa angestrebt werde, was aber nicht möglich sei, »ohne eine Lösung der Deutschlandfrage, die den Kern der gegenwärtigen Spannung in Europa bildet«.
Angesichts dieser großen Zahl eindeutiger Festlegungen der Alliierten in Dokumenten, häufig in formeller und feierlicher Form, ist es nicht so recht verständlich, warum die Zweifel an der Vertragstreue unserer Partner gerade in Deutschland mit besonderer Zähigkeit genährt werden.
Es mag daran liegen, daß die Deutschen sich bisher nicht so richtig bewußt geworden sind, wie selbstverständlich und natürlich ihr Verlangen nach Wiedervereinigung ist, und daß sie, betroffen von den immer wieder erneuerten kollektiven Schuldvorwürfen wegen der NS-Zeit, nicht genügend Selbstbewußtsein entwickeln konnten, um auf dieser Normalität zu bestehen.
Selbst bei jenen, die sich schon altersbedingt nichts zuschulden kommen lassen konnten, ist beim Ziel »Wiedervereinigung« eine Verzagtheit anzutreffen, die ausländische Beobachter wiederum deshalb nicht begreifen, weil sie das Anliegen »Wiedervereinigung« überaus verständlich finden.

Diese innere Unsicherheit geht so weit, daß selbst deutsche Politiker verlangen, die Deutschen sollten auf den Anspruch, einen geeinten Nationalstaat – wie ihn die anderen Völker auch heute noch ganz selbstverständlich für sich beanspruchen – errichten zu dürfen, gänzlich verzichten. Stellvertretend kann hier der SPD-Bundestagsabgeordnete Professor Gerhard Heimann angeführt werden, der im SPD-Pressedienst am 26. Juni 1987 die Frage stellt, »ob das Zusammenfallen von Nation und Staat oder wenigstens die Geborgenheit einer ungeteilten Nation in einen größeren Staat, diese von fast allen europäischen Nachbarn als selbstverständlich in Anspruch genommene Normalität, auch für die Deutschen gelten kann und gelten sollte?«

Er neige sehr dazu, daß »Normalität für die Deutschen nicht dasselbe wie für unsere europäischen Nachbarn« sei.

Gerade diese Normalität aber erwarten die anderen Völker von uns. Nur dann kann unsere Politik als rational, nämlich unseren Interessen und unseren Empfindungen entsprechend, angesehen werden. Und nur eine solche Politik ist in den Augen der Welt beständig und verläßlich.

Wiedervereinigung – ein Sicherheitsproblem

Im Harmel-Bericht ist zu lesen, die Deutschlandfrage bilde den »Kern der gegenwärtigen Spannung in Europa«. Diese Feststellung wird neuerdings zum Anlaß genommen, eine konkrete Chance zur Wiedervereinigung in der Überlegung zu sehen, daß im Zuge der Entspannungsbemühungen die Spannungsursache »Teilung Deutschlands« beseitigt werden müsse, wenn Spannung wegfallen und Rüstung damit überflüssig werden solle.

Der Gedankengang, die deutsche Teilung sei die Spannungsursache und ihre Beseitigung müsse am Anfang einer umfassenden Abrüstung stehen, übersieht allerdings die Tatsache, daß Rüstung ebenso wie die deutsche und die europäische Teilung eine Art gemeinsame »Überursache« haben, nämlich die Aggressivität der kommunistischen Ideologie und ihrer osteuropäischen Bannerträger.

Zwar gibt es mittlerweile hoffnungsvolle Anzeichen dafür, daran könne sich im Laufe der Zeit einiges zum Guten ändern, die Fakten entsprechen allerdings diesem Wollen noch nicht. Sie müssen von der Sowjetunion erst noch geschaffen werden.

Die Überwindung der deutschen und europäischen Teilung setzt daher unverändert einen elementaren Wandel in der sowjetischen Politik und Ideologie voraus. Ohne diesen Wandel erscheint die Überwindung der deutschen Teilung unmöglich. Ansatzpunkt, um Chancen zur Wiedervereinigung zu erarbeiten, ist deshalb in erster Linie die Unterstützung der Reformbewegungen im Kommunismus.

Auch Überlegungen, der Sowjetunion die Neutralität eines entstehenden

Gesamtdeutschlands anzubieten, sind von den Sowjets stets mit Entschiedenheit zurückgewiesen worden. Im Westen nähren solche Überlegungen und Diskussionen zudem Befürchtungen, die Deutschen könnten versucht sein, demnächst doch einen Sonderweg zur Lösung ihres Problems zu suchen.

Diese Befürchtungen haben einen realen Hintergrund, den Hans-Peter Schwarz so beschreibt: »Mit der loyalen Mitwirkung der Bundesrepublik steht und fällt die NATO...« Die Mitgliedschaft Deutschlands ist also praktisch konstitutiv für dieses Verteidigungsbündnis, denn ohne die Bundesrepublik Deutschland könnte es seine Aufgaben nicht mehr erfüllen.

Die NATO ist zur Sicherung der Freiheit, der Unabhängigkeit und des Friedens in Europa immer noch unverzichtbar. Erst wenn sich die Sicherheitslage entscheidend geändert hat, müßte es möglich sein, konkrete Schritte zur Wiedervereinigung zu unternehmen, unter Wahrung der dann noch relevanten Sicherheitsbedürfnisse der anderen Völker.

Gerade weil es diese Bedürfnisse gibt, müßte ein wiedervereinigtes Deutschland geradezu zwingend am friedlichen, nicht militärischen Einigungsprozeß Europas teilnehmen.

Hinter den Verpflichtungen der NATO-Mitglieder im Harmel-Bericht steht aber auch die Erkenntnis, daß die mangelnde Unterstützung des Wiedervereinigungsverlangens die Seelenlage der Deutschen nachhaltig gegen die Westbindung und NATO-Mitgliedschaft beeinflussen könnte. Das deutsche Volk müßte sich zwangsläufig ungerecht behandelt und allein gelassen fühlen, wenn ihm ein Verzicht des Strebens nach staatlicher Wiedervereinigung abverlangt würde. Eine solche Politik trüge den »Keim zum Unheil« in sich, so Franz Josef Strauß. Dieser Gefahr tragen die NATO-Mitglieder bei ihren Erklärungen Rechnung, im eigenen Interesse an einer stabilen Lage in Europa, weil sie nicht die Deutschen selbst zu einem Faktor der Instabilität in der Mitte Europas werden lassen wollen.

Um das zu vermeiden, muß aber das nationale Streben des deutschen Volkes verläßlich in den europäischen und atlantischen Rahmen eingebunden werden. So haben sich die Partner bereit gefunden, diese Ziele der deutschen Politik ohne Wenn und Aber mitzutragen.

Grund dafür sind also rationale Überlegungen, basierend auf der Interessenlage der anderen Staaten. Solche Vernunftsgründe sind allemal verläßlicher als eine emotionale Zustimmung und Unterstützung. Das objektiv gegebene Interessengeflecht ist Garantie dafür, daß die westlichen Alliierten es ernst meinen mit ihrer Unterstützungszusage bei der Lösung der deutschen Frage.

Fazit ist auch: Nicht jene, die uns ständig den Zweifel an der Verläßlichkeit der Alliierten predigen, verhalten sich kritisch-rational, sondern diejenigen, die es als Aufgabe der deutschen Politik ansehen, den Verbündeten diese gegebenen Interessenlagen stets in Erinnerung zu halten.

Theodor Schweisfurth

Die Präambel und die Sowjetunion

Sehr geehrter Michail Sergeevitsch!

Zu gerne wäre ich jener Tankstellenbesitzer in der Nähe von Frankfurt am Main gewesen, mit dem Sie 1975, bei Ihrem ersten Besuch in Westdeutschland, über die deutsche Frage diskutiert haben. Ich wäre dann sozusagen ein alter Bekannter von Ihnen, müßte mich Ihnen nicht erst als Wissenschaftler vorstellen (meine Arbeitsgebiete sind Völkerrecht und Sowjetrecht) und meine Hemmungen überwinden, Ihnen als völlig Unbekannter diesen Brief zu schreiben. Vielleicht auch würde ich mich gar nicht mehr herausgefordert sehen, Ihnen zu schreiben, denn ich hätte nach der Begegnung an der Tankstelle bestimmt Gelegenheit gesucht, das Thema mit Ihnen weiter zu diskutieren, sei es brieflich, sei es sogar bei einem Besuch in Stawropol; so wäre inzwischen wohl alles gesagt worden, was ich zu diesem Thema sagen könnte.

Daß ich jetzt meine Hemmungen gegenüber einem Brief an Sie überwinde, liegt an Ihrer eigenen Aufforderung. In Ihrer Rede vor den Vereinten Nationen Anfang Dezember letzten Jahres haben Sie »die Aktivisten der sogenannten Volksdiplomatie« gelobt, dabei die Wissenschaftler besonders hervorgehoben und gesagt: »Wir in Moskau sind froh darüber, daß eine immer größere Zahl von Staatsmännern, Politikern« und auch Wissenschaftlern »bereit ist, die Last der allgemeinen Verantwortung auf ihre Schultern zu nehmen«. Die Last der Verantwortung kann ein Wissenschaftler, der nicht zugleich auch im Staat oder in gesellschaftlichen Organisationen Entscheidungskompetenzen hat, schwerlich übernehmen; er kann sich aber an der öffentlichen Diskussion beteiligen. So verstehen Sie bitte diesen Brief als Beteiligung an der »Dynamisierung des politischen Dialoges«, für die Sie sich ebenfalls in Ihrer New Yorker Rede ausgesprochen haben.

Ihre Ausführungen in dieser Rede über die neue Rolle der Vereinten Nationen, über die Bedeutung des Völkerrechts und über die Absicht der Sowjetunion, in Menschenrechtsfragen an internationalen Kontrollmechanismen teilzunehmen, sind für einen Völkerrechtler natürlich genauso spannend zu lesen und hoffnungsvoll zukunftweisend wie für alle Welt Ihre Ankündi-

gung, die sowjetischen Streitkräfte um 500 000 Mann zu reduzieren. Doch nicht darüber möchte ich schreiben. In diesem Brief geht es speziell um die deutsche Frage, die natürlich auch ihre völkerrechtlichen Aspekte hat, die anzusprechen sein werden. 1989 sind beide deutsche Staaten 40 Jahre alt, das ist keineswegs ein Grund zu unbeschwertem Jubel, denn das bedeutet auch, daß Deutschland 40 Jahre lang staatlich gespalten ist. Aus diesem Anlaß soll ein Buch erscheinen »Das Wiedervereinigungsgebot des Grundgesetzes«. Ich wurde aufgefordert, hierzu einen Beitrag über die Haltung der Sowjetunion zur Wiedervereinigung Deutschlands zu schreiben. Von vornherein entschied ich mich dafür, das Thema nicht historisch abzuhandeln, sondern die aktuelle Haltung der Sowjetunion darzustellen. Natürlich ist ohne Analyse der Vergangenheit die Gegenwart nicht begreifbar. Aber über die vergangene Haltung der Sowjetunion zur deutschen Frage ist in Westdeutschland schon sehr viel geschrieben und gestritten worden – zuletzt wieder einmal über die berühmte »Stalin-Note« vom März 1952. Doch derartige literarische Streitigkeiten unter Deutschen dienen nur noch der Rechtfertigung der damaligen Beteiligten oder der Trauer um verpaßte Gelegenheiten. Die Mehrheit der Deutschen von 1989 interessiert kaum noch, welche Vorstellungen Stalin von der Zukunft Deutschlands hatte; die Mehrheit der Deutschen interessiert aber brennend die Frage, welchen Platz Deutschland heute im »gemeinsamen europäischen Haus« nach den Vorstellungen Michail Sergeevitsch Gorbatschows und seiner Mitstreiter für die Perestrojka und das »neue Denken« einnehmen soll.
Als ich jedoch versuchte, mir diese Frage anhand von Äußerungen sowjetischer Politiker und Publizisten zu beantworten, mußte ich sehr bald feststellen, daß die sowjetische Haltung bzw. die Haltung der Sowjetunion zur deutschen Frage derzeit undeutlich ist. Der neue Meinungspluralismus in der Sowjetunion zeigt sich auch in den Äußerungen zur deutschen Frage, und es ist schwer abzuschätzen, welches die »herrschende Meinung« ist. Das »neue Denken« in der sowjetischen Außenpolitik weist allerdings eine ganze Reihe von Bezugspunkten zur deutschen Frage auf, scheint mir in diesem Politikfeld aber noch nicht konsequent zu Ende gedacht zu sein.
Da ich so mehr Fragen als Antworten fand, hielt ich es nicht für angebracht, einen Aufsatz zu schreiben, der die Frage der derzeitigen sowjetischen Haltung zur Wiedervereinigung Deutschlands beantworten sollte. In der derzeitigen Diskussionsphase über unser »gemeinsames europäisches Haus« erscheint es mir daher angemessener, Fragen zu stellen, d.h. die Probleme zu bezeichnen, um über die Fragen vielleicht gemeinsam zu Antworten zu gelangen. Weniger der die sowjetischen Quellen vollständig und akribisch verarbeitende Politologe ist derzeit aufgefordert als der an der Ausgestaltung des europäischen Hauses engagierte Bürger.
So kam ich auf die Idee, Ihnen diesen Brief zu schreiben. Da ich ihn aber als Beteiligung am politischen Dialog verstehe, werden Sie es sicher be-

grüßen, wenn ich meine Fragen auch durch einige eigene Überlegungen und Anregungen ergänze.
Meine erste Frage betrifft die bei uns häufig zu hörende Behauptung, die Sowjetunion sei auch nach Ihrem Amtsantritt an der deutschen Frage nicht interessiert. Zunächst hat man sich dabei auf Ihren inzwischen bei uns berühmten Satz aus Ihrem Buch »Perestrojka« bezogen: »Und was in hundert Jahren sein wird, das soll die Geschichte entscheiden.« Neuerdings verweist man auf Ihre Tischrede vom 24. Oktober 1988 beim Besuch unseres Bundeskanzlers, die – so der Kommentar einer großen deutschen Tageszeitung – deutlich gemacht habe, »welches Interesse die Sowjetunion gegenwärtig an dem Thema hat: keines«. Ich kann dem Kommentator nicht folgen, denn in Ihrer Rede hatten Sie doch zur deutschen Frage nur gesagt, die heutige Situation sei ein Ergebnis der Geschichte und »Versuche, das durch sie Geschaffene über den Haufen zu werfen oder durch eine unrealistische Politik anzutreiben«, sei eine gefährliche Beschäftigung. Damit haben Sie doch, wenn ich Sie recht verstehe, nur einer abrupten, vor allem einer gewaltsamen Änderung, nicht aber einer schrittweisen friedlichen Änderung des »durch die Geschichte Geschaffenen« eine Absage erteilt. Die Frage für micht ist daher: Findet eine realistische Politik in der deutschen Frage das Interesse der Sowjetunion? Und: Wie hätte »Realpolitik« auszusehen?
Daß das Thema »deutsche Frage« jedenfalls die sowjetische Fachöffentlichkeit interessiert, ist offenkundig; das zeigt ein Blick in die Fachzeitschriften jedenfalls demjenigen, der des Russischen mächtig ist. So fiel mir auf, daß anläßlich des Besuchs unseres Bundeskanzlers Frau Professor Margarita Matveevna Maksimova schrieb: »Die von uns vorgeschlagene Verteidigungsdoktrin, die Beseitigung ausländischer Basen und andere Initiativen müssen natürlich einen Einfluß ausüben auf die künftige Entwicklung beider deutscher Staaten und auf die Beziehungen zwischen ihnen. Aber in welcher Richtung? Das zu erforschen, steht uns noch bevor.« Mir scheint, die Annahme von Frau Maksimova hat gute Gründe; ich werde im Verlaufe dieses Briefes darauf zurückkommen.
Als weiteres Beispiel möchte ich auf eine Diskussion »Überlegungen über das Schicksal Europas« hinweisen, an deren Ende Jurij Antonowitsch Borko, Doktor der Wirtschaftswissenschaften, auf einen »Schmerzpunkt« hinweist, »auf den man nicht gern eingeht, der aber nichtsdestoweniger existiert und über den man sich aktiv Gedanken macht. Ich habe«, sagt er, »die Perspektiven der ›deutschen Gemeinschaft‹ im Auge«. Und er fragt seinen Gesprächspartner, den Doktor der historischen Wissenschaften, Boris Sergeevitsch Orlov, welche Position er »als Germanist« in der deutschen Frage einnehme. Orlovs Antwort: »Eine realistische, die den Umstand berücksichtigt, daß das Problem der künftigen nationalen Gemeinschaft fortfährt, die Deutschen zu bewegen. Die Augen davor zu verschließen, hieße,

der Realität auszuweichen und mehr noch – hieße, jene Kräfte und Tendenzen zu begünstigen, die revanchistische Stimmungen und Versuche unterstützen werden, das Problem mit gewaltsamen Mitteln zu lösen. Wenn wir das ›gemeinsame europäische Haus‹ auf einem festen Fundament bauen wollen – und wir erklären uns entschieden darfür –, müssen alle diese Tendenzen berücksichtigt werden, anstatt sie durch die Erinnerung an eine revanchistische Vergangenheit auszugrenzen. Es muß ehrlich und offen gesagt werden: Die Bildung zweier deutscher Staaten wurde nicht in Berlin begonnen, sondern in Bonn, und nicht auf unsere Initiative, sondern der der westlichen Verbündeten.« Orlov meint, die Bildung dieser »deutschen Gemeinschaft« obliege den beiden deutschen Staaten, und sie sollten sie in Übereinstimmung mit den Interessen der Nachbarn in Ost und West durchführen. Dr. Borko schließt diese Überlegungen mit dem Satz: »Europa hat gerade eben begonnen, ein sehr kompliziertes Ingenieurbauwerk zu errichten – eine Brücke vom Mißtrauen zum Vertrauen, und die deutsche Gemeinschaft – das ist einer der Bögen.«
Sehr geehrter Michail Sergeevitsch, wenn derartige Überlegungen in der sowjetischen Wissenschaft von den internationalen Beziehungen angestellt werden, kann ich mir nicht vorstellen, daß diese Überlegungen von den sowjetischen Politikern und insbesondere von den sowjetischen Deutschlandpolitikern nicht zur Kenntnis genommen werden; dies um so weniger, als Sie selbst immer wieder für eine enge Zusammenarbeit zwischen sowjetischen Wissenschaftlern und sowjetischen politischen Praktikern plädieren und diese Zusammenarbeit auch praktizieren.
Muß man nicht daraus den Schluß ziehen, daß in der Sowjetunion in wissenschaftlichen und politischen Kreisen derzeit sehr wohl über die deutsche Frage diskutiert wird? Ich leite daraus aber auch die Vermutung ab, daß diese internen Diskussionen noch nicht zur Formulierung einer politischen Strategie in der Deutschlandfrage geführt haben. So erklären sich mir auch Ihre restriktiven, noch immer auf den Erhalt des Status quo in Deutschland zielenden Äußerungen zur, wie Sie sagen, »sog. deutschen Frage«, Äußerungen, die, wenn Sie mir die Bemerkung erlauben, in starkem Kontrast stehen zu der Dynamik, die Sie sonst in alle Felder Ihrer Innen- und Außenpolitik gebracht haben.
Aber selbst wenn ich in sowjetischen außenpolitischen Fachzeitschriften keinerlei Diskussionen der deutschen Frage fände, und selbst wenn Sie nicht einmal eine restriktive Äußerung zur »sog. deutschen Frage« gemacht hätten, nehme ich mit Sicherheit an, daß diese Frage mehr und mehr zu einem Thema für alle diejenigen in der Sowjetunion geworden ist, die Ihre Leitidee des »neuen außenpolitischen Denkens« entwickeln und die diese Idee auf die Region Europa unter der so attraktiven Zielsetzung vom Bau »unseres gemeinsamen Hauses Europa« anwenden. Denn Sie und Ihre Mitarbeiter sind logisch denkende Menschen, und es ist die Logik des

Neuen Denkens und die Logik der Konzeption des »gemeinsamen Hauses Europa«, die die Gedanken mit zwingender Unausweichlichkeit zur deutschen Frage lenkt. Und wenn die Zielsetzung dieser Konzeption und des Neuen Denkens, bezogen auf Europa, erreicht werden sollen, dann müssen die Architekten des gemeinsamen Hauses Europa auch eine Lösung für das deutsche Problem entwerfen; wenn sie dieser Lösung ausweichen, wird das gemeinsame Haus Europa mit einem schweren Konstruktionsmangel errichtet. In der Sprache der Handwerker wäre dies eine Pfuscharbeit.
Bevor ich auf die Bezugspunkte des Neuen Denkens und der Konzeption vom gemeinsamen europäischen Haus zur deutschen Frage näher eingehe, halte ich es im Interesse einer fruchtbaren Diskussion für erforderlich, daß wir uns zunächst darüber verständigen, was wir eigentlich meinen, wenn wir von der »deutschen Frage« sprechen; wir wollen ja nicht aneinander vorbeireden. Aus Ihren bisherigen Äußerungen dazu habe ich den Eindruck, daß Sie mit der »sog. deutschen Frage« nur die Frage der Wiederherstellung eines einheitlichen deutschen Staates meinen. Das Problem der staatlichen Einheit Deutschlands gehört sicher ganz zentral zur deutschen Frage, aber sie ist nur eine Komponente derselben. Die deutsche Frage ist komplex, und in Stichworten möchte ich diese Komplexität wie folgt kennzeichnen:

– die erste Komponente der deutschen Frage ist die Sicherheit *vor* Deutschland, darin bestand ihr Kern am Ende des Zweiten Weltkrieges;

– die Hegemonialkonkurrenz der USA (der Westmächte) und der UdSSR *um* Deutschland ist die zweite Komponente. Wer von den Hauptsiegermächten in der europäischen Mitte, in Deutschland, tonangebend sein sollte, wer Deutschland beherrschen sollte – darum ging es im Kalten Krieg. Dieser Hegemonialkonflikt erst schob die dritte Komponente der deutschen Frage ins Rampenlicht:

– die Sicherheit *der* Deutschen. Die sicherheitsuchende Hinwendung der führenden deutschen politischen Klassen in der Ostzone und in den Westzonen zu den jeweiligen Hegemonialkonkurrenten führte zur Bildung zweier deutscher Staaten und zur Eingliederung der Teile Deutschlands in die NATO bzw. die Warschauer Vertragsorganisation und damit zur Entstehung und zum Bewußtwerden der vierten Komponente der deutschen Frage, nämlich zur

– »nationalen Frage«, d.h. staatliche Trennung oder staatliche Einheit (Wiedervereinigung). Mit der Organisierung doppelter deutscher Staatlichkeit 1949 entstand das Problem der Zugehörigkeit der deutschen Hauptstadt Berlin zu den staatlichen Teilordnungen als Teilproblem der nationalen Frage. Das nationale Problem wurde durch den sog. Systemkonflikt potenziert, der in Deutschland Gestalt annahm infolge des Aufbaus einer freiheitlich-demokratisch-kapitalistischen Grundordnung auf Betreiben der Westmächte und auf der Basis deutscher demokratischer Traditionen in den

Westzonen sowie infolge des Aufbaus der während der Zeit des Personenkultes zum bürokratischen Kommandosystem deformierten sozialistischen Grundordnung der Sowjetunion in der Ostzone, der mit »administrativen und dirigistischen Methoden« erfolge, von denen die Außenpolitik der Sowjetunion, wie Sie, Michail Sergeevitsch, in Ihrer Rede vor der 19. Unionsparteikonferenz der geschichtlichen Wahrheit entsprechend ausgeführt haben, »nicht verschont geblieben ist«;
– die Frage der *Grenzen* Deutschlands schließlich ist die fünfte Komponente der deutschen Frage.
Diese fünf Komponenten der deutschen Frage sind seit 1945 sukzessiv entstanden. Macht ihre historische Aufschlüsselung nicht deutlich, daß es sich im Kern der deutschen Frage um das Problem der Hegemonialkonkurrenz zwischen der Sowjetunion und den USA und um das Sicherheitsproblem handelt? Und sind die »nationale Frage« und die Grenzfrage nicht nur Annexe zu diesen Kernfragen? Und wenn ich schon bei der Geschichte bin, so gestatten Sie mir doch zwei historische Anmerkungen, die mir für die Gegenwart und Zukunft wichtig erscheinen: Weil sich wegen der Hegemonialkonkurrenz die Sowjetunion und die Westmächte über den Platz Deutschlands im europäischen Staatensystem nicht einigen konnten, ist es nicht zum Abschluß des in Potsdam vorgesehenen deutschen *Friedensvertrages* gekommen – bis heute nicht! Und: ich stimme Ihnen zu, wie Sie u.a. unserem Herrn Bundespräsidenten Richard von Weizsäcker bei dessen Besuch in Moskau gesagt haben, daß man die Schuld für die Teilung Deutschlands nicht der Sowjetunion zuschieben kann, daß die Sowjetunion sich westlichen Teilungsplänen widersetzt hat und daß sie auch noch nach Jalta und Potsdam für die Errichtung eines einheitlichen, souveränen und friedliebenden Deutschlands eingetreten ist. Daß Sie diesen historischen Sachverhalt so stark betonen, regt mich zu der Frage an: Dürfen wir Ihre Äußerungen als Indiz dafür ansehen, daß die Sowjetunion auch heute und in Zukunft nicht gegen die Errichtung eines einheitlichen deutschen Staates ist, wenn er denn durch »Realpolitik« geschaffen werden könnte?
Nunmehr möchte ich auf jene Inhalte des Neuen Denkens und der Konzeption vom gemeinsamen europäischen Haus eingehen, die einen deutlichen, einen unübersehbaren, direkten und logisch zwingenden Bezug zur deutschen Frage haben.
Michail Sergeevitsch, lassen Sie es mich bekennen: Ich bin ein Anhänger Ihres Neuen Denkens, denn es ist tatsächlich eine »Philosophie des Lebens«, die zu einer »neuen Wende der Weltgeschichte« führt, wenn sie sich durchsetzt. Davon sprachen Sie auf der Festsitzung zum 70. Jahrestag der Oktoberrevolution. Erlauben Sie mir, daß ich die wesentlichen Inhalte des Neuen Denkens zusammenfasse, damit Sie beurteilen, ob ich Sie richtig verstanden habe. Sie ziehen endlich die Konsequenz aus der die Menschheit bedrohenden nuklearen Totalvernichtung: Die Organisierung des »Überle-

bens der Menschheit« muß die zentrale Zielsetzung der internationalen Politik sein. Dank Ihrer humanistischen Denkweise hat die Sowjetunion eine neue außenpolitische Theorie entwickelt: Die Welt kann nicht länger durch die Brille der »Drei-Lager-Theorie« betrachtet werden, sie bildet trotz ihrer tiefen Widersprüchlichkeit »ein bestimmtes Ganzes«, wir haben nur diese »eine Welt«. In dieser Welt gibt es natürlich »die Vielfalt der Interessen« – auch Klasseninteressen – die in Rechnung gestellt werden müssen; aber angesichts der nuklearen Bedrohung und der umweltzerstörenden Industriezivilisation sind Sie zu der Maxime gekommen, die Sie als »Herzstück des neuen politischen Denkens« bezeichnen: der Maxime von der »Priorität der gemeinsamen Werte der gesamten Menschheit in unserem Jahrhundert«. Aus dieser Sicht der Welt und der Werteinstufung der in ihr vorhandenen Interessen ergeben sich konsequent alle weiteren Elemente des Neuen Denkens: die Forderung nach dem Schutz der gemeinsamen Interessen und nach einem friedlichen Ausgleich der widerstreitenden Interessen; Ihre vor den Vereinten Nationen vorgetragene Forderung nach einer »Entideologisierung der zwischenstaatlichen Beziehungen«, die schon in der Neufassung des Parteiprogramms der KPdSU formuliert worden war; die Neuformulierung des Prinzips der friedlichen Koexistenz, die nicht mehr als »besondere Form des Klassenkampfes« verstanden wird, sondern als *universell* geltende Maxime der Zusammenarbeit zwecks Sicherung der gemeinsamen Werte der Menschheit und des friedlichen Wettbewerbs; darin eingeschlossen ist die Forderung nach einer »Demokratisierung der internationalen Beziehungen« und der von Ihnen in Ihrem Aufsatz »Realität und Garantien für eine sichere Welt« hervorgehobene Grundsatz vom »Primat des Völkerrechts in der Politik«.
Das Neue Denken ist auch »eine Philosophie des Handelns«. Als Sie dies sagten, hatten Sie gewiß den berühmten Satz von Karl Marx im Hinterkopf, daß die Philosophen die Welt bisher nur verschieden interpretiert hätten, daß es aber darauf ankomme, sie zu verändern. Deshalb billigte die 19. Unionsparteikonferenz der KPdSU Ihre Ansicht, daß »nicht nur einfach eine Vervollkommnung, sondern eine entscheidende Erneuerung der Außenpolitik« der Sowjetunion notwendig sei. Als Philosophie des Handelns verlangt das Neue Denken, Sicherheit nicht mehr im Gleichgewicht des Schreckens zu suchen, sondern in der Abrüstung. Sie bestreiten zu Recht, »was als ein Axiom hingestellt wird: Nach dem Aufkommen der Kernwaffen hat es keinen Weltkrieg gegeben, also haben diese Waffen ihn verhindert«. Mit der Ablehnung dieses Scheinarguments der Nuklearstrategen zerstören Sie eine Denkschablone, die bislang der Rechtfertigung der Nuklearrüstung diente. Die erste Frucht des Neuen Denkens auf diesem Gebiet – Ihr Abkommen mit den USA über die Vernichtung der Mittelstreckenraketen vom Dezember 1987 – dürfte als erster echter Abrüstungsvertrag den Beginn der »neuen Wende der Weltgeschichte« markieren.

Die Konzentration immenser Mittel und die Aufmerksamkeit der Sowjetunion auf den militärischen Aspekt des »Widerstandes gegen den Imperialismus«, so sagten Sie auf der 19. Unionsparteikonferenz, habe dazu geführt, daß »wir zur Gewährleistung der Sicherheit der Staaten, zur Entspannung und für das gegenseitige Verständnis zwischen den Völkern nicht immer die politischen Möglichkeiten, die sich in Verbindung mit den grundlegenden Veränderungen in der Welt boten«, genutzt haben. Die Erneuerung der sowjetischen Außenpolitik soll zur Friedenssicherung und Konfliktregelung nun in erster Linie politische Mittel einsetzen: Dialogpolitik und Interessenausgleich statt Hochrüstungspolitik und unilaterale Interessendurchsetzung. Vor den Vereinten Nationen haben Sie sich für »die Dynamisierung des politischen Dialogs« ausgesprochen, »für seinen inhaltlichen Charakter, für die Festigung der politischen Voraussetzungen, die für die Verbesserung der internationalen Atmosphäre notwendig sind«. Mit diesen Maximen der erneuerten sowjetischen Außenpolitik sind wir schon ganz nahe am deutschen Problem; denn sich seiner Lösung zuzuwenden, hieße, ein politisches Mittel einzusetzen, das die Sowjetunion ihren abrüstungspolitischen und friedenssichernden Zielen in Europa einen enormen Schritt näherbringen würde, mehr noch – das diese Ziele erreichen würde.
Daß die Erneuerung der sowjetischen Außenpolitik durch die Anwendung politischer Mittel auch in die Praxis umgesetzt wird, zeigt sich bei der Lösung regionaler Konflikte: Afghanistan, Namibia, wohl auch in Kambodscha/Vietnam und neuerdings im Nahen Osten. Schon jetzt wird man wohl sagen können, daß die Methode, jeden dieser spezifischen Konflikte mittels Dialogpolitik, mittels Abschluß völkerrechtlicher Abkommen spezifisch zu lösen, eine erfolgversprechende Methode ist. Hier begreift die Welt, daß die Erneuerung der sowjetischen Außenpolitik nicht ein Wortgeklingel ist, sondern Realität. Für die Sowjetunion bringt diese Politik nur Vorteile: Sie beendet Blutvergießen, entlastet die Sowjetunion von kostspieligen Waffenlieferungen und vom Image, eine imperialistische Macht zu sein; sie ermöglicht den betroffenen Völkern die Selbstbestimmung und erzeugt so Sympathien für Ihr Land. Ähnliche Vorteile und noch viel mehr könnte die Sowjetunion gewinnen, wenn sie sich in Verfolgung ihrer Politik des »gemeinsamen europäischen Hauses« der Lösung des auf *unserem* Kontinent gelegenen regionalen Konfliktes zuwenden würde; dieser regionale Konflikt ist die deutsche Frage.
Warum wendet die Sowjetunion die Methode der Lösung regionaler Konflikte, die Methode, mit Regionallösungen, mit Teillösungen dem großen vom XXVII. Parteitag aufgestellten Ziel der Schaffung eines allumfassenden Systems der internationalen Sicherheit näherzukommen, nicht auf den regionalen Konflikt in Deutschland an? Meinen Sie, ein den genannten regionalen Konflikten vergleichbarer Konflikt besteht in Deutschland nicht?

Gewiß, es ist kein heißer Konflikt wie in Asien, Afrika oder im Nahen Osten, auch wenn ich dabei nicht meine Landsleute vergessen kann, die von den Grenzschutzorganen der DDR in den Jahren seit dem Bau der Berliner Mauer erschossen wurden. Aber es ist doch ein eingefrorener Konflikt, ein kalter Konflikt. Sind die Umstände ihrer Entstehung auch verschieden, ihr derzeitiger Erhitzungsgrad unterschiedlich, so haben diese Konflikte aber doch alle die gleiche politische Qualität: Immer ist es ein Kampf um Einflußzonen, um die Hegemonie in Deutschland ging es im Kalten Krieg, und noch immer halten die Sowjetunion und die Westmächte ihre Einflußzonen in Deutschland besetzt.
Daß dies künftig so bleiben soll, kann ich mir schlechterdings nicht vorstellen, wenn ich lese, wie Dr. Igor Malaschenko in der »Neuen Zeit« das Neue Denken erläutert. Er schreibt: »Der Sowjetunion war eigentlich ein Kampf um Einflußzonen aufgezwungen worden, der dem außenpolitischen Credo des Sozialismus fremd ist.« Er fragt: »Entspricht es unseren nationalen Interessen, wenn wir mit den Vereinigten Staaten in einen Wettkampf um Einflußzonen eintreten?« Er antwortet darauf: »Nein.« Und Malaschenko empfiehlt: »Um für unsere Entwicklung im Innern günstigere Voraussetzungen zu schaffen, sollten wir uns vor allem zumindest eines Teils der uns selbst auferlegten außenpolitischen Bürde entledigen.« Das deutsche Problem hat die Sowjetunion sich gewiß nicht selbst auferlegt. Aber ist die »Gruppe der sowjetischen Streitkräfte in Deutschland« für die Sowjetunion keine außenpolitische, militärische und finanzielle Bürde? Sie ist es gewiß. Doch ist es eine Bürde, die zu jenem *Teil* gehört, den Malaschenko meint? Sie, verehrter Michail Sergeevitsch, wollen die Sowjetunion gewiß auch von dieser Bürde entlasten, denn sonst würden Sie doch nicht die »Rückkehr aller sich im Ausland befindlichen Truppen in die Heimat« vorschlagen! Muß man aus diesem Vorschlag nicht schlußfolgern, daß die Sowjetunion auch in der Region Deutschland zu einer Beendigung der aus dem Kalten Krieg stammenden Hegemonialpolitik bereit ist?
Auch die Forderung des Neuen Denkens nach »Demokratisierung der internationalen Beziehungen« hat einen unmittelbaren Bezug zur deutschen Frage. Auf der 19. Unionsparteikonferenz erläuterten Sie diese Forderung u.a. damit, daß »Souveränität und Unabhängigkeit, Gleichberechtigung und Nichteinmischung zu allgemeingültigen Normen der internationalen Beziehungen werden«. Ist es denn mit dieser Forderung vereinbar, daß irgendwo auf der Welt auf unabsehbare Zeit Besatzungsrechte aufrechterhalten werden, für die Ungleichheit und Einmischung charakteristisch sind? In der Region Europas, in der die beiden deutschen Staaten und Berlin liegen, haben aber die vier Hauptsiegermächte des Zweiten Weltkrieges noch immer Besatzungsrechte inne. Ich verzichte darauf, dies näher darzustellen, denn die sowjetischen Experten im Ministerium für Auswärtige Angelegenheiten wissen darüber genauestens Bescheid.

Wenn wir nun aber an den Aufbau des »gemeinsamen europäischen Hauses« gehen, stellte sich doch die Frage, was mit diesen Sonderrechten der vier Hauptsiegermächte geschehen soll. Soll dieses Haus nicht ein System des Friedens sein? Es verdient aber diesen Namen nicht, wenn in ihm die kriegsvölkerrechtlichen Relikte des Zweiten Weltkrieges fortbestehen. In Ihrer Prager Rede vom 10. April 1987, wo Sie sich zur Idee vom »gesamteuropäischen Haus« geäußert haben, sagten Sie, die europäische Nachkriegsordnung sei allgemein anerkannt. Haben Sie bei dieser Bemerkung nicht daran gedacht, daß es in Europa, in Deutschland, auch noch immer eine »Kriegsordnung« gibt, und können Sie sich vorstellen, daß diese »Kriegsordnung« nicht allgemein anerkannt ist?
Meine Begeisterung von der Idee des »gemeinsamen europäischen Hauses« hat einen schweren Dämpfer bekommen, als ich in einem Artikel über »Die Etagen des gesamteuropäischen Hauses«, verfaßt von zwei Angehörigen des Außenministeriums der UdSSR, las, daß auch im Haus Europa diese »Kriegsordnung« fortbestehen soll; es heißt dort nämlich, daß »die vierseitige Verantwortung in Fragen West-Berlins und in den deutschen Angelegenheiten als Ganzes ein unverrückbarer Teil des Fundamentes des gesamteuropäischen Hauses sein wird«. Wenn dies tatsächlich zum sowjetischen Bauplan gehört, dann hat dieser jenen schweren Konstruktionsmangel, den ich schon oben angesprochen habe. Es ist der Konstruktionsmangel der Nichtgleichberechtigung, des Mißtrauens gegenüber den Deutschen und der Beibehaltung hegemonialer Siegermachtpositionen.
Damit wir uns nicht mißverstehen: Ich anerkenne durchaus die positive Rolle, die das Vierseitige Abkommen vom 1. September 1971 gespielt hat und spielt, aber ich übersehe dabei nicht, daß dieses Abkommen Besatzungsrecht ist. Wo sonst noch auf der Welt hat ein Volk eine Hauptstadt, deren restlicher Status von auswärtigen Mächten bestimmt wird? Ich meine, daß solche aus der kriegerischen Besetzung Deutschlands stammenden Sonderrechte nicht Bestandteil einer von gleichberechtigten Staaten und Völkern getragenen europäischen Friedensordnung sein können. Nicht die Aufrechterhaltung oder Fortentwicklung des Vierseitigen Abkommens kann im Rahmen der Idee vom »Haus Europa« das Ziel sein, sondern seine Beendigung und die Übergabe der Kompetenzen zur Regelung des Status der deutschen Hauptstadt an die Deutschen.
Ich war deswegen sehr froh, daß die Sowjetunion auf die sog. Berlin-Initiative der drei Westmächte nicht in der von diesen erwünschten Weise eingegangen ist. Diese Initiative zielt nämlich darauf ab, das Überlebte wieder etwas lebensfähiger zu machen. Hat die Sowjetunion mit ihrer zurückhaltenden Antwort nur noch einmal Bürokraten aus der Zeit der Stagnation am Smolensker Platz die Berlin-Politik überlassen, oder hat sie vielleicht signalisieren wollen, daß es bei Berlin um mehr geht als um eine Verbesserung des Luftverkehrs?

Denn es geht bei den Fundamenten des »europäischen Hauses« doch nicht bloß um den Status Berlins, sondern um »die vierseitige Verantwortung in den deutschen Angelegenheiten als Ganzes«. Diese Formulierung in dem eben erwähnten Artikel der beiden sowjetischen Diplomaten ist eine vielsagende Abwandlung der Vier-Mächte-Formel von ihrer Verantwortung für »Deutschland als Ganzes«. Diese besteht, und sie soll auch im »gemeinsamen europäischen Haus«, in einem europäischen Sicherheitssystem, ihren Niederschlag finden – aber nicht mehr auf der Basis des Besatzungsrechts von 1945. Der Komponente der deutschen Frage »Sicherheit vor Deutschland« muß Rechnung getragen werden, aber in einer europäischen Friedensordnung kann das nur in Form freiwilliger vertraglicher Vereinbarungen über Rüstungsbegrenzung, Zahl und Ausrüstung der deutschen Streitkräfte, internationaler Kontrollrechte etc. geschehen. Die Aufrechterhaltung der Vier-Mächte-Verantwortung auf der Basis des Besatzungsrechts ist ein Anachronismus und eine schwere Diskriminierung der Deutschen im »europäischen Haus«.
Hierzu noch eine ergänzende Bemerkung aus Anlaß des schrecklichen Unfalls bei einer Luftwaffenschau in Ramstein vor wenigen Wochen. Danach ist in Westdeutschland viel über die begrenzte Souveränität der Bundesrepublik Deutschland diskutiert worden. Ein sowjetischer Autor, V. I. Pleskov (»Experte für Probleme Westeuropas«), hat das Thema aufgegriffen und geschrieben, die begrenzte Souveränität der Bundesrepublik bestünde nur noch, weil die Bundesrepublik nicht die Realität der dauerhaften Existenz der DDR und West-Berlin nicht als »politische Einheit mit besonderem internationalen Status« anerkennen wolle. Würde die Bundesrepublik diese Realitäten anerkennen, dann »könnte man sich in seinem Haus vollständig frei und selbständig fühlen«. Herr Pleskov mag Experte für Probleme Westeuropas sein, Experte in den »deutschen Angelegenheiten« ist er nicht. Die von ihm geforderte Anerkennung der Realitäten würde nicht das Geringste an den Besatzungsrechten der Westmächte und damit auch nicht an der verminderten Souveränität der Bundesrepublik ändern, ebenso wie auch die DDR einseitig nichts an den Vier-Mächte-Rechten und an ihrer verminderten Souveränität ändern kann.
Der Bezug des Neuen Denkens zur deutschen Frage, und zwar zur »nationalen Frage«, ist offenkundig bei dem von ihm geforderten *Prinzip der »Freiheit der Wahl«*. Immer wieder stellen Sie dieses Prinzip in den Vordergrund des Neuen Denkens. In Ihrer Rede vor dem ZK der KPdSU im Februar 1988 haben Sie dieses Prinzip der »Anerkennung der Freiheit der sozialen und politischen Wahl durch jedes Volk und durch jedes Land« als die Basis für die vom Neuen Denken geforderten »wesentlich anderen internationalen Beziehungen« bezeichnet; auf der 19. Unionsparteikonferenz sagten Sie, »die Konzeption der Entscheidungsfreiheit« nehme »eine Schlüsselposition innerhalb des neuen Denkens« ein; vor den Vereinten

Nationen sagten Sie, daß für die Sowjetunion die Verbindlichkeit dieses »Rechts der Völker« klar sei und daß es keine Ausnahme dulde.
Wenn ich Sie recht verstanden habe, geht es bei der »Freiheit der Wahl« um nichts Geringeres als das Selbstbestimmungsrecht der Völker. Als Bestandteil des Prinzips der friedlichen Koexistenz gilt es universell. Da das Selbstbestimmungsrecht auch die Freiheit der Völker einschließt, über ihre staatliche Organisiertheit zu entscheiden, ist dieses Recht dem deutschen Volk in seiner Gesamtheit seit 1945 vorenthalten. Das deusche Volk, ob es nun in der Bundesrepublik, in Berlin oder in der DDR lebt, hat noch nicht durch eine freie Abstimmung darüber entscheiden können, ob es weiterhin in zwei Staaten oder in einem gemeinsamen Staat leben will. Soll diese Lage im »gemeinsamen Haus Europa« aufrechterhalten werden? Soll das deutsche Volk wirklich noch 100 Jahre warten müssen, oder verlangt das Neue Denken nicht, diese Entscheidung jetzt, beim Aufbau des »gemeinsamen Hauses«, auf die Tagesordnung der Geschichte zu setzen?
Zwei andere sowjetische Diplomaten, E. A. Schmagin und I. B. Brattschikov, haben zu dem Problem der Wiedervereinigung und der Offenheit der deutschen Frage kürzlich geschrieben, von der sowjetischen Außenpolitik heute eine »Rückkehr zur Linie am Anfang der fünfziger Jahre« zu erwarten, als die Sowjetunion sich für die Einheit Deutschlands eingesetzt habe, sei so perspektivlos wie der Versuch, eine Zeitmaschine zu konstruieren. Heute gäbe es aktuellere Probleme. Dem muß ich folgendes erwidern: Für jedes Volk ist die Frage seiner Selbstbestimmung immer und überall aktuell. Die Autoren weichen dem Problem aus, wenn sie meinen, der »einzige bevollmächtigte Richter« sei hier die Geschichte. Sind es nach marxistischer Auffassung nicht die Volksmassen, die die Geschichte machen? Wer den deutschen Volksmassen die »Freiheit der Wahl« nicht zugestehen will, steckt noch immer mitten in den fünfziger Jahren, braucht also gar nicht erst dahin zurückzukehren. Es ist im übrigen auch gar nicht erforderlich, daß die Sowjetunion sich heute für die Einheit Deutschlands ausspricht. Es genügt, wenn sie der Logik des Neuen Denkens folgt und aus der »Konzeption der Entscheidungsfreiheit« das deutsche Volk nicht ausschließt. Das Volk wird dann schon selbst entscheiden, ob es staatlich getrennt oder staatlich vereint weiterleben will.
Mich tröstet, daß es keine sowjetischen Spitzendiplomaten gewesen sind, die ich zitiert habe. Daher repräsentieren sie wohl nur einen Ausschnitt aus dem sowjetischen Meinungsspektrum, nicht aber die Position der Sowjetregierung, deren Neues Denken meilenweit enfernt ist von jenen offenbar auch im Außenministerium der UdSSR noch immer tätigen Bürokraten, die die »administrativen und dirigistischen Methoden« der sowjetischen Außenpolitik gegenüber anderen Völkern aus der Vergangenheit der Jahre der Stagnation und des Personenkultes in die Zukunft des »gemeinsamen europäischen Hauses« hinüberretten wollen.

Es scheint mir beinahe überflüssig zu sein, darauf hinzuweisen, daß auch die Forderung des Neuen Denkens nach *Beseitigung der Stützpunkte auf fremden Territorien und zur Rückkehr aller sich im Ausland befindlichen Truppen in die Heimat* ins Zentrum der deutschen Frage trifft. Deutschland in seinen beiden Teilen ist der größte Stützpunkt der Truppen der Sowjetunion und der Westmächte auf fremden Territorien. Und das zusätzliche Besondere an der deutschen Lage ist, daß alle diese Truppen auf deutschem Boden nicht schlicht als Verbündete im Rahmen der NATO und des Warschauer Paktes in Deutschland stehen, sondern auf der Basis ihrer kriegsvölkerrechtlichen Besatzungsrechte von 1945. Das ist so, weil es nicht zum Abschluß eines Friedensvertrages mit Deutschland gekommen ist. Auch dies wissen Ihre Experten im Außenministerium. Gewiß können einige Divisionen unilateral abgezogen werden, wie Sie es jetzt in der DDR tun werden. Aber auf diese Weise werden nicht alle ausländischen Truppen aus Deutschland abgezogen werden können. Spätestens vor Abzug der letzten Division muß eine einem Friedensvertrag gleichkommende völkervertragliche Regelung mit den Deutschen vereinbart werden, die die Besatzungsrechte der vier Hauptsiegermächte als solche beendet.
»Die Konzeption des gesamteuropäischen Hauses«, so schreibt Vl. Kuznezov in der Pravda (15.10.1988), »ist vor allem die Konzeption seiner Demilitarisierung.« Dazu gehört der Rückzug aller fremden Truppen in ihre Heimatländer, und dazu gehört auch, wie Sie mehrfach gesagt haben, die *Auflösung der Militärblöcke*; die Vertragsstaaten des Warschauer Paktes haben sie mehrfach vorgeschlagen, zuletzt auf ihrer Tagung am 28. Oktober 1988 in Budapest. Auch hier ist die deutsche Frage wieder im Spiel mit ihrer Komponente der Sicherheit der Deutschen. Beide deutsche Staaten sind gewiß nicht der Kern der beiden Militärpakte, aber sie haben in ihnen ein großes Gewicht. Wenn es gelänge, daß beide deutsche Staaten aus den Militärblöcken ausschieden, wäre der erste große Schritt zu ihrer Auflösung getan. Aber wie könnte das bewerkstelligt werden?
Derzeit verläuft die Entwicklung dem Ziel der Auflösung der Militärblöcke geradezu entgegen, wenigstens in Westeuropa. Statt über die Auflösung der NATO nachzudenken, streben verantwortliche westeuropäische NATO-Politiker sogar eine Verdoppelung der NATO an: Sie soll ihren »europäischen Pfeiler« stärken, die Westeuropäische Union wird wiederbelebt, und die EG soll sich zu einer politischen und militärischen Union fortentwikkeln. Fragt sich die sowjetische Führung nicht, warum ihr Vorschlag der Auflösung der Militärblöcke bislang so absolut erfolglos geblieben ist?
Ich sehe den Grund dafür darin, daß dieser Vorschlag rein militärischer Natur ist, daß die Sowjetunion nicht die politischen Möglichkeiten nutzt, die ihr dafür zur Verfügung stehen.
Sehr geehrter Michail Sergeevitsch, würden Sie mir entgegenhalten, daß die von mir aufgezeigten Verbindungslinien zwischen dem Neuen Denken

und der Konzeption vom gemeinsamen Haus Europa zur deutschen Frage willkürlich sind und künstlich, oder sind Sie mit mir der Ansicht, daß diese Verbindungslinien die allgemeinen Inhalte des Neuen Denkens logisch korrekt mit der spezifischen Lage Deutschlands verknüpfen? Daß die allgemeinen Inhalte des Neuen Denkens geradezu nach einer Lösung der deutschen Frage drängen, wenn der Schritt von der theoretischen Grundkonzeption zur konkreten praktischen Politik getan werden soll, spüren viele in Deutschland und anderswo. Weil das Neue Denken geradezu ins Herz des deutschen Problems trifft, ist die Frage: »Wann spielt die Sowjetunion die deutsche Karte?« geradezu zu einem geflügelten Wort in unserem Lande geworden. Dieses geflügelte Wort ist freilich noch im alten Denken verhaftet; denn es kann heute nicht mehr um »Nullsummenspiele« gehen, bei denen die eine Seite nur gewinnt, was die andere verliert. Die Lösung der deutschen Frage brächte Gewinne für alle Beteiligten.
Man fragt sich natürlich nach den Gründen, warum die Sowjetunion noch immer nicht die Grundsätze des Neuen Denkens in ihrer praktischen Deutschlandpolitik umsetzt. Manche meinen, die innenpolitische Perestrojka habe Vorrang, sie binde alle Kräfte und lasse Bewegung in der deutschen Frage nicht zu. Angesichts der von Ihnen vertretenen Grundhaltung der Einheit von Innen- und Außenpolitik überzeugt mich diese Erklärung nicht. Ich sehe es genau umgekehrt: Die Anwendung des Neuen Denkens auf die Lösung des deutschen Problems würde infolge der dann endgültig zum Positiven hin gewendeten deutsch-sowjetischen Beziehungen der Perestrojka eine zusätzliche Schubkraft schaffen, und zwar sowohl hinsichtlich ihrer ökonomischen Zielsetzung wie vielleicht auch im Hinblick auf den Aufbau des sozialistischen Rechtsstaates.
Der immer noch vorhandene sowjetische Immobilismus in der deutschen Frage findet doch wohl seine Erklärung in der Prioritätensetzung der sowjetischen Außenpolitik. Es ist doch einsichtig, daß die operative Umsetzung des Neuen Denkens zunächst in den »heißen« regionalen Konfliktgebieten erfolgt, wo geschossen wird und wo die Hegemonialkonkurrenz zwischen der Sowjetunion und den USA nicht direkt, sondern in der bekannten Form der mehr oder weniger deutlichen Stellvertretung manifest ist. Der älteste Hegemonialkonflikt hier in Europa ist zugleich der festgefahrenste, und hier erscheint es am schwierigsten, »die Karre aus dem Dreck zu ziehen«, wie eine deutsche Redewendung lautet.
Zugleich allerdings drängt sich die Vermutung auf, daß Sie bislang die Grundsätze des Neuen Denkens deshalb noch auf die deutsche Frage anzuwenden zögern, weil Sie der Meinung sind, damit vom Pfad der »Realpolitik« abzuweichen. Daß Sie eine solche Meinung haben könnten, ist mir durchaus verständlich, wenn ich die in Deutschland gängigen offiziellen und offiziösen Denkformeln Revue passieren lasse, die zur ideologischen Verteidigung des Status quo geprägt worden sind; sie stammen zwar

aus der Zeit vor Ihrem Amtsantritt, werden aber jetzt gegen Ihre Idee vom gemeinsamen Haus Europa ins Feld geführt: »Freiheit geht vor Einheit« (der Deutschen), »Feuer und Wasser lassen sich nicht mischen« (der Systemgegensatz zwischen beiden deutschen Staaten verbietet ihre Vereinigung), die NATO ist nicht nur ein Militärbündnis, sondern eine »Wertegemeinschaft«, die Bundesrepublik sei kein »Wanderer zwischen den Welten«, sie gehöre zum Westen, sie müsse »berechenbar« bleiben, sie dürfe keine »nationalneutralistische« Politik betreiben, der Nationalstaat sei überhaupt überholt, der Abzug fremder Truppen aus Deutschland schaffe ein »Machtvakuum«, das Gleichgewicht werde gestört, Deutschland dürfe nicht »finnlandisiert« werden, sonst würde es seitens der Sowjetunion erpreßbar, die Bundesrepublik dürfe keinen »Sonderweg« gehen, die DDR sei »auf immer und ewig mit der Sowjetunion verbunden«, »schokkiert unsere französischen Freunde nicht mit Rapallo-Ängsten«.
Es gibt viele Nutznießer des Status quo, es gibt auch viele, die ihn gern verändert hätten, denen aber der Mut sinkt angesichts der Größe der historischen Aufgabe und die deswegen selbst zu Verteidigern des Status quo geworden sind. Sie haben sich alle ihre Argumente zurechtgelegt und sich darin eingemauert. Sie, Michail Sergeevitsch, können alle diese Argumente widerlegen und die Maginot-Linie der Verteidiger des europäischen Status quo der Blockspaltung des Kontinents und der Spaltung Deutschlands zum Einsturz bringen, wenn Sie sich entschließen würden, in der deutschen Frage die »immer kühneren und entschlosseneren Schritte« zur Verwirklichung des Prinzips der Demokratisierung der internationalen Beziehungen zu unternehmen, die kürzlich Arkadij Maslennikov in der Pravda (6.2.1989) generell als charakteristisch für die sowjetische Außenpolitik der Gegenwart bezeichnet hat.
Welches sind nun die *politischen Mittel*, die Sie einsetzen können, um den eingefrorenen europäischen Konflikt zu lösen und die Idee vom gemeinsamen Haus Europa einen kühnen Schritt voranzubringen? Sie könnten in der deutschen Frage jene politischen Mittel einsetzen, die in der Ostasienpolitik der Sowjetunion bereits in der Diskussion sind.
Das *erste politische Mittel* wäre der Vorschlag, den *Friedensvertrag mit Deutschland* abzuschließen. Der Japan-Besuch Ihres Außenministers im Dezember letzten Jahres führte zu der Vereinbarung, eine ständige Arbeitsgruppe einzusetzen, die sich mit Problemen des Abschlusses des Friedensvertrages mit Japan befassen soll. Könnte die Sowjetunion einen ähnlichen Vorschlag nicht an die Adresse der drei westlichen Besatzungsmächte und an die beiden deutschen Staaten richten? Es stimmt ja nicht, was von den Anhängern des Status quo behauptet wird, daß alle Fragen, die gewöhnlich in einem Friedensvertrag zu regeln sind, im Falle Deutschlands schon anderweitig geregelt wären. Über diese Frage des möglichen materiellen Inhalts wie über die formellen Probleme des Abschlusses eines deutschen

Friedensvertrages gibt es in Westdeutschland bereits eine Reihe von Ausarbeitungen. Wäre der 1. September 1989, der 50. Jahrestag des Ausbruchs des Zweiten Weltkrieges, nicht ein geeignetes, symbolträchtiges Datum für die Unterbreitung des Friedensvertragsvorschlags? Liegt in diesem Datum nicht viel Überzeugungskraft, daß es nun an der Zeit ist, den Zweiten Weltkrieg juristisch und politisch endgültig zur Geschichte zu machen?

Wenn in Ausführung des Friedensvertrages sämtliche fremden Truppen Deutschland verlassen und die Deutschen wieder unter sich sind, müssen die Deutschen zu einer Form des Miteinander finden, die der Zielsetzung des friedlichen gemeinsamen europäischen Hauses entspricht. Hier hat die Sowjetunion einen Trumpf in der Hand, den sie als *zweites politisches Mittel* einsetzen könnte. Sie sollte die Perspektiven der »deutschen Gemeinschaft«, die in der oben zitierten Diskussion zwischen Jurij A. Borko und Boris S. Orlov erwähnt wurde, durch den Vorschlag konkretisieren, daß beide deutsche Staaten ihre Zusammenarbeit in Form einer *Konföderation* institutionalisieren.

Bei seinem Besuch in der Volksdemokratischen Republik Korea im Dezember letzten Jahres hat sich Außenminister Eduard A. Schewardnadze für die Bildung einer »Demokratischen Konföderativen Republik Korea« ausgesprochen. Könnte nicht die Sowjetunion – gekoppelt mit der Friedensvertragsinitiative – auch die Bildung einer »Demokratischen Konföderativen Republik Deutschland« vorschlagen, versehen mit der klaren Aussage, daß entsprechend dem Neuen Denken auch das deutsche Volk »die Freiheit der sozialen und politischen Wahl« hat?

Alle vernünftigen Deutschen in Ost und West sehen ein, daß nach Jahrzehnten eines getrennten Entwicklungsweges West- und Ostdeutschland nicht innerhalb eines Jahres nach Abzug der fremden Truppen einen gemeinsamen (Bundes-) Staat bilden können. Insofern stimme ich Ihnen zu, wenn Sie in Ihrem Buch »Perestrojka« schreiben, daß alle Erklärungen über die Wiederbelebung der (staatlichen) »Deutschen Einheit« weit entfernt sind von der sog. Realpolitik. Aber es entspräche dem Willen der Mehrheit der Deutschen, wenn sie innerhalb Deutschlands frei reisen könnten, wenn die Freizügigkeit innerhalb Deutschlands stufenweise wiederhergestellt werden könnte, wenn die gemeinsamen Probleme durch gemeinsame Ämter der Konföderation und durch gemeinsame nichtstaatliche Institutionen bewältigt werden könnten. Die Konföderation wäre die deutsche Form der Deideologisierung der zwischenstaatlichen Beziehungen, die das Neue Denken fordert. Sie wäre der große nationale Kompromiß zwischen den verschiedenen politischen Kräften in beiden Teilen Deutschlands, der stabile deutsche Brückenbogen des komplizierten Ingenieurbauwerks »Haus Europa«. Es würde sich erweisen, daß die unterschiedlichen Systeme in Deutschland nicht mit »Feuer und Wasser« vergleichbar sind, die sich angeblich nicht mischen lassen, sondern daß es sich um eine gesellschafts-

politische These und Antithese handelt, die gemäß den Gesetzen der Dialektik eine Synthese herausbilden könnten, die die positiven Elemente beider Systeme zur Entfaltung bringt.
Es gibt noch ein *drittes politisches Mittel,* das Sie einsetzen könnten, um die militärische Blockspaltung Europas ab- und das gemeinsame europäische Haus aufzubauen – das wird Sie jetzt vielleicht überraschen: Es ist die Absicht der Republik Österreich, der EWG beizutreten.
Beim Besuch des österreichischen Außenministers in Moskau im September letzten Jahres hat Ihr Außenminister Eduard Schewardnadze die Frage gestellt, ob bei einer Mitgliedschaft des neutralen Österreichs in einer Gruppierung, deren Mitglieder fast alle auch NATO-Mitglieder sind und die sich auch militärisch integrieren will, die Neutralität Österreichs aufrechterhalten werden könne (Pravda vom 13.9.1988). Müßte man auf sowjetischer Seite – das Ziel der Blockauflösung und des »gemeinsamen europäischen Hauses« vor Augen – die Frage nicht genau umgekehrt stellen: Läßt sich die EWG zu einer militärischen Integration, zu einem »zweiten Pfeiler der NATO« fortentwickeln, wenn das neutrale Österreich Mitglied ist? Sie könnten einwenden, die Frage habe mit »Realpolitik« nichts zu tun, denn hier solle wohl »der Schwanz mit dem Hund wackeln«. Sie hätten recht, wenn es dabei nur um das Gewicht Österreichs in der EWG ginge. Aber es geht um mehr. Wenn man nämlich den österreichischen EWG-Beitritt politisch koppelt mit der Zielsetzung eines der österreichischen EWG-Mitgliedschaft ähnlichen Status der Bundesrepublik Deutschland bzw. der zu schaffenden »Demokratischen Konföderativen Republik Deutschland« in der EWG, hätte man das politische Mittel in der Hand, sowohl die militärische Integration der EWG-Staaten zu verhindern wie mit der Auflösung der Militärblöcke einen Anfang zu machen. Die Unterstützung der österreichischen EWG-Mitgliedschaft durch die Sowjetunion würde den westdeutschen Protagonisten der NATO und der militärischen Integration der EWG das Argument nehmen, daß ein blockfreier Status Deutschlands das Ende der EWG-Mitgliedschaft Deutschlands bedeuten würde.
Die hier skizzierten Zusammenhänge sind von keinem Geringeren als unserem ehemaligen Bundeskanzler Helmut Schmidt klar erkannt worden. Er hat sich soeben vehement gegen einen EG-Beitritt des neutralen Österreichs gewandt. Und warum? Weil dadurch »Europa« die Chance verspielen würde, der wirtschaftlichen die militärische Integration hinzuzufügen und so »als vierte Weltmacht« das 21. Jahrhundert zu betreten. Den von Ihnen mit der Idee vom »gemeinsamen europäischen Haus« geweckten Hoffnungen setzt Schmidt, wie er meint, die »harte Tatsache« entgegen, daß »die Sowjetunion uns doch wirtschaftlich nichts Wesentliches geben« kann. Sie staunen wie ich, Michail Sergeevitsch; selbst große und kluge Männer können manchmal etwas sehr Törichtes sagen. Obwohl Helmut Schmidt Volkswirt ist, hat er noch nicht erkannt, welche großen beidersei-

tigen Vorteile für Ost- und Westeuropa sich durch die Gesamtreform des sowjetischen Wirtschaftssystems schon jetzt ergeben und sich bis zum 21. Jahrhundert ergeben werden.
Michail Sergeevitsch, ich erlaube mir vorzuschlagen, daß Sie genau das Gegenteil von dem tun sollten, was westdeutsche Weltmacht-Aspiranten und Verfechter einer militärischen westeuropäischen Integration empfehlen: Unterstützen Sie den EWG-Beitritt Österreichs, schlagen Sie den Abschluß des deutschen Friedensvertrages und die Bildung einer »Demokratischen Konföderativen Republik Deutschland« außerhalb der Militärbündnisse vor, und verbinden Sie dies mit der wahrhaft europäischen integrationspolitischen Leitidee, die Wladimir Lomeiko im September 1988 in Berlin formuliert hat: »Europa braucht einen gesamteuropäischen Binnenmarkt, nicht nur einen westeuropäischen.«
Sind auch die politischen Mittel vorhanden, bleibt die Frage, auf welche Weise sie eingesetzt werden könnten.
In Ihrem Buch »Perestrojka« haben Sie geschrieben: »Ganz gleich, was Ronald Reagan und andere westliche Regierungschefs in dieser Hinsicht sagen, sie können der BRD bezüglich der sogenannten deutschen Frage kein realistisches Angebot machen.« Verstehe ich diesen Satz richtig, wenn ich hinter ihm die Aussage erkenne, die einzige Regierung, die ein »realistisches Angebot« machen könnte, ist die der Sowjetunion? Eine Initiative »in dieser Hinsicht« kann in der Tat nur von der Sowjetunion ausgehen.
Dafür genügt es allerdings nicht, wenn prominente Sowjetbürger diesbezügliche Andeutungen machen. Wenn beispielsweise Valentin Falin in einem Fernsehinterview sagt, in Berlin gehe es um viel mehr als um den Berlin-Status, wenn Nikolai Portugalow in Aussicht stellt, daß im gemeinsamen europäischen Haus die beiden deutschen Staaten »miteinander sehr enge Beziehungen unterhalten könnten« und die Zeit gekommen sei, »die Wohnungen im Mittelteil des Hauses endlich von fremden Militärquartieren zu befreien«, ja wenn selbst ein Politbüromitglied, Jankowlew, in Bonn sagt, die Berliner Mauer »haben wir nicht gebaut, das ist ja nicht unsere Mauer«, so können diese Äußerungen nur ein Nährboden für Spekulationen sein. Sie lösen keine Überlegungen der beiden deutschen Regierungen aus, in die von Falin und Portugalow angedeuteten Richtungen Politik zu machen, sondern im Gegenteil nur hektische Schritte, um die bestehenden Strukturen zu verstärken (z.B. die Einrichtung einer [west-] deutsch-französischen Brigade).
Zum Thema der internationalen Politik wird die deutsche Frage erst, wenn die Sowjetregierung den beiden deutschen Staaten und den für Deutschland mitverantwortlichen Regierungen der USA, Großbritanniens und Frankreichs ein offizielles Verhandlungsangebot unterbreitet. In Ihrer kürzlichen Rede in Kiew haben Sie gesagt, daß die Verbesserung der Beziehungen zwischen der UdSSR und den USA einen Wendepunkt im ganzen Weltpro-

zeß geschaffen habe. Ist es nicht unrealistisch, von diesem Weltprozeß gerade das deutsche Problem auszuklammern? Ist es nicht konsequent und realistisch, den Hegemonialkonflikt zwischen der UdSSR und den USA nun auch in Deutschland zu beenden? Jetzt ist die Zeit gekommen, den großen historischen Kompromiß zwischen den Weltmächten über Deutschland anzusteuern, der in dem nationalen Kompromiß in Deutschland in Gestalt der »Demokratischen Konföderierten Republik Deutschland« eine stabile Abstützung fände. Ich sehe dem Tag entgegen, wo sich sowjetische und amerikanische Truppen noch einmal in Torgau an der Elbe die Hände reichen und nach einer feierlichen Zeremonie ihren militärischen Rückzug aus Deutschland beginnen.

Sie mögen jetzt einwenden, daß selbst eine Verständigung zwischen der UdSSR und den USA nicht eine Lösung der deutschen Frage in dem von mir anvisierten Sinne herbeiführen könnte, da nichts über die Köpfe der souveränen deutschen Regierungen hinweg geregelt werden könne, und beide deutsche Regierungen seien doch offensichtlich gegen jede Bewegung in der deutschen Frage. Für deutsche Patrioten ist es in der Tat tief enttäuschend, immer wieder sich anhören zu müssen, wie beide deutsche Regierungen sich selbst leisesten Andeutungen einer möglichen Lösung der deutschen Frage zur Wehr setzen. Wir haben es mit zwei ängstlichen deutschen Regierungen zu tun, die fürchten, nur zu verlieren, wenn der große historische Kompromiß zwischen der Sowjetunion und den USA und der nationale Kompromiß innerhalb Deutschlands zustande käme. Inzwischen benutzen beide deutsche Regierungen sogar dieselbe schablonenhafte Abwehrformel: Mit Andeutungen zur Lösung der deutschen Frage wolle die Sowjetunion doch nur »einen Keil« zwischen die Bundesrepublik Deutschland und die USA treiben, die Bundesrepublik sei aber unumkehrbar im westlichen Bündnis verankert – sagt die Bundesregierung; westliche Behauptungen, die deutsche Frage sei offen und die Sowjetunion könnte zu einer Lösung bereit sein, zielten doch nur darauf ab, »einen Keil« zwischen die DDR und die Sowjetunion zu treiben, beide Länder seien aber auf ewig miteinander verbunden – sagt die Regierung der DDR. Sagt Bundeskanzler Kohl, die deutsche Frage stehe nicht auf der Tagesordnung der Weltgeschichte, so ergänzt Generalsekretär Honecker, die Mauer in Berlin (der »antifaschistische Schutzwall«) werde in 50 und auch noch in 100 Jahren bestehen bleiben.

Sehr geehrter Michail Sergeevitsch, lassen Sie mich die heutige Intransigenz beider deutscher Regierungen mit einer historischen Parallele kommentieren. Vom »Souveränitätsschwindel der deutschen Fürsten« sprach man im 19. Jahrhundert, als sich die Fürsten deutscher Einzelstaaten unter Berufung auf ihre Souveränität der demokratischen Bewegung der Errichtung eines deutsches Nationalstaates widersetzten. Der DDR-Historiker Ernst Engelberg schreibt dazu in seiner Bismarck-Biographie »die Fürsten

pochten auf die Landessouveränität wie die Spießbürger auf ihr Erbgut«. Mochten manche »wähnen, sie machten über ihre verwandtschaftlichen und sonstigen Konnexionen mit den kaiserlichen Höfen in St. Petersburg, Paris und Wien europäische Politik – ihr politisches Dasein bewegte sich auf dem Niveau deutschen Philistertums«. Heute brüsten sich die deutschen Regierungen ihrer »Konnexionen« mit den Regierungen in Washington und Moskau, aber das »Niveau deutschen Philistertums« ist dasselbe. Eine Ausnahme bildet nur Bundesaußenminister Genscher, aber er ist eingebunden in einer Koalitionsregierung. Engelberg schreibt weiter, die deutschen Fürsten »waren unfähig zu historisch vorwärtsschreitenden Initiativen, aber auch hasenherzig und mitunter repressiv bei der Abwehr der nationalen Bewegung«. Die Fürsten im 19. Jahrhundert begründeten ihr Beharren auf der einzelstaatlichen Souveränität »juristisch mit dem Bundesrecht von 1815 und ideologisch entweder in einem fast mystisch-christlichen Gottesgnadentum oder einem rationalistisch anmutenden, zynischen Staatsegoismus«. Die juristische Begründung heute ist die Mitgliedschaft in der NATO bzw. im Warschauer Pakt; die ideologische Begründung heute ist der Systemgegensatz und die fast mystisch-abendländische »Wertegemeinschaft«, und das rationalistisch anmutende Argument heute ist die Sicherheitsgarantie durch militärische Anwesenheit der Großmächte in Deutschland.
Heute gibt es in Deutschland weder ein Preußen noch einen Bismarck, der durch »vorwärtsschreitende Initiativen« den »Souveränitätsschwindel« der deutschen Partikularstaaten überwinden könnte. Aber es gibt die Sowjetunion, es gibt Gorbatschow, und es gibt das deutsche Volk. Dieses deutsche Volk ist in seinem Denken weiter als seine beiden Regierungen. Seit der Perestrojka steht in der Sowjetunion die Demoskopie hoch im Kurs. Kennen Sie eigentlich die brisante Umfrage eines deutschen Meinungsforschungsinstituts aus dem Jahre 1987? Es wurde die Frage gestellt: »Die Bundesrepublik ist eingebunden in das westliche Verteidigungsbündnis, die DDR in den Warschauer Pakt. Wäre es Ihrer Meinung nach für die Bundesrepublik besser, wiedervereinigt mit der DDR ein neutrales Land zu werden, oder sollten beide Teile Deutschlands in ihren Blöcken verbleiben?« 80 Prozent der befragten Westdeutschen entschieden sich für »wiedervereinigt neutral«! Eine Umfrage dieser Art in der DDR würde sicher das gleiche Ergebnis haben. Und kennen Sie das Ergebnis einer Umfrage vom Oktober 1988, wonach sich ebenfalls 80 Prozent der befragten Westdeutschen nicht mehr von der Sowjetunion militärisch bedroht fühlen?
Das Neue Denken fordert die Demokratisierung der internationalen Beziehungen. Setzen Sie diese Forderungen auch in den deutschen Angelegenheiten in die Tat um. Beschränken Sie sich nicht auf Regierungsbeziehungen, sondern verschaffen Sie dem deutschen Volk die Möglichkeit, selbst als Subjekt am Aufbau des europäischen Hauses in Erscheinung zu treten.

Dies hieße konkret, den Vorschlag einer Volksabstimmung in beiden deutschen Staaten und in Berlin über etwa folgende Frage zu unterbreiten: »Soll der gegenwärtige Status Deutschlands fortbestehen, oder sollen alle ausländischen Truppen aus Deutschland abziehen, beide deutsche Staaten aus den Militärbündnissen ausscheiden und so die Voraussetzungen geschaffen werden für eine schrittweise Überwindung der staatlichen Spaltung Deutschlands?« Über den Ausgang dieser *Volksabstimmung* besteht kein Zweifel. Wagen Sie diesen Vorschlag! Rufen Sie das deutsche Volk zur Selbstbestimmung auf! Keine der deutschen Regierungen und keine für Deutschland Verantwortung tragende Regierung in Washington, London und Paris kann sich der Ausübung der »Freiheit der Wahl« durch das deutsche Volk mit Erfolg widersetzen. Natürlich wird es auch dann wieder Stimmen geben, die von einem »ganz besonders raffinierten Schachzug Moskaus« reden werden. Aber diese Stimmen werden untergehen in dem Jubel, den ein solcher Vorschlag in ganz Deutschland auslösen würde.

Sehr geehrter Michail Sergeevitsch! Dies sind meine Fragen, Überlegungen und Anregungen im politischen Dialog über das Neue Denken, das »gemeinsame Haus Europa« und das deutsche Problem. In Ihrer Rede in Kiew haben Sie Ende Februar gesagt: »Wir haben den Kurs eingeschlagen auf maximale Nutzung der politischen Möglichkeiten zur Aufhebung der internationalen Spannung, zur Erreichung gegenseitigen Verständnisses mit dem Westen, zur Auflösung der kompliziertesten Knoten der internationalen Widersprüche mittels Dialog, Verhandlungen und der Suche nach vernünftigen Kompromissen.« Das deutsche Problem ist sicher einer dieser »kompliziertesten Knoten«. Ihre Kiewer Rede hat meine Erwartungen gesteigert, daß die Sowjetunion unter Ihrer Führung auf ihrem Kurs der maximalen Nutzung der politischen Möglichkeiten auch das deutsche Problem ansteuern und auch für dieses Problem einen »vernünftigen – historischen – Kompromiß« suchen und finden wird.
Lassen Sie mich schließen mit einem Wort von Victor Hugo: »Nichts auf der Welt ist so stark wie eine Idee, deren Zeit gekommen ist.«

Ich verbleibe mit freundlichen Grüßen! Heidelberg, 18. März 1989
Ihr Theodor Schweisfurth

Reden, Artikel, Bücher etc., auf die in dem Brief Bezug genommen wird:

- Die Szene an der Tankstelle in der Nähe von Frankfurt am Main, siehe M. Gorbatschow, Perestrojka. Die zweite russische Revolution (München 1987), S. 261
- Gorbatschows Rede vor den Vereinten Nationen, Pravda vom 8.12.1988
- Gorbatschows Tischrede beim Besuch von Bundeskanzler Kohl in Moskau, Izvestija vom 26.10.1988, Vestnik MIDa SSSR 1988 Nr. 21
- M. M. Maksimova, Razkryt' potencial sotrudnicestva (Das Potential der Zusammenarbeit entdecken), Mirovaja Ekonomika i Mezdunarodnye Otnosenija 1988, Nr. 10, S. 61 - 66
- Diskussion J. A. Borko, B. S. Orlov, Razmyslenija o sudbach Evropy (Überlegungen zum Schicksal Europas), Mirovaja Ekonomika i Mezdunarodnye Otnosenija 1988 Nr. 9, S. 46 - 58
- Gorbatschows Rede auf der 19. Unionsparteikonferenz, Neues Deutschland vom 29.6.1988
- Gorbatschows Rede zum 70. Jahrestag der Oktoberrevolution, Neues Deutschland vom 3.11.1987
- M. Gorbatschow, Real'nost i Garantii bezopaznogo mira [Realität und Garantien für eine sichere Welt], Pravda vom 17.9.1987
- I. Malaschenko, Ideale und Interessen, Neue Zeit 1988 Nr. 45
- Gorbatschows Prager Rede vom 10.4.1987, Sowjetunion Heute, Mai 1987
- M. Amirdzanov, M. Cerkasov, Etazi obsceevropejskogo doma [Die Etagen des gesamteuropäischen Hauses], Mezdunarodnaja Zizn' 1988 Nr. 11, S. 28 - 38
  V. I. Pleskov, Po Povodu Suvereniteta FRG [Aus Anlaß der Souveränität der BRD], Mezdunarodnaja Zizn' 1989 Nr. 1, S. 93 - 95
- Gorbatschows ZK-Rede Februar 1988, Sowjetunion Heute, März 1988
- E. A. Schmagin, I. B. Brattschikow, Vtoroe dychanie? [Ein zweiter Atem?], Mezdunarodnaja Zizn' 1988 Nr. 8, S. 47 - 56
- Kommuniqué der Tagung des Warschauer Paktes, Budapest, 28.10.1988, Europa-Archiv 1988 Nr. 23, S. D 677
- Sowjetisch-japanisches Kommuniqué, das die Einsetzung einer Friedensvertrags-Arbeitsgruppe enthält, Izvestija vom 22.12.1988
- Die Unterstützung Schewardnadzes zur Schaffung einer »Demokratischen Konföderierten Republik Korea«, Pravda vom 25.12.1988
- Helmut Schmidt, Der Teppich braucht keine neuen Flicken, Die Zeit vom 27.1.1989
- Bericht über Falins ZDF-Interview, Der Tagesspiegel vom 24.9.1987; über Portugalows Äußerungen, Der Tagesspiegel vom 30.9.1988 (Artikel von M. Mathiopoulos) und vom 25.11.1988; über Jakowlews Bemerkungen zur Berliner Mauer, Der Tagesspiegel vom 10.1.1989
- Honecker: Mauer wird in 50 und auch in 100 Jahren noch bestehen, Der Tagesspiegel vom 20.1.1989
- Ernst Engelberg, Bismarck Urpreuße und Reichsgründer (Berlin 1985), S. 500
- Gorbatschows Rede in Kiew, Pravda vom 24.2.1989

Eberhard Schulz

Europäische Sicherheit als ein Aspekt der deutschen Frage

Daß vier Großmächte von einer fünften Macht angegriffen werden, sich dann verständigen, deren Hauptstadt gemeinsam zu besetzen, um den Angreifer künftig zuverlässig kontrollieren zu können, sich dann zerstreiten, an den gemeinsamen Siegerrechten aber unbeirrt festhalten – dies dürfte historisch ein einmaliger Fall sein. Ein solcher Sonderfall tritt natürlich nur ein, wenn es dafür unabweisbare Gründe gibt. An diesen Hintergrund zu erinnern ist nötig, weil den meisten Menschen in Deutschland selbst, aber auch in den Siegerländern von 1945 gar nicht mehr bewußt ist, daß die deutsche Frage nicht allein das Verhältnis der beiden deutschen Staaten in Deutschland zueinander betrifft. Erst bei genauerem Hinsehen stellt man fest, daß sich die deutsche Frage an einem einzigen Punkt festmachen läßt, nämlich an Berlin, und daß sich diese Tatsache namentlich in West-Berlin Tag für Tag nachvollziehen läßt. Berlin ist der Angelpunkt der europäischen Sicherheit.

Berlin ist aber auch die Hauptstadt jenes Deutschland, das nach der herrschenden Rechtsauffassung der Bundesrepublik Deutschland 1945 nicht untergegangen ist, sondern – wenn auch zeitweilig handlungsunfähig – fortbesteht. Tatsächlich haben die vier Siegermächte am 5. Juni 1945 ausdrücklich erklärt, daß ihre Machtübernahme nicht eine Annektierung Deutschlands bewirke. Alle vier Mächte haben darüber hinaus wiederholt zum Ausdruck gebracht, daß sie das Selbstbestimmungsrecht der Deutschen respektierten. Welche konkreten Schlußfolgerungen daraus zu ziehen seien, blieb allerdings umstritten; nur in einem Punkte sind sich die Vier Mächte bis heute einig: Die Selbstbestimmung der Deutschen darf nicht zur Wiederherstellung des früheren Zustandes führen, zu einem gesamtdeutschen Staat nämlich, dessen Souveränität durch keinerlei Bindungen eingeschränkt würde und dessen überlegenes Potential ihm eine hegemoniale Position in Zentraleuropa, wenn nicht gar die Unterdrückung seiner Nachbarn ermöglichen würde.

Das Problem der uneingeschränkten Souveränität hat sich durch die Entwicklung seit dem Ende des Zweiten Weltkrieges mittlerweile erledigt: Die wichtigsten westeuropäischen Staaten wachsen in der Europäischen Gemeinschaft allmählich zu einer politischen Union zusammen und geben

an diese supranationale Einheit jene Elemente ihrer Souveränität ab, die es ihnen früher ermöglicht hatten, einander existentiell zu bedrohen; militärische Konflikte zwischen Mitgliedern der Gemeinschaft sind schon heute undenkbar geworden.
Vorerst ungelöst ist aus der Sicht unserer Nachbarn noch das Hegemonieproblem: Maßgebliche politische Kreise in Frankreich etwa sind auch heute noch in Sorge, die wirtschaftliche Stärke der Bundesrepublik könne die Selbständigkeit, vielleicht sogar langfristig die Identität der französischen Nation gefährden; auch darin sehen sie ein Sicherheitsproblem, auf das eine Antwort noch gefunden werden muß. Vielleicht erledigt sich dieses Problem im Verlaufe des Integrationsprozesses von selbst, wenn sich nämlich herausstellt, daß die wirtschaftliche Stärke der Deutschen zu einer Überfremdung der anderen gar nicht taugt.

Verengung des Gesichtskreises durch den Ost-West-Konflikt

Daß die deutsche Frage seit 40 Jahren keine Antwort gefunden hat, liegt zweifellos am Ost-West-Konflikt. Als die vier Siegermächte 1945 den deutschen Gefahrenherd ausgeschaltet hatten, füllte sich das Machtvakuum unverzüglich wieder auf. Von Osten war die Sowjetunion bis in das Herz Europas vorgestoßen, und Stalin ging sogleich daran, das neugewonnene Glacis militärisch wie politisch zu befestigen. Die drei Westmächte zogen zwar einen Großteil ihrer Kampftruppen aus Deutschland ab, doch sorgte schon das Nuklearwaffenmonopol der Vereinigten Staaten dafür, daß Stalin ein weiteres Vordringen nicht riskierte. Der Eiserne Vorhang, der sich mitten durch Deutschland auf Europa senkte, symbolisierte fortan die neue Gefahr für die europäische Sicherheit. Dynamische Vorgänge wie die Spaltung Berlins und die Blockade der Zugangswege zum Westteil der Stadt sowie bald darauf der Korea-Krieg bewirkten eine tiefreichende Verunsicherung der Menschen, die das Lebensgefühl einer ganzen Generation prägte, auch wenn in der Rückschau festgestellt werden kann, daß nicht nur der Westen, sondern auch der Osten einen gewaltsamen Vorstoß über die Blockgrenzen in Europa nicht mehr ernsthaft ins Auge faßte.
So verharrte die deutsche Frage in einem merkwürdigen Schwebezustand nicht nur der Teilung Deutschlands, sondern auch des Fortbestehens einer Vier-Mächte-Kontrolle über Deutschland als Ganzes. Gewiß war allen Beteiligten bewußt, daß dieser Zustand ein Provisorium darstellte, doch konnte sich niemand so recht vorstellen, in welche Form einer »Normalisierung« er schließlich einmal einmünden könnte. Daß die westliche »Politik der Stärke« kein »Zurückrollen« des sowjetischen Einflußgebietes nach Osten anstrebte, war den verantwortlichen deutschen Politikern wohl bewußt, auch wenn manche von ihnen mit ihren Reden die Illusion pflegten, eine

»Wiedervereinigung« Deutschlands könne auf diesem Wege erreicht werden. Aber daß sich das Herrschaftssystem in der Sowjetunion und die Interessen des sowjetischen Staates so fundamental ändern sollten, daß die Sowjetführung einer Lösung der deutschen Frage in einem von den Deutschen gewünschten Sinne zustimmen würde, ein solcher Gedanke lag auch nicht im Bereich des Möglichen.

Nun aber haben in der Sowjetunion Veränderungen eingesetzt, die kein seriöser Fachmann erwartet hatte. Seit 1988 unterziehen sowjetische Autoren die Außenpolitik (wie vorher schon die Innenpolitik) ihres Landes einer schonungslosen Kritik. Und es bleibt nicht bei Worten; Gorbatschow hat das Ruder scharf herumgeworfen und steuert die Regelung von Konflikten an, die seine Vorgänger mit herbeigeführt oder doch wenigstens nach Kräften geschürt hatten. Gorbatschow ist der erste sowjetische Führer, der das Bestehen einer deutschen Frage nicht brüsk ableugnet. Er macht Anstalten, die Sowjetunion allmählich in einen Rechtsstaat zu verwandeln. Er erkennt die Notwendigkeit an, die Menschenrechte auch in seinem Herrschaftsbereich ernst zu nehmen, und er versucht, die Nationalitätenkonflikte in der Sowjetunion selbst und in Ostmitteleuropa zu entschärfen. Er besteht nicht mehr unbedingt auf der ideologischen Gleichschaltung seiner Verbündeten und bemüht sich glaubhaft um einen Abbau der Überrüstung. Schließlich läßt er keinen Zweifel daran, daß er an einer konstruktiven Zusammenarbeit mit dem Westen und insbesondere mit der Bundesrepublik Deutschland interessiert ist. Das alles hat bei manchen die Hoffnung aufkeimen lassen, die Sowjetunion könne in absehbarer Zeit bereit sein, einer Überwindung der Teilung Deutschlands auf der Grundlage des Selbstbestimmungsrechts zuzustimmen.

Abgesehen davon, daß derartige Erwartungen der Zeit weit vorauseilen, bleibt jedenfalls die Frage, ob mit einem sowjetischen Einlenken alle Hindernisse für eine Regelung der deutschen Frage überwunden wären. Schon die relativ bescheidenen Schritte der Bundesregierung in Richtung auf eine Entschärfung des Gegensatzes zur Sowjetunion, insbesondere der Besuch des Bundeskanzlers in Moskau im Oktober 1988, haben bei unseren Verbündeten eine gewisse Beunruhigung ausgelöst. Da wurde wieder an einen »deutschen Sonderweg« erinnert, der Deutschland in der zweiten Hälfte des 19. Jahrhunderts in eine Zwischenposition zwischen Ost und West geführt hatte, so als ob die wichtigste Errungenschaft der Bundesrepublik, die Demokratie, erneut zur Disposition gestellt werden könnte. Da war wieder die Rede davon, daß die Bundesrepublik »in die Neutralität abdriften« könnte, und es wurde auf das Hegemoniepotential der Deutschen Mark angespielt, deren Leitwährungsfunktion sich keine andere europäische Währung entziehen kann. Nachdem sich der Blick in der deutschen Frage 40 Jahre lang auf den Ost-West-Konflikt verengt hatte, traf er nun auch auf beunruhigte Nachbarn, selbst auf die engsten Verbündeten.

Auf einmal schien es selbst den Deutschen, die früher ganz eindeutig gegen die Sowjetunion Front bezogen und ihre ganze Hoffnung auf die Atlantische Allianz gerichtet hatten, als ob die Verbündeten neue Hindernisse für die deutsche Einheit aufrichteten und sich damit den deutschen nationalen Interessen in den Weg stellten. Plötzlich wurde in der Bundesrepublik der alte Streit wieder lebendig, ob die deutsche Einheit und die Einbindung der Bundesrepublik in das westliche Bündnis miteinander vereinbar seien oder nicht. So abwegig dieser Streit bei näherer Betrachtung ist – es ergibt sich unzweifelhaft, daß die deutsche Frage als ein Spannungsverhältnis zwischen der deutschen Selbstbestimmung und der europäischen Sicherheit zu definieren ist.

Die deutsche Frage – ein Dilemma?

Mit einer Definition der deutschen Frage ist nur etwas anzufangen, wenn die einzelnen Elemente konkret in die Betrachtung einbezogen werden. So gilt es, die geographischen und historischen Rahmenbedingungen kurz zu skizzieren. Die Deutschen haben mehr Nachbarstaaten in Europa als alle anderen Nationen; und diese Staaten haben wiederum mehr Einwohner als die Nachbarn irgendeines anderen europäischen Staates. Die deutsche Nation hat auch mehr Bürger als ihre Nachbarn – kurz: Die Deutschen sind für ihre Nachbarn eine zentrale Bezugsgröße. Sie verfügen gleichzeitig über das stärkste Wirtschaftspotential und die größte Außenhandelsverflechtung. Kein Staat westlich des Bug hat so viele Soldaten wie die Deutschen (wenngleich sich die deutschen Soldaten derzeit auf zwei einander entgegengesetzte Staaten verteilen und deutsche Stellen keine Autorität für ihren Einsatz haben).

Die Deutschen waren – historisch gesehen – die Erben des Römischen Reiches; sie standen für die Universalität der Christenheit. Diesen Anspruch konnten sie nur erheben, weil das Deutsche Reich ein sehr lockeres Gefüge hatte und machtpolitisch keine in sich geschlossene Größe darstellte. Die Deutschen hatten in diesem Sinne nie einen Nationalstaat wie etwa Frankreich. Seit dem Beginn der Neuzeit waren sie immer ausländischen Einflüssen ausgesetzt, die im Westfälischen Frieden und in der Folgezeit bis zum Deutschen Bund, also vom 17. bis zum 19. Jahrhundert immer wieder wirksam wurden. Als sie sich unter Preußens Führung in der zweiten Hälfte des 19. Jahrhunderts aus dieser Situation zu lösen versuchten, wurden Teile des Reiches ausgegliedert, und die Gegensätze zwischen den europäischen Mächten verschärften sich zu einem Kampf auf Leben und Tod, bis die Deutschen 1941 die Herren fast ganz Europas waren, damit aber auch alle anderen Nationen Europas zu einer Interessengemeinschaft gegen sich zusammengezwungen hatten.

Seit 1945 findet die zentrale Bedeutung Deutschlands für die europäische Sicherheit darin ihren Ausdruck, daß auf deutschem Boden eine Dichte des Militärpotentials erreicht wird wie auf dem keiner anderen Nation der Welt. Auch daß die Grenze zwischen den beiden stärksten Militärbündnissen der Welt durch Deutschland verläuft, ist kein Zufall; Deutschland ist die wichtigste Region im weltweiten Ost-West-Konflikt. Die deutsche Teilung ist damit gleichzeitig das Unterpfand einer Friedensordnung für Europa, die sich auf die Abschreckung gründet und sich seit vier Jahrzehnten bewährt hat wie kein anderes Sicherheitssystem in irgendeinem Teil der Welt, die aber zwei Schwachstellen aufweist: Zum einen werden immer mehr Menschen von der Sorge erfaßt, daß ein Versagen dieses bisher so erfolgreichen Sicherheitssystems das Überleben der Menschheit insgesamt in Frage stellte; und zum anderen schließt dieses System eine gemeinsame Selbstbestimmung der Deutschen aus, so daß es eines Tages an dem inneren Widerspruch zwischen seinem moralischen Anspruch und der machtpolitischen Realität zerbrechen könnte.
Folgt man dieser Logik, so scheint die deutsche Frage in ein Dilemma zu führen: Aus deutscher Sicht erscheint die Verweigerung des Selbstbestimmungsrechts für die Deutschen als Grund der Instabilität der europäischen Sicherheit. Daraus resultiert die Forderung nach Beseitigung der Spannungsursache, eben der deutschen Teilung oder der als damit gleichbedeutend angesehenen Verweigerung des Selbstbestimmungsrechts. Freie Wahlen in ganz Deutschland führten aus dieser Sicht zur Wiederherstellung der Einheit Deutschlands und zum Frieden in Europa. Damit läge die Einheit Deutschlands auch im Interesse aller anderen europäischen Nationen.
Aus der Sicht der Nachbarn ergibt sich das umgekehrte Bild: Sicherheit erfordert Stabilität. Diese aber wird nur durch den Status quo garantiert, weil die gegenseitige Abschreckung mit nuklearen Waffen eine Veränderung der territorialen Gegebenheiten nicht zuläßt. Außerdem ist weit und breit kein Ersatz für die Kontrolle in Sicht, die die Vier Mächte aufgrund ihrer Siegerrechte über das für die Sicherheit Zentraleuropas entscheidende Deutschland ausüben. Ob die Europäische Gemeinschaft einen gesamtdeutschen Mitgliedstaat »verdauen« könnte, sei dahingestellt; für die Sowjetunion, Polen und die Tschechoslowakei wäre er kaum akzeptabel. Ein gesamtdeutscher Staat im Machtbereich der Sowjetunion käme für den Westen nicht in Frage. Die Aussicht eines neutralen gesamtdeutschen Staates, der sich seinen Halt je nach Bedarf im Osten oder Westen suchte, ist ein Alptraum für alle Europäer, auch für die Mehrheit der Deutschen.
Die pessimistische Annahme, daß die deutsche Frage unausweichlich vor einem Dilemma stehe, ist freilich nur begründet, wenn man an der oben beschriebenen Sichtverengung festhält. Gewiß ist aber, daß sich das Problem wegen seiner außerordentlichen sicherheitspolitischen Bedeutung nur in einem sicherheitspolitischen Zusammenhang lösen läßt. Dies wäre nun

wegen der Vielzahl der beteiligten Bestimmungsfaktoren eine hochkomplizierte Aufgabe und gleichzeitig, da es um existentielle Sicherheitsfragen für viele Nationen, wenn nicht für die Menschheit im ganzen geht, ein hochexplosives Unternehmen. Wäre das nicht so, hätte sich in der deutschen Frage in den vergangenen 40 Jahren längst etwas bewegt.

Welche Instrumente aber kämen für eine Lösung des Problems in Frage? Militärische Macht scheidet offenkundig aus. Die Deutschen könnten darüber nicht verfügen, und alle Bundesregierungen haben die Gewaltanwendung aus guten Gründen ausgeschlossen. Daß unsere Bündnispartner Gewalt im deutschen nationalen Interesse anwenden oder auch nur androhen könnten, kommt nicht in Betracht. Die deutsche Politik hat sich statt dessen viel mehr auf das Recht gestützt; schließlich haben alle beteiligten Mächte das Selbstbestimmungsrecht der Völker anerkannt. Das Recht ist in den internationalen Beziehungen unzweifelhaft ein wichtiger Faktor. Schwachen bietet es einen gewissen Schutz gegen Übergriffe der Mächtigeren; doch bewährt es sich eher bei der Bewahrung von Vorhandenem als zur Veränderung eines nicht akzeptierten Zustandes, zumal wenn eine solche Veränderung eine längerfristige Dynamik auslösen könnte, die niemand zu kanalisieren wüßte. Vor allem aber ist das Recht als Faktor in der internationalen Politik dann unwirksam, wenn es gegen Interessen eingesetzt werden soll, die von den Betroffenen als lebenswichtig betrachtet werden. Das Völkerrecht ist nun einmal von allen Rechtsgebieten das schwächste – nicht nur, weil seine Vorschriften oft sehr interpretationsfähig sind, sondern vor allem, weil es kein Gericht gibt, das einem Staat gegen dessen Willen einen Spruch auferlegen kann, und weil es keine Exekutive gibt, die eine Entscheidung vollstrecken könnte. Niemand weiß das so gut wie die Juristen; daß das Bundesverfassungsgericht dem Bestimmungsfaktor Recht in seinen Urteilen zu den Ostverträgen eine so herausgehobene Rolle zugemessen hat, gehört zu den Mysterien der jüngsten deutschen Geschichte.

Wenn militärische Macht und Völkerrecht nicht viel auszurichten vermögen, bleibt das Mittel der Politik oder der internationalen Vereinbarungen. Diesen Weg haben die Bundesregierungen und der Berliner Senat seit den sechziger Jahren zunächst zögernd, dann mit immer mehr Nachdruck verfolgt. Der in den frühen fünfziger Jahren einmal ventilierte Gedanke, der Sowjetunion die DDR einfach abzukaufen, war so abwegig, daß er in die praktische Politik nie eingegangen ist. Wirtschaftliche Interessen sind zwar ein wesentlicher Bestandteil der internationalen Beziehungen, doch wird keine Regierung um wirtschaftlicher Vorteile willen Objekte aufgeben, die sie sicherheitspolitisch für lebenswichtig hält. Im übrigen ist die deutsche Frage nicht ein Problem, das allein die Bundesrepublik und die Sowjetunion angeht.

Die Vereinbarungen, mit denen die deutsche Frage geregelt werden könnte, müßten vielmehr den Gesamtzusammenhang der europäischen Sicherheit

behandeln. Nur wenn es gelänge, eine europäische Friedensordnung herzustellen, die diesen Namen verdiente und die daher eine *gemeinsame* Friedensordnung sein müßte, ließe sich die deutsche Frage lösen. Darin sind sich im Prinzip alle bisherigen Bundesregierungen einig gewesen, auch wenn sich ihre Meinungen bezüglich der konkreten Ausgestaltung und der Realisierbarkeit einer solchen Friedensordnung erheblich unterschieden.
Alle Bundesregierungen standen aber vor dem Problem, daß sich für eine Lösung der deutschen Frage verständlicherweise keine ausländische Macht interessiert, solange die Bundesrepublik innenpolitisch stabil ist und die Deutschen stillhalten. Die Bürger der Bundesrepublik wiederum waren an dem Thema nicht sonderlich interessiert (wie alle Umfragen auswiesen), solange ihnen die von den Bundesregierungen vorgetragenen Forderungen als offensichtlich unrealisierbar erschienen. Gesteigerte Rhetorik der Bundesregierungen konnte sogar einen generellen Vertrauensverlust der Bevölkerung in die Aussagen der Politiker hervorrufen.
Andererseits verfolgten die Nachbarn mit Verwunderung und Mißtrauen das Verhalten der Deutschen, die so wenig Wert darauf legten, ihre nationalen Interessen zur Geltung zu bringen; der offizielle Hinweis, daß die Siegermächte für die Wiederherstellung der Einheit Deutschlands verantwortlich seien, konnte die Glaubwürdigkeit der Bundesregierung in ihren Augen kaum fördern. Tatsächlich ist es an den Deutschen, eine Verbindung zwischen der von ihnen geforderten Selbstbestimmung und der europäischen Sicherheit herzustellen. Allerdings läßt sich darauf eine Politik nur aufbauen, wenn diese im Konsens aller Beteiligten verfolgt wird. Das bedeutet auch, daß die deutsche Politik alle anderen Mächte davon überzeugen muß, daß sie in der Lage ist, die Erfordernisse von Dynamik und Stabilität bruchlos miteinander zu verbinden.

Elemente einer Politik in der deutschen Frage

Eine Antwort auf die deutsche Frage läßt sich nur mit einer Politik finden, die sich auf ein hohes Maß von Vertrauen bei allen Partnern stützen kann. Vertrauen setzt Beständigkeit und Berechenbarkeit voraus. Nichts wäre schädlicher als die Entfaltung eines blinden Aktivismus, um die nötige Dynamik herzustellen, während gleichzeitig das Erfordernis der Stabilität vernachlässigt wird. Eine erfolgverheißende Politik in der deutschen Frage wird daher auf die folgenden fünf Elemente nicht verzichten können:

1. Fortsetzung des Integrationsprozesses in Westeuropa.
Nur wenn die Integration der (west)europäischen Staaten mit dem Ziel einer politischen Union fortgesetzt wird, kann eine Wiederholung der Bruderkämpfe verhindert werden, die die europäischen Staaten im Namen

der nationalen Interessen und der ungebundenen Souveränität in der ersten Hälfte des 20. Jahrhunderts gegeneinander geführt haben. Die Hitler-Zeit ist nicht vergessen; die Vertrauensdecke ist noch dünn. Sie bräche zusammen, wenn die Bundesrepublik – gerade unter Hinweis auf die Einheit Deutschlands – in ihren Bemühungen um die europäische Integration nachließe. Freilich muß die Bundesregierung gleichzeitig den Besorgnissen den Boden entziehen, die die Partner gegen eine Wiederherstellung der Einheit Deutschlands hegen. Diese Aufgabe ist bisher vernachlässigt worden. Schließlich muß sie (ebenso wie die Führung der DDR) jeden Anschein vermeiden, als ob ihre Politik gegen die lebenswichtigen Interessen der Sowjetunion, Polens und der Tschechoslowakei gerichtet wäre.

2. Erhaltung der bestehenden Friedensgarantie für Europa.
Die Bundesrepublik Deutschland ist Mitglied der Atlantischen Allianz, die das Machtvakuum westlich der sowjetischen Einflußzone ausgefüllt hat. Militärische Stabilität ist in Europa ohne die beiden Bündnissysteme vorerst nicht vorstellbar; zur Erhaltung der Stabilität muß die Bundesregierung in ihrem Bündnis aktiv mitwirken, obwohl sie an dem wichtigsten militärischen Instrument der Stabilität, den strategischen Nuklearwaffen, keinen Anteil hat. Sie muß dem Irrtum entgegentreten, ein Versagen dieses schrecklichsten aller Waffensysteme bedrohe die Deutschen wesentlich mehr als andere Völker; die Deutschen stürben in diesem Falle nur schneller, langfristig aber würde die ganze Erde unbewohnbar. Es ist ja eben diese unvorstellbare Gefahr, die über eine lange Zeit die Wirkung dessen hervorgebracht hat, was man gemeinhin »Abschreckung« nennt. Gewiß sollte man nicht nachlassen, nach einer ebenso zuverlässigen, aber weniger gefährlichen Sicherheitsgarantie zu suchen; bis diese aber gefunden worden ist, muß die Bundesrepublik – auch im Interesse der politischen Stabilität und des Vertrauens ihrer Partner – an dem bisherigen System festhalten.
Allerdings sollte sie auch allen Tendenzen entgegentreten, sich aus dem Geltungsbereich der Gesetze des nuklearen Zeitalters hinauszuschleichen. Es gibt daraus keinen Geheimausgang. Da nützt es gar nichts, die Augen vor den vorhandenen Nuklearwaffen zu verschließen, die »Abschreckung« kurzerhand für unglaubwürdig zu erklären und sich auf eine rein konventionelle Kampfführung vorzubereiten, als ob es möglich wäre, einen Krieg zwischen nuklear gerüsteten Mächten garantiert unterhalb der Nuklearschwelle zu halten. Eine solche Einstellung erhöht die Gefahr, daß es durch einen fatalen Irrtum zu einem Kernwaffenkrieg kommt. Ebenso abwegig sind die in einem Elfenbeinturm entwickelten Ideen, daß man Nuklearwaffen »lediglich« taktisch einsetzen könne oder daß sich eine Eskalation zum Nuklearkrieg durch eine rein rationale Kommunikation kontrollieren ließe. Hier ist eine Revision herrschender Irrmeinungen dringend geboten.

3. Entwicklung einer neuen gesamteuropäischen Sicherheitspolitik.
Macht muß im Prinzip durch Gegenmacht ausgeglichen werden. Dieses unanfechtbare Prinzip wird jedoch seines Sinnes beraubt, wenn jedes Land auf jeder Ebene und gegenüber jedem potentiellen Gegner sowohl in quantitativer als auch in qualitativer Hinsicht ein militärisches Gleichgewicht herzustellen sucht. Es war genau dieses Bestreben, das die absurde Überrüstung der Sowjetunion begründet und das allgemeine Wettrüsten ausgelöst hat. In den USA ist schon in den sechziger Jahren das Prinzip der »Hinlänglichkeit« der militärischen Kapazität in die Diskussion eingeführt, später allerdings wieder zurückgedrängt worden. In der Sowjetunion haben unabweisbare wirtschaftliche, aber auch politische Überlegungen dazu geführt, das Prinzip einer »vernünftigen Hinlänglichkeit« ernsthaft zu diskutieren. Zwischen nuklear gerüsteten Mächten kann die Hinlänglichkeit als gegeben betrachtet werden, wenn eine nukleare Zweitschlagsfähigkeit gesichert bleibt, mit der der Angegriffene dem Aggressor einen unakzeptablen Schaden zufügen könnte. Dann nämlich bleibt die »Abschreckung« im bisherigen Maße wirksam. Folgt man diesem Gedanken, eröffnet sich für eine Reduzierung der Militärpotentiale der NATO und der WVO ein weiter Spielraum, ohne daß die Sicherheit einer Seite oder der Frieden für alle gemeinsam gefährdet würden.
Eine solche Veränderung des Sicherheitsdenkens könnte den Weg freimachen, der von dem bisherigen übertriebenen Gleichgewichtsdenken zu einem Denken in den Kategorien gemeinsamer Sicherheit führen könnte. Gemeinsame Sicherheit kann allerdings nicht durch ein kollektives Sicherheitssystem garantiert werden; ein kollektives System kann angesichts der Vielzahl von Interessen und auch der Täuschungsmöglichkeiten nicht zuverlässig funktionieren. Gemeinsame Sicherheit kann jedoch gefördert werden, wenn der bisher auf beiden Seiten überbetonte militärische Faktor der Sicherheitspolitik auf ein gesundes Maß zurückgestutzt wird. Die NATO hat dazu schon im Harmel-Bericht einen ersten Schritt getan; in der Sowjetunion bewegen sich Gorbatschow und seine Reformer in einer ähnlichen Richtung. Hier ist gewiß noch eine weite Strecke zurückzulegen. Wenn aber bei dem militärischen Faktor auf beiden Seiten eine Angriffs- und Invasionsunfähigkeit erreicht wird (was derzeit noch nicht in Sicht, langfristig aber nicht auszuschließen ist), wächst automatisch das Gewicht politischer (d.h. nicht-militärischer) Sicherheitsfaktoren. Dann läßt sich das beiderseitige Interesse an der Erhaltung des Friedens durch eine kontinuierliche und institutionell untermauerte Kooperation stärken. Damit erst würde der Spielraum für neue Überlegungen in der deutschen Frage eröffnet.

4. Ersetzung der einseitigen durch gemeinsame Kontrollmechanismen.

Alle Bundesregierungen haben stets und glaubwürdig versichert, daß sie ihre Ziele in der deutschen Frage nur mit friedlichen Mitteln verfolgen werden. Die Bundesrepublik Deutschland hat ihr militärisches Potential unauflöslich in der NATO integriert und damit auf jede Möglichkeit verzichtet, es autonom für deutsche Interessen einzusetzen. Sie hat darüber hinaus Gewaltverzichtsabkommen mit den osteuropäischen Staaten abgeschlossen und sich zum Gewaltverzicht auch durch den Beitritt zur UNO und durch die Unterzeichnung der KSZE-Schlußakte verpflichtet.

Indessen sind fast alle Staaten der Welt mittlerweile völkerrechtlich zum Gewaltverzicht verpflichtet, und doch brechen immer wieder militärische Konflikte aus. Es wäre daher grenzenlos naiv anzunehmen, daß die Vier Mächte, die 1945 Berlin gemeinsam besetzt und sich ihre Kontrollrechte über Deutschland als Ganzes bis zum heutigen Tage vorbehalten haben, durch einen Friedensvertrag zu einem ersatzlosen Verzicht auf ihre Kontrollmöglichkeiten bewogen werden könnten. Andererseits lassen sich die Siegerrechte moralisch und völkerrechtlich nicht auf ewig legitimieren, denn sie kollidieren unzweifelhaft mit dem Selbstbestimmungsrecht, das auch den Deutschen zusteht. Es liegt im wohlverstandenen Interesse aller Beteiligten, rechtzeitig zu verhindern, daß sich aus dieser Problematik unkontrollierbare Konflikte ergeben. Einen Anstoß zu einer konstruktiven Erörterung des Problems wird man freilich nur von deutscher Seite erwarten dürfen.

In diesem Zusammenhang ist stets zu bedenken, daß das Problem 1945 nicht aus dem Nichts aufgetaucht ist. Schon im Westfälischen Frieden von 1648 sowie in der Wiener Kongreßakte von 1815, um nur die bekanntesten Beispiele zu nennen, sind Elemente der Kontrolle fremder Mächte über Deutschland enthalten. Natürlich lassen sich die Beispiele von damals nicht einfach auf die anders geartete heutige Situation übertragen, doch lohnt es sich, die damit gemachten Erfahrungen zu studieren, um gegebenenfalls nützliche Anregungen zu erhalten, gleichzeitig aber auch mögliche Fehler diesmal zu vermeiden.

Ein Unterschied zu den historischen Beispielen besteht sicher in der staatlichen Verfassung Deutschlands, ein anderer darin, daß die Bundesrepublik als erster Staat in der deutschen Geschichte eine dauerhaft gesicherte freiheitliche Verfassung besitzt und ein demokratischer Rechtsstaat ist. Eine Demokratie kann auf die Selbstbestimmung nicht verzichten; deswegen muß die Bundesrepublik darauf bestehen, daß die Deutschen bei einer Ablösung der Siegerrechte der Vier Mächte an einer neuen Regelung für die Kontrolle Zentraleuropas gleichberechtigt beteiligt werden. Noch hat das Nachdenken über eine solche Regelung kaum begonnen; der Weg bis zu einer adäquaten Lösung wird weit und beschwerlich sein. Vielleicht bietet der KSZE-Prozeß, in dem die Vier Mächte ebenso wie die Deutschen und ihre Nachbarn mitwirken, einen Ausgangspunkt für ein konstruktives Vorgehen.

5. Realisierung der Selbstbestimmung der Deutschen.
Sind schon die anderen genannten Elemente einer Regelung der deutschen Frage nicht eben einfach, so dürfte es am schwierigsten sein, die Selbstbestimmung der Deutschen zu realisieren oder, wie es die Präambel des Grundgesetzes formuliert, »die Einheit und Freiheit Deutschlands zu vollenden«. Auf dem Wege der Vollendung der Freiheit hat die Bundesrepublik seit der Verabschiedung des Grundgesetzes im Mai 1949 ein gutes Stück Weges zurückgelegt; damals – das sollte man nicht vergessen – hatten die Deutschen in ihrem Land, auch in den drei westlichen Besatzungszonen, politisch noch relativ wenig zu sagen, und ein im Innern freies politisches System mußte auch erst aufgebaut werden. Auch in der DDR ist heute fremder (sowjetischer) Einfluß direkt kaum noch spürbar. Im Innern aber ist die DDR noch immer ein autoritärer Staat, und auf dem Wege zum Rechtsstaat hat sie sich bisher kaum vorwärtsbewegt.
Gänzlich – und für beide deutsche Staaten – ungelöst ist noch das Problem der deutschen Teilung. Hier sind zwei Aspekte zu unterscheiden. Der erste betrifft jeden einzelnen Bürger unmittelbar und in seinem privaten Dasein: Die Teilung des Landes trennt Familien und Freundschaften und verhindert eine freie Kommunikation. Auf diesem Gebiet sind im Laufe der Jahre wichtige Erleichterungen erzielt worden. Gelöst ist das Problem damit aber noch nicht.
Der andere Aspekt betrifft die Einheit der Nation. Hier ist zunächst festzuhalten, daß die Gründung zweier Staaten in Deutschland die Einheit der Nation entgegen weitverbreiteten Annahmen nicht zerstört hat. Das bestätigt die Feststellung, daß die Einheit der Nation nicht von der Existenz eines alle Teile umfassenden Nationalstaates abhängig ist. Diese Erkenntnis ist wichtig, weil Deutschland im strengen Sinne ohnehin nie ein Nationalstaat gewesen ist, weil außerdem die nationale Prägekraft eines freiheitlichen, liberalen und föderal strukturierten Staates geringer ist als die eines zentralistisch regierten autoritären Staates und weil die strikte Abgrenzung der Staaten im Verbund der europäischen Integration gemildert wird. Die Vollendung der Einheit, zu der die Präambel des Grundgesetzes auffordert, muß damit nicht denknotwendig in die Form eines Nationalstaates münden, obwohl sich die Väter des Grundgesetzes, die noch nicht über die Erfahrungen der letzten 40 Jahre verfügten, die Einheit wohl nur in einem Nationalstaat vorstellen konnten.
Gleichzeitig ist mit aller Deutlichkeit festzustellen, daß die Spaltung Deutschlands in zwei einander feindlich gegenüberstehende Staaten dem Willen der überwiegenden Mehrheit der Menschen in beiden Teilen widerspricht. Eine Fortdauer des gegenwärtigen Zustandes ist daher unannehmbar und

damit auch politisch instabil. Eine Regelung, die dem Recht auf freie Selbstbestimmung entspricht, muß die Trennung zwischen den Teilen Deutschlands aufheben und ein Zusammenleben und -wirken der Menschen ermöglichen.
Damit tritt unvermeidlich der Zusammenhang mit der europäischen Sicherheit wieder in Erscheinung. Offensichtlich kann die Selbstbestimmung der Deutschen nicht realisiert werden, solange sich das Prinzip der gemeinsamen Sicherheit in Europa noch nicht durchgesetzt hat. In einem solchen Sicherheitssystem aber erfordert die freie Selbstbestimmung der Deutschen auch eine Mitverantwortung der Deutschen. Als zentral für die Sicherheit Europas Mitverantwortliche können die Deutschen von ihrem Recht auf Selbstbestimmung nur in einer Weise Gebrauch machen, die die Sicherheit und Integrität aller europäischer Nationen nicht gefährdet; versuchten sie, dieser Verantwortung auszuweichen, stießen sie mit Gewißheit auf den geschlossenen Widerstand aller Nachbarn und kämen mit ihrem nationalen Anliegen keinen Schritt voran. Wer die Selbstbestimmung wirklich will (und sich nicht mit der bequemen Forderung begnügt, die deutsche Frage bis zum Sankt-Nimmerleins-Tag offenzuhalten), muß daher eine Güterabwägung vornehmen: Er muß eine Form für die Regelung der deutschen Frage suchen, die sowohl der Einheit der Nation als auch der europäischen Sicherheit gerecht wird und die optimale Bedingungen für eine Veränderung des gegenwärtigen Zustandes verspricht.

Phantastisches Traumspiel oder realitätsbezogene Phantasie?

Die genannten fünf Elemente stehen in einem unauflöslichen Zusammenhang. Daher ist ein »Gesamtkonzept« oder eine Paketlösung erforderlich. Das bedeutet nicht, daß die einzelnen Elemente gleichzeitig in einem großen Schritt zum Zuge kommen können – im Gegenteil: Die hier gewählte Reihenfolge kann für die Realisierungsaussichten entscheidend sein. In jedem Falle aber müssen eingefahrene Denkgewohnheiten überprüft werden, müssen neue Gedanken kreativ entwickelt und ohne Scheuklappen diskutiert werden, wenn die Stagnation überwunden werden soll.
Kein Zweifel: Derzeit sind die Bedingungen für einen Ansatz zur Regelung der deutschen Frage noch nicht gegeben. Die Bürger sind sich dessen bewußt. Sie erkennen die Realitätsferne der diesbezüglichen Meinungsumfragen und reagieren mit Desinteresse. Ähnliches gilt für die Mehrzahl der kreativen Geister: Solange sie bei den Politikern nicht auf Resonanz hoffen können, werden sie sich mit ungewohnten Gedanken nicht in die Nesseln setzen. Ebenso verhält sich ein großer Teil der Administration, die in der täglichen Routine ohnehin von Betriebsblindheit bedroht wird. Die Politiker aber, die nichts ausrichten können, wenn sie nicht wiedergewählt wer-

den, schielen häufig ängstlich auf die Umfrageergebnisse. Damit schließt sich der Circulus vitiosus. Mit Risikobereitschaft verbundene Führungskraft, die die Bürger mitreißt, statt ihren Meinungen nachzulaufen, ist nur außergewöhnlichen Persönlichkeiten gegeben. Konrad Adenauer und Willy Brandt haben sie bewiesen, und sie haben damit Erfolg gehabt.

Wo müßte neues Denken ansetzen? Etwa an der überholten Vorstellung, die Vier Mächte seien für die Wiederherstellung der Einheit Deutschlands verantwortlich. Gewiß haben die Vier Mächte in ihrer Erklärung vom 5. Juli 1945 gesagt, sie würden »die Grenzen Deutschlands oder irgendeines seiner Teile und den Status Deutschlands oder irgendeines Gebietes, das derzeit einen Teil deutschen Territoriums darstellt, bestimmen«. Von einem »Friedensvertrag« ist dabei ebenso wenig die Rede wie im Potsdamer Abkommen, das nur ein »peaceful settlement« erwähnt.

Natürlich kann die deutsche Frage nicht ohne einen Vertrag oder ohne Abkommen geregelt werden. Dabei braucht man sich aber nicht unbedingt auf einen »Friedensvertrag« im klassischen Sinne zu versteifen, der nach mehr als vier Jahrzehnten kaum noch vorstellbar ist. Schon Adenauer hat vor einer Situation gewarnt, in der eine deutsche Regierung den früheren Siegermächten gegenüberstünde, um einen Friedensvertrag auszuhandeln. Kann eine Bundesregierung daran interessiert sein, die drei westlichen Hauptverbündeten wieder in Siegermächte zu verwandeln? Von den Vier Mächten, namentlich von der Sowjetunion, wiederum kann man schwerlich erwarten, daß sie die einzige wesentliche Forderung, die die Deutschen haben, im voraus erfüllen und die Deutschen eine frei gewählte gesamtdeutsche Regierung bilden lassen, mit der sie dann einen Friedensvertrag frei aushandeln, ohne an die bedingungslose Kapitulation der deutschen Wehrmacht von 1945 zu erinnern.

Künftige Regelungen müssen von der Realität ausgehen, aber die *heutige* Realität ins Auge fassen, nicht die von gestern, und sich auf die Zukunft hinorientieren, nicht auf die Vergangenheit. Die Zeit der Selbstbestimmung reift allmählich auch für die Deutschen heran, wenn sie, die Lehren der Vergangenheit vor Augen, zur Mitverantwortung für die Sicherheit Europas bereit und zu schöpferischem Denken fähig sind. Die europäische Friedensordnung war bisher nur ein frommer Wunsch. Es ist an den Deutschen, die Initiative zu ergreifen und zusammen mit den anderen ein tragfähiges Konzept dafür zu erarbeiten, die Idee mit Leben zu erfüllen. Denn die Deutschen können davon am meisten profitieren – aber diesmal nicht auf Kosten anderer.

Wilfried Fiedler

Die Europäische Union – ein Weg zur Wiederherstellung der Einheit Deutschlands?

Wer die immer heftiger werdenden Diskussionen der letzten Monate innerhalb und zwischen den politischen Parteien verfolgt, sieht sich unversehens in einer Argumentation, die unausweichlich auf einen Gegensatz zwischen der Europäischen Einigung und der Wiedervereinigung Deutschlands hinauszulaufen scheint. So, als sei seit den frühen fünfziger Jahren die Zeit stehengeblieben, als der scheinbare Gegensatz zwischen »Europa« und »Deutschland« zu außerordentlich heftigen Zerwürfnissen geführt hatte. Die heute geführte Diskussion kann freilich nicht verglichen werden mit einer Auseinandersetzung, die noch vor der eindrucksvollen Entwicklung der Europäischen Gemeinschaften stand und diese nicht erahnen ließ. Die heutige Diskussion setzt in erster Linie bei der zukünftigen Politischen Union Europas an und stellt die Frage, ob die Problematik der Einheit Deutschlands überhaupt noch als Zielsetzung berücksichtigt werden muß oder die künftige politische Union die »nationale« Zielsetzung überflüssig gemacht hat. Die Argumente, die in diesem Zusammenhang erörtert werden, zeichnen sich am wenigsten durch Klarheit in bezug auf Europa und in bezug auf das deutsche Verfassungsrecht aus. Die Verwirrungen, die in diesen Bereichen herrschen, lassen Schlimmes befürchten, etwa im Hinblick auf den Stellenwert, den beide Zielsetzungen – die europäische wie die »deutsche« – einnehmen. Verwirrungen setzten insbesondere ein bei der Verwechslung der faktischen politischen Situation mit rechtlich vorgegebenen Zielsetzungen, denen sich die politischen Instanzen unterzuordnen haben.

1. Die Vermengung der Begriffe und Diskussionsebenen

Die Schwierigkeiten beginnen bereits bei der Umschreibung dessen, was als »europäische Integration« bezeichnet zu werden pflegt. Geradezu nebulöse Vorstellungen zeigen sich, wenn der allgemeine Europa-Gedanke, der im Zentrum der Europa-Begeisterung der Nachkriegszeit stand, mit der europäischen Integration verwechselt wird, die als rechtliche und politische Realität durch die Römischen Verträge in Gang gesetzt wurde. Was im

Rahmen dieser Verträge einschließlich der späteren Ergänzungen formuliert wurde, ist grundverschieden von nur allgemeinen Europa-Vorstellungen, die den Wunsch und die Notwendigkeit ausdrücken, die engen Grenzen einzelstaatlicher Existenz zu sprengen und zu einer wie auch immer gestalteten übergeordneten politischen Einheit zu gelangen. In höchstem Maße verwirrend ist ferner der Umgang mit dem Begriff der »Politischen Union«, der ein erwünschtes Ziel bezeichnet, dennoch aber erst in den Anfängen seiner politischen Effektivität und rechtlichen Ausgestaltung steht. Obwohl zum Beispiel die Europäische Politische Zusammenarbeit (EPZ) erst durch die Einheitliche Europäische Akte vom 17.2.1986 eine gewisse rechtliche Verfestigung erfuhr, nach wie vor aber rechtlich nur rudimentär ausgestaltet ist, wird sie im politischen Sprachgebrauch bereits als reale Größe behandelt. Bei näherem Hinsehen wird man jedoch feststellen, daß der bisher vorhandene Ansatz keine kalkulierbare Alternative zu einer deutschlandrechtlichen Lösung darstellt und auch nicht darstellen kann.
Eine zusätzliche Verwirrung stiften widersprüchliche Auffassungen über Reichweite und Ausdehnung Europas im Zusammenhang mit der europäischen Integration. Das »Europa der Sechs« verstand sich zunächst als westeuropäisches Bündnis, das inzwischen jedoch nach Norden und Süden erheblich ausgeweitet wurde und auf diese Weise wohl einen Teil seiner ursprünglichen Identität verlor. Wenn von der »Europäischen Identität« die Rede ist, bleibt offen, welchen Stellenwert etwa mittel- und osteuropäische Völker und Staaten besitzen. Es würde der Tendenz der bisherigen Erweiterungen entsprechen, Europa in einem weiteren Sinne zu verstehen. Versuche Österreichs, der Türkei oder skandinavischer Staaten, eine mehr oder weniger weitreichende Mitgliedschaft in den europäischen Gemeinschaften durchzusetzen, sprengen ohnehin die Vorstellung von einer lediglich westeuropäischen Integration. Ganz spezifische Probleme ergeben sich aus der Sicht des Grundgesetzes. Aus der Präambel folgen keine Beschränkungen auf Westeuropa im heutigen Sinne. Es ist vielmehr die Rede von einem »vereinten Europa«, dem ein geeintes Deutschland angehören soll. Auch wenn man davon ausgeht, daß die Europäischen Gemeinschaften jedenfalls das derzeit praktisch Erreichbare verkörpern, bleibt das Problem des Europa-Verständnisses bestehen. Da das Grundgesetz von dem Recht des gesamten deutschen Volkes auf Selbstbestimmung ausgeht, stünde ein definitives Europaverständnis in einem offenen Widerspruch zum Grundgesetz, soweit es einen Teil Deutschlands ausdrücklich oder sinngemäß ausschlösse. In der Diskussion der Gesamtthematik sind daher die Ebene der Europäischen Integration im derzeitigen Umfang und die Ebene des allgemeinen, weitergehenden Europa-Verständnisses auseinanderzuhalten. Ausgeschlossen wird dadurch auch ein beliebiges Vermischen beider Ebenen in bezug auf die Deutschlandfrage. Von Europa in einem allgemeinen Sinne übergreifend zu *sprechen*, aber ein europäisches West-

verständnis zu *meinen*, fördert unerwünschte Rückschläge der europäischen Einigung.

2. Die Rechtsentwicklung als Maßstab und die Dominanz der Mitgliedsstaaten

Die jahrzehntelange Diskussion über die Einigung Europas und ihre Auswirkung auf Deutschland krankt seit jeher an einer signifikanten Unklarheit der Maßstäbe der Beurteilung. Der Prozeß der europäischen Einigung kann politisch, historisch, soziologisch, juristisch oder aus dem Gesichtspunkt der militärischen Sicherheit betrachtet werden. Nur auf den ersten Blick kann es aber verwundern, daß das *Recht* im Leben der Gemeinschaft gleich nach Inkrafttreten der Römischen Verträge zu einem wesentlichen Faktor wurde. Schon die Entstehung der drei Gemeinschaften erfolgte durch ein völkerrechtliches Vertragswerk, das in seiner Zielsetzung begrenzt und insoweit kalkulierbar auf einen Gemeinsamen Markt angelegt war. Eine darüber hinausführende ideelle Zielsetzung ließ sich nur begrenzt ermitteln, und zwar abhängig von einer begleitenden politischen Aktivität der Mitgliedsstaaten.

Zwar konnte sich die Europäische Gemeinschaft auf der Grundlage der Verträge zu einer eindrucksvollen wirtschaftlichen Größe entwickeln, konnte das politische und rechtliche Leben der Mitgliedsstaaten mittelbar und unmittelbar erheblich beeinflussen, doch es war die europäische *Rechtsordnung*, die die Existenz der EG auf die Dauer und während zahlreicher Krisen ihren Fortbestand sicherte. Das Leben der Gemeinschaft entfaltete seine gestaltende Wirkung vor allem in den rechtlichen Instrumentarien, die im Wege der Rechtsetzung zur Geltung kamen und kommen. Dennoch blieb diese Aktivität im Rahmen der Kompetenzordnung, die durch die Gründungsverträge errichtet worden war, zum Teil auch mit Unterstützung des vom Europäischen Gerichtshof geschaffenen Richterrechts. Wie schwer jede Änderung der Verträge durchzusetzen war und ist, zeigt beispielhaft die Einheitliche Europäische Akte vom Februar 1986, die weit hinter dem zurückbleibt, was eine ideelle europäische Zielvorgabe eigentlich im Hinblick auf die verflossene Zeit fordern müßte.

Die Situtation wäre anders, könnte sich die EG aus sich heraus ohne Zutun der Mitgliedsstaaten eigenständig fortentwickeln. Nach wie vor sind es jedoch die Mitgliedsstaaten, die über das Ausmaß einer Entwicklung, etwa in Richtung auf eine Politische Union, zu entscheiden haben. Entgegen einer einerseits zukunftsgerichteten, gleichzeitig aber verengten Auffassung lebt die EG nicht in einer isolierten juristischen Eigenwelt, sondern sie ist institutionell in das geltende Völkerrecht eingebettet. Sie nimmt einen Sonderstatus im Rahmen der Internationalen Organisationen ein.

Diese Besonderheiten der Rechtstellung der EG ändern nichts daran, daß – soweit der EG selbst keine Kompetenzen zustehen – das Völkerrecht eingreift, das im übrigen auch in den Beitrittsverfahren von 1972/73 und bei der Süderweiterung ganz selbstverständlich zur Geltung kam. Daraus folgt insbesondere, daß die Vorstellung von einer rechtlichen Verschmelzung der Mitgliedsstaaten zu einem einheitlichen, staatsähnlichen Gebilde in den Bereich der leider noch nicht und auf absehbare Zeit auch nicht zu verwirklichenden »Visionen« gehört.

Das Resultat dieser Bestandsaufnahme besteht in der fortbestehenden Dominanz der einzelnen Mitgliedsstaaten. Die europäische Integration bewegt sich nicht aus sich heraus eindimensional fort, sondern ihre Gestalt wird von den Mitgliedsstaaten entscheidend bestimmt, ebenso das Tempo der Veränderung. Dies ist in der Vergangenheit nicht zu Unrecht häufig beklagt worden. Die völkerrechtliche Fundierung der EG kann jedoch nicht einseitig als Beschränkung der europäischen Einigungsbewegung verstanden werden, denn die maßgebliche Mitwirkung der Staaten und ihrer Regierungen ermöglicht häufig gerade umgekehrt die ergänzenden Anstöße, die von den Mitgliedsstaaten ausgehend die europäische Einigung vorantreiben. Dies hat sich auch im Falle der EPZ gezeigt, die aus den Römischen Verträgen heraus allein nicht entwickelt werden könnte.

3. Die Verantwortung der Bundesregierung

Aus dieser Sicht kann es daher nicht als Nachteil für die europäische Einigungsbemühung gesehen werden, wenn man, wie vor kurzem das Bundesverfassungsgericht, die Mitgliedsstaaten nach wie vor als die »Herren der Gemeinschaftsverträge« bezeichnet. Freilich hat diese Bewertung erhebliche Konsequenzen für die Frage der deutschlandpolitischen Folgerungen. Denn wenn die Mitgliedsstaaten weiter als »Herren der Verträge« die über die derzeitigen Kompetenzen hinausgehende künftige Gestaltung des einheitlichen Europas maßgeblich beeinflussen, so steht auch die Bundesrepublik Deutschland in einer schweren Verantwortung in bezug auf die Wiederherstellung und Wahrung der Einheit Deutschlands. Folglich könnte nicht etwa argumentiert werden, schon der ursprüngliche Beitritt der Bundesrepublik zwinge zu einem bestimmten Verhalten, das möglicherweise in Konflikt mit dem Grundgesetz geraten könne. Auch das gelegentlich geäußerte Argument, die europäische Integration sei inzwischen so weit fortgeschritten, daß Positionen des Grundgesetzes nicht mehr eingebracht werden könnten, kann nicht überzeugen. Folgt man der für die Exekutive der Bundesrepublik Deutschland verbindlichen Feststellung des Bundesverfassungsgerichts aus dem Jahre 1987, so ergibt sich ein für manche äußerst überraschender Ausgangspunkt: »Der Gemeinschaft ist durch den EWG-Vertrag nicht eine Rechtsprechungsgewalt zur unbegrenzten Kompetenzerweiterung übertragen worden. Die Gemeinschaft ist kein souveräner Staat im Sinne des Völkerrechts... Auf sie ist weder die territoriale Souveränität noch die Gebiets- und Personalhoheit der Mitgliedsstaaten übertragen worden; ihre auswärtigen Befugnisse betreffen begrenzte Bereiche...« Aus der Einwirkungsmöglichkeit der Mitgliedsstaaten folgt ohne Zweifel eine entsprechende rechtliche Kompetenz und faktische Gestaltungskraft (auch) der Bundesrepublik Deutschland, zumal der europäische Einigungsprozeß keiner starren Linie folgt, sondern von der Aktivität der einzelnen Staaten wesentlich abhängt, mag dies auch zu politischen Unbequemlichkeiten führen. Diesen Unbequemlichkeiten muß sich auch die Bundesregierung stellen, wenn sie die notwendigen verfassungsrechtlichen und zugleich glaubwürdigen Aktivitäten auf europäischem Gebiete zeigen will.

4. Das gewandelte Bild der Europäischen Integration

Angesichts dieser Situation kann man vom Gang der europäischen Einigung durchaus enttäuscht sein, muß jedoch die juristischen Konsequenzen zur Kenntnis nehmen. So wäre durchaus darüber zu diskutieren, ob sich in den letzten zwei Jahrzehnten nicht ein gewandeltes inneres und äußeres Bild der EG ergeben hat. Folgt man den Äußerungen der Vertreter der europäischen Institutionen, so hat sich an dem Ziel der Wirtschaftsintegration einschließlich aller politischen Fortentwicklungen nichts geändert. Auch die Rechtsprechung des EuGH läßt keine Entwicklungsbrüche erkennen; dies ließe sich auch mit der integrationsfreundlichen Rechtsprechung des Gerichts nicht vereinbaren. Dennoch steht außer Frage, daß der Sprung vom »Europa der Sechs« zum »Europa der Zwölf« Spuren hinterlassen hat, die unbewußt ein verändertes Selbstverständnis der EG herbeiführten. Denn bereits mit der Aufnahme Großbritanniens im Jahre 1973 wurde die ursprüngliche, weitgehend harmonische und homogene Sechsergemeinschaft gelockert und in Richtung auf eine Interessengemeinschaft vorwiegend wirtschaftlich interessierter Partner verändert. Auch im Rahmen der folgenden Beitrittsverhandlungen (Süderweiterung) stand die wirtschaftliche Attraktivität im Vordergrund, keineswegs aber die »überschießenden« politischen Zukunftsbilder. Maßstab für die qualitative Veränderung sind dabei keineswegs die sogenannten »Krisen« der Gemeinschaft. Sie sind eine notwendige, geradezu selbstverständliche, in vielem sogar förderliche Begleiterscheinung jeder supranationalen Organisation.
Wesentlich erscheint vielmehr, daß in einer Gemeinschaft von zwölf wirtschaftlich divergierenden Staaten die zentrifugalen Kräfte zunehmen können und die Kraft der Institutionen verstärkt auf Konfliktbereinigung gelenkt wird. Im Europa der Zwölf steht das wirtschaftliche Interesse der

einzelnen Staaten so im Vordergrund, daß die Vorstellung von einem staatsähnlichen Verband zwangsläufig in den Hintergrund tritt. Symptomatisch für diese Entwicklung ist die Belebung gewisser bilateraler Kontakte, etwa zwischen der Bundesrepublik Deutschland und Frankreich.

5. Die rechtlich bindenden Zielvorgaben des Grundgesetzes

Betrachtet man vor diesem Hintergrund die rechtlich bindenden Zielvorgaben des Grundgesetzes, so ist der Blick zunächst auf den Bewegungsspielraum zu lenken, der jeder Bundesregierung für die europäische Integration zur Verfügung steht. Er ist mit der Bewegungsmöglichkeit im Rahmen der europäischen Einigung zu vergleichen und auf Konfliktpotential hin zu untersuchen.
Im Unterschied zu dem Vertragssystem der EG bindet das Grundgesetz die Exekutive in ungleich strikterem Maße. Verfassungsverstöße können notfalls mit Hilfe des Bundesverfassungsgerichts unterbunden werden, und zwar auch im Bereich der Außenpolitik. Die Bindungswirkung des Grundgesetzes besteht selbst in den Bereichen, die vom Bundesverfassungsgericht nicht kontrolliert werden können. Im Unterschied zu anderen Verfassungen ist auch die Präambel des Grundgesetzes normativ zwingend zu verstehen. Aus dieser Rechtsprechungslinie des Bundesverfassungsgerichts ergibt sich seit den frühen Entscheidungen unter anderem der rechtlich bindende Charakter des Wiedervereinigungsgebotes. Daran hat das Bundesverfassungsgericht auch später im Grundvertrags-Urteil von 1973 festgehalten. Schon durch diese Entscheidung und ihre Vorläufer war die jeweilige Bundesregierung festgelegt wie im übrigen Gesetzgebung und Rechtsprechung insgesamt. Schon nach *diesen* Entscheidungen stand fest, daß die Präambel des Grundgesetzes kein Feld beliebiger, z.B. politischer, Dispositionen sein durfte. Eine ganz andere Frage ist, ob man mit der Rechtsprechung des Gerichts einverstanden sein konnte oder nicht. Auch die gewichtigsten Gegenargumente aus Wissenschaft und Politik konnten nichts daran ändern, daß die Funktion und Stellung des Bundesverfassungsgerichts jede Mißachtung des Gerichts verbieten und vor allem die praktische Politik dazu zwingen, das umzusetzen, was von einer dazu berufenen Institution als Recht erkannt worden ist.
Das Bundesverfassungsgericht hat entgegen manchen Erwartungen seinen früher eingeschlagenen Kurs weiter verfolgt, die Aussagen des Grundvertrags-Urteils präzisiert und das Wiedervereinigungsgebot in einer Art und Weise bekräftigt, die es ausschließt, es in der innenpolitischen und europapolitischen Diskussion zu übergehen. Die Entscheidung des Gerichts vom 21.10.1987 legt zwar Wert auf die Feststellung, daß den politischen Organen ein weiter Gestaltungsspielraum zukomme, um das Ziel der Wiederver-

einigung anzustreben. Im übrigen aber präzisiert das Gericht seinen Standpunkt in einer Weise, die auf künftige europapolitische Bemühungen nicht ohne Einfluß bleiben kann. Das gilt vor allem für die Bekräftigung des *Wahrungsgebotes* in Satz 1 der Präambel des Grundgesetzes. Aus ihm leitet das Gericht u.a. die »verfassungsrechtliche Pflicht, die Identität des deutschen Staatsvolkes zu erhalten«, ab, ebenso die Pflicht, die Einheit des deutschen Volkes als des Trägers des völkerrechtlichen Selbstbestimmungsrechts zu bewahren. Das Gericht bezog durchaus wirklichkeitsnah auch den Besuch Honeckers am 7.9.1987 in seine Entscheidung ein, zog daraus auch entgegen mancher, auch internationaler Erwartung, nicht den Schluß, eine Abspaltung der DDR habe rechtlich wirksam bereits stattgefunden. Sie könne rechtlich auch erst und nur akzeptiert werden, »wenn eine Trennung der Deutschen Demokratischen Republik von Deutschland durch eine freie Ausübung des Selbstbestimmungsrechts besiegelt wäre«. Es fällt auf, in welch deutlicher Weise das Gericht den Zusammenhang zwischen der Präambel und Art. 146 des Grundgesetzes sieht. Dort formuliert das Grundgesetz bekanntlich das Ende der Geltung des Grundgesetzes mit dem Tage, »an dem eine Verfassung in Kraft tritt, die von dem deutschen Volke in freier Entscheidung beschlossen worden ist«.

Damit liegt auch nach der neuesten Rechtsprechung des Bundesverfassungsgerichts ein wesentlicher Akzent auf dem Selbstbestimmungsrecht der Völker, dessen aktuelle Reichweite vom Gericht erkannt wurde. Das Gericht trug damit auch zugleich dem Zustand Rechnung, daß es sich bei diesem Recht nicht mehr, wie noch vor wenigen Jahrzehnten, um eine mehr politisch-moralische Forderung handelt, sondern daß die internationale Staatenpraxis das Selbstbestimmungsrecht trotz mancher Zweifelsfragen zu einem normativ-bindenden Völkerrechtsprinzip werden ließ. Nach dieser Rechtsprechung steht zugleich fest, daß, so wörtlich, das deutsche Volk Träger des Selbstbestimmungsrechts i.S. des allgemeinen universalen Völkerrechts und die Spaltung Deutschlands nicht vom Selbstbestimmungsrecht des deutschen Volkes gedeckt sei. Darüber hinaus bezog das Gericht auch die Formulierung vom »Anspruch des deutschen Volkes auf freie Selbstbestimmung« mit ein.

Es liegt auf der Hand, daß dieser ausgiebig dokumentierte Sprung von einer mehr regional empfundenen Selbstbestimmungsforderung zu einem weltweit rechtlich anerkannten Satz des geltenden Völkerrechts die Interpretation der Präambel auch in bezug auf die europäische Integration und die künftige Politische Union beeinflussen muß. Ausgeräumt wurde damit nicht zuletzt die Vorstellung, das Grundgesetz enthalte Bestimmungen unterschiedlicher Qualität. In der Vergangenheit wurde mehrfach vor der »deutschen Illusion« gewarnt, es könne durch Ausbau von Rechtsstandpunkten der Strom der Geschichte »eingedeicht und zurückgestaut« werden. Ein entsprechendes politisches Vorverständnis könnte von den zuständigen Vertretern der Bundesregierung vor dem Hintergrund der neuen Rechtsprechung des Bundesverfassungsgerichts keineswegs mitgetragen werden; und auch die Versicherung, man halte an der Präambel des Grundgesetzes fest, bewegt sich im Rahmen fehlender Kompetenz: Jede politisch-offizielle Instanz der Bundesrepublik Deutschland ist nicht erst nach der Gerichtsentscheidung vom 21.10.1987, dadurch aber um so offensichtlicher an die Verfassung gebunden. Um im Bilde vom »Strom der Geschichte« zu bleiben: Jede Bundesregierung hat im Rahmen ihrer Möglichkeiten den »Strom der Geschichte« nicht nur zur Kenntnis zu nehmen, sondern auch selbst zu beeinflussen, denn dieser Strom wird von Staaten, Regierungen und verantwortlichen Politikern unmittelbar gelenkt.

6. Die Konsequenzen aus der neueren Rechtsprechung des Bundesverfassungsgerichts

Welches sind die Konsequenzen aus der zentralen Stellung des Selbstbestimmungsrechts der Völker i.S. des geltenden Verfassungs- und Völkerrechts? Es wäre eine irreführende Verkürzung, nunmehr zwischen dem Ziel der Wiedervereinigung und der europäischen Integration eine Art Rangunterschied qualitativer Art vorzunehmen. Ebenso unzutreffend wäre eine Einstufung i.S. von normativ gleicher Bindungswirkung. Das Selbstbestimmungsrecht der Deutschen unterbindet lediglich eine *beliebige* europäische Integration ohne Rücksicht auf die besonderen Anforderungen des Grundgesetzes. Wie eine konkrete Koordination im Einzelfall auszusehen hätte, ist Sache der jeweiligen Gestaltungslage politischer Art. Folglich kann die Diskussion vernünftigerweise nicht i.S. eines Entweder/Oder geführt werden. Wie kaum eine andere Verfassung ist das Grundgesetz international offen und durch eine besondere Völkerrechtsfreundlichkeit geprägt. Schon aus der internationalen Anlage des Grundgesetzes kann aus dem Wiedervereinigungsgebot auf der Grundlage freier Selbstbestimmung kein Argument gegen Europa im allgemeinen abgeleitet werden. Für den weiteren Ausbau der europäischen Integration und der Europäischen Politischen Union ergeben sich freilich *substantielle Grenzziehungen.* Die Aufgaben der praktischen Politik werden zusätzlich dadurch erschwert, daß das Bundesverfassungsgericht das Selbstbestimmungsrecht nicht an einem allgemeinen Begriff der Nation, etwa i.S. einer Kulturnation orientiert, sondern am deutschen Staatsvolk, das seinerseits bestimmt ist durch die völkerrechtliche, politische und historische Identität der Bundesrepublik Deutschland mit dem 1871 gegründeten deutschen Staat.

7. Möglichkeit und Erforderlichkeit eines Vorbehalts?

Wiedervereinigung und europäische Integration befinden sich schon deshalb nicht in einem grundsätzlichen Gegensatz, weil der Prozeß der europäischen Einigung eine Vielzahl beeinflußbarer Zielvorstellungen enthält, die nicht notwendig gegen eine verfassungsmäßige Norm gerichtet sind. Welches die endgültige Gestalt Europas sein könnte, steht heute nicht fest. Die Bundesregierung hat es jederzeit in der Hand, Fortschreibungen der europäischen Einigung i.S. einer politischen Union etwa mit »Vorbehalten« in bezug auf die deutsche Einheit zu versehen, wie dies bereits bei den Gründungsverträgen von Rom im Jahre 1957 geschah. Damals hatte die Bundesregierung zu Protokoll gegeben, sie gehe »von der Möglichkeit aus, daß im Falle der Wiedervereinigung Deutschlands eine Überprüfung der Verträge über den gemeinsamen Markt und Euratom stattfindet«.
Aus diesem »Vorbehalt« haben sich in der Folgezeit keinerlei Erschwernisse für die europäische Integration ergeben. Ebenso wenig würde sich aus einem entsprechenden Vermerk eine Erschwerung der Arbeit der Europäischen Politischen Union ergeben, sofern die rechtlichen Möglichkeiten des Offenhaltens der deutschen Frage gewährleistet wären. Soweit die europäische Integration in der Vergangeheit gehemmt wurde, geschah dies zumeist aus wirtschaftlichen oder finanziellen Gründen, keinesfalls aber durch eine deutschlandpolitische Intervention. Auf der anderen Seite wissen alle Vertragspartner, daß die Bundesrepublik Deutschland eine Sonderrolle in den europäischen Gemeinschaften spielt. Die schon frühzeitig eingeräumte Sonderregelung über den innerdeutschen Handel führt überdies täglich diese Sonderrolle vor Augen. Ein Agieren der Bundesregierung i.S. der Offenhaltung der deutschen Frage träfe die Vertragspartner keineswegs unvorbereitet. Vorbehalte dieser und ähnlicher Art sind im internationalen Recht üblich. Sie dienen nicht dazu, Verträge zu verhindern, sondern sie überhaupt erst zu ermöglichen und divergierende Rechtsansichten i.S. künftig möglicherweise eintretender Veränderungen vorsorglich aufeinander abzustimmen. Folglich wäre auch ein Vorbehalt der Bundesregierung im Hinblick auf die fraglichen Regelungen der künftigen Europäischen Politischen Union nicht gegen Europa gerichtet, sondern es würde auf diese Weise ein europäischer Weg auch für die deutsche Frage erleichtert. Völlig verfehlt wäre allerdings der Eindruck, durch einen derartigen Vermerk sei zugleich ein Vorbehalt gegen ein künftiges Europa und eine Politische Union als solche gemacht worden. Ein entsprechender Vermerk stellt nicht mehr und nicht weniger dar als ein technisches Mittel, bestimmte künftige rechtliche Entwicklungen einzubeziehen und die Vertragspartner rechtzeitig darauf hinzuweisen. Auf diese Weise würde gleichzeitig deutlich gemacht, daß die Bundesrepublik Deutschland verfassungsrechtlich nicht dazu legitimiert ist, künftige Entwicklungen i.S. der Einheit Deutschlands

rechtlich auszuschließen. Ergiebiger als juristische Vorbehalte wäre ohne Zweifel aber die Mitgestaltung der EG-Politik selbst im Hinblick auf innerdeutsche Gemeinsamkeiten praktischer Art.

Damit aber ist ein neuralgischer Punkt der Diskussion um einen möglichen Vorbehalt angesprochen. Bereits jetzt ergibt sich die jederzeit bestehende Pflicht jeder Bundesregierung, die aktive Gestaltung der EG-Politik im Hinblick auch auf die Präambel und die sonstigen deutschlandrechtlichen Bestimmungen des Grundgesetzes zu betreiben. Die Politik der Europäischen Gemeinschaften ist nicht als ein autonomer, mechanisch ablaufender Vorgang zu begreifen, sondern als ein Vorgang, auf den die Mitgliedsstaaten einen erheblichen Einfluß haben. Nimmt man die verfassungsrechtlichen Verpflichtungen ernst, so ist jede Gestaltung einer künftigen politischen Union von der jeweiligen Bundesregierung im Sinne des Grundgesetzes auszurichten. Dies wird in der Praxis zwar nicht immer bequem sein, dafür aber ein Handeln gewährleisten, das einer bereits jetzt bestehenden rechtlichen Verpflichtung entspricht. Gestaltung in diesem Sinne kann bedeuten, daß etwa bei der Ausgestaltung der Wirtschaftsräume der EG, bei der Anlage von Verkehrsverbindungen etc. die besondere geographische Lage der Bundesrepublik stets berücksichtigt wird. Sollte sich aus wirtschaftlichen, finanziellen oder technischen Gründen eine Binnengestaltung anbieten, die negative Auswirkungen auf eine künftige Wiedervereinigung aufwiese, so wäre eine solche Gestaltung von der Bundesregierung nicht mitzutragen. Insofern läge in der aktiven Mitgestaltung der europäischen Binnenpolitik eine wesentlich aussichtsreichere Position als in einem bloßen Vorbehalt im Zusammenhang mit künftigen Verträgen. Vorbehalte, die sich lediglich darauf beschränken, künftige Verträge und rechtliche Maßnahmen einzugrenzen, würden gegenwärtige Gestaltungen nicht ersetzen können. Insofern läge in einer aktiven Europapolitik durch die jeweilige Bundesregierung ein wesentlich aussichtsreicherer Weg, die Wiederherstellung der deutschen Einheit zu fördern.

Diese Bemerkungen sollen lediglich vor Augen führen, daß in der Vermeidung einer wirklichen Alternativsituation eine wesentliche, permanente Aufgabe praktischer Politik liegen muß. Insofern ist jede Bundesregierung durch das Grundgesetz in die Pflicht genommen. Es besteht kein Zweifel daran, daß diese Verpflichtung auch und gerade gegenüber befreundeten Staaten im Zeichen der europäischen Integration zu erfüllen sind. Damit ist zugleich die Gemeinsamkeit in der Bezeichnung als »historischer Prozeß« angesprochen. Daß sowohl die Einigung Europas als auch die Einheit Deutschlands in einer historischen Dimension betrachtet werden müssen, ändert nichts daran, daß sich aus dem Grundgesetz aktuelle Pflichten der Einheitswahrung ergeben. Die Gemeinsamkeit der historischen Dimension sollte auch nicht i.S. der Austauschbarkeit der normativen Zielvorgaben interpretiert werden können, etwa i.S. der Auffassung, daß eine europäische Lösung die deutsche Frage ersetzen oder überflüssig machen könne. Es kommt, wie so häufig, auf die konkrete Ausgestaltung der europäischen Integration an, einschließlich der Beachtung verfassungsrechtlicher Vorgaben. Daß nach aller Erwartung nur eine europäische Lösung die Deutschland-Frage zu erledigen vermag, führt nicht zu dem Schluß, daß folglich auch die europäische Integration als austauschbares, gleichwertiges Verfassungsziel an die Stelle des Wiedervereinigungsgebotes treten könnte.

8. Nationalstaatliche oder europäische Lösung: eine Scheinalternative

In diesem Zusammenhang sei auf eine häufig angesprochene Scheinalternative eingegangen, nämlich auf den möglichen Gegensatz zwischen nationalstaatlicher und europäischer Lösung. Was unter einem »Nationalstaat« zu verstehen sein könnte, ist je nach Fachdisziplin unterschiedlich zu beantworten. Die Überzeugungskraft dieser »Alternative« lebt von der Unbestimmtheit der herangezogenen Gegenpole. Was mit dem Begriff des Nationalstaates gemeint sein könnte, kann je nach politischen, soziologischen, historischen oder rechtlichen Ansätzen höchst Unterschiedliches bedeuten. Folglich bleibt die Zurückweisung bestimmter deutschlandpolitischer Vorstellungen als Rückfall in nationalstaatliches Denken im Bereich von Glaubenssätzen, die jede Diskussion überflüssig zu machen scheinen. Problematisch ist dabei aber nicht nur der Begriff des Nationalstaates, sondern der als selbstverständlich vorausgesetzte zeitliche Bezug.
Niemand wird der Feststellung widersprechen können oder wollen, es gebe kein Zurück zum Nationalstaat des 19. Jahrhunderts. Diese Position ist ebenso eindeutig wie unwiderlegbar, schon wegen der Unmöglichkeit, eine historisch abgeschlossene Periode restaurieren zu wollen oder zu können. Sorgen bereitet nicht der Nationalstaat des 19., sondern der des 20. Jahrhunderts. Es mag sein, daß ein bestimmter Typus des Nationalstaates aus geschichtlicher Sicht spätestens mit dem Ersten Weltkrieg sein Ende fand. Ob aber damit »der« Nationalstaat schlechthin verschwand, bleibt höchst zweifelhaft, denn weder der Erste noch der Zweite Weltkrieg führten zum Ende einer Weltordnung, die vom Leitbild des souveränen Einzelstaates ausging, ebenso wenig führte der Erste Weltkrieg zum Abschied der Staatsorientierung an der jeweiligen Nation. Der Abschied vom – unterschiedlich verstandenen – Nationalstaat hat im 20. Jahrhundert entgegen einer weitverbreiteten Auffassung nicht stattgefunden. Die Zahl der »Nationalstaaten« hat sich vielmehr in kaum faßbarer Weise erhöht. Deutlich ist, daß nicht die Struktur als »Nationalstaat« das maßgebliche Kriterium abgeben kann, sondern bestimmte Formen politischen Verhaltens, etwa i.S. von Nationalismus oder Friedensgefährdung.

Immer klarer tritt ins Bewußtsein, daß die Maßstäbe der Kritik in erster Linie materielle Elemente sein müssen, wie etwa die Bewahrung von Menschenrechten und menschlicher Freiheit. Der weltweit gesehen beispielhafte Grad wirtschaftlicher und politischer Verflechtung in Westeuropa liefert noch keine Antwort auf die Frage, ob etwa Italien, Spanien oder Frankreich »Nationalstaaten« seien oder nicht. Der Wunsch nach staatlicher Einheit charakterisiert selbstverständliche weltweite Tendenzen im Zeichen des Selbstbestimmungsrechts der Völker und kann folglich als solcher kaum als Negativziel herangezogen werden. Der häufig behandelte Gegensatz zwischen europäischer und »nationalstaatlicher« Entwicklung bleibt auf allzu allgemeinem, ungenauem und unverbindlichem Niveau und kann daher als Alternative rechtlich nicht plausibel interpretiert werden. Das gilt auch für die Feststellung, die Wiedervereinigung Deutschlands sei nur mit Zustimmung der Nachbarn Deutschlands möglich bzw. zulässig. Daß darin eine politische Binsenwahrheit liegt, wird ohne weiteres festgestellt werden können. Daß sich damit aber zugleich eine rechtliche Forderung entsprechender Art verbinde, läßt sich nicht begründen.

Die Deutschen
und ihre Identität

IV

Richard von Weizsäcker

Die Deutschen und ihre Identität*

Mein Thema lautet: Die Deutschen und ihre Identität.
Zwei Fragen sind damit zusammengefaßt. Die eine heißt: Ich gehöre zu einem Volk, dem deutschen Volk: Welche Merkmale haben wir Deutschen als Volk? Was macht es aus, dazuzugehören? Was unterscheidet uns Deutsche von anderen Völkern?
Sodann aber, und das ist die zweite Frage, bin ich ein Mensch. Was hat die Tatsache, ein Deutscher zu sein, mit meiner eigenen Identität als Mensch zu tun? Viel oder wenig? Ist sie mir ziemlich gleichgültig? Fordert sie mich heraus? Prägt sie mein Bewußtsein? Stellt sie mich vor verantwortliche Aufgaben? Gerade als Deutscher vor Aufgaben, die ich sonst nicht hätte? Wenn ja, vor welche?
Fallen die Antworten darauf unterschiedlich aus, je nachdem, ob ich alt oder jung bin? Ob ich evangelisch oder katholisch bin? Ob ich in der DDR oder in der Bundesrepublik Deutschland lebe?
Vorsorglich möchte ich warnen: Es handelt sich um ein schwieriges Thema! Keine Antwort auf solche Fragen wird sich für eine Balkenüberschrift eignen.
Bitte machen Sie sich bei meinem Referat nicht auf Aussagen gefaßt, die Sie zu stürmischem Widerspruch oder Zuspruch reizen. Es gibt keine einfachen, keine allgemein verbindlichen und keine unveränderlichen Antworten.
Indentität, das ist zunächst die Frage danach, wie man sich selbst versteht. Es ist eine ganz persönliche Angelegenheit. Jeder hat seine eigenen Erlebnisse und Schwerpunkte. Davor gilt es, Respekt zu haben und sich gegenseitig nichts aufzuzwingen.
Mit Resolutionen können wir nicht auf Kirchentagen und auch nicht in Parlamenten über die Lebensgefühle verfügen, die die Identität ausmachen.
Identität ist aber auch die Frage, wie man für andere verständlich ist, ob und wie uns unsere Mitmenschen und Nachbarn verstehen können. Eine Frage also nach unserer Fähigkeit zum Zusammenleben mit anderen Völ-

* Dieser Vortrag des Bundespräsidenten auf dem 21. Deutschen Evangelischen Kirchentag wurde von ihm als Beitrag für diesen Band zur Verfügung gestellt.

kern. Und es gibt solche Erwartungen der Nachbarn an uns. Daher ist es schon wichtig, sich mit der Frage auseinanderzusetzen: Was ist das eigentlich: deutsch?

Zunächst ist es ein naturgegebener Sachverhalt, deutsch zu sein. Es ist die Folge der Tatsache: hier geboren und aufgewachsen zu sein, die deutsche Sprache zu sprechen, sich hier zu Hause zu fühlen und damit ein Teil des eigenen Volkes zu sein. Ich bin ein Deutscher, wie ein Franzose ein Franzose, ein Russe ein Russe ist. Das ist weder ein Mangel noch ein Verdienst. Ich habe es mir nicht ausgesucht, genausowenig wie die Zeit, in der ich lebe und die mich prägt: ausgehendes 20. Jahrhundert.

Es gibt eine starke Überlieferung, die mich als Deutschen durchdringt, ob ich mir dessen bewußt bin oder nicht: Die Überlieferung des Glaubens und der Kultur in Deutschland, der sozialen Entwicklung und der politischen Vergangenheit haben auch meine Existenz mitbestimmt. Damit muß ich mich auseinandersetzen, denn willenlos ausgeliefert bin ich ihr nicht.

Der Mensch kann den Überlieferungen eine neue Richtung geben, er kann seine Zeit beeinflussen. Dafür ist er frei, dafür ist er verantwortlich. Alle menschliche Geschichte ist Wandel, Veränderung. Geschichte selbst ist der wichtigste Beleg menschlicher Freiheit, den wir haben.

Mein Deutschsein ist also kein unentrinnbares Schicksal, sondern eine Aufgabe. Wir sind mitverantwortlich, unserem Deutschsein einen Inhalt zu geben, mit dem wir uns und unseren Nachbarn verständlich sind und in dem wir uns selbst zu Hause fühlen, unserem Nachbarn erträglich und willkommen sind und vor unseren Nachkommen bestehen können. Also: Was ist das eigentlich, deutsch?

Fragen wir danach, was es geographisch, politisch und kulturell umfaßt, so fällt eine objektiv gültige Antwort schwer. Dies ist eine Folge unserer bewegten Geschichte, besonders im Hinblick auf unsere Grenzen.

Wer in einem historischen Atlas blättert, findet beinahe auf jeder Seite ein anderes politisches Gebilde. Das liegt an unserer Lage in der Mitte des Kontinents. Niemand hat so viele Nachbarn wie wir. Sie alle haben ständig Einfluß auf die politische Struktur Zentraleuropas gesucht.

Die deutsche Geschichte hat noch nie den Deutschen allein gehört. Mehr als andere haben wir erfahren, daß Geschichte Wandel ist. Auf die Frage nach der politischen Gestalt der europäischen Mitte hat es bisher noch nie eine endgültige Antwort der Geschichte gegeben. Auch die heutige Gestalt dürfte nicht das letzte Wort der Geschichte sein.

Das erfüllt die Menschen in Europa mit ganz unterschiedlichen Gefühlen: mit Sorgen die einen, mit Hoffnung die anderen, mit gemischten Gefühlen die dritten. Ihnen allen gegenüber, den Besorgten, den Hoffenden, den Suchenden, ist unsere Verantwortung groß.

Aber es hat nicht nur ständige historisch-politische Veränderungen des Deutschseins gegeben. Sondern es gibt auch gute Gründe für Schwankungen unseres Selbstbewußtseins, die unsere Identität beeinflussen und die Hand in Hand mit unserer Geschichte gehen. Mal wollte man gern Deutscher sein, sich vorzeigen – mal eher sich klein und unsichtbar machen. Um dies zu erklären, möchte ich gern von der Gegenwart aus noch einmal zurückblicken.

Das wird die Gründe unseres heutigen Bewußtseins besser sichtbar machen und uns für den weiteren Weg rüsten. Aber nun werden vielleicht einige von Ihnen fragen, warum denn noch einmal zurückblicken? Wir haben doch ganz andere Sorgen als die nach unserer deutschen Identität? Wir haben doch unsere großen Aufgaben in der Gegenwart, die zugleich auch zu den großen Themenbereichen dieses Kirchentages zählen:

- die weltlichen Probleme von heute;
- die hartnäckige Arbeitslosigkeit;
- die Zukunftssorgen junger Menschen im Hinblick auf Ausbildung und Beruf;
- die Sorge um den Frieden: Es sind die Rüstungsausgaben, die stiegen, aber nicht das Gefühl der Sicherheit;
- der Gegensatz zwischen Arm und Reich: künstlich geförderte Überproduktion von Nahrungsmitteln bei uns, riesige Hungersnöte in der Dritten Welt;
- der Schutz der Natur um ihrer selbst und um unserer Kinder willen: Der Boden droht abzusterben, weil wir ihm zu rasch zu intensive Erträge abtrotzen;
- die Gefahr, daß wir nur die Zauberlehrlinge unserer wissenschaftlichen und technischen Fähigkeiten sind: Beherrschen wir sie oder beherrschen sie uns? Wir ringen in der Genetik um eine Gen-Ethik. Reicht unsere moralische Kraft?
- Und schließlich: Hier bei uns leben wir in großer Freiheit. Sie zu genießen, uns ihre Rechte zu sichern, das können wir. Aber ihre Pflichten zu tragen, sie mit verantwortlichen Inhalten zu füllen, sie anderen zugänglich zu machen, die noch auf sie warten – sie mit anderen zu teilen: Können wir das auch?

Das alles sind große Aufgaben unserer Zeit. Unsere Gedanken kreisen um sie. Sie gehören zu unserem Selbstverständnis, zu unserer Identität.

Und nun die Fragen: sind das alles spezifisch deutsche Probleme? Sind sie entstanden und für uns vorhanden, weil wir Deutsche sind? Sind sie lösbar innerhalb unserer geistigen und politischen Landschaft in Deutschland?

Nein, ganz gewiß: Frieden und Umwelt, Hunger und Gerechtigkeit, Medien und Wissenschaft – das alles weist weit über unsere Grenzen hinaus.

Diese Probleme begründen noch keine spezifische deutsche Identität. Und weil sie so stark im Vordergrund des Bewußtseins vieler Menschen, vor allem junger Menschen, stehen, deshalb scheint es zunächst auch so, als ob viele unter uns, zumal viele der Jüngeren, an den Fragen der deutschen

Identität nicht besonders interessiert sind. Wir wollen uns ja auch nichts einreden.
Aber ist das wirklich so? Betrachten wir das Problem zunächst von außen. Ich war kürzlich in Holland und habe dort mit jungen Menschen diskutiert. Ich habe nach Arbeitslosen, Umwelt und Frieden gefragt. Sie aber wollten ganz anderes wissen: Die einen: Steht ihr zur Vergangenheit wie wir? Oder muß man euch fürchten? Die anderen: Sie sehen unsere Teilung, aber ganz anders als wir: Für sie hatte sich mit der Teilung Europas in erster Linie nicht der Osten nach Westen verschoben; für sie ist mit dem Entstehen der Bundesrepublik Deutschland vielmehr der Westen – nämlich der Westen der Demokratien – weiter nach Osten gerückt.
Nicht alle Holländer, nicht alle Nachbarn denken so, aber man sieht keineswegs davon ab, daß wir Deutsche sind, wenn es um die Lösung einiger der oben genannten und noch nicht genannten Probleme geht.
Und darüber hinaus wird unser Lebensgefühl auch noch aus anderen Quellen gespeist, deren Ursprünge tiefer liegen und weiter zurückreichen. Wenn wir eins sein wollen mit uns selbst und wenn wir mit unseren Nachbarn im reinen sein wollen, dann müssen wir auch mit unserer Herkunft im reinen sein. Nicht umsonst lautet das Thema heute nachmittag in dieser Halle des Kirchentages »40 Jahre danach«. So unbegründet sind die Fragen der Holländer nicht, die ich gehört habe.
In den vergangenen Monaten hat es eine tiefgehende, oft erregte, im Ergebnis heilsame Auseinandersetzung über diese Themen gegeben. Sie hat uns gezeigt, wie gegenwärtig Vergangenheit sein kann. Gewiß: So verschieden die persönlichen Schicksale damals gewesen waren, so unterschiedlich waren nun auch die Stimmen. Aber eines zeigte sich mit Klarheit: Wir müssen die Vergangenheit kennen, wir dürfen der Erinnerung gerade dort nicht ausweichen, wo sie schmerzt, wir brauchen ein gemeinsames Grundverständnis darüber.
Wenn ein Volk nicht weiß, wie es zu seiner Vergangenheit steht, dann kann es leicht in der Gegenwart stolpern, dann hat es ein Identitätsproblem.
Aber zunächst muß ich ganz rasch viel weiter zurückgehen als 40 Jahre. Denn unsere Identität beginnt ja nicht 1945. Wir sind hier auf dem Evangelischen Kirchentag. Zu seiner Eröffnung hat Kardinal Höffner namens der Katholischen Kirche ernste und bewegende Worte über die Trennung der Christenheit gesagt.
Die Identität der Deutschen hat viel mit der Reformation zu tun. Lange bevor sie überhaupt eine politische Nation bilden konnte, waren die Deutschen schon religiös geteilt, schärfer als die meisten anderen Völker, fast zerrissen. Das hat sich auch im staatlichen Bereich tief ausgewirkt.
Deutschland ist das Land Martin Luthers, das Land der Reformation. Daraus haben wir Protestanten oft gefolgert, wir hätten ein besonders enges Verhältnis zum Begriff »deutsch«. Man neigte zur Ausgrenzung der Katho-

liken. Die Reichsgründung unter Führung des protestantischen Preußen und Bismarcks Kulturkampf gegen die Katholische Kirche trugen dazu bei, unterschiedliche Formen eines deutschen Selbstbewußtseins bei Katholiken und Protestanten zu erzeugen.

Eigentlich ist es erst nach dem Zweiten Weltkrieg zu einer vollen Integration gekommen, nicht zuletzt durch gemeinsame Schicksale in der Kirchenverfolgung unter dem Nationalsozialismus.

Heute hat für die Identität der Deutschen die Konfession keinen trennenden Charakter mehr.

Aber gerade weil dies zum Glück so ist und weil wir uns zahlenmäßig fast gleichstark auf die Konfessionen verteilen, sollten eben deshalb wir Deutsche um so stärkere Impulse für die Ökumene geben, sie uns stets zur Aufgabe machen.

Dies ist um unseres Glaubens und um des Zeugnisses der Christen in der Welt willen dringend nötig. Und es entspricht auch dem persönlichen Bedürfnis der meisten Gemeindemitglieder in den noch immer getrennten Kirchen.

Eine prägende Rolle für Selbstbewußtsein und Identität der Deutschen spielt die Kultur. Sie ist es, die – historisch gesprochen – in erster Linie ein deutsches Nationalgefühl entstehen ließ. Es ging nicht gleich um politische Ziele, sondern um geistige Eigenständigkeit. Im 18. Jahrhundert wollte man nicht französisch sein. Lessings Nationaltheater, Herders Nationalkult gehören dazu.

Die großen Leistungen der klassischen Philosophie und Dichtung, allen voran Kant und Goethe, fanden weltweit Widerhall. Sie gaben den Deutschen das Bewußtsein, gemeinsam einer geachteten Kulturnation anzugehören. Man war gern deutsch. Freilich hat das Verhältnis von Kultur und Politik, von Geist und Macht uns Deutschen oft besonders zu schaffen gemacht.

Schon Schiller hatte geklagt:

> Deutschland? Aber wo liegt es?
> Ich weiß das Land nicht zu finden.
> Wo das gelehrte beginnt, hört das politische auf.

Hölderlin nennt die Deutschen »tatenarm und gedankenvoll«. Der Gedanke schweift zurück oder nach vorn, die Tat geschieht hier und heute. Nietzsche sagt: Die Deutschen sind von vorgestern und übermorgen – sie haben kein heute. Und Thomas Mann schließlich beschwört die deutsche Innerlichkeit, die Musikalität der Seele als schönste deutsche Eigenschaft. Aber er sieht bei uns einen Aufstand der Mystik gegen die Klarheit. Er nennt das Verhältnis des deutschen Gemütes zur Politik ein »Unverhältnis«.

Das alles sind subjektive Urteile. Es geht mir nicht darum, etwas »typisch Deutsches« mit ihnen zu beweisen. Was ich im Zusammenhang mit der Kultur sagen möchte, ist dies: Immer wenn wir Deutschen Kultur ernst nahmen und unseren eigenen Weg der Kultur suchten, waren wir nicht nur anderen willkommen, sondern wir taten uns auch selbst den besten Dienst. So auch heute.

Das ist keine Frontstellung gegen das techniche Zeitalter. Erst recht ist es kein unpolitischer Weg. Kultur ist Lebensweise. Kultur ist daher auch Politik. Kultur, verstanden als Lebensweise, ist vielleicht die glaubwürdigste Politik. Sie ist es, die unsere Identität stärkt, und zwar gerade auch dort, wo uns staatliche und gesellschaftliche Systemgrenzen in unserem Selbstverständnis belasten oder trennen.

Aber zurück zur staatlichen politischen Entwicklung. Bei den Deutschen war ein erwachendes Nationalbewußtsein in der Zeit Napoleons zum Antrieb einer politischen Freiheitsbewegung geworden. Es wurde, nicht nur auf Lessings Theater, sondern auch auf der politischen Bühne um nationale Identität gekämpft. Nach den Niederlagen der frühdemokratischen Bewegungen der Paulskirche und nach dem gewaltsamen Ausscheiden Österreichs schuf Bismarck den Nationalstaat. Ihm schwebte Deutschland als Mittler und Brücke zwischen Ost und West vor.

Unterdessen nahm aber das nationale Selbstbewußtsein der europäischen Völker gefährliche Züge an. Man ging dazu über, sich anderen Nationen überlegen zu fühlen. Das eigene Bild wurde verherrlicht, das Bild der Nachbarn herabgesetzt. Übersteigertes Selbstgefühl verstärkte den Drang nach mehr Macht. Industrialisierung und Kolonialismus rückten vor.

In Deutschland wurden nach Bismarck die Dämme der Mäßigung gebrochen. Deutschland war nicht der Urheber, sondern nur der verspätete Teilhaber des Nationalismus, aber mit gefährlichem Nachholbedarf, »mit Volldampf voraus«, wie es im wilhelminischen Zeitalter hieß. Indem die Deutschen nun auch noch in die Welt ausgriffen, führten sie eine Übermacht von Nachbarn zu einer großen Koalition gegen sich zusammen. Am Ende des Ersten Weltkrieges war Deutschland besiegt und in Versailles gedemütigt.

Danach gab es verantwortliche Friedensbemühungen in Frankreich und Deutschland, aber sie waren den Gegenkräften unterlegen. Nirgends war der Nationalismus überwunden. In Deutschland staute er sich erneut auf. Auf dem Boden schwerer sozialer und wirtschaftlicher Not nahm er extreme Formen an.

Hitler erhob die deutsche Nation zum obersten aller Werte. Nur weil sie die deutsche war, sollte sie das Recht haben, die Welt zu beherrschen, als deutsch-germanische Rasse. Konsequenz waren Gewalt und Krieg mit der halben Welt. In besetzten Gebieten wurden Juden und andere zusammengetrieben und ermordet. Der Holocaust nahm seinen Lauf. Völkermord, Vernichtung, Haß ohne Beispiel. Tod und unermeßliches Leid rings um uns her und bei uns selbst. Deutschland wurde zerstört, besiegt, besetzt und geteilt. Das Wort »deutsch«, was bedeutet es danach?

Hinter uns lag ein Abgrund an Gewalt und Schuld. Hinter uns lag eine furchtbare Anstrengung, die die Kräfte des Volkes aufgezehrt hatte. Man war befreit vom nationalsozialistischen Unrechtssystem. Aber für viele waren die Leiden nicht vorüber. Gewalt gegen unschuldige Menschen, Vertreibung aus jahrhundertealter Heimat folgten.
Es war schwer, in jenen Tagen ein Deutscher zu sein. Es gab kein Einverständnis der Deutschen mit sich selbst. Wie hätte es auch anders sein können nach allem, was geschehen war, nach allen enttäuschten Illusionen, allem Unrecht, aller Leichtfertigkeit des Unwissens und des Gewissens, aller mangelnden Wahrhaftigkeit?
Aber die deutsche Geschichte ist 1945 nicht zu Ende gegangen. Seit bald vier Jahrzehnten gibt es auf deutschem Boden eine freiheitliche Demokratie. Auch dies ist ein Teil unserer Geschichte – ein guter Teil. Wenn heute in der Welt von den Deutschen die Rede ist, werden Freiheit, soziale Rechtsstaatlichkeit und Demokratie mitgedacht.
Unsere Demokratie hat ihre Mängel, wie jedes andere auch. Man mag manche solcher Mängel auf typisch deutsche Eigenschaften zurückführen. Aber das führt nicht sehr weit. Unsere besonderen Erfahrungen und Erinnerungen belasten uns nicht nur, sie vermitteln uns auch hilfreiche und schützende Einsichten. Wir haben die Erfahrungen von Diktatur, Krieg und Unrechtsstaat wie kaum ein anderes Volk.
Im Erbe unserer Geschichte mit ihren hellen und dunklen Kapiteln ist dies ein besonders schwerer Abschnitt. Aber je besser wir ihn verstehen, je klarer wir die Erinnerung wahren, je unzweideutiger wir die Verantwortung für die Folgen tragen, desto weniger erwachsen aus der Vergangenheit Krisen unserer Identität. Desto besser sind wir uns selbst und unseren Nachbarn verständlich.
Viele sagen: Immer diese ewigen Vergangenheitsfragen – wir haben nichts damit zu tun, wir wollen uns nicht damit belasten. In Wahrheit glaube ich, ist es umgekehrt. Nicht hinzusehen, das bedeutet Belastung. Aber sich der Vergangenheit zu stellen, das entlastet uns, das erleichtert uns für unsere Gegenwartsaufgaben.
Besonders schwer lastet die Teilung auf uns. Vor allem die Menschen in der DDR tragen schwer an ihr. Sie leben in einem Staat und einem Bündnissystem des »real existierenden Sozialismus«. Dies bestimmt ihre Erfahrung und ihr Leben existentiell.
Für uns in der Bundesrepublik bedeutet dies zunächst: Wir sollten mit Urteilen über das Leben, zumal das Leben von Christen in der DDR, vorsichtig sein und uns mit Ratschlägen aller Art zurückhalten. Für uns gibt es nichts besser zu wissen oder zu patronisieren.
Aber wir haben allen Grund, uns mit Kopf und Herz den Menschen in der DDR zuzuwenden und verbunden zu fühlen. Dafür gibt es viele Möglichkeiten des Besuchs und persönlichen Kontakts. Besonders empfinde ich

Freude über Besuche aus der DDR. Herzlich grüße ich alle Teilnehmer dieses Kirchentages, die aus der Deutschen Demokratischen Republik kommen. Erfurt und Dresden, die Mark Brandenburg und die Insel Rügen haben mehr mit uns selbst, mit unserer eigenen Identität zu tun als ein schöner Sonnenstrand am Mittelmeer. Waren Sie alle schon einmal in der DDR?

Aber auch für jeden, der sich hier bei uns öffentlich äußert, zählt es zur ständigen Aufgabe, sich stets darüber Rechenschaft abzulegen, ob er mit dem, was er sagt, vor den Deutschen in der DDR bestehen kann und nicht, ob er mit seinen Worten hier im eigenen Kreis Beifall findet. Man hört drüben sehr genau hin, was bei uns alles gesprochen wird, manchmal genauer als bei uns selbst. Man registriert mit feinen Antennen, ob hier bei uns zum Beispiel ein Politiker sich bemüht, sich in die Lage eines DDR-Bürgers zu versetzen, von ihm aus zu denken, oder ob er die Deutschlandpolitik primär als Instrument zum Schlagabtausch mit dem hiesigen innenpolitischen Gegner mißbraucht.

Es gibt Dinge, die drüben kaum auf Verständnis stoßen können. Zum Beispiel wenn jemand hier einerseits ständig von Wiedervereinigung spricht, andererseits aber lautstark »Deutschland, Deutschland« ruft, um damit hinter der Mannschaft der Bundesrepublik zu stehen, wenn sie gegen die Kollegen aus der DDR antritt. Es ist ja nichts Böses dabei, die eigene Mannschaft anzufeuern. Aber zum einen darf man sich ruhig auch einmal über die wahrlich imponierenden Leistungen der Sportler aus der DDR freuen. Und zum anderen sollte uns der Sport helfen, nicht hindern, unsere Lage als Deutsche zu erkennen und zu behalten.

Wir leben heute in zwei voneinander unabhängigen Staaten und in zwei unterschiedlichen Gesellschafts- und Bündnissystemen. Der Begriff »deutsch« ist wesentlich vom Schicksal der Teilung gezeichnet. Dennoch ist er der Teilung selbst nicht zum Opfer gefallen. Die Menschen in der DDR sind nicht nur Bürger ihres Staates, sondern sie sind zugleich auch Deutsche, Deutsche wie wir.

Mit dem Kriegsende kam die Aufteilung in Besatzungszonen, mit dem Ost-West-Konflikt die Spaltung Europas und die Teilung Deutschlands sowie seine Eingliederung in Machtblöcke unterschiedlicher Werte und Ziele. Deutschland geriet aus seiner historischen Mittelposition in eine doppelte Randlage. Die Grenze zwischen den beiden antagonistischen Blöcken deckt sich mit derjenigen zwischen den beiden deutschen Staaten.

Die Bundesrepublik Deutschland ist der Osten des Westens geworden, die DDR der Westen des Ostens. Die Teilung Deutschlands zu beenden, setzt voraus, daß die Teilung Europas überwunden werden kann.

Trotz doppelter Randlage bleibt Deutschland aber von den Bedingungen seiner Lage in der Mitte Europas geprägt. Zwar ist diese Mitte geteilt, aber sie bleibt Mitte.

Für uns in der Bundesrepublik Deutschland wirkt sich dies in zwei Grunddaten aus.
Das erste ist unsere Westbindung. Wir gehören in den Kreis der westlichen Demokratien. Es ist die innere Wertordnung, es sind die Verfassungsgrundsätze, die uns mit denen zusammenbinden, welche denselben inneren Prinzipien verpflichtet sind. Diese Bindung an einen ständig verbesserungsbedürftigen, aber eben auch verbesserungsfähigen freiheitlichen und sozialen Rechtsstaat ist endgültig und unwiderruflich.
Das zweite Grunddatum ist unsere Zusammengehörigkeit mit den Deutschen in der DDR. Sie ist eine menschliche Lebenstatsache und eine politische Aufgabe. Die Mitte unseres Kontinents soll nicht Konflikte schüren. Sie soll blocküberwindende Kräfte der Friedensförderung stärken. In unserer menschlichen Verbundenheit und unserer geopolitischen Mittellage sollen wir uns dafür einsetzen, unseren näheren und ferneren Nachbarn im Osten trotz unterschiedlicher innerer Systeme näherzukommen und friedlich zusammenzuleben. Niemals war dies für die Deutschen in ihrer Geschichte wichtiger als im Zeichen der Teilung und im Atomzeitalter.
Diese doppelte Lage, die sich aus unserer eindeutigen Westbindung und unserem Willen zum Ausgleich mit dem Osten ergibt, wird oft als unbequem empfunden, von Deutschen ebenso wie von Nachbarn. Wahr ist, daß die Teilung den von ihr betroffenen Menschen schwere Lasten auferlegt und daß sie ihnen Menschenrechte vorenthält. Wahr ist auch, daß es eine deutsche Frage gibt, die unbequem ist.
Wenn einer eine Frage hat, möchte er in der Lage sein, sie zu beantworten und damit zu erledigen. Und wenn man sie nicht beantworten kann, dann möchte man am liebsten ihre Existenz leugnen. Das ist menschlich verständlich. Aber Fragen verschwinden nicht einfach deshalb vom Erdboden, bloß weil man sie nicht beantworten kann. Das beweist die Geschichte immer wieder.
In Berlin habe ich eine Formulierung gehört, die jeder verstehen kann: Die deutsche Frage ist so lange offen, als das Brandenburger Tor zu ist.
Damit ist der Kern der Frage getroffen. Er betrifft die Freiheit der Menschen. Nirgends ist er deutlicher spürbar als im Zentrum des geteilten Berlin. Aber er betrifft nicht weniger alle Deutschen und alle Europäer.
Mit einer deutschen Frage zu leben, ist für die Deutschen nicht neu. In der Mitte des 19. Jahrhunderts war das politische Geschehen in Deutschland geradezu von der deutschen Frage beherrscht. Man rang um Einheit und um Freiheit, im Sinne verfassungsmäßiger, freiheitlicher Bürgerrechte.
Beide Ziele lagen in einem Spannungsverhältnis zueinander. Der Kampf um die freiheitliche Verfassung im Innern war nach dem Scheitern der Revolution von 1848 unterbrochen. Aber er war nicht aufgegeben. Schließlich jedoch erhielt damals die Einheit den Vorrang vor der Freiheit, welche in wichtigen Bereichen noch auf sich warten ließ.

Auch heute bewegt sich die deutsche Frage im Spannungsfeld von Einheit und Freiheit. Aber es ist anders als damals. Der Kern der Frage ist die Freiheit. Ein Fortschritt in Richtung auf Einheit um den Preis von Freiheit wäre ein Rückschritt.
Geteilt sind, ich sagte es schon, nicht nur Berlin und Deutschland. Geteilt ist die Gemeinschaft der Europäer. Die europäischen Nationen haben lange genug gegeneinander um Vormacht gekämpft. Obwohl sie dieselben historischen und kulturellen Wurzeln hatten, trat im Kampf um die Macht und in der Übersteigerung der Nationalismen das Bewußtsein der Gemeinschaft der europäischen Völker in den Hintergrund.
Die europäischen Weltkriege dieses Jahrhunderts waren selbstzerfleischende Bruderkriege. An ihrem Ende ist das Bewußtsein europäischer Zusammengehörigkeit wieder gewachsen. Wir gehören denselben historischen Entwicklungen an und gründen unser privates und staatliches Leben auf verwandte europäische Werte.
Das Thema der Einheit, das sich uns heute stellt, ist primär ein gesamteuropäisches. Seine Substanz sind nicht wie früher nationale Grenz- und Gebietsfragen. Es geht nicht darum, Grenzen zu verschieben, sondern Grenzen den trennenden Charakter für die Menschen zu nehmen.
Es geht um Menschenwürde, um Menschenrecht, um Glaubens- und Gewissensfreiheit, um Freiheit der Meinung und der Bewegung, Bestimmung für die Natur und für eine gerechte Entwicklung in der Dritten Welt.
In der Schlußakte von Helsinki, deren Unterschrift sich heuer zum zehnten Male jährt, die eine tiefe Wirkung getan hat und noch weiter tun wird, ging es schon um diese Themen.
Einheit der Europäer heißt nicht staatliche Einheit der Gleichheit der Systeme, sondern ein gemeinsamer Weg bei einem menschenwürdigen Fortschritt der Geschichte. Die deutsche Frage ist in diesem Sinn eine europäische Aufgabe.
Für ein solches Ziel in Europa mit friedlichen Mitteln zu wirken, ist vor allem Sache der Deutschen. Wären wir einander gleichgültig in den beiden deutschen Staaten, so wäre dies viel schwieriger.
Es ist gerade das Gefühl der Zusammengehörigkeit in der Trennung über Systemgrenzen hinweg, das uns stärker motiviert und besser befähigt.
Jeder denke dabei zuerst an das, was er selbst beitragen kann. Wir sind hier im Evangelischen Kirchentag versammelt. Die evangelischen Kirchen in beiden deutschen Staaten gehen ihren Weg nicht nur in voller Unabhängigkeit voneinander, sondern auch in der besonderen Gemeinschaft der ganzen evangelischen Christenheit in Deutschland. Wir tragen dafür in partnerschaftlicher Freiheit gemeinsam Mitverantwortung.
Viele von uns waren im Luther-Jahr drüben. Und vielen ist dieses Erlebnis unvergeßlich geworden. Wenn ich über meine Identität als Deutscher nachdenke, denke ich eben auch und stark an Wittenberg. Und ich wiederhole

dies hier so, wie ich es beim Kirchentag auf dem Marktplatz von Wittenberg im Luther-Jahr 1983 gesagt habe. Wir waren dort und wir sind hier verbunden in dem, was den Kirchentag immer ausgemacht hat und weiterhin prägt und trägt:

– Jung und Alt, Laien und Pfarrer arbeiten aktiv zusammen, um ihren christlichen Glauben in der Welt zu bezeugen, und bemühen sich, Konsequenzen im eigenen Leben daraus zu ziehen.
– Um der Glaubwürdigkeit des christlichen Zeugnisses willen machen wir nicht halt an Grenzen von Bekenntnissen, Gemeinden, Landeskirchen oder Ländern. Kirchentag und Ökumene sind eins.
– Wir leben hüben und drüben unter verschiedenen Bedingungen, gesellschaftlichen Systemen und persönlichen Spielräumen. Wir respektieren dies gegenseitig. Keiner will dem anderen in unangemessener Weise dreinreden. Aber wir sind, wenn auch in zwei Staaten, hüben und drüben Deutsche. Uns verbindet mehr als Sprache, Kultur und Haftung für die Geschichte. Denn auch die wesentlichen Ziele haben wir gemeinsam.

Dies fängt beim Einfachsten an: Wir atmen dieselbe Luft. Sie macht vor Grenzen nicht halt. Sie reinzuhalten ist unser gemeinsames Interesse. Der Friede, um den wir uns sorgen und bemühen, ist nicht teilbar zwischen Ost und West. Wenn wir Menschen um ihn ringen, sollten wir uns auch selbst nicht aufteilen in Träumer und Realisten.

Frieden zwischen Menschen und Völkern fällt uns nicht träumend in den Schoß. Er erfordert von uns mehr als das Überspielen von Gegensatz und Konflikt durch Sehnsucht und Gefühl. Er verlangt gute christliche Tugenden, nämlich Nüchternheit und Aufrichtigkeit.

Der Realist aber mußt die Kraft haben, zu erkennen, daß es für die Sicherung des Friedens eben nicht genügt, wenn alles einfach so bleibt, wie es in Europa seit vierzig Jahren ist.

Ich lebe in der Bundesrepublik Deutschland und übe ein Amt im Rahmen unserer Verfassung aus, zu deren freiheitlichen Werten und Zielen ich mich voll bekenne und die ich nicht relativiere. Aber das schließt nicht aus, sondern ein, daß wir zum Beispiel in den Verhandlungen zur Abrüstung und Rüstungskontrolle nicht immer einer Seite das absolut Gute und Richtige, der anderen hingegen das absolut Böse und Falsche zurechnen dürfen. Gut und Böse, Gerechtigkeit und Selbstgerechtigkeit, Irrtum und Schuld gibt es überall.

Zum Frieden gehört es, sich gegenseitig nicht festzunageln auf konfrontative Äußerungen, die es auf jeder Seite gibt. Besser ist es, an positive Ansätze der anderen Seite anzuknüpfen, die auch auf beiden Seiten vorkommen. Es ist überhaupt kein Triumph, wieder einmal beweisen zu können, der Gegner sei und bleibe so verstockt wie stets. Man habe es ja immer gewußt.

Hinter einer solchen Haltung verbirgt sich in Wahrheit nur das Bedürfnis, sich den Gegner stets als Gegner zu erhalten, damit man sich auch selbst nur ja nicht zu korrigieren braucht. Manchmal kann man diesen Gegner auch positiver und besser verstehen, als er es selbst schon kann und tut. Dann kann man sich auch selbst besser korrigieren.

Immer wieder diskutieren wir über die Abschreckungsstrategie. Wie sollte es auch anders sein? Wir können sie rational kaum nachvollziehen. Ein Schweigen der Waffen durch Waffen zu erzwingen, deren Einsatz alle vernichtet, den Gegner und uns selbst, wie soll der Mensch mit seinem Verstand und Gefühl solche Waffen begreifen?

Aber die Aufrichtigkeit gebietet es zu erkennen, daß es in den letzten Jahrzehnten ungleich schwerer gewesen wäre, in unserer Region kriegerische Verwicklungen zu vermeiden. Das ist eine Aporie, ein Widerspruch, ein schwerer Konflikt, und zwar einer, aus dem niemand einen einfachen Ausweg weiß. Auch dies nicht zu verschweigen, sondern einzugestehen, gehört zur Verantwortung für den Frieden.

Die Vollversammlung des Ökumenischen Rates der Kirchen in Vancouver hat gesagt: Nirgendwo kann es je Frieden geben, »wenn es nicht überall für alle Gerechtigkeit gibt«.

Das nackte, individuelle Überleben hier in Zentraleuropa ist der Güter einziges und höchstes nicht. Wir in Europa müssen und wollen uns um die Kontrolle und vor allem die Verminderung von Rüstungen mit unserer ganzen Kraft einsetzen.

Aber wir sollten uns hüten vor einer sicherheitspolitischen Besessenheit zwischen Ost und West. Es geht nicht allein um Rüstung und Abrüstung, sondern um friedliche Beziehungen und um Zusammenarbeit auf allen Gebieten zwischen Ost und West.

Erst wenn wir Armut und Hunger in der Welt lindern helfen, wenn wir zur Gerechtigkeit überall beitragen, erst dann helfen wir wirklich, den Weg zum Frieden zu ebnen. Es geht um einen menschengerechten Frieden.

In Wittenberg auf dem Kirchentag hieß die Losung: »Vertrauen wagen«. Unsere Losung heißt: »Die Erde ist des Herrn«. In Wittenberg wie hier in Düsseldorf können wir sagen: »Vertrauen gemeinsam wagen«. Es ist die uns gemeinsame Erde des *einen* Herrn.

»Die Deutschen und ihre Identität.« Was heißt es nun eigentlich, deutsch? Wir sind Menschen wie andere auch. Wir lieben wie sie unsere Heimat. Freilich hat unsere Lage, unsere Geschichte, unsere vielen Nachbarn und haben nicht zuletzt wir selbst helles Licht und dunkle Schatten erzeugt.

Immer wieder haben sie Wandel mit sich gebracht. Sie haben uns den Nachbarn und uns selbst oft schwer verständlich gemacht. Sie haben uns zumeist kein gleichmäßiges und selten ein vereintes Dasein beschert, sondern Trennungen auferlegt.

Wir müssen immer wieder lernen, sie zu ertragen, ohne gleichgültig zu

werden. Wir müssen und wir können sie nutzen und fruchtbar machen, nicht nur für uns selbst, sondern für viele andere Menschen auch.
Der französische Dichter Paul Claudel schrieb nach dem Ende des Zweiten Weltkrieges über uns Deutsche:

> Deutschland ist nicht dazu da, die Völker zu spalten, sondern um sie zu versammeln. Seine Rolle ist es: Übereinstimmung schaffen – all die unterschiedlichen Nationen, die es umgeben, spüren zu lassen, daß sie ohne einander nicht leben können.

Daß sie aufeinander angewiesen sind. Das ist ein großer, ein zuversichtlicher Auftrag für uns. In der bewegten Geschichte und in der Trennung liegt auch eine Chance.
Der Weg in die Zukunft liegt nicht fest. Er ist dunkel und offen zugleich. Es liegt an uns, auf seine Richtung einzuwirken. Der Mensch ist frei. Es ist unsere Sache, dem Begriff »deutsch« einen Inhalt zu geben, mit dem wir selbst und mit dem die Welt gern und in Frieden leben können.

Personenverzeichnis

Die Autoren dieses Bandes

Ernst Breit
Vorsitzender des Deutschen Gewerkschaftsbundes, Düsseldorf

Dr. Dettmar Cramer
Chefredakteur des Deutschlandfunks, Köln

Professor Dr. Wilfried Fiedler
Universität des Saarlandes, Saarbrücken

Professor Dr. Wilhelm Geiger
Bundesverfassungsrichter a. D., Karlsruhe

Dr. Dieter Haack
MdB, Bundesminister a. D., Erlangen

Hans-Günter Hoppe
MdB, Senator a. D., Berlin

Dr. Helmut Kohl
Bundeskanzler, Vorsitzender der CDU, Bonn

Detlef Kühn
Präsident des Gesamtdeutschen Instituts, Bonn

Eduard Lintner
MdB, Münnerstadt

Professor Dr. Joseph Listl
Institut für Staatskirchenrecht der Diözesen Deutschlands, Bonn

Wolfgang Mischnick
MdB, Bundesminister a. D., Vorsitzender der FDP-Bundestagsfraktion, Bonn

Dr. Klaus Murmann
Vorsitzender der Bundesvereinigung der Deutschen Arbeitgeberverbände, Köln

Dr. Wilhelm Wolfgang Schütz
Schriftsteller, St. Gallen/Bonn

Professor Dr. Eberhard Schulz
Deutsche Gesellschaft für Auswärtige Politik e.V., Bonn

Professor Dr. Gesine Schwan
Freie Universität Berlin, Berlin

Professor Dr. Theodor Schweisfurth
Max Planck Institut für ausländisches Öffentliches Recht und Völkerrecht, Heidelberg

Professor Dr. sc. jur. Wolfgang Seiffert
Christian-Albrechts-Universität Kiel; bis 1978 Akademie für Staats- und Rechtswissenschaft der DDR

Professor Dr. Rita Süssmuth
MdB, Bundesministerin a. D., Präsidentin des Deutschen Bundestages, Bonn

Dr. Hans-Jochen Vogel
MdB, Bundesminister a. D., Vorsitzender der SPD und der SPD-Bundestagsfraktion, Bonn

Dr. Theodor Waigel
MdB, Bundesminister, Vorsitzender der CSU, Bonn/München

Dr. Richard von Weizsäcker
Bundespräsident, Bonn

D. Erwin Wilkens
Vizepräsident i. R., Ronnenberg

Dr. Dorothee Wilms
MdB, Bundesminister für innerdeutsche Beziehungen, Bonn